滨海年鉴

BINHAI YEARBOOK

2017

潍坊滨海经济技术开发区党政办公室　编

方志出版社
Publishing House of Local Records

图书在版编目（CIP）数据

滨海年鉴．2017 / 潍坊滨海经济技术开发区党政办公室 编．
--北京：方志出版社，2018.2
ISBN 978-7-5144-2991-6

Ⅰ．①滨… Ⅱ．①潍… Ⅲ．①区（城市）—潍坊—2017—年鉴
Ⅳ．①Z525.24

中国版本图书馆CIP数据核字（2018）第043477号

滨海年鉴（2017）

编　　者：潍坊滨海经济技术开发区党政办公室
责任编辑：王　品

出 版 人：冀祥德
出 版 者：方志出版社
地址　北京市朝阳区潘家园东里9号（国家方志馆4层）
邮编　100021
网址　http://www.fzph.org
发　　行：方志出版社图书经销中心
电话（010）67110500
经　　销：各地新华书店
印　　刷：济南黄氏印务有限公司

开　　本：889×1194　　1/16
印　　张：25.5印张
字　　数：586千字
版　　次：2018年2月第1版　　2018年2月第1次印刷
印　　数：001～1000册

ISBN 978-7-5144-2991-6　　定　价：358.00元

潍坊滨海经济技术开发区
地方史志编纂委员会

名誉主任：孙起生

主　　任：张恒道

副 主 任：李树森　宋世伟　杜长明　王得志　王希光

　　　　　郭瑞燕　刘振永　刘晓伟　王秀刚　谭佃华

委　　员：袁希庆　高　祥　李天然　董广明　吕　伟

　　　　　张英杰　宋美亮　于建云　朱良田　高升明

　　　　　王全博　肖清雨　曲伟健　孙守国　刘建勇

　　　　　王文荣　胡荣田　刘其鹏

《滨海年鉴（2017）》卷
编审人员

主　　审：王秀刚

副 主 审：王文荣

主　　编：刘其鹏

编　　辑：兰洪美　毛金鹏　刘晓宇　郑　红　赵晶晶

　　　　　袁彦奎　刘继田

2016 年 8 月 26 日，潍坊海洋经济新区建设领导小组成员（扩大）会议召开

2016 年 12 月 20 日，共青团滨海区第一次代表大会召开

2016 年滨海区重点建设项目集中开工仪式

滨海新城建设

先进制造业产业园一角

挑灯夜战（袁彦奎　摄）

双创小镇建设

城市艺术中心

摩天轮（黄建平　摄）

2016 年 4 月 7 日，世界风筝锦标赛比赛现场

欢乐海海水浴场

马术比赛（王勇钢　摄）

赛车比赛中选手进行追逐漂移

2016 年 9 月 10 日，世界风筝冲浪竞速锦标赛比赛现场

半程马拉松开跑

2016 北海渔盐文化节现场

滨海老年中心

潍坊市人民医院滨海分院

山东化工职业学院

潍坊滨海国际学校

潍坊（上海）新纪元学校鸟瞰图

滨海中学

潍坊港

鲁辽陆海货滚甩挂运输船停靠潍坊港

引发“膜革命”的天维膜

瑞驰新能源汽车
焊装车间生产线

中化弘润石化 400 万方储油罐区

潍柴重机车间

编辑说明

一、《滨海年鉴（2017）》为创刊号。《滨海年鉴（2017）》坚持以马克思列宁主义、毛泽东思想、邓小平理论、“三个代表”重要思想、科学发展观、习近平新时代中国特色社会主义思想为指导，全面、系统记述潍坊滨海经济技术开发区政治、经济、文化、社会等方面的综合情况，为各级部门决策提供依据，为各行各业提供咨询服务，为社会各界人士及海内外客商了解和研究滨海经济技术开发区提供基本资料。

二、本年鉴采用分类编辑法。主体内容划分为栏目、分目、条目3个层次。条目为年鉴内容的基本单位，其标题用黑体字外加【 】表示。

三、本年鉴设特载、专记、大事记、潍坊滨海经济技术开发区概况、党工委·管委会、人大·政协·纪检·群团、政法、驻区部队、经济管理与监督、工业和信息化、商贸服务、海洋与渔业、水资源管理·水利、园区建设、交通·电信、城建·国土资源·环保、财税·金融、科学·文化、卫生·体育、教育、旅游、社会生活、街道办事处、统计资料24个栏目。卷首安排反映潍坊滨海经济技术开发区人文风光、各行各业发展成就和活动的彩色照片。

四、本年鉴资料记述资料时间上限为2016年1月1日，下限为2016年12月31日。为完整地反映某项事物的全貌，部分内容适当上溯或下延。

五、本年鉴的条目由区有关部门、单位和有关的中央、省、市驻区单位负责撰写，均经过各自单位领导人的审阅。有关的综合性统计数据，与统计部门公布的数据进行了校核。

目　录

特　载

专　记

大 事 记

潍坊滨海经济技术开发区概况

党工委・管委会

人大·政协·纪检·群团

法　治

驻区部队

经济管理与监督

工业和信息化

商贸服务

海洋与渔业

水资源管理 · 水利

园区建设

交通·电信

城建·国土资源·环保

财税·金融

科学 · 文化

卫生·体育

教　育

旅 游

社会生活

街道办事处

统计资料

索　引

特　　载

潍坊滨海年鉴

2017

WEIFANGBINHAI YEARBOOK

特　　载

在滨海区庆祝中国共产党成立 95 周年大会上的讲话

（2016 年 6 月 30 日）

潍坊市副市长，市政府党组成员
潍坊滨海经济技术开发区党工委书记　王树华

今天，我们在这里隆重集会，热烈庆祝中国共产党成立 95 周年。这次会议是根据中央和省、市委统一部署要求召开的，主要目的是表彰全区涌现出来的优秀共产党员、优秀党务工作者和先进基层党组织，教育和引导广大党员干部牢记党的历史、了解党的伟大、弘扬党的传统，对标先进、激励奋进、实现梦想。

刚才，李树森同志宣读了表彰决定，对全区优秀共产党员、优秀党务工作者和先进基层党组织进行了表彰，这些受到表彰的先进个人和集体是滨海开放开发事业的优秀代表。在此，我代表区党工委向辛勤工作在滨海各行各业、各个岗位的广大党员致以节日的问候，向受表彰的先进个人和集体表示热烈的祝贺，希望大家珍惜荣誉、戒骄戒躁，再接再厉、再创佳绩！全区广大党员干部和各级党组织要以先进为榜样，发扬优良传统，奋力开拓创新，积极作为、多做贡献。

知党才能爱党，爱党才能兴党。我们党诞生在半殖民地半封建社会中，是在各种旧的救国方案纷纷破产之后，在大批先进的中国人为拯救中华民族而奋斗的大背景中应运而生、发展壮大的，是历史的必然选择，也是人民的必然选择。我们党从成立之日起，就有着无与伦比的先进性，因为她有马克思主义的科学指导，她的宗旨是全心全意为人民服务、为人民群众谋福祉，丝毫没有自身的利益，她的目标是为实现共产主义而奋斗，具有崇高的党性觉悟和组织纪律性。所以，一路走来，尽管也遇到过困难和风险、挫折和失误，但她始终靠自身的这种先进性凝聚着我们的革命队伍，使得千千万万共产党人克服和战胜了一个个艰难险阻，取得了一个又一个伟大胜利，创造了今日举世瞩目的辉煌成就。特别是党的十八大以来，以习近平同志为总书记的党中央，高举中国特色社会主义伟大旗帜，以对党、对人民、对民族高度负责的精神，总揽全局、运筹帷幄，励精图治、攻坚克难，带领全党全军全国各族人民为实现“两个一百年”奋斗目标，构筑中华民族伟大复兴中国梦而努力奋斗，推动党和国家取得了新成就、树立了新风气、开创了新局面。历史和实践雄辩地证明，没有中国共产党就没有新中国，就没有中国特色社会主义。

滨海开发和全国开发区一样，经历了从无到有、从小到大的历程，特别是突破滨海以来，全区上下深入贯彻落实中央和省、市一系列重要会议精神和重大决策部署，围绕建设产业层次优、生态环境好、人口密度低、幸福指数高的海洋经济新区，改革创新、凝心聚力、拼搏实干，开创了滨海开放开发新局面。一是以潍坊港为龙头，建设了一批重大工程，潍坊港17个5万吨级泊位、5万吨航道加快建设，潍坊渔港开港运营，山海湖河综合改造工程完成，城海轻轨、疏港铁路等工程加快推进，综合承载保障能力不断提升。二是以产城融合为引领，突破提升了一批重点区域，逐步实现区域全覆盖开发，全力突破了中央商务区、山东海洋科技大学园、港口经济区功能组团，着力提升了大家洼、央子两大城镇组团，生活居住项目开工面积达到300万平方米、商务服务项目达到100万平方米，特别是近期我国第一所混合所有制本科职业教育大学——山东海洋科技大学获批建设。三是以循环经济为方向，新上了一大批造链、补链、强链项目，潍柴中速机、新和成蛋氨酸、石大昌盛、中海油石化盐化一体化等项目加快聚集，以大化工、大物流、大智造为主导的现代海洋产业初具规模。四是以海洋文化为特色，实施了一批重点涉旅项目，北海渔村、游客服务中心、游艇码头等项目进展顺利，去年接待游客超过150万人次，滨海旅游成为新品牌新亮点。五是以改革创新为动力，探索推出了一批新机制，全面实行“三制三〇三全”服务机制、“三张清单”服务模式，率先推行“四证合一”企业登记制度和全网络审批，积极探索“公司＋园区”运营模式，最大限度激发了市场活力。六是以全域城市化为目标，出台了一批惠民利民政策，全面实行免费教育、免费公交、免费直饮水，城乡养老、医疗等社会保障实现全覆盖，社会事业全面发展，群众幸福感满意度不断提升。这些成绩的取得，得益于全区上下共同努力，得益于全区各级基层党组织坚强有力，得益于全区广大党员干部拼搏实干。我们一定要进一步坚定理想信念、牢记宗旨，以更加昂扬的斗志、更加务实的作风、更加过硬的本领，创新实干、奋发进取，在加快滨海开放开发、新区建设中走在前列、起好带头作用。下面，根据党工委研究的意见，我讲三个方面的问题。

一、增强“四个意识”，坚定政治方向

党的十八大以来，以习近平同志为总书记的党中央提出了“五位一体”总体布局、“四个全面”战略布局和五大发展理念等一系列治国理政重大方略，如何让这些新理念、新思想、新战略在滨海落地生根、变成普遍实践？关键就是要增强“四个意识”，这也是新的历史条件下弘扬优良作风、加强党性修养的必然要求。

一要切实增强政治意识。什么是政治意识？就是坚定理想信念，站稳政治立场，把准政治方向，提高政治敏锐性和鉴别力。党员干部政治意识强不强，对党的事业极端重要。习近平总书记强调，我们党作为马克思主义政党，讲政治是突出的特点和优势。那我们应该怎么办？每一名党员干部都必须做政治上的明白人，解决好从哪里来、到哪里去，忠于谁、代表谁、服务谁这个最根本的问题，始终保持清醒的政治头脑，始终坚守对马克思主义的信仰、对中国特色社会主义和共产主义的信念、

对党和人民的绝对忠诚，切实增强道路自信、理论自信、制度自信，认真贯彻落实中央和省市委的各项决策部署，做到政治方向不偏、政治信仰不变、政治立场不移。

二要切实增强大局意识。讲大局、顾大局是党员干部的责任担当，大局意识就是心中有全局，在大局下行动。习近平总书记强调，必须牢固树立高度自觉的大局意识，自觉从大局看问题，把工作放到大局中去思考、定位、摆布。对党和国家来说，党的团结统一，国家民族的发展振兴，人民群众的根本利益都是大局，我们都必须克服本位主义，站在党和国家的全局想问题、办事情，自觉把滨海开放开发、新区建设放在全党、全国改革发展大局中谋划。具体到滨海来说，滨海开放开发、新区建设的大局，就是我们一切工作的出发点和落脚点都要围绕滨海开放开发来展开，主动把本部门本单位的工作放到滨海开放开发大局中去思考，正确处理单位利益和全局利益、个人利益和集体利益的关系，结合本单位实际做好有利于滨海开放开发这个大局的每一项具体工作。广大党员干部都要牢固树立大局意识，工作中协调配合、补台不拆台，自觉从大局看问题，做到正确认识大局、自觉服从大局、坚决维护大局。

三要切实增强核心意识。增强核心意识，就是要加强党的领导、维护党中央权威。就中国人民和中国特色社会主义事业而言，中国共产党是核心；就中国共产党而言，党中央是核心。各级基层党组织和广大党员必须要加强党的团结、维护党的集中统一，坚决听从党中央的决定和部署，坚决贯彻落实以习近平同志为总书记的党中央的路线方针政策，党中央提倡的要坚决响应，党中央决定的要坚决照办，党中央禁止的要坚决杜绝，做到坚决拥护核心、坚决服从核心、坚决维护核心。

四要切实增强看齐意识。看齐意识是提升共产党人政治品质的题中应有要义，就是要在思想上、政治上、行动上同以习近平同志为总书记的党中央保持高度一致。习近平总书记强调，要强化看齐意识，经常主动向党中央看齐，向党的理论和路线方针政策看齐。各级基层党组织和广大党员必须要将看齐意识内化于心、外化于行，经常主动向党中央看齐、向习近平总书记看齐、向党的路线方针政策看齐，听从党中央的号令，步调一致，始终做到政治上坚定清醒、思想上同心同向、行动上不偏不倚，对中央重大决策部署要结合实际不折不扣地贯彻执行。看齐还要向先进个人、先进地区看齐，对内学先进、对外找坐标，见贤思齐、比学赶超。各级党员领导干部更要以身作则、率先垂范，敢于让下级向自己看齐，为下级树立标杆、当好榜样、发挥“向我看齐”表率作用。

二、弘扬三种精神，带头创新实干

空谈误国，实干兴邦。国家兴旺、民族振兴需要反映时代、鼓舞人心的精神力量来支撑和引领。加快滨海开放开发、新区建设也必须要大力弘扬创新、奉献和牺牲精神，克服空谈、崇尚实干。

一要弘扬创新精神。当前，中央把“大众创业、万众创新”作为经济前行的新引擎，共产党员理应在创新创业中走在前列、起好带头作用。一是要解放思想、更新观念。思想是行动的先导，解放思想永无止境。我们一定要在滨海牢固树立“唯一不变的就是变”的理念，打破思想固化、冲破传统思维，把“变”贯穿于滨海开放开发、新区建设全过程、各领域，变思路、变观念、变办法，以变寻求更大突破，以变谋求更快发展，以变实现滨海开发建设的新天地、新局面。二是要创新机制、改进办法。滨海开放开发需要创新机制来推动，前期我们在政府服务、园区开发、工作推进等方面进行了积极探索，取得了很好的成效。下步，不管是党委政府，还是学校、企业、农村等其他组织，都要继续在管理体制、服务模式、工作方法等方面勇于创新，破除障碍矛盾、冲破藩篱束缚、释放改革活力，想对法、走新路、用实招，推动滨海各项工作顺利推进。三是要勇于担当、积极作为。有担当才会锐意进取、大胆作为。我们一定要始终保持先行先试的勇气、敢为人先的魄力，豁得出、顶得上、扛得住，只要有利于贯彻党的路线方针政策，只要有利于滨海开放开发、新区建设，只要不违法、不违纪，就大胆试、大胆闯、大胆干。要建立允许失败、宽容犯错的容错机制，为担当者担当、为负责者负责，让想干事、愿干事的党员干部放下包袱、轻装上阵，激发发展活力、实现更大作为。

二要弘扬奉献精神。伟大时代需要奉献精神。习近平总书记强调，我们共产党人讲奉献，就要有一颗为党为人民矢志奋斗的心。当前，滨海正处在大开发、大建设关键时期，更需要广大党员干部带头奉献，甘于吃苦、乐于付出，淡泊名利、任劳任怨，在滨海开放开发、新区建设中燃烧激情、贡献力量。具体讲，一是各级基层党组织要发挥战斗堡垒作用，强化宗旨意识、加强自身建设、夯实组织基础，一切依靠群众、一切为了群众，关键时刻拉得出、冲得上、打得赢，不断提高凝聚力、号召力和战斗力。二是广大党员要发挥先锋模范作用，敢于亮身份、做榜样，吃苦在前、享受在后，肯付出、能付出、真付出，在推动发展、服务群众上树立榜样、做好示范，以行动诠释党的宗旨，用生命承载党的重托。三是要坚决摒弃功利思想，克己奉公、岗位立功，多想集体的事、少想个人的事，自愿到艰苦地方去、主动在基层一线干，大公无私、公道正派，不谋私利、一心为公，以实际行动赢得群众拥护和组织信任。

三要弘扬牺牲精神。敢于牺牲是共产党人的政治本色，我们入党时都曾宣誓“为共产主义奋斗终生，随时准备为党和人民牺牲一切”。有人认为过去战争年代像刘胡兰、董存瑞等先烈为革命献身才是牺牲，现在和平年代不用流血牺牲，也就不需要牺牲精神了。其实不然，牺牲精神永不过时，我们必须要把握新的时代内涵，牢记入党誓词、践行入党誓言，不忘入党初心，以牺牲精神谱写和平年代的赞歌。一是要甘于牺牲个人利益，牢固树立正确的世界观、价值观，继承和发扬老一辈革命家的牺牲精神，为党和国家的事业、为滨海开放开发甘愿放弃自己的利益，多比贡献、少比待遇，不存小己、砥砺品格。二是要甘于牺牲个人时间和精力，牢固树立正确的人生观、事业观，把更多心思用到干事创业上，把更多时间用到加快推进工作上、把更多精力放到矛盾聚焦的地方上，竭尽全力、用心谋事、用力干事。三是要甘于牺牲个人荣誉和地位，牢固树立正确的政绩观、权力观，决不能盯着“官帽子”要升迁，更不能守着“印章子”要权力，必须要时刻以党员的标准严格要求自己，始终把工作需要、服务群众放在首位，不求索取、淡泊名利，立足本职、爱岗敬业。

三、坚持“两学一做”，从严管党治党

办好中国的事，关键在党，关键在人。滨海开放开发必须要坚持党要管党、从严治党，扎实开展“两学一做”学习教育，把从严管党治党各项部署要求落到实处，努力营造风清气正、干事创业的良好政治生态。

一是必须持续深入开展“两学一做”学习教育。思想建党是我们党的优良传统和政治优势，是不断从胜利走向胜利的强大武器。今年中央在全党开展的“两学一做”学习教育，是群众路线教育实践活动、“三严三实”专题教育成果的巩固和机制的延伸，永无止境、没有时限，必须要按照“基础在学、关键在做”的要求，认真学、学明白、扎实做，持之以恒、常抓不懈。基础在学，就是要端正学习态度，原原本本学、深入系统学，把党章党规和习近平总书记系列讲话贯通起来学习、统一起来领会，真懂、真信、真用，更加自觉地尊崇、敬畏、遵守党章党规，更加深刻地领会习近平总书记系列重要讲话彰显的坚定信仰追求、历史担当精神、真挚为民情怀、务实思想作风。关键在做，就是要知行合一、以知促行，既要时刻以合格党员的标准严格规范自己，更要严格对照合格党员的标准查找不足，照着标准做、对着问题改，在讲政治、树形象、有作为上下功夫，把党章党规、系列讲话精神体现到工作中、落实到行动上，自觉做“四讲四有”合格党员。

二是必须全面从严管党治党。习近平总书记强调，党要管党，才能管好党；从严治党，才能治好党。在滨海开放开发的实践中，各级基层党组织和广大党员干部都经受住了考验，是有战斗力、值得信任的。但也要看到还存在一些问题和不足，像有的不负责任、不敢担当，无所事事、得过且过，有的自私自利、精于算计，心术不正、投机钻营，有的刁难群众、坏了良心，置若罔闻、听之任之，有的甚至权欲熏心、为所欲为，顶风而上、违规违纪，背离了党的宗旨、抹黑了党的形象、损害了群众利益。对于这些问题，我们必须认清其严重危害性，高度警醒警惕、坚持问题导向、狠抓整改落实。想从根本上解决这些问题，必须要坚决贯彻习近平总书记“五个必须、五个决不允许”要求，增强党要管党、从严治党的思想自觉和行动自觉，始终把纪律规矩挺在前面，坚决同错误思想、不良行为做斗争，始终坚守思想防线和行为底线，真正把纪律规矩立起来、严起来、执行下去。

三是必须深入推进党风廉政建设和反腐败斗争。党风廉政建设和反腐败斗争永远在路上，我们必须要坚持无禁区、全覆盖、零容忍，正风反腐不停步，保持高压不放松。要夯实责任、形成合力，严格落实党风廉政建设党委主体责任和纪委监督责任，做到守土有责、守土负责、守土尽责。要转变作风、务求实效，认真学习贯彻《中国共产党廉洁自律准则》《中国共产党纪律处分条例》，落实中央八项规定精神，持之以恒纠正“四风”，驰而不息正风肃纪，真正使作风建设在滨海成为新常态。要健全机制、抓常抓细，把制度建设贯穿到反腐倡廉各领域、落实到权力制约监督各方面，坚持用制度管权、管事、管人，构建不敢腐、不能腐、不想腐的长效机制，为滨海开放开发提供坚强保障。

同志们，党的辉煌历史，激励我们开拓进取；滨海的美好明天，鼓舞我们砥砺前行。让我们更加紧密地团结在以习近平同志为总书记的党中央周围，按照中央和省市委部署要求，求真务实、真抓实干，不负重托、不辱使命，为滨海开发、新区建设做出新的更大贡献！

在全区工业企业经济运行工作会议上的讲话

（2016年3月25日）

潍坊滨海经济技术开发区党工委副书记
潍坊滨海经济技术开发区管委会主任　张恒道

这次全区工业企业经济运行工作会议，既是总结交流会，也是部署落实会、工作动员会，主要任务是贯彻落实区党工委、管委会决策部署，总结去年以来工业经济运行情况，安排部署今年工业经济运行和节能减排、安全生产、环保等方面工作，推动工业经济做大做强、持续稳定增长。

刚才，经发、财政、环保、安监等四个部门的负责同志分别就如何做好下步工作进行了发言，相关代表企业作了表态发言。振永主任代表区管委会与经发、环保、安监三个部门及部分企业签订了《目标管理责任书》。下面，我就工业经济运行，谈几点意见，与大家沟通交流。

一、去年以来的工业经济运行总体情况

去年以来，滨海区在省、市党委政府的坚强领导下，按照“走在前列，起好带头作用”的总体要求，主动适应经济新常态、引领经济新常态，工业经济稳中向好。2015年，全区规模以上工业实现增加值217.7亿元，可比增长16.1%，主营业务收入843.45亿元，同比增长10.1%，增幅均居全市首位；利润、利税分别为54.1亿元和102.3亿元，同比分别增长12%和12.6%，增幅分别高于全市7.1和6.8个百分点。今年1—2月份，工业经济指标保持了去年同期上升态势，实现了开门红。规模以上工业实现增加值20亿元、主营业务收入87.9亿元、利润6.1亿元。

具体亮点有：一是重点产业发展迅速。传统产业不断改造提升，战略性新兴产业持续发展，产业实力不断增强，现代海洋产业体系初步形成。海洋化工产业运行平稳，石大昌盛100万吨凝析油、中碳能源、崇舜化工、皓天化纤等项目一期建成投产。海洋动力与海工动力装备产业发展较好，潍柴重机实现销售收入30亿元，红旗机电、鼎城新材料主要指标增速超过15%。新能源、生物医药等新兴产业发展迅速，新和成通过整合内部资源，逆势上扬，销售收入增长22.8%，利税同比增长53%，新和成工业园正在加快形成。国邦药业各项指标增幅也在30%以上，瑞驰汽车产销两旺、年产新能源汽车2.6万台、同比增长150%，完成销售收入6亿元，实现两倍增长。二是工业运行活力提升。市场主体大幅增加，去年全区累计新登记市场主体110户，新增注册资金13亿元，同比分别增长207%、139.6%。区内一半以上的企业建立研发平台，国家级研发机构达到5家、省级达到27家、市级达到46家，全年高新技术完成产值32亿元，同比增长13%，占规模以上工业比重

较年初提高1.2个百分点。全区进出口总额同比增长3.1%，高于全省17.1个百分点，其中出口增长2.9%，高于全省2.5个百分点；实际利用外资增长6.3%。三是运行保障要素不断加强。水电燃气等生产要素配套供给完善，港口货物疏（集）散能力突破1700万吨、集装箱吞吐量19万标箱，同比分别增长13%、42.1%。金融支撑实体经济作用加大，全区金融机构达到26家、贷款能力突破350亿元大关，上市企业5家。政府服务力度进一步加大，“三张清单”等服务机制深入推广。四是安全环保形势总体稳定。三年绿化全覆盖工程加快推进，新增绿化面积6.2万亩，清淤河道25公里，断面水质稳定达标。“三八六”环保行动深入实施，异味、污水、固废专项整治成效显著，国家循环化改造示范试点园区获批，节能减排任务全面完成。重点行业、领域安全生产形势稳定。

成绩的取得，来之不易，离不开全区工业企业的迎难而上、奋力拼搏，离不开各园区、街道、部门对企业的倾力支持和全心服务。要看到成绩，更加坚定信心，因为信心比黄金更重要。

二、当前面临的形势及问题

2016年是全面建成小康社会决胜阶段开局之年。把握新形势，适应新常态，引领新常态，是当前形势之必然要求。“十三五”时期，我国经济发展的显著特征就是进入新常态，新常态下经济发展呈现出“四个转向”的主要特点。这是我国经济向形态更高级、分工更复杂、结构更合理阶段演进的必然过程，也是我们判断形势、研究对策、评判发展的基本依据。中央还提出中国制造2025、工业4.0、科技创新2030重大项目等战略，中国正由工业大国向现代工业强国迈进。各部门、各企业必须清醒认识、把握机遇、做好引领。

同时也要保持清醒头脑，看到现实当中一系列的问题：一是当前经济下行压力依然很大，工业经济发展不平衡，资金紧张、生产成本上升加大企业经营压力，要素、环境约束进一步增强等问题突出。二是工业传统产业占比较大，一旦出现增速波动，整个工业经济将受影响。三是海工装备等战略新兴企业还处于新生期，短期内难以形成规模效应。四是金融服务、人才支撑、政务服务等能力建设还不够强，中小微企业融资难、融资贵，担保融资风险大等问题仍然突出。五是企业治理结构不完善，部分企业尚未建立现代企业制度，缺少优秀企业家，企业管理水平不均衡。必须正视问题，看到不足，主动应对，快速解决。

需要特别指出的是，中央经济工作会议，将推进供给侧结构性改革作为今年经济工作头等大事。习总书记指出，供给侧结构性改革，着眼点在供给侧，发力点在结构性，突破点在抓改革，核心是要以改革的办法破除造成发展方式粗放和影响结构优化的体制机制障碍。具体包括“三去一降一补”五大任务。经济发展局负责总牵头，相关部门配合，从供给侧入手剖析我区工业经济运行，拿出切实管用的方案，适时出台实施。

三、深刻把握今年工业经济运行的思路及重点

今年，工业经济运行的总体思路是：全面践行创新、协调、绿色、开放、共享的五大发展理念，围绕建设现代工业体系和绿色循环海洋经济的战略目标，加快工业经济转型升级，保持打“持久战”的耐心，防止“急躁症”，做到耐心、耐烦，同时还要树立打“歼灭战”的决心，加快促进“五大转变”：一是发展方向由传统型向现代型转变，突出现代型；二是

工业模式由粗放型向集约型转变，突出集约型；三是工业生产由粗糙型向精细化转变，突出精细化；四是在实施导向由规模型向质量型转变，突出质量型；五是推进格局由工业大区向工业强区转变，突出由大变强，全面彻底解决工业结构不合理、工业总量不大等“老大难问题”和工业科技含量不高、工业核心竞争力不强等“短板”“短腿”现象。

要按照“五大转变”，进一步统一思想，具体是抓好“六力”建设：

（一）**内生动力建设**。要着眼于市场变化和发展实际，重在化解过剩产能，挤出“泡沫”，剔除“杂质”，压缩低效率的产业，鼓励高效率的投资。市里对此有明确要求，针对那些长期产能低效、安全环保风险巨大的企业，集中化解产能，帮助企业转型升级。区里正在研究划分重点片区，对此类企业不是弃之不管，而是帮助渡过难关，转型步入良性发展轨道。一是优化工业产业结构。加大油化工、盐化工等传统优势产业转型升级，这类企业在滨海比较集中，很多是骨干力量，要考虑从根本上解决问题，实行转型升级。大力发展海洋动力、海工装备、生物医药等战略新兴产业，培育海洋智能、机器人等高新技术产业，适应经济新常态，打造工业新经济，形成工业发展“新强态”。二是专注于工业创新提质。鼓励工业企业改造工艺流程、更新生产设备、推进技术改造，发展高端研发中心，提高自主研发能力。去年国家时隔36年再次以最高规格表彰劳模，今年政府工作报告首提“工匠精神”，都释放了培养高技能人才、打造品质品牌的强烈信号。滨海有海洋科技大学园这一战略平台，要学习借鉴德国、瑞士职业教育经验，全面建设海洋应用型人才培养基地。各企业要大力发扬“工匠精神”，刻苦钻研、精益求精、精雕细刻，提高产品的品质，打造企业的品牌。三是统筹区内优质要素。工业园区、企业要将自身发展与港口、海洋科技大学园、自然空间密切结合，用好区内优质资源和高端载体，借力发力、持续发展。尤其突出用好港口，为企业降低成本。

（二）**外生动力建设**。一是要有战略眼光和格局感。善于借力发力、借势而行、借梯登高，瞄准有利战略契机，尤其是对接“一带一路”、京津冀一体化、环渤海发展区、中韩自贸区、中澳自贸区等国家大战略，获取利于自身发展的战略资源和政策红利，顺势嵌入到国家战略坐标系内，形成工业发展大战略、大格局。二是坚持开放发展理念。深化双向开放发展格局，培育外贸型企业，发展外向型经济，鼓励区内企业跳出滨海，积极大胆地“走出去”，实施跨境并购、在域外开设分厂，不断对外输出富裕产能，从全球范围内统筹配置资源，利用国内、国际两个市场的互补，实现自身壮大发展。

（三）**“招引”能力建设**。要做大工业经济增量，首当其冲就是招商引资。最近，围绕北京、上海、深圳，我们有很多好项目正在加快推进，如北京职业教育研究所项目，拟在滨海设立职业教育中心并组织办学；全国十大高端制造业装备示范园，正在积极争取；深圳通用航空等，正在加紧对接。招商人才配置方面，要考虑集中优势资源，将有招引能力的人才调配到合适的岗位，做到“专业的人干专业的事”。习总书记在全国“两会”期间讲话指出“要充分调动广大干部积极性，不断提升工作精气神。干部干部，干是当头的，既要想干愿干积极干，又要能干会干善于干，其中积极性又是首要的。党组织对待干部，既要严格管理，又要热情关心。要保护作风正派、锐意进取的干部，真正把那些想干事、能干事、敢担当、善作为的优秀干部选拔到各级领导班子中来。”。滨海要积极践行示范，从各方面创造最优环境，让大家干事创业。一是将招商引资内涵、外延扩展开来，在招商项目上，优先对接世界五百强企业，坚持招大引强，招精引尖。近期，省政府与国务院发展研究中心共同举办了2016年中国发展高层论坛“山东之夜”主题活动，与世界五百强企业进行了对接，很多企业对滨海十分感兴趣，表示愿意来看看，科技与商务局要高度重视、跟上对接。在招商内容上，突出招院引所、招才引智，让智力引进和项目引进“并驾齐驱”，提升招商引资的质量和水准。二是按照绿色发展的理念要求，不能“拾到篮子里都是菜”，而是严格设定招商引资的门槛，凡是高耗能、高排放、高污染、违反产业政策的，一律排除在外；对于确定引进的项目，要建立跟踪评估和监测机制，严格保证把关，保证从项目引进到项目落地、投产达效都要实时跟踪，做到透明、公开、科学。三是提升本土企业开放能力，深挖海化、润丰、龙威、海王等本土企业发展潜力，鼓励他们与国内外高端工业企业进行双向交流，积极开拓新兴市场，引进国内外优质资本和先进技术，开展“走出去”“引进来”的双向国际产能合作，实现以商招商、以商强企。四是鼓励中小微企业发展，建设中小微企业产业园，集聚高科技、高成长性、高附加值、高竞争力的中小微企业，培育新的经济增长点。

（四）**财力能力建设**。一是财政投入上，要学会过“紧日子”，不该投的不投，该投的必须投且投好。花钱要花在明处，用到实处，花在刀刃上，提高财政资金使用效率。二是充分发挥国有公司平台作用，对优质资源打包整合，实施市场化运作，大力推行PPP模式，吸纳海量社会资本，保障开发资金总额到位，确保国有资产保值增值。要抓紧成立PPP中心，提高专业化运作能力。当前发行地方债对我们非常有利，国家通过鼓励地方发债拉长时间，减小政府负债压力，要积极申报和用好地方债。要认真研究办法举措，减少新增政府负债，包括：1. 大力推广应用PPP模式，发展公私合伙制。2. 最大限度用好国开行、农发行等国家政策性银行，争取利息低、周期长的政策性资金和基金，支持新农村建设、棚户区改造、旧居住区改造，盐碱地改良等项目。住建部门要抓紧协调，按照“两提升”要求，组织大家洼街道、央子街道提报棚改计划，经发部门要积极研究用好政策，对民生性、基础设施等项目打包整合，能用的政策坚决用好用足。要学习借鉴潍坊金控集团成功经验搞好资本运作，加快发展担保公司、政府引导基金。3. 用好旅游集团、建设集团、滨发公司等国有平台公司，实施公司化、市场化运作，通过独立或联合开发等形式建设。三是探索推进混合所有制经济改革。四是开拓财源，涵养税源，让财源、税源“源源不断”。当前国地税部门面临很大压力，想了很多办法，既培植税源，又支持企业发展。开源节流，重在开源。要正确认识国家“营改增”改革，通俗地说就是企业“原来是连本带利给国家缴税，现在是盈利部分给国家缴税”，是针对第三产业的减税政策，为现代服务业发展营造良好环境，要把握政策意图，完善“双创”机制，鼓励中小微工业企业发展。要从两方面着手，一方面强化财源增长和税源积累，确保现有的财源、税源应收尽收，关键是营造好环境、大力度开源；另一方面，通过工业结构调整，发展工业新经济、新业态和高新产业，做大优质增量，实现财力的有效供给。五是金融创新上，鼓励企业开展多渠道资本运作，不再依靠原来的银行贷款，银行贷款成本太高、不利于企业良性发展，而是谋求新三板、新四板等资本市场上市，提高直接融资能力，促进企业永续发展。

（五）工业基础能力建设。一是注重国家工业政策研究，组织专门的力量，靠上、盯紧，及时把握政策动态，对区内企业进行前瞻指导，及时提高企业抢抓机遇、规避风险的能力。二是借助互联网、云计算、大数据等现代信息技术，建立工业经济信息监测体系，汇聚国内外工业动态、行业讯息和区内企业运行数据，发现问题、及时介入，实施先期调控，保障健康运行。三是着力加强以现代企业家和职业经理人为核心的人才队伍建设。企业发展很大程度上在企业家，我们所缺少的一是现代企业家、一是职业经理人。要健全企业法人治理结构，建立完善现代企业制度，从根本上提高企业的生命力、吸引力、竞争力。

（六）政府服务能力建设。一是优化审批服务，简化流程、优化程序、提质增效，同时简政放权，该放就放，提高简政放权的含金量，消除审批"最后一公里"障碍，消除服务短板、盲区，提高办事效率和服务质量。这方面我们搞得不错，推行的"三制三全三〇"效果很好，要继续深化、持续提效。当前，我们多数部门、单位的服务是高效的，但极个别地方也存在一些问题。要重视问题，分析原因，拿出举措，发现一起、曝光一起，努力从根本上消除。二是按照"撬开核桃、因企施策、一企一管"的要求，对区内重点企业、骨干企业、龙头企业进行跟踪服务，并逐步实现服务全覆盖，快速解决问题，解企业之急、克企业之难、破企业之困，把政府和企业命运共同体建设起来。三是各部门、单位要践行"三严三实"要求，积极开展"两学一做"教育，以严的精神、实的作风、硬的服务，推进工作开展，展现全新精神面貌。四是探索建立容错机制。对单位或个人在改革创新、推动发展中出现的工作失误或无意过失，法律、法规未明令禁止，符合上级方针、决策精神的，给予减轻或免除相关责任，以制度的关怀包容，鼓励大家积极作为、敢于担当。

四、全力做好工业企业经济运行工作

要把工业摆在优先发展位置，坚持工业立区、工业兴区、工业强区，精力向工业集中、资源向工业汇集、政策向工业倾斜，推动工业经济质量规模效益全面提升，实现规模化、高端化、品牌化发展。具体指标上，确保全年 GDP 完成 330 亿元、同比增长 13%，规模以上工业主营业务收入 930 亿元、同比增长 12%。以这个刚性指标为大前提，能快则快、能好更好。

（一）扩大有效投入。一是要在坚持质量效益的前提下，把发展重点放在扩大有效投资上，继续加大对"中国制造 2025"、十三五规划、经济社会发展计划等确定的先进制造业、高新技术产业、节能环保等重点领域的投资力度，谋划和实施一批事关滨海长远和全局发展的重大项目，狠抓潍柴重机、石化盐化一体化、新和成药业、弘润重芳烃、普洛得邦、国邦医药、瑞易新能源汽车等全区工作要点中确定的大项目和 2016 年潍坊滨海海洋经济新区 24 个重大项目。加快数字小镇、山东高速物流园、森达美物流园、联兴石油焦交易市场、中储粮潍坊直属滨海库区等项目建设速度，以项目建设拉动投资增长。二是要把工业项目紧紧抓在手里，利用当前项目建设黄金时节，集中资源、力量、时间，推进项目实施。严格"项目化、责任制"要求，项目从洽谈到投产，实行专人包靠、专人专责，以一流服务推动洽谈项目早签约、签约项目快开工、续建项目早投产达效。三是要按照保重点、保续建、保发展的基本原则，对影响企业发展和项目建设的路网、管网、绿化等市政设施优先配套、全力保障，并及早考虑规划综合管网。

（二）推动企业转型升级。一方面，要深入实施创新驱动战略。大力发展国家支持的节能环保、高端装备制造、新能源、新材料、电子信息等产业，扶持与战略性新兴产业相关的科研院所等创新平台建设，支持企业以市场为导向，以创新平台为引领，加大研发投入，加快新工艺、新产品、新业态、新模式的推广应用，打造产学研一体化发展的技术创新体系，全面提高企业核心竞争力。海化、海王、裕源等传统企业要起好带头引领作用。另一方面，要着力研究和解决好持续节能减排倒逼转型发展问题。化工产业是我区经济的传统优势产业，同时也是安全生产、治污减排的重点领域。要做到“四个必须”：必须坚持源头治理，对高耗能、高排放、高污染的新上企业和项目一票否决；必须从严落实节能、环保企业主体责任，加快实现重点企业能耗在线监测和污染物排放实时监测，确保能耗、污染物排放指标持续下降；必须大力发展循环经济，发挥国家级循环化改造示范试点园区优势，抓住全省开展化工行业三年综合整治行动的机遇，加快调整石化盐化产业结构，打通上下游循环经济产业链，助推节能减排工作。节能减排工作，海化集团、联兴碳素、中碳能源、金信达、科伦比恩等公司做得较好，他们在卤水深加工、余热回收利用、餐厨物加工利用、炭黑尾气发电等方面，创造了循环经济的典范。我们还要学习并引进迪拜以海水淡化技术为主导的循环经济理念，增强企业的节能减排意识和能力，创建省级绿色生态示范区、产城融合示范区，促进我区循环经济的发展；必须实施清洁能源替代改造工程，鼓励发展风电、太阳能、地热能等清洁能源，实施新一轮“煤改气”工程，快速解决煤炭等一次能源占比过高的问题。职能部门要抓紧研究提出煤炭消费减量替代方案，严守控煤上线，确保全年节能减排目标任务完成。

（三）加强运行要素保障。基础要素保障方面，抓好企业水、电、燃气、资金等生产要素的保障协调，加快潍坊港、鲁辽陆海大通道建设和山东高速物流园等交通功能配套，有效降低企业运营成本。服务保障方面，建立企业“问题库”，实行重大直问题直报，成立协调解决指挥中心，协调职能部门快速解决；建立企业“智力库”，即强化政策研究力量，通过微信公众号、门户网站等载体，及时发布工业指导信息，定期对重点行业和要素市场做出前瞻判断，为企业投资、生产、转型提供帮助。人才保障方面，加强企业家培训，依托潍坊创业大学等平台，强化企业培训辅导、企业管理、财税知识、创新创业、政策法律等专项服务，打造一支优秀的企业家队伍。同时加大产业领军人才、关键人才、高端人才以及职业经理人的引进力度。学习保障方面，要学习贯彻习总书记重要批示精神、重温《党委会的工作方法》，善于当班长、学好“弹钢琴”，把握工作韵律和节奏，抓紧中心工作，有问题摆到桌面上，善于团结意见不同的同志一道工作，取长补短、互相进步。要开展学习型政府、学习型机关、学习型企业建设等系列活动，谦虚谨慎、戒骄戒躁，全面及时掌握新战略、新理念、新政策、新知识，做到一手抓经济（工业）、一手抓学习，实现干学结合、学以致用。

（四）全面抓好环保安全工作。绿色发展

是必由之路。要按照市里新一轮环保行动总体要求，瞄准更高目标，开展综合整治，着力补齐短板，实施好“十大工程”。主要目标是，全面完成“十三五”总量减排任务；市控以上重点河流稳定消除劣五类水体，达到环境功能区划标准；主要大气污染物比2010年改善50%以上，环境空气质量基本达到国家二级标准。要秉承安全发展理念，始终坚持“三个一切”标准，即安全高于一切、先于一切、重于一切，多想几个“有可能”，多想几个“怎么办”，除隐患，抓预防，保安全。要严格落实安全生产责任制度，全面排查整治安全隐患，提升应急处置能力，坚决杜绝各类安全事故发生，确保安全生产持续平稳。企业都负有落实安全环保工作的主体责任，希望大家时时刻刻绷紧安全弦，分分秒秒绷紧环保弦，夯实企业发展的安全环保基础。

同志们，做好工业经济运行工作，任务艰巨、责任重大，事关滨海开放开发全局，事关海洋经济新区和现代工业新城建设目标的顺利实现。我们必须要振奋精神，扎实苦干，团结进取，抓企业、推项目、提服务，确保年度任务目标圆满完成，全面开创新区建设、滨海开放开发新局面！

专　记

潍坊滨海年鉴

2017

WEIFANGBINHAI YEARBOOK

专　　记

构建现代产业体系　打造产城融合示范区

一、加快构建现代产业体系

按照实力滨海要求，将培育壮大产业摆在突出位置，坚持工业强区战略，围绕“三中心三基地一园区”不断优化产业布局，强化政策引导，突出科技创新、龙头企业培育、大项目支撑，初步形成以工业为主导，服务业和农渔业融合发展的格局。现代化产业体系构建取得明显成效，形成了以现代农业、海洋动力装备、海洋化工、节能环保、生物医药、新能源和新能源汽车、现代服务业等产业为发展重点的现代海洋产业体系。

（一）**现代农业**。按照体现特色，三产融合的发展理念，着力发展现代渔业，全区形成近海养殖、捕捞及渔业深加工为主的现代渔业体系，全产业生产总值35亿元、年销售收入32亿元、实现利税5亿元。加快渤海湾渔业专业化交易中心和潍坊渔港的建设，潍坊渔港建成投用，与央子渤海水产品交易市场互补互动，实现“港口—市场”一体依托的格局，初步形成了以水产品为主的现代渔业产业链。大力推进万亩“海上粮仓”建设，建成龙威现代渔业园等3个共11万亩的海洋牧场，开展增殖放流、增设人工渔礁。目前，区内有省级无公害绿色水产品基地11万亩、国家级无公害水产品17种，已形成20多万亩的养殖规模，各类经济贝类年产6700多吨，鱼类养殖260多万尾，水产品年产量超过10万吨。

（二）**传统产业**。近年来，滨海区以绿色化工产业园为依托，加快新旧动能转换，促进转型升级、提质增效，大力发展石化盐化一体化及关联产业，已培育形成海洋化工、石油化工及关联产业，全区生产企业218家，规模以上企业150多家。2016年，全区规模以上化工企业实现主营业务收入650亿元，占规模以上工业的75%。

（三）**战略新兴产业**。主要是立足滨海区基础优势和未来产业发展方向，集中培强做大海洋动力和装备制造、生物医药、节能环保、新能源等四大战略性新兴产业，加快形成支柱产业，抢占未来发展的制高点，全面提升产业层次和竞争力。1. 海洋动力和高端装备制造产业。已初步形成产业链条较为完善的产业集群，是全区重点产业。已聚集企业40余家，拥有省级以上研发平台3家，组建了山东半岛蓝色经济区海洋动力装备产业联盟、潍坊市海洋动力装备创新中心。重点企业有潍柴重机、华创机器人、瑞驰汽车。2016年，海洋动力和装备制造产业实现主营业务收入75亿元，同比增长36%。潍柴重机是目前国内产品系列最全、功率覆盖面最宽、应用领域最广的船舶动力和发电机组供应商。生产的中、高速柴油机、发电机组及动力集成系统覆盖30—12000马力，是全球航运和能源电力市场处于国际领先地位的绿色动力提供商。2. 生物医药产业。

以潍坊滨海绿色化工园为核心聚集区，以山东新和成、国邦药业、普洛得邦等为主导，加快企业转型发展，加快项目聚集，扩大产业规模，积极培育华辰生物等一批以蛋白质药物、兽药、动物保健品、维生素原料为核心产品的中小型药企。3. 节能环保产业。以转型发展为主线，以创建国家级园区循环化改造示范试点园区为契机，强化龙头企业带动，全区现有节能环保企业11家；其中，山东天维膜为市级节能环保产业龙头，联兴新材料股份有限公司、中碳能源（山东）有限公司、佛士特环保、金信达、光大环保等5家企业为区级节能环保龙头企业。全面落实税收优惠政策，重点围绕节能环保方面资源综合利用企业，助推节能环保产业发展，近几年来，共有12家企业获得约5000万元的税收优惠。4. 新能源产业。立足沿海优势，以海港经济区为核心区，大力发展太阳能、风能利用相关产业，开发建设光伏发电和海水淡化等新能源项目。华能、国电、中海油等3家风电及景世乾等3家光伏企业项目已经并网发电，总装机量近270兆瓦。新能源汽车生产企业3家，企业产能持续加速释放。建成充电站4处，布置充电桩44个；行业龙头瑞驰汽车保持产销两旺，实现销售收入6.9亿元，同比增长21%，企业计划明年在现有厂区建设配套园区。

（四）现代服务业。立足自身优势，以省服务业“十三五”规划为向导，适应新技术、新业态、新模式，开展服务业领域供给侧改革，重点突破现代金融、现代物流、现代旅游、健康养老等领域，支持企业产品标准化、品牌化，经营网络化、连锁化，加快从服务业新兴业态的“跟随者”转变为“领跑者”，引领并创造新消费，抢占价值链高端。1. 依托潍坊港，发展临港物流产业。发挥腹地广阔、产业基础良好、交通运输便捷完善的综合优势，抓住“一带一路”、中韩中澳自贸区建设战略机遇，以5万吨泊位投用和多条客货滚装航线开通为契机，加快潍坊港、潍坊渔港、综合保税区北区及港口配套设施建设，全力打造集海运、公路、铁路、管道于一体的海陆空现代临港物流枢纽，构建起海陆相连、便捷高效的现代物流网络。引进、规划建设一批产业集聚、功能集成、经营集约的现代交易中心及物流交易平台、采购分销平台、电子商务产业园、临港物流园等物流配套设施和专业市场，提升物流信息化水平，大力发展现代物流、甩挂物流、航空物流、冷链物流，预计全年实现总产值30亿元、利税5亿元。2. 依托省级旅游度假区，发展滨海旅游产业。顺应从观光旅游向休闲旅游转变的趋势，以旅游度假区为主体，进一步推动旅游要素交易、文化创意、体育运动等现代旅游业发展，拓展产业链条，推动滨海旅游与休闲体育、时尚文化、商务会展互动发展，打造环渤海休闲旅游度假基地。以“黄河三角洲魅力海岸”综合开发为抓手，以马来西亚馆、渔盐文化主题公园、滨海湿地主题公园、旅游海岛吹填及北海观音、白浪河亲水沙滩等一批旅游景点为载体，积极引进国内外知名旅游综合开发企业和文化创意企业，引进建设奥特莱斯商业综合体和嘉年华游乐园项目，全力推进景观道路、旅游安全设施、停车场、旅客集散中心、购物场所、商务酒店等旅游设施配套，着力提升服务功能，提高旅游层次和服务水平。推动文化旅游融合发展，成功举办潍坊国际风筝会、风筝冲浪世界锦标赛、国际马术节等国际性赛事和渔盐文化节等特色节会活动，风筝放飞场、风筝冲浪基地景观提升等工程建成投用，欢乐海温泉度假酒店、华谊星剧场、游艇码头等旅游项目加快建设，年接待游客突破260万人次，年实现旅游销售收入10亿元。3.依托海洋科技大学园，发展海洋科教研创产业。按照“全方位、全领域、全过程、全环节”四个全面创新的要求，以山东海洋科技大学园、山东（潍坊）公共实训基地为龙头，大力发展以公共实训、科研服务、企业孵化、创意设计为主要内容的科教服务业，大力构筑现代职业教育体系，培养海洋经济应用型人才，利用互联网打造校企合作平台，在企业人才需求、职业学校专业设置和学生求职信息之间实现有效对接，推动区域产业转型、经济快速发展，实现职业教育与区域经济一体发展、互促共进的良性格局。

二、“蓝黄”战略实施

2009年12月，“黄河三角洲高效生态经济区发展规划”上升为国家战略，滨海区被确定为黄河三角洲“四点四区一带”优先发展区域之一。2011年1月，《山东半岛蓝色经济区发展规划》获国务院批复，潍坊滨海海域、潍坊滨海海洋经济新区、潍坊滨海产业园分别列为蓝色经济区规划中的“九个集中集约用海片区”和“四个海洋经济新区、三个中外合作产业园”之一。“蓝黄”规划实施以来，滨海区的生态建设和环境保护得到加强，基础设施建设日新月异，园区建设高效推进。高效生态农业、环境友好型工业及现代服务业得到长足发展，开放型经济体系初步构建，规划所确定的目标任务全面完成。

（一）主要经济指标实现倍增。2016年，全区实现地区生产总值303.32亿元，比2009年增长2.02倍，年均增长17.1%；规模以上工业增加值完成220.8亿元，比2009年增长1.64倍，年均增长14.8%；社会消费品零售总额达24.2亿元，比2009年增长2.94倍，年均增长16.7%；地方财政收入达33.1亿元，比2009年增长2.56倍，年均增长19.84%。其他各项指标均实现快速增长，完成了“蓝黄”规划确定的主要目标任务，开拓了全区经济社会发展新局面。

（二）现代高效生态产业体系特色鲜明。以建设“实力滨海、活力滨海、文化滨海、品质滨海”四个滨海为重点，全力推进“三中心三基地一园区”（即打造建设现代化航运物流中心、海洋旅游度假中心、海洋科教研创中心、国家高端装备产业基地、高端石化产业基地、临港海洋精细化工产业基地和中外合作产业园）建设，加快推动产业转型升级，加快新旧动能转换，培育壮大了海洋动力装备、智能装备、海洋生物医药、临港物流、滨海旅游、科教服务等中高端产业集群，按照三年翻一番，五年百千万的目标，着力打造“百亿企业群、千亿产业链、万亿经济区”，打造国家级产城融合示范园区。

（三）循环化经济取得重大突破。以园区循环化改造为契机，强化企业的主体地位，推动工业转型发展。全区化工企业均将废弃物再利用作为降低成本、减少排放、提高产业水平的重要举措，采取有效措施提高资源循环利用占比，有50%以上的化工企业形成了内部小循环，30%的企业参与了园区大循环体系。山东新和成药业有限公司建设的危废资源减量化项目将生产过程中的化工渣、有机废液进入焚烧炉焚烧处理，副产蒸汽供给厂内使用，不仅实现了废弃物的资源化利用，年还可实现收益2914万元；潍坊金信达生物化工有限公司餐厨废弃物资源化利用和无害化处理项目，按照“政府推动、市场运作、社会参与”的原则，在多个社区设置回收站点，推动了再生资源回收行业向规模化、连锁化、产业化方向发展；山东海化氯碱将生产中富余的氢气引至热电公司锅炉掺烧，每年可节约标煤20642吨，创造经济效益1450万元。

（四）**生态文明建设深入人心**。坚持陆海统筹、海河联动、一体治理，着眼从根本上系统解决生态环境问题，创新环境治理模式，深化“三八六”环保行动，实施“十大工程”，深入推进大气、水、固废综合整治三项任务，切实提高环境治理科学化水平和整体成效，紧抓异味、污水、固废专项整治，2016年蓝繁天数达234天。

（五）**体制机制创新走在前列**。在重点工作推进上，按照“围绕中心、突出重点、集中资源、强力推进”的原则，成立重大项目建设与产业链重整指挥部、党建作风建设、交通及基础设施配套建设、生态绿化建设、中央城区综合提升、中外合作高端产业园招商开发、招商和重大项目服务、文教旅游发展等8大指挥部，指挥部总指挥由区主要领导担任，工作变单兵作战为联合突破，形成整体推进合力，确保较短时间内各项工作实现快提升、大突破。在优化营商服务环境上，全面实行工作项目化管理、片区园区化开发、园区公司化管理，推行“三制三〇三全”服务机制、“三张清单”和“四个工作日”服务模式，率先探索实行“一份清单管边界、一个印章管审批、一个部门管市场、一支队伍管执法”“五证合一”登记模式，依法依规进行体制机制创新，最大限度地释放改革红利。突出招商引资，出台了《滨海区加快项目聚集推动蓝色跨越22条（试行）》，以更实的政策、更大的优惠鼓励和吸引优秀企业家、创新创业人才到滨海区干事创业，扩大对外开放水平，加快项目汇聚，推进中央城区人气、商气迅速集聚，进一步优化投资兴业环境，加速蓝色跨越。与2010年相比，潍坊滨海的地区生产总值、工业增加值、财政收入等主要经济指标实现倍增，已成为带动潍坊市加快发展的重大引擎。

三、产城融合示范区建设

2015年8月，滨海区全面启动国家级产城融合示范区申报工作；2016年9月，国家发改委正式批复以滨海区为主申报的“潍坊市产城融合示范区”为国家级产城融合示范区，赋予“健全协调推进产城融合发展的体制机制，推动绿色低碳循环发展”的示范任务。国家级产城融合示范区获批后，滨海区正式向省发改委上报产城融合示范区建设实施方案并获批，同时按照产城融合发展思路，开展了空间布局优化和产城融合示范区建设工作，成效显著。

（一）**产业实力进一步提升**。以建设“实力滨海、活力滨海、文化滨海、品质滨海”四个滨海为重点，全力推进“三中心三基地一园区”（即打造建设现代化航运物流中心、海洋旅游度假中心、海洋科教研创中心、国家高端装备产业基地、高端石化产业基地、临港海洋精细化工产业基地和中外合作产业园）建设，加快推动产业转型升级，加快新旧动能转换，培育壮大海洋动力装备、智能装备、海洋生物医药、临港物流、滨海旅游、科教服务等中高端产业集群，按照三年翻一番，五年百千万的目标，着力打造“百亿企业群、千亿产业链、万亿经济区”，建设成为国家级产城融合示范园区。

（二）**城市功能进一步完善**。按照优先发展、适度超前，科学布局、逐步优化原则，坚持海陆统筹、产城一体，补齐城市功能、基础设施、生态建设等发展短板，加快创建国家产城融合示范区，实现产业发展、城市建设和人口集聚相互促进、协调发展；公共产品和优质服务供给能力进一步加强，建成一批以筑梦广场为代表的“吃住行、游购娱”等生活性服务业和以联兴电商物流、金融中心为龙头的电子商务、现代物流、现代金融、服务外包等生产性服务业项目，形成了全产业链的生产性服务业和全覆盖的生活性服务业产业。进一步提升城市形象、完善城市功能，形成以山东海洋科技大学、金融中心、数字小镇等一批聚集人气商气的项目，吸引力和承载力不断提升；完善设施配套，坚持地上地下一体规划、统筹推进，提高投资的有效性和精准性，地下设施抓超前配套、一次到位，地上设施抓重点区域、关键节点改造提升，不断提高基础设施网络化配套水平，建成以潍坊港、潍坊渔港、长江大街、白浪河大桥等为代表的一批重点项目和重大区域工程，以“窄马路、密路网”为标准，支撑保障能力进一步增强。

（三）**生态文明建设深入人心**。坚持陆海统筹、海河联动、一体治理，着眼从根本上系统解决生态环境问题，创新环境治理模式，深化“三八六”环保行动，实施“十大工程”，深入推进大气、水、固废综合整治三项任务，切实提高环境治理科学化水平和整体成效，紧抓异味、污水、固废专项整治。

四、新旧动能转换

为全面贯彻落实中央和省、市战略部署，加快全区新旧动能转换步伐，实现市第十二次党代会确定的“走在前列、起好带头作用”目标要求，科学编制了《滨海区新旧动能转换重大工程实施规划》《滨海区新旧动能转换建设总体方案》《实力滨海及品质滨海五年规划、三年目标和2017年任务》等规划，全面开展新旧动能转换工作。

（一）**优化区域产业布局**。根据全区产业基础、区位条件、资源禀赋和城市空间，确定构建“三中心三基地一园区”产业布局的目标，进一步明确主攻产业方向及关联产业。

“三中心”，就是以潍坊港为依托的现代航运物流中心、以海洋科技大学园为依托的海洋科教研创中心、以旅游度假区为载体的海洋旅游度假中心。航运物流中心着力发展区域物流、保税物流、国际物流、临港物流及加工配送、高端加工制造、船舶修造等临港产业。海洋科教研创中心，以山东海洋科技大学、山东（潍坊）公共实训基地为龙头，加快院校院所聚集，重点发展实习实训、研发设计、科技成果转化、产业孵化、信息技术、职业教育与培训等科技、文化和创新服务。海洋旅游度假中心，主要加快实施20公里黄金岸线综合开发工程，重点发展生态湿地、黄金岸线、海上观光、渔盐文化等特色旅游产业，加快推进旅游地产、特色餐饮、休闲度假等产业发展，打造服务省会城市群经济圈、面向国内外的滨海旅游休闲目的地。

“三基地”，就是临港海洋精细化工基地、高端石化产业基地、国家高端装备制造产业基地。临港海洋精细化工基地主要依托现有产业基础和特色优势，积极推动石化盐化融合发展、资源循环利用，重点发展高端精细化工、石油化工、医药化工等产业，发展附加值高、利润高的精细化工产品，形成特色显著、优势突出的海洋生态化工产业集群，建成国内领先、世界一流的高端海洋精细化工产业基地。高端石化产业基地，重点发展石化高端产业，最大限度延伸产业链条，形成特色显著、优势突出的基础主导产业集群，打造世界一流高端石化产业基地。国家高端装备制造产业基地主要是依托潍柴重机等龙头项目，发展海洋油气开发装备、临港机械装备、海水淡化装备、海洋电力装备、海洋仪器装备、环保设备与材料制造等产业。

“一园区”，就是中外合作产业园。重点是

抓住用好“一带一路”、中韩、中澳自贸区等国家战略带来的政策和机遇，推动国内外优质资源和先进要素向园区集聚，特别是鼓励引进欧美、日韩等投资机构或企业集团进行片区整体开发，借势借力、加快突破，发展特色显著、优势突出的中外合作“园中园”。

（二）推动产业结构优化提升。一是大力实施产业链重整工作。聘请石油和化学工业规划院、国家发改委宏观院对全区现有产业链进行梳理，明确优势、找准短板，确定目标定位、主攻方向和发力点，提高全区的产业层次和竞争力。二是推动化工产业转型。借助全省化工产业安全生产转型升级五年专项行动，通过提高准入门槛、上大压小、培优做强等措施，逐步降低全区化工产业比重、提高高端装备制造业和现代服务业比重，实现一二三产业融合发展。三是着力培育龙头企业。突出重大项目支撑引领，全力推进总投资2450多亿元的80多个重大支撑项目，打造一批综合竞争力强、品牌度高的大型龙头企业和骨干企业，构建起抵御市场风险能力强、引领全区发展的产业体系。四是加大科技投入和技术创新。筛选区内鼎成新材料、红旗机电等企业，加快建设华芯产业园、华尚科技园等在建项目，推生一批科技含量高、市场前景好的一批中小企业，支持鼓励加大研发投入，发展产业链“微笑曲线”两端、价值链高端企业，加快传统动能改造提升；近期重点实施工业机器人替代换岗、污水处理站升级改造等37个、总投资5.2亿元的工业技改升级项目。五是积极推进去产能工作。开展低效项目、僵尸企业两年清理行动，对全区144个低效项目和僵尸企业逐个制订方案，年内完成清理115个以上（已完成62个、占年度计划的56%），为优质项目落户和产业转型腾出发展空间和资源要素。六是积极培育战略新兴产业，按照“两化融合”要求，重点做大做优生物医药、电子信息、节能环保产业，着力培育人工智能、信息生物跨界融合产业，增强全区发展的后劲和韧劲。

（三）大力推进能源结构调整。着眼于改善区域环境质量、打造良好的区域生态，积极推进“气代煤”“气代电”工作。一是煤炭减量替代方面，坚决推进燃煤锅炉全部“清零”行动，对全区10吨以下的80台燃煤锅炉全部淘汰，有序推进燃煤发电机组淘汰替代，确保三年内燃煤锅炉（火电厂）淘汰一半以上，五年内全部清零。二是农村散煤清洁化治理方面，推行工业余热集中供热，不能集中供热的优先使用天然气、光伏电等清洁能源保障农村用能需求，对条件不具备的农户推广型煤、蓝炭，全区农村每年至少推广10000吨型煤、1000台专用炉具，制订专项工作方案，明确责任，确保五年内农村用煤比重降至10%以下。三是增加气源，加快全区天然气管网布局，确保“十三五”末，实现天然气全覆盖、稳定供应。

（四）着力完善城市功能。一是优化城市布局。遵循产城融合发展规律，确定“一心三极”的城市发展空间。“一心”即集中突破中央城区，实施“三年行动计划”，通过PPP、企业自主建设等模式，集中建设企业总部、商住综合体、医养综合体、学校等21个项目，建成一批区域道路、实施片区景观绿化，完善居民生活设施，打造全区城市经济发展的“心脏”。“三极”分别是以央子镇区、大家洼镇区和欢乐海为中心的城市组团。央子组团着眼于建设滨海区“门户”，提升改造现有城市设施，完善市政基础设施，强化旅游服务设施，着力打造盐温泉小镇品牌。大家洼组团以提升市容市貌为主，进一步优化城市布局，提升服务功能，为周边产业园区提供支撑。欢乐海组团，以打造滨海旅游名片为着眼点，进一步加强旅游设施建设，强化宣传策划和品牌包装，建设区域旅游目的地。二是全面提高海滨城市品牌形象。着眼于海滨城市定位，充分借助区内地热、盐、沙滩等海洋资源，加强白浪河与欢乐海的呼应联动，强化城市设计，凸显海洋元素、海洋韵味，全方位提高海滨城市品位和层次，大力塑造城市品牌。三是强化城市生活设施建设。按照适当超前、引领城市建设的原则，有序建设学校、医院、影院、图书馆、大型商场超市、居民休闲中心，优化配齐公交站点、建设轨道交通，形成多样化的出行方式；增加养老院、社区服务中心、社区医疗服务中心等与民生息息相关的生活设施，打造15分钟便民生活圈。

（五）全面强化重大基础设施支撑。着眼于补短板，综合推进重大基础设施建设，为新旧动能转换提供保障和支撑。一是加快港口建设。在完成3.5万吨航道建设的基础上，尽快完成5万吨级航道建设，适时开展10万吨航道论证和手续报批；完善港口设施和功能，增加国内外航线，形成集集装箱、散杂货、液化品、客货联运的多功能港口，强化与周边港口的联通互动，打造引领区域发展的“龙头”。二是加快交通路网建设。主要是积极推进京沪高铁二线、黄大铁路、环渤海高铁，尽快完成区内的疏港铁路建设，推进环渤海高等级公路和区内的一批道路建设，形成便捷高效的交通网络。三是构筑多渠道的能源保障体系。抓住国家电力体系改革的机遇，综合推进直购电、区域增量配网、售配电等改革，约30%企业参与用电直接交易，有力地促进了外电进入。大力发展风电和光伏电，全区风电装机容量174兆瓦、光伏发电装机容量96兆瓦、在建86兆瓦。四是强化淡水供应保障。第二平原水库已基本建成，新增库容1800万立方米；2处大型海水淡化项目正在建设，日增淡水10万立方米。全区分批建设雨污分流系统，新增雨污分流管道270多公里；全面推广废水循环利用，工业废水循环利用率达43%。

（董广明　秦绪兰　王春生）

盐业发展（专营）在滨海

滨海区位于渤海莱州湾南岸，区内盐业历史悠久，滩涂广阔，资源丰富，气候宜人，交通便利，为盐及盐化工生产提供了得天独厚的条件，特别经过新中国成立以来60余年的发展，已成为全国县级最大的盐及盐化工生产基地。

史载“夙沙氏煮海为盐”，说明早在5000多年前，沿海一带先民即煮海为盐，《尚书·禹贡》中有海岱惟青州……“厥贡盐絺”的记载，说明4000年前即有成规模的盐业生产。西汉中元二年（公元前148年），北海郡首设盐官。据《山东省盐业志》记载，元二十六年（1289年）山东辖盐场19处，固堤场为其中之一。原盐生产工艺经历了由煮盐、煎盐、熬盐、晒盐的发展演变。春秋时期为煮盐，汉代为煎盐，汉末至明代由煎变熬，明末清初熬晒并举，清代中叶以后全部改为晒盐。受历史条件局限，盐业生产技术落后，生产规模偏小，清代至民国期间，原盐年产量不超过3000吨。

自春秋开始至新中国成立前，盐业运销体制由官营专卖、间接专卖、官督商销交相沿用。春秋战国时期，管仲首创盐法，以民治为主，官制为辅，所产之盐，概有官收、官运、官销，是寓税于价的国家专卖制。西汉元封元年（公元前110年），实行官营专卖制，官制、官收、官运、官销。东汉至南北朝时期，官营专卖与征税制交相沿用。唐宝应元年（公元762年），实行民制、官收、商运、商销的间接专卖制。明万历四十五年（公元1617年），实行官督、商收、商运、商销制，直至清代。

为确保盐税收入，历代封建王朝均将私盐作为严禁之列，实行严刑峻法。汉代规定，不计私盐斤两多少，并处极刑。唐贞元年间，法定盗卖盐一石者死，元和年间减死罪为流放，宣宗时立新法规定，盗盐身带弓箭者判处死刑。为实施盐法律令，历代官府专门设有缉私机构，配有缉私人员，查缉私盐。西汉中元二年（公元前148年），官府在沿海设置盐官，掌管督促制盐、收盐、催办盐课、缉私等事。

古代实行民制盐为主、官制为辅、官收官销，任民自行户销，产销全部官营，民制官运官销，民制、官收、商销，民制、商收、商销等体制。民国时期，盐田仍属私有，盐滩归属大摊主或盐民。抗日战争后期和解放战争时期，中国共产党领导的潍北抗日根据地，组织沿海人民发展盐业生产，当时从事盐业生产的盐民有盐业生产专业户、盐农兼营户，还有农、盐、渔兼营户。

新中国成立后，根据全国首届盐务会议决定，对盐业生产按照“公私兼制、按销定产，提高质量，增加产量，减低成本”的方针和发展集中滩，限制分离滩的要求，对一些地方地销有余而对外运输困难的小盐场，通过救济补偿、贷款或分给土地等办法，进行减产专业。盐业生产逐步纳入有计划的发展轨道。1951年，根据这一方针，潍县盐业全部减转。

1957年，全国盐业出现产不敷销的局面。根据国务院“恢复与发展民营盐滩”的指示，山东省盐务局制定了恢复、扩建、新建盐田方案。根据方案，1958年成立潍县泊子盐场实施复滩工作，同时成立潍县盐务科。同年，国家大型盐场——山东羊口盐场动工兴建。

1960年，全国原盐产大于销，贯彻中央“压缩基本战线建设”的指示，山东羊口盐场东半场停建，重点进行西半场的收尾、填平、补齐和配套工程。1962年，潍县压缩盐田面积13.57公顷。1963年，国民经济开始好转，盐业生产得以恢复。

1966—1978年，根据国家轻工业部有关海盐“双革”的知识和老滩改造以“盐田结构合理化、工艺科学化、生产机械化，集中扬水、集中制卤、集中结晶、集中堆坨”为标准的要求，实施老滩技术改造，将分散凌乱的老式盐田改造成现代化的新式盐田，同时大力推广“新深长”结晶新工艺，大幅度提高了盐业的技术装备水平。自1970年开始，先后兴建一批社队盐场。1976年，山东羊口盐场开始实施东半场一期续建工程。

1978年，为适应盐业发展需要，潍县革命委员会盐务局成立。1980年改称潍县盐务局。

1981—1985年，是盐业限产减转阶段。由于20世纪70年代后期过度发展社队盐场，造成原盐产大于销，产品积压。根据山东省盐务局的限产减转要求，国有和县属集体以上盐场实行限产，未经批准擅自建设的社队盐场实行减转。全区共减转盐田225.09公顷。

1983年，潍县撤县设区。1984年，潍县盐务局更名为潍坊市寒亭区盐业公司。

1986 年，盐业产销形势好转，新上一批基建技改项目。1992 年，寿光县第一养殖公司在进行纯碱废清夜兑卤晒盐实验成功后，围海建坝大规模建设盐田。同年，国家大型项目潍坊市寒亭盐场（百万吨盐场）开工建设，原盐生产规模进一步扩大。与此同时，各盐场大力推广塑料薄膜盐田铺底防渗技术和塑料薄膜苫盖结晶池技术，大幅度降低了卤水渗漏，实现了“常年晒制，四季产盐，优质、稳产、高产”的目标。

1995 年，国家对两碱工业盐价格和供销办法实行改革，由原来的计划分配改为产销直接见面合同订货。此项改革，是盐业的一次历史性转折，标志着工业盐由长期实行的计划经济体制转变到社会主义市场经济体制，使盐业生产企业走向市场参与市场竞争，成为自主经营、自我约束、自我发展、自负盈亏的经济实体。这一改革，极大地提升了滨海区盐业的发展潜力，使其具有的资源优势、成本优势、规模优势充分发挥出来，促进了全区盐业大发展。

1996 年，国务院决定对食盐进行专营，目的是消除碘缺乏危害，保障人民群众身体健康。同年，山东省实施食盐全面加碘项目工程，山东海化集团碘盐厂加碘盐项目被列为十大子项目之一。1997 年，山东省盐务局、山东省工商行政管理局联合发文公布国家食盐定点企业，区内山东海化集团碘盐厂、潍坊市寒亭盐业化工集团公司第一盐场、寒亭区央子洗精盐厂、济南军区政治部驻潍坊海化开发区洗盐厂 4 家企业列为国家食盐定点生产企业。

1999 年，山东省政府印发《关于调整和完善盐业经营管理体制的通知》，全省实行产销合管，省、市、县三级食盐统一批发。寒亭第一盐场、寒亭区盐业公司、海化开发区盐业公司分别于 2001 年 1 月、2 月和 2002 年 7 月上划为山东省盐业总公司的直属企业。寒亭区盐业公司、海化开发区盐业公司同时加挂盐务局牌子，授权行驶当地政府盐业行政主管机构的职能，负责本行政区域内的盐业行业管理、盐政执法和食盐专营的行政管理工作。经营管理体制的理顺，为加强行业管理，特别是落实食盐专营和盐政执法工作奠定了基础，提供了组织保证，使盐业步入了全面发展的新阶段。

经营管理体制理顺后，全面落实国家对食盐专营的各项政策。在食盐生产环节，实行食盐定点生产制度，经过逐步优胜劣汰，山东海化集团碘盐厂、山东寒亭第一盐场列入全省 8 家食盐定点生产企业之中，食盐加碘、包装全部实现机械化、自动化；在食盐运输环节，实行准运证制度；在食盐批发环节实行批发证制度；在食盐零售环节实行零售许可证制度。在管理环节，建立了食盐专营统一管理、统一计划、统一供应、统一结算、统一上缴碘盐基金的“五统一”管理制度，使食盐专营逐步落实到位。每年的“3·15”消费者权益日和“5·15”防治碘缺乏病日，开展各种形式的宣传活动，提高群众食用碘盐的自觉性和分辨真假碘盐的能力，食盐计划完成率、碘盐普及率、合格碘盐食用率逐年提高。

2000 年，山东省人大常委会颁布《山东省盐业管理条例》，对盐资源的合理保护、开发和利用，盐产品的生产、加工、存储和销售，尤其是食盐生产、运输、批发和零售的关键环节以及盐政执法，做出明确而严格的规定。2001 年，潍坊市人民政府第 68 号令发布《潍坊市实施〈山东省盐业管理条例〉办法》。条例和办法的出台，为依法治盐提供了可行的法规规范。

2000年前后，大力发展民营经济，允许民营资本进入盐业，在这一政策的指引下，一大批民营企业纷纷投资兴建盐场，盐业经济得到快速发展。

自2001年开始，根据潍坊市政府和潍坊市盐务局的部署，进行盐业产销秩序整顿和组织结构调整。第一步以年产5万吨为标准，采取兼并联合等方式进行企业整合重组。2005年，在全国范围内开展的整顿和规范盐业市场秩序活动，加大了整顿和调整力度。全区由原来的各类型制盐企业、制盐业户、承包体共700余家调整为72家。第二步自2007年开始，贯彻落实国家发改委《全国制盐工业结构调整指导意见》，以年产30万吨为标准继续调整，最终全区制盐企业调整为14家。通过组织结构调整，大大提高了制盐企业组织化程度和生产经营集约化水平，逐步改变了盐业一度存在的“多、小、散、乱”状况和相互冲击、低价倾销、过度竞争的局面，实现了良性发展，提高了盐业经济运行质量和效益。

2008年，潍坊市区划调整，寒亭区央子街道划归滨海区管理。同年，山东省盐务局将潍坊滨海经济开发区盐业公司和潍坊市寒亭盐业公司整建制合并，成立潍坊市滨海盐业有限公司，同时加挂潍坊滨海经济开发区盐务局的牌子，为滨海区的盐业行政主管部门，负责区域内的行业管理、盐政执法和食盐专营等行政工作。2009年，滨海区盐务局举行揭牌仪式。

2009年，滨海区制盐工业结构调整完成时，共有盐田生产面积27600公顷，原盐产能950万吨，占全国的1/6，成为全国最大的海盐产区。2009年以后，随着滨海区发展建设的需要，部分盐田被拆除占用，至2016年底，滨海区共有13家制盐企业，盐田生产面积16300公顷，原盐产能530万吨，占全省的1/4，仍为全国最重要的海盐产区之一。

（冯青春　张建立）

大 事 记

潍坊滨海年鉴

2017

WEIFANGBINHAI YEARBOOK

大　事　记

2016年潍坊滨海经济技术开发区大事记

1月

1月6日　滨海区在创业大厦组织收听收看全国安全生产电视电话会议，会议传达习近平总书记、李克强总理的重要指示批示精神。

1月11日　潍坊市委副书记、市长刘曙光到滨海区调研项目建设，检查考核2015年度落实党风廉政建设责任制情况。

1月14日　潍坊市副市长、区党工委书记王树华到央子街道、大家洼街道就农村城市化、创业增收和基层组织建设进行调研。

1月18日　滨海区“两委”班子在创业大厦召开“三严三实”专题民主生活会。

1月21日　滨海区党工委召开街道、园区党委书记抓基层党建工作述职评议会议，听取街道、园区党委书记抓基层党建工作述职报告并进行评议考核。

1月25日　潍坊市副市长、区党工委书记王树华到中国海油山东海化集团有限公司调研。

△　潍坊市副市长、区党工委书记王树华走访慰问区老年中心管理处敬老公寓五保老人和困难党员。

△　滨海区山东天维膜技术有限公司和山东新和成药业有限公司入选2016山东创新型民营企业名单。

1月28日　省政府安全生产第七督查组组长、省教育厅巡视员徐曙光一行，到滨海区对安全生产工作进行专项督查。

△　森达美香港（海外）有限公司同龙翔集团控股的海外香港投资有限公司在上海举行关于潍坊森达美液化品码头有限公司50%股权转让以及合资事宜的签约仪式。

是月　滨海区在贫困残疾人的就学、就业、就医、生活保障等方面加大帮扶救助力度。其中，从幼儿园到高中在校生免除学费，在义务教育学校随班就读的残疾学生，每人每学年补助600元；普通高中、中等职业学校残疾学生，每人每学年补助1500元；对当年入学的大专以上新生，分别按照大专4000元、本科6000元、硕士研究生8000元、博士研究生10000元的标准予以一次性资助。

是月　潍坊海运学校信息中心与宿舍楼两个项目通过潍坊市建设工程质量安全监督站安全文明工地复查小组的验收，被评为“市级安全文明工地”。

是月　滨海区消协秘书长王海波获中国消费者协会颁发的“消费维权3·15荣誉纪念章”。

是月　滨海区实验小学两科教作品在2015年全国青少年科学调查体验活动中获全国三等奖。

是月 “中国网事·感动山东”2015年度网络任务评选结果出炉，滨海区的“互联网人气教师”李守伟获“中国网事·感动山东”2015年度人物提名奖。

是月 由中国化工新闻工作者协会组织的2015年度全国化工好新闻奖评选揭晓，山东海化集团张勤业采写的新闻《纳滤膜技术再造纯碱工艺》获消息类一等奖。

是月 滨海区第二平原水库项目按照计划顺利完工，达到蓄水条件。第二平原水库即南水北调东线滨海区续建配套二期工程，位于滨海区南部，是滨海区产业发展与新城建设的重要供水保障工程，也是突破滨海淡水瓶颈的龙头工程之一，水库总设计容量1841万立方米，属中型平原水库。

2月

2月2日 兴能电力服务有限公司与滨海区合作的充电桩建设项目在创业大厦举行签约仪式。

2月3日 滨海区对10名立功受奖的滨海籍现役官兵家庭进行走访慰问并赠送慰问金和慰问品。

2月4日 潍坊市委书记杜昌文到滨海区了解重大项目进展、重点企业运行情况，慰问广大干部职工。

2月6日 潍坊市副市长、区党工委书记王树华走访慰问滨海公安干警、武警官兵。

2月12日 第二届潍坊北海民俗祭海节在欢乐海沙滩举办。

2月15日 滨海区在创业大厦召开党工委扩大会议，传达学习中央和省、市系列会议精神，研究贯彻落实意见。

2月25日 滨海区首家“潍坊助农取款服务点”在央子街道崔家央子村开业。

△ 全区公安工作会议在滨海公安分局召开。

2月27日 滨海区举行重点项目集中开工仪式，对山东海洋科技大学、滨海海渔产业园、山东高速交通物流园综合工程等9个重点项目进行集中开工奠基。

是月 滨海区白浪河入海口海岸带综合整治项目施工招标完成。

是月 海化集团工会向企业内省劳动模范发放生活困难帮扶专项资金、向市劳动模范发放职工劳模低收入补助金、生活困难慰问金，“三金”总计44000元。

是月 大家洼街道七里村宋绪娥家中，安装新能源光伏太阳能发电系统。

是月 滨海区志愿者协会被潍坊市委宣传部、市委组织部、市文明办、市民政局、共青团市委等9部门评选为“最佳志愿服务组织”。

是月 潍坊市知识产权局公布2015年度全市专利申请和授权情况，滨海区全年专利申请量增幅、发明专利申请量占比、实用新型专利申请量增幅、专利授权量增幅、实用新型专利授权量增幅五项指标高居全市第一位。

是月 山东祥维斯生物科技股份有限公司在全国中小企业股份转让系统（新三板）正式挂牌公开转让，成为继潍坊联兴新材料科技股份有限公司后，滨海区第二家“新三板”挂牌公司。

3月

3月1日 迪拜投资公司总裁Kalban一

行到滨海区考察。

3 月 7 日 潍坊市委书记杜昌文到滨海区专题调研山东海洋科技大学园建设工作。

3 月 8 日 北京师范大学教育培训中心专家组到滨海区就"北京师范大学滨海国际学校"合作办学事宜进行交流对接。

3 月 10 日 第十届北海渔盐文化节举办。

△ 河北省国家级和省级开发区主要负责人专题培训班学员到滨海区考察。

△ 山东省人大常委会委员、城建环资委副主任委员张秋波率调研组一行，对滨海区贯彻实施《中华人民共和国环境保护法》情况进行专题调研。

3 月 11 日 以色列 IDE 海水淡化技术有限公司（中国）总经理王双成一行，到滨海区洽谈海水淡化项目合作事宜。

△ 滨海区在创业大厦召开党工委扩大会议，传达学习潍坊市委书记杜昌文到滨海调研讲话精神，研究贯彻落实意见。

3 月 14 日 区党工委副书记、管委会主任张恒道调研北海渔村、游艇码头、度假酒店、海洋公园、风筝冲浪基地等旅游重点项目建设推进情况。

3 月 15 日 全区绿化工作会议召开。

△ 区党工委副书记、管委会主任张恒道调研央子片区综合提升工作。

3 月 17 日 区党工委副书记、管委会主任张恒道到临港工业园、海港经济区、科技项目区调研新绿化工、普洛德邦、瑞海化工、浩天化纤等重点企业经济运行及安全环保工作。

3 月 23 日下午 山东省海洋与渔业厅副厅长宋继宝一行来滨海区调研。

3 月 24 日 区党工委副书记、管委会主任张恒道调研公安系统工作。

3 月 25 日 全区工业企业经济运行工作会议召开。

3 月 28 日 滨海区召开国家卫生城市复审迎检工作动员会，部署国家卫生城市复审迎检工作。

△ 滨海区在创业大厦组织收听收看国务院第四次廉政工作会议。

3 月 29 日 潍坊市委常委、副市长孙起生在滨海区创业大厦召开全市开发区转型升级集约服务现场会。

3 月 30 日 潍坊市国家卫生城市复审工作督导组一行到滨海区对国家卫生城市复审工作进行技术指导。

△ 全省首个海港口岸电子智能卡口潍坊港海关监管电子智能卡口通过济南海关验收并正式启用。

3 月 31 日 海化集团召开领导干部大会，中国海洋石油总公司总经理助理、炼化公司总经理、党委书记董孝利，区党工委副书记、管委会主任张恒道出席会议。

是月 滨海区志愿者协会开展"关爱老人，让爱送您回家"黄手环免费发放公益活动，凡患有阿尔茨海默病或记忆力差的 60 岁以上老人，均可免费领取黄手环。

是月 山东省政府公布 2016 年 130 个省重点建设项目名单，滨海区山东新和成氨基酸有限公司 25 万吨 / 年蛋氨酸项目成功入选。

是月 滨海区山东胜伟园林科技有限公司注册的"SUNWAY"商标通过山东省工商局认定的山东省著名商标。

是月 潍坊强源化工有限公司获"山东民营企业公益之星"称号。

是月 山东省教育厅、财政厅联合印发《关于公布山东省第一批技能型人才培养特色名校建设项目验收结果的通知》，首批 13 所山东省技能型人才培养特色名校建设项目通过验收，其中9所学校为“优秀”，潍坊职业学院排名第一。

是月 山东祥维斯生物科技股份有限公司在全国中小企业股份转让系统（新三板）正式挂牌公开转让。

4月

4月8日 董家口港—潍坊—鲁中、鲁北输油管道配套潍坊罐区工程开工启动仪式在滨海区举行。

4月9日 山东海领船舶机械有限公司与孟加拉国客商在滨海区举行挖泥船订购签约仪式。

4月11日 滨海区在创业大厦组织收看市政府廉政工作视频会议，学习贯彻国务院、省政府廉政工作会议精神。

4月1—11日 2016年全国女子手球冠军杯赛在滨海区举行。

4月13日 山东省交通运输厅厅长张传亭率调研组一行到滨海区调研交通运输工作。

4月15日 中国盐碱地产业知识产权保护联盟授牌仪式暨第一届中国盐碱地产业知识产权论坛在潍坊举行。

4月16日 第三十三届潍坊国际风筝会、第十二届世界风筝锦标赛开幕式暨万人风筝放飞表演在滨海区欢乐海举行。

4月18日 第三十三届潍坊国际风筝会暨第十二届世界风筝锦标赛颁奖典礼在滨海旅游度假区举行。

4月20日 滨海区党工委副书记、管委会主任张恒道现场调研大家洼片区改造提升工作。

4月21日 全区廉政工作会议在创业大厦四楼会议室召开。会议主要学习贯彻中央及省、市廉政工作会议精神。

4月23日 2016潍坊风筝大赛成绩揭晓，滨海代表队获县市区（开发区）组团体一等奖以及最佳造型风筝创新一等奖、最佳风筝放飞表演二等奖。

4月25日 全区财税金融和经济运行调度会议召开。

△ 滨海区在创业大厦召开国家卫生城市复审迎检工作调度会议，部署推进国家卫生城市复审迎检工作。

4月26日 滨海区在创业大厦召开党工委会议，学习传达全市“两学一做”学习教育工作座谈会精神，研究贯彻落实意见。

4月27日 全区“两学一做”学习教育工作座谈会召开。会议主要是深入学习贯彻习近平总书记系列重要讲话和关于开展“两学一做”学习教育的重要指示精神，认真贯彻落实中央和省、市委部署要求，对全区“两学一做”学习教育工作进行安排。

△ 滨海区在创业大厦举行全区劳模代表座谈会。会议强调，要弘扬滨海精神，发挥劳模的榜样作用。

4月28日 潍坊滨海旅游集团有限公司臧传奎、潍坊联兴新材料科技股份有限公司刘永启、央子街道丰台渔业村王光涛、山东海化集团有限公司热力电力分公司李世强获潍坊市劳动模范称号。中央商务区开发建设管理服务中心慈海鑫、市中医院滨海分院彭新宇、潍坊（上海）新纪元学校李延芬获潍坊市先进工作者称号。

是月 2015年技师、高级技师社会化考评结果出炉，滨海区26人获技师资格、1人获高级技师资格。

是月 山东（潍坊）公共实训基地项目

成功入选2016年首批国家建设基金项目名单，获国家发改委批复1亿元专项建设基金，专项用于山东（潍坊）公共实训基地的项目建设和平台建设。

是月 滨海公安分局交警部门公布滨海区首批终身禁驾人员名单，周某明、王某海防因交通肇事并逃逸，终身禁驾。

是月 宁波营港利信物流有限公司所属船舶从潍坊港启程前往锦州。至此，潍坊港增开了“潍坊—锦州—鲅鱼圈—龙口”航线，5天一航班。

5 月

5月9日 全国推进简政放权放管结合优化服务改革电视电话会议召开，滨海区在创业大厦组织收听收看。

5月10日 滨海区在央子街道大社区召开国家卫生城市复审迎检工作会议。会议要求各有关责任部门要列出问题清单，确定完成时限。

5月11日 北京国融置地投资有限公司董事长崔伟一行到滨海区洽谈嵩山镇项目建设启动相关事宜。

5月13日 滨海区领导班子成员开展“两学一做”第一次集中学习研讨，围绕“如何做党和人民需要的好干部”作研讨交流。

△ 滨海区在创业大厦召开党工委会议，学习传达全市经济运行分析调度会议精神，研究贯彻落实意见。

5月13日 滨海区在潍坊教育投资发展有限公司报告厅举办PPP项目专题知识讲座。

5月18日 潍坊市公路局、滨海区管委会召开城海快速通道（寒亭—滨海段）规划设计方案听证会。

5月18日 由潍坊市公安局滨海分局执导拍摄的微电影《平凡的坚守》首映。片中所有角色均由滨海分局民警及家属本色出演。

5月19日 山东省政协副秘书长王琳一行在潍坊市政协副主席李传恒陪同下到滨海区调研。

△ 2016城市旅游小姐中日韩三国冠军争霸赛启动仪式在欢乐海沙滩举行。

△ 潍坊滨海城市艺术中心和康体文化区开业启用。

5月24日 大众报业集团党委常委、副总编辑郑立波率考察团一行，到滨海区考察对接文化产业项目合作事宜。

5月25日 潍坊市委原常委、秘书长李光信带领市委离退休老干部一行到滨海区参观考察。

5月27日 加拿大不列颠哥伦比亚省高贵林港市市长格雷格·穆尔一行到滨海区考察港口建设、交通运输、旅游等方面情况。

5月27日 潍坊市副市长、区党工委书记王树华到“两学一做”学习教育联系点牟家河坞村，指导开展“两学一做”学习教育。

5月31日 山东省副省长夏耕率省政府第一督查组到滨海区就外贸外资工作进行专项督查。督查组对滨海区外贸外资工作给予肯定。

是月 由山东省新闻出版广电局主办的第二届“齐鲁书香之家”评选活动日前揭晓。滨海区毛金鹏、邱新慧两户家庭当选第二届“齐鲁书香之家”。

是月 由共青团潍坊市委、潍坊市文明办、潍坊市志愿者协会联合组织开展的2015年全市青年志愿服务先进集体和先进个人评选结果揭晓，滨海区志愿者协会被评为“青年志愿服务先进集体”，滨海志愿者张芸被评为“青年志愿服务先进个人”。

是月 滨海区被山东省科学技术协会确定为山东省“助力地方创新驱动发展工程”示范区。

是月 由省科学技术协会和省教育厅主办的第十六届山东省青少年机器人竞赛在泰安市落下帷幕，潍坊滨海中学代表队在参赛的高中综合技能比赛中获一等奖和二等奖。

是月 潍坊滨海旅游集团申请的10亿元PPN业务通过中国银行间市场交易商协会审批，获得中国银行间市场交易商协会出具的《潍坊滨海旅游集团有限公司关于发行非公开定向债务融资工具的注册报告》。

6月

6月6日 潍坊市2016年“放鱼节”渔业资源增殖放流活动在潍坊渔港举行，100多万单位半滑舌鳎、三疣梭子蟹、海蜇等苗种放入莱州湾近海海域。

6月7日 滨海区设立高考考点，首批近900名滨海考生在滨海中学参加高考。

△ 滨海区至寿光市开通105路、115路城际公交，东、西两条公交线路开始试运行。

6月12日 经管委会研究，决定：潍坊滨海经济技术开发区港航管理服务中心更名为潍坊滨海经济技术开发区旅游度假区防潮堤管理服务中心，调整为区旅游度假区管理服务中心所属事业单位。原区港航管理服务中心承担的“负责港口发展的指导、协调、管理服务等工作职能”，划归由区交通运输局承担。潍坊滨海经济技术开发区金融管理办公室更名为潍坊滨海经济技术开发区人民法院诉讼服务中心，调整为区人民法院所属事业单位。原区金融管理办公室承担的“负责全区金融监管、金融机构协调服务”等工作职能，划归由区投融资管理服务中心承担；原区金融管理办公室工作人员，按照“人随事走”的原则，一并划由区投融资管理服务中心管理。潍坊滨海经济技术开发区轨道交通管理服务中心更名为潍坊滨海经济技术开发区人民检察院检务中心，调整为区人民检察院所属事业单位。原区轨道交通管理服务中心承担的“负责全区轨道交通的指导、协调、管理服务”等工作职能，划归由区交通运输局承担。潍坊滨海经济技术开发区政治工作部群工科更名为干部人才科。潍坊滨海经济技术开发区科技与商务局科技科更名为科技与知识产权科，知识产权与信息管理科更名为外经贸科。成立潍坊滨海经济技术开发区智慧城市发展中心，由潍坊滨海信息科技有限公司举办，为全额利用国有资产按非营利性规则面向社会从事科技公益服务的事业单位，具体业务和运行由潍坊滨海经济技术开发区信息网络管理中心负责指导和监管，不纳入机构编制管理。

6月13日 中国中化集团公司董事长、党组书记宁高宁一行到滨海石油储备库现场调研。

6月14日 山东省海洋与渔业厅厅长王守信一行，到滨海区对涉海项目建设及海域使用情况进行调研。

△ 潍坊市副市长、区党工委书记王树华带领区“两委”班子成员赴高新区考察，学习高新区在高新技术产业发展、大项目建设、全域国际化等方面的先进经验和做法。

6月16日 美国潍坊总商会副会长杨全国率考察团到滨海区参观考察。

6月17日 滨海区党工委理论学习中心

组开展“两学一做”学习教育第三次集中学习研讨。

6月18日 2016年第十二届全国职业院校“新道杯”沙盘模拟经营大赛山东总决赛首次在山东（潍坊）公共实训基地举行。

6月22日 潍坊军分区司令员万伟峰一行到滨海区调研。

6月23日 山东省人民检察院和潍坊市人民检察院联合开展举报宣传周活动，山东省人民检察院正厅级检查员丁伟民一行到滨海区参加活动。

6月27日 潍坊市副市长、区党工委书记王树华到央子街道丰台渔业村走访慰问建国前老党员邢世英、困难党员王延寿。

△ 潍坊森达美液化品码头有限公司5万吨泊位中间交接暨二期库区开工仪式举行，副市长、区党工委书记王树华出席并致辞。

△ 区党工委副书记、管委会主任张恒道先后看望慰问大家洼街道太平村困难党员王俊仁、大家洼街道南陈村建国前老党员王培谦。

6月28日 区纪工委第一次全体会议召开，潍坊市副市长、区党工委书记王树华出席并讲话。

△ 在潍坊市委宣传部和市总工会举办的庆祝建党九十五周年“中国梦·劳动美——颂歌献给党”合唱比赛中，全市15个代表队参赛，滨海区获第二名。

6月30日 全区庆祝中国共产党成立95周年大会在滨海城市艺术中心举行。潍坊市副市长、区党工委书记王树华出席并讲话，区党工委副书记、管委会主任张恒道主持。

△ 直径125米的世界最大无轴式摩天轮最后一组内外弦杆吊装、焊接，轮盘安装完成，摩天轮实现合龙。

是月 潍坊市交通局、滨海经济技术开发区管委会、坊子区政府联合对快速公交城海线规划设计方案进行公示。

是月 滨海区完成2016年上半年免费教育补助资金拨付，拨付款达706万元，符合免费条件的5729名幼儿和高中生获益。

是月 在第七届全省中小学生读书系列活动中，滨海实验小学学生刘金洋的小小百家讲坛《管桦和雨来的那些事》获一等奖、经典诵读《满江红》获二等奖，学生李腾洋的征文获三等奖，教师王键的“寻访红色足迹”活动方案获得优秀奖，教师王雷获得了优秀指导教师奖。

是月 滨海区启动“十三五”期间1：500大比例尺基础地理信息数据更新（2016—2020）。

是月 由潍坊市人社局主办、潍坊职业学院承办的2016年驻潍高校毕业生专场招聘会暨潍坊大学生创业成果展示会在潍坊职业学院滨海校区举行。有500多家企业参会，13所高校参加大学生创业成果展，100多个项目参加展示。

是月 滨海区首个小额冠名慈善基金“布鲁乐谷”慈善基金设立。

是月 滨海区首次曝光2016年以来危化品运输、公路客运等10家重点车辆交通违法企业名单。

是月 滨海区在山东海事职业学院和潍坊职业学院滨海校区设立征兵工作站，两校正式履行大学生征兵工作主体责任。

是月 潍坊渤海实验学校学生刘浩然、潍坊蓝海学校学生王舒彤、潍坊滨海区第一初级中学学生袁华东获2016年度潍坊市百名“美德少年”称号。

是月 潍坊职业学院作为山东省高职组

代表队获2016年全国职业院校技能大赛“渤化”杯工业分析检验赛团体二等奖。

是月 山东省民政厅统一购置街道级北斗报灾终端设备，滨海区实名制配发，每个街道2部。

7月

7月1日 滨海区在创业大厦组织收听收看庆祝中国共产党成立95周年大会。

△ 山东省委常委、常务副省长孙伟到滨海区调研教育、城建及重点项目建设工作。潍坊市委副书记、市长刘曙光，市委常委、常务副市长邹庆忠，副市长、区党工委书记王树华陪同。孙伟对滨海区经济社会发展取得的成绩给予肯定。

7月3日 俄罗斯“伽玛”射线安防有限公司总裁德米特里·季亚科夫、俄罗斯国家联合“标准”有限公司项目总监拉琴科·伊戈一行7人，到滨海区洽谈通用航空整机设备研发制造项目投资事宜。

7月5日 临朐县委书记、县人大常委会主任顾建华率党政考察团到滨海区考察。

7月6日 潍坊市政协副主席、市食品药品监督管理局局长李平一行到滨海区调研重点项目。

△ 滨海区与中兴通讯《战略合作框架协议》签约仪式在创业大厦举行。

7月13日 落实五大发展理念推进海洋新区建设座谈会在滨海区举行。潍坊市委书记杜昌文，大众报业集团党委书记、董事长、总编辑傅绍万出席座谈会。

7月14日 海外人才创新创业潍坊行考察团一行50余人到滨海区参观考察，对接洽谈项目合作事宜。

7月15日 山东省人民检察院党组副书记、副检察长吕盛昌一行到滨海区调研。

7月20日 区党工委理论学习中心组召开专题学习会，交流学习习近平总书记“七一”重要讲话体会。

7月20日 滨海区在创业大厦四楼组织收看全国安全生产电视电话会议暨全省全市汛期安全生产工作电视会议。

7月21日 寒亭区委书记、区人大常委会主任、潍坊经济开发区党工委书记孟晓雷一行到滨海区考察交流。

7月22日 山东省公安边防总队公边37501艇入列仪式在滨海旅游度假区欢乐海游艇码头举行。

7月25日 山东重工集团董事长、党委书记，潍柴集团、潍柴动力董事长谭旭光一行到滨海区调研。

△ 潍坊市关工委主任赵兴涛、市关工委常务副主任刘德成一行到滨海区参观考察。

7月26日 全市关工委工作研讨会在滨海区召开。

△ 滨海区国家生态工业示范园区复审会议在创业大厦举行。

7月27日 滨海区在创业大厦召开轨道交通线网规划专家评审会。

7月29日 全市公安机关庆“八一”座谈会在滨海城市艺术中心举行。

7月27—30日 2016年“中国体育彩票杯”山东省击剑锦标赛在滨海区潍坊体育运动学校举行。

是月 滨海区学生徐玮洁、潘子杰、曹艺萌获“诵读经典传承美德”潍坊市“国学小名士”电视选拔大赛两银一铜奖项和潍坊市“国学小名士”称号。

是月　潍坊职业学院组织申报的“供给侧结构性改革视角下的降低实体经济企业成本研究”等10项课题获2016年潍坊市社科规划重点研究课题立项。

是月　由山东省科学技术协会、山东省教育厅主办，山东省青少年科技活动中心承办的第十六届山东省青少年机器人竞赛在泰安市举行。滨海区滨海中学代表队在综合技能比赛中获高中组一等奖和二等奖，锦海小学代表队在VEX工程挑战赛项目中获三等奖。

是月　山东省人力资源和社会保障厅印发《关于同意齐鲁银行股份有限公司等100个单位设立省博士后创新实践基地的通知》，滨海区山东新和成药业有限公司获批。

是月　在第三十一届山东青少年科技创新大赛中，滨海区潍坊（上海）新纪元学校刘哲宁的《基于超声波的多旋翼无人机自动避障系统》获一等奖，潍坊滨海中学孙艺宾的《酒精灯改良设计》、实验小学王昊莹的《时光穿梭机》获三等奖。

8月

8月1日　联合国工业发展组织亚太处处长王圳率考察团一行，到滨海区就共建绿色工业示范园项目进行考察对接。

8月2日　全区街道和区直部门单位主要负责人向区纪工委述廉述责会议召开。

8月6日　由潍坊滨海旅游集团、城市旅游小姐国际组织主办，城市旅游小姐年度冠军总决赛中国区组委会、中国金桥（北京）国际文化传播有限公司承办的2016城市旅游小姐亚太区冠军争霸赛在滨海旅游度假区举行。最终12号选手孙楠获冠军、9号选手杜雨婷获亚军、8号选手韩宵宵获季军。

8月8日　潍坊市中级人民法院党组书记、院长姜树政率调研组一行到滨海区调研滨海人民法院筹建工作。

8月9日　滨海区在创业大厦召开党工委扩大会议，学习传达全市开放发展会议和县市区长、市属开发区管委会主任座谈会议精神。潍坊市副市长、区党工委书记王树华主持并讲话。区“两委”班子成员，各街道、部门单位负责人参加会议。

8月10日　潍坊港首次操作的冷藏集装箱在大连港周转至“大连—莫斯科”的过境列车抵达满洲里。

8月19日　潍坊市中小学生示范性综合实践基地正式投入使用。

8月22日　全区工会第一次代表大会在滨海城市艺术中心举行。

8月23日　潍坊市委副书记王献玲带领市直有关部门负责人到滨海区就产业发展、项目建设、基础和职业技术教育、海洋旅游等进行调研。

△　国家林业局副局长彭有冬一行就国家森林城市创建工作到滨海区调研。

8月26日　潍坊滨海海洋经济新区建设领导小组成员（扩大）会议在滨海区召开，主要是按照在全面建成小康社会进程中走在前列的目标定位，研究谋划“十三五”期间滨海海洋经济新区建设的重点任务。

△　山东裕源集团有限公司为滨海区8名优秀贫困大学生发放每人5000元的“金秋助学金”。

8月27日　大众报业集团党委常委、副总编辑王修滋带队，大众日报地方记者站及行业记者站站长、资深记者等一行70人，到滨海区进行调研采访。

8月29日 滨海区中小学生健康体检工作正式启动，全区近1万名学生参加健康体检。

是月 由滨海投资发展有限公司发行的2016年度非公开定向债务融资工具（简称“定向工具”或“PPN”）首笔资金到位，总额度为24亿元（首期发行8亿元），票面利率4.5%，期限为5年。

是月 潍坊瑞车汽车系统有限公司的V85车型获潍坊市首届“市长杯”工业设计大赛二等奖。

是月 滨海区“裂殖壶菌产DHA高产菌株的选育及发酵工艺的研究”等8个项目列入潍坊市2016年科学技术发展计划，共获得扶持资金170万元。

是月 滨海区卫生和计划生育局、区公共事业局、区财政局、潍坊市妇幼保健院共同组织实施的全区2016年度适龄儿童免费牙齿窝沟封闭防龋项目完成，全区975名适龄儿童接受了免费牙齿窝沟封闭。

是月 滨海区获批2016年度山东省重点流域水污染防治补助资金245万元，涉及海化集团“石化盐化一体化项目污水处理设施提标改造”和石大昌盛“100万吨/年凝析油分离、深加工生产有机化工原料项目污水处理工程”2个项目。

是月 央子街道村民韩立新、牟海波、徐福玲等11人获评7月份“潍坊好人”，其中韩立新、张可明、陈文淼、李爱萍被评为7月份“潍坊好人之星”

9月

9月1日 第二十二届鲁台经贸洽谈会两岸共建滨海宝岛科技城恳谈会在滨海区举行，会议对园区开发建设、滨海宝岛科技城项目合作进行深入对接。

9月2日 滨海区在创业大厦召开党工委扩大会议，学习传达潍坊滨海海洋经济新区建设领导小组成员（扩大）会议精神。

△ 区党工委理论学习中心组召开专题学习会，原文学习《习近平总书记系列重要讲话读本（2016年版）》。

△ 潍坊职业学院党委书记张洪全一行，到滨海区对接工作。

9月5日 东北大学副校长汪晋宽一行到滨海区参观考察。

△ 全市第十四届各民主党派、工商联负责人学习研讨班在潍坊市委常委、统战部部长张小梅带领下到滨海区参观考察。

△ 中国海洋石油总公司副总经理、党组成员陈壁率考察团一行到滨海区考察。

9月8日 经区管委会研究，决定：设立潍坊滨海经济技术开发区纪工委办公室，正科级规格，配领导职数1正1副；潍坊滨海经济技术开发区廉政效能中心更名为潍坊滨海经济技术开发区党风廉政教育中心，调整为区纪工委办公室所属事业单位；潍坊滨海经济技术开发区党政办公室机要文电科加挂潍坊滨海经济技术开发区政务服务热线受理中心牌子。

△ 潍坊市委老干部局组织部分离退休老干部到滨海区参观考察。

9月9日 滨海区全面实行不动产统一登记。不动产统一登记业务范围包括建设用地使用权、房屋等建（构）筑物所有权、海域使用权、林权、抵押权、地役权的不动产首次登记、变更登记、转移登记、注销登记、更正登记、异议登记、预告登记、查封登记、注销登记以及其他各类登记。

9月10日 经区党工委研究，决定：李复胜任潍坊滨海经济技术开发区政治工作部副主任、党总支副书记，免去山东潍坊滨海经济开发区社会保险事业处党支部书记职务；张加光任潍坊滨海经济技术开发区卫生和计划生育局党委书记，免去潍坊滨海经济技术开发区临港工业园管理办公室党委书记职务；陈伟强任潍坊滨海经济技术开发区信息网络管理中心党支部书记；袁彦成任潍坊滨海经济技术开发区社会保险事业处党支部书记，免去山东潍坊滨海经济开发区政治工作部副主任职务；王永生任潍坊滨海经济技术开发区人力资源管理服务中心党支部书记，免去山东潍坊滨海经济开发区政治工作部副主任科员职务。免去：刘增堂潍坊滨海经济技术开发区卫生和计划生育局党委书记职务。

△ 经区管委会决定，聘任：杨彬为潍坊滨海经济技术开发区潍坊欢乐海省级旅游度假区管理办公室主任；李建华为潍坊滨海经济技术开发区旅游度假区防潮堤管理服务中心主任；袁诚为潍坊滨海经济技术开发区广播电视中心主任；王伟为潍坊滨海经济技术开发区法制教育中心（群众服务中心）主任；张加光为潍坊滨海经济技术开发区卫生和计划生育局（妇幼保健计划生育服务中心）局长（主任）；陈伟强为潍坊滨海经济技术开发区信息网络管理中心（智慧城市建设办公室）主任；袁彦成为潍坊滨海经济技术开发区社会保险事业处主任；王永生为潍坊滨海经济技术开发区人力资源管理服务中心主任；聘任职务聘期三年。免去：高祥潍坊滨海经济技术开发区广播电视中心主任职务；刘增堂潍坊滨海经济技术开发区卫生和计划生育局局长职务；李复胜山东潍坊滨海经济开发区社会保险事业处主任职务；王益东山东潍坊滨海经济开发区劳动就业办公室（人才服务中心）主任职务。

△ 2016世界风筝冲浪竞速锦标赛暨第八届中国潍坊滨海国际风筝冲浪邀请赛在潍坊滨海旅游度假区开赛。本次比赛共有来自法国、美国、泰国、意大利、德国等30多个国家和地区的120多名国际顶级风筝冲浪高手参加。

9月14日 联合国工业发展组织绿色工业园区在滨海区揭牌。

9月15日 2016世界风筝冲浪竞速锦标赛暨第八届中国潍坊滨海国际风筝冲浪邀请赛闭幕式暨颁奖典礼在潍坊滨海迪拜国际酒店举行。德国选手Florain Guber、英国选手Steph Bridge分获双向板男子、女子组冠军，摩纳哥选手马克西姆和美国选手丹尼尔分获方程式板竞速男子、女子组第一名。

9月18日 滨海区在城市艺术中心会议室召开全区环保工作会议。

9月19日 “全民健康生活 健行滨海大地”暨首届滨海区职业人群健步走激励大赛启动仪式在滨海区求实公园举行。

9月21日 滨海区在创业大厦四楼组织收听收看全国推行“双随机一公开”监管工作电视电话会议。

9月22日 滨海区获“山东省潍坊市产城融合示范区”称号

9月23日上午 潍坊市政协副主席王继怀到滨海区调研潍坊港建设发展情况。王继怀实地调研了潍坊港、泊位码头、潍坊渔港等地，对潍坊港规划建设和滨海区海洋渔业工作给予充分肯定。

9月27日 由潍坊市人力资源管理服务中心和滨海区联合举办的滨海公益性人才招聘会在潍坊人力资源市场举办，本次人才招聘会共有40余家企业参加，提供岗位2000多个。

9月28日 中共潍坊市委、潍坊市人民政府决定将西利渔村由央子街道管理调整为固堤街道代管（潍发〔2016〕23号）。

9月29日　滨海区在创业大厦组织收看全省简化优化公共服务流程方便基层群众办事创业工作电视会议。

是月　滨海区潍坊市体育运动学校项目获“潍坊市优良工程”称号。

是月　由山东省电化教育馆组织的2016年全省基础教育教学信息化评选结果揭晓，潍坊蓝海学校教师张玉、张晓斐制作的微课“你是我的眼”获一等奖，潍坊（上海）新纪元学校老师张云贺制作的微课“圆周运动之火车转弯”获三等奖。

是月　在由省文明办、省教育厅、团省委、省妇联组织开展的山东省2016年度优秀童谣征集评选活动中，滨海区第一初级中学五年级一班学生袁天泽的童谣《今日功课今日做》获二等奖。

是月　在首届山东省“省长杯”工业设计大赛中，滨海区潍坊强胜新能源有限公司推送的作品“中低温太阳能空气热介质闪蒸溅射复合式多效海水淡化设备”获银奖。

是月　滨海区开展长期停业未经营企业专项清理工作，并印发《清理长期停业未经营企业专项工作实施方案》，引导企业守法经营，净化市场环境。

10月

10月8日　滨海区人民法院挂牌成立仪式举行。

10月11日　山东海事职业学院与北京东方通航教育科技有限公司签署校企合作协议，北京通航产教一体航空实训基地项目签约落地。

10月19日　日本日向市市长十屋幸平、议会议长畝原幸裕率友好访问团一行33人到滨海区参观考察。

△　潍坊市中小学示范性综合实践基地项目通过“泰山杯”工程验收。

10月21日　滨海区组织收听收看纪念红军长征胜利80周年大会实况。

10月23日　2016潍坊“滨海旅游杯”半程马拉松赛暨潍坊市第六届全民健身运动会半程马拉松赛在滨海区开赛，来自全国各地的1000多名马拉松爱好者参赛。

△　潍坊滨海国际学校学生徐铭阳在百雀羚·2016第二十二届中国模特之星大赛总决赛中入选“十佳男模”。

10月26日　中碳励志基金成立暨颁奖仪式在潍坊滨海中学举行。

10月27日　滨海区人民检察院揭牌仪式举行。

10月26—28日　滨海区组织各街道、区直各部门单位、区属国有企业主要负责人和重点岗位工作人员210余人，分批到潍北监狱进行廉政警示教育活动。

10月30日下午　国家发改委专家评估组，到滨海区对《黄河三角洲高效生态经济区发展规划》实施情况进行中期评估现场考察，评估组对滨海区工作给予肯定。

是月　海化集团纯碱厂“碳化卤水降温改造”成功，以卤水替代海水降温。

是月　国家发改委印发《关于支持各地开展产城融合示范区建设的通知》，依托滨海区建设的潍坊市国家级产城融合示范区获批。

是月　滨海区举办首批干部考察员培训班，39名干部考察员接受业务培训。

是月　第八届山东省大学生科技节化工

生产技术技能竞赛在滨州阳信职业中专学校举办，潍坊职业学院选派的2支代表队分获中高职组竞赛团体一等奖，4名教师获“优秀指导教师”称号。

是月 滨海投资发展有限公司发行第二期9亿元PPN（非公开定向债务融资工具）项目，节省融资成本4000万元。

是月 潍坊滨海旅游集团国家发改委产业债发行。

是月 潍坊市科学技术奖奖励委员会印发《关于颁发2016年潍坊市科学技术奖的决定》，山东新和成药业有限公司完成的“异戊烯醇合成新工艺的研究开发”项目获潍坊市科学技术进步奖一等奖。

是月 滨海区完成2016年各项农业补贴兑付工作。

11月

11月1日 滨海区党工委召开扩大会议，传达学习党的十八届六中全会精神，传达贯彻全市经济运行调度会议精神。

△ 滨海区管委会决定，聘任陈国侯为潍坊滨海经济技术开发区农林水利局局长；王跃军为潍坊滨海经济技术开发区滨海生态林场场长。聘任职务聘期三年。免去：王长彬潍坊滨海经济技术开发区农林水利局局长职务。

11月2日 2016年山东省科协助力潍坊滨海示范区创新驱动发展工程技术对接会在创业大厦举行。

11月3日 广东龙浩航空集团有限公司副总经理贾子良一行，到滨海区洽谈航空产业园项目合作事宜。

△ 潍坊市铸造协会第三届会员大会暨潍坊市铸造产业联盟成立大会在滨海区举行。

11月8日 滨海区在创业大厦组织收听收看中央宣讲团在山东省举行的党的十八届六中全会精神报告会。中央宣讲团成员、中宣部常务副部长黄坤明阐释了党的十八届六中全会的重大意义，对全会通过的《关于新形势下党内政治生活的若干准则》和《中国共产党党内监督条例》的主要内容和基本精神进行了宣讲。

11月9日 在由市妇联、市总工会、市人社局、市商务局联合主办的潍坊市第二届巾帼家政技能大赛中，来自滨海区的潍坊佳益家政滨海分公司毕瑞荣获个人赛二等奖，杨会霞和单淑娟获优秀奖。

11月10日 省交通运输厅党组副书记、副厅长谢涛一行到滨海区调研潍坊港建设相关工作。

11月11日 “海上党旗红·红鸢党支部”成立揭牌仪式在旅游度假区欢乐海游客服务中心前广场举行。

△ 省旅发委主任于凤贵一行，在潍坊市副市长王桂英陪同下，到滨海区调研欢乐海旅游度假区。

△ 潍坊市首个盐温泉汤池在滨海区聚宝盆（天沐）盐温泉小镇开业。

11月16日 惠普公司考察团到滨海区参观考察，就惠普打印机生产项目进行对接洽谈。

11月22日 滨海区党工委召开扩大会议，传达学习中共潍坊市委十一届十次全体会议精神。

11月23日 意大利萨尔尼科市市长乔治·贝尔塔德利先生一行，到滨海区参观考察并签署双边合作备忘录。

11月28日 滨海区在城市艺术中心举

行党的十八届六中全会精神宣讲报告会。

11月30日 由潍坊市总工会主办，滨海区群团工作办公室、宣传文化中心承办的2016年“醉美滨海”摄影大赛评选结果揭晓，参赛作品510多幅，其中《暮色》《冲浪》《崛起》获一等奖。

是月 海化集团纳滤精制卤水项目获潍坊市重大节能成果奖。

是月 在2016年山东省“学校体协杯”大学生田径锦标赛上，滨海区的山东海事职业学院代表队获得男子乙组团体总分第一名的成绩。

是月 滨海区山东海化集团有限公司杨媛媛、赵维恒、王飞和山东新和成药业有限公司杨新良4名职工获2016年潍坊市技术能手称号。

是月 滨海区2015年度部门决算共计59个部门单位严格按照预算法、省和市财政相关要求，将各部门决算通过政府网站向社会全面公开。

是月 由潍坊职业学院承担的“山东半岛蓝色经济区建设背景下的区域循环经济国际化发展模式选择”等9项2015年度潍坊市软科学研究计划项目通过潍坊市科技局验收。

是月 潍坊市铸造产业联盟在滨海区成立揭牌成立。

是月 新和成药业公司完成的“异戊烯醇合成新工艺的研究开发”项目获潍坊市科学技术进步一等奖。

是月 滨海区启动用人单位劳动保障守法诚信等级评价工作，等级分为A（诚信）、B（基本诚信）、C（非诚信）三个等级，评价结果与工商、金融、住房城乡建设、税务等部门和工会组织建立信用信息交换共享机制，对用人单位实行守信联合激励和失信联合惩戒。

12月

12月1日 滨海区实行“两证合一”登记制度，将由工商行政管理、税务部门分别核发的营业执照和税务登记证，改为由工商行政管理部门核发一个加载统一社会信用代码的营业执照。

12月4日 2016年全国纸飞机嘉年华暨“放飞梦想”全国青少年纸飞机通讯赛在杭州落幕，潍坊（上海）新纪元学校代表队在电动鸽目标赛项目、电动纸飞机获全国一等奖，在悬浮纸飞机项目、飞翼三角绕标项目获全国三等奖。

12月6日 长城汽车股份有限公司考察团一行到滨海区考察，对接汽车生产基地项目。

12月7日 中国网库集团董事局主席王海波一行到滨海区考察，就前期对接的中国盐化工产业电子商务基地项目进行洽谈并签约。

12月8日 中国银行山东省分行副行长景在伦一行到滨海区调研。

12月9日 潍坊市首部海洋文化著作《北海撷英》首发仪式在北京大地书院举办。

12月12日 最高人民检察院警务部部长张玉亮一行到滨海区调研。

12月13日 潍坊市委常委、常务副市长邹庆忠在滨海区召开滨海海洋经济新区重点工作重大项目推进会议，专题调度推进疏港铁路、潍坊港、龙威渔港、城海轻轨、海洋科技大学、大沂路北伸工程等重点工作。

12月20日 共青团滨海区第一次代表大会在滨海城市艺术中心举行。

12月21日 广东龙浩集团副董事长、龙浩航空集团董事长赵继光一行到滨海区考察，就通用航空产业园项目进行洽谈并签订战略合作协议。

12 月 27 日 中国工商银行潍坊分行行长陈文率考察团一行到滨海区考察。

12 月 29 日 城海快轨建设动员会议在滨海区举行，城海快轨正式转入建设阶段。潍坊市委书记杜昌文，市委副书记、市长刘曙光，市人大常委会党组书记、第一副主任、市委政法委书记苏立科，市委常委、常务副市长邹庆忠出席并共同按下城海快轨项目建设启动球。

△ 滨海区住房和城乡建设局、市规划局滨海分局获“山东省档案工作科学化管理先进单位”称号。

△ 天水华芯电子技术有限公司投资潍坊滨海海华华芯电子集成电路产业园项目签约仪式在滨海区创业大厦举行。

是月 山东新三板企业百强榜发布，潍坊 7 家企业上榜。联兴科技（证券 430680）力破重围，成为滨海区唯一上榜企业。

是月 由潍坊市总工会、潍坊市人力资源资源和社会保障局主办的全市第七届职工职业技能大赛（叉车、消防技能比赛）在潍坊市警官培训基地开赛。滨海区山东普洛得邦药有限公司、潍坊润丰化工有限公司分获柴油叉车二等奖和柴油叉车三等奖的优异成绩，山东新和成药业有限公司获普通消防和专业消防三等奖，潍坊润丰化工有限公司、山东瀛洋香精香料有限公司获专业消防三等奖。

是月 滨海区 4 项专利获 2016 年度潍坊市专利奖，山东胜伟园林科技有限公司的“一种盐碱地苗木种植方法”获一等奖，山东潍坊润丰化工股份有限公司的“一种工业废水中无机盐的提取方法以及工业废水的资源化利用方法”获二等奖，另有两家企业的 2 项专利获三等奖。

是月 滨海区提高烈属定期抚恤金和伤残军人残疾抚恤金，调整后的抚恤金最高达每人每年 6.6 万余元。

是月 滨海区国邦药业成功入选省级企业技术中心，滨海石化、先达化工、天福化学、宏建塑胶、加易加生物 5 家企业入选市级企业技术中心。

是月 滨海区地税分局纳税服务中心被省妇女联合会评为全省“巾帼文明岗”。

是月 山东省精神文明建设委员会印发《关于命名表彰 2016 年度省级文明村镇、文明单位、文明社区的决定》，潍坊滨海旅游集团有限公司获 2016 年度省级文明单位称号。

是月 山东海化股份有限公司入围山东省企业品牌价值百强榜。

是月 滨海区新和成药业有限公司总工程师兼副总经理马啸和山东省海洋化工科学研究院副院长刘兆明获“第六届山东省优秀工程师”称号。

是月 潍坊滨海旅游集团与山东旅游发展委员会签署“‘好客山东’品牌使用及共建协议”，获“好客山东”品牌 2016—2026 年的使用权。

是月 潍坊滨海国际学校教师王雷的课例《“搭石”——发现平凡中的美》在国家教育部组织的全国中小学“学科德育精品课程”征集活动中，获评部级学科德育精品课程。

是月 海化集团热电分公司三电厂电仪车间技术员张永华获“潍坊金牌职工”称号和潍坊市富民兴潍劳动奖章。

潍坊滨海经济技术开发区概况

潍坊滨海年鉴

2017

WEIFANGBINHAI YEARBOOK

潍坊滨海经济技术开发区概况

位置·人口

【位置 面积】 潍坊滨海经济技术开发区位于山东半岛北部，渤海莱州湾南畔，潍坊市区北部。地理坐标约为北纬 37° 0′ ~ 37° 20′，东经 118° 50′ ~ 119° 15′ 之间。东西长 29 公里，南北宽 33 公里，土地总面积 678 平方公里。

属于国家级开发区，区位优势明显，交通运输便捷。东临昌邑下营，西部、南部与临寿光接壤，南与寒亭区毗邻，北临莱州湾，南距潍坊市区 28 公里，北到森达美港 17 公里，东距青岛 178 公里、西距省会济南 200 公里。益羊铁路直达区内、德烟铁路横贯东西，环渤海荣乌高速公路、济青高速公路、224 省道、320 省道、大沂路、大九路、北海路等公路干线四通八达。地处环渤海经济圈的咽喉地带，是连接山东半岛与京津和华北地区的重要节点，也是联系环渤海与长三角两个经济隆起带的重要着力点；是环渤海经济圈“C”字形“渤海金项链”中的重要一环，是潍坊市沿海产业发展带和城市发展轴的交汇点，是整个潍坊沿海开发战略的核心地带。潍坊滨海经济技术开发区是全国最大的生态海洋化工生产和出口创汇基地，先后被确定为国家科技兴贸创新基地、国家生态工业示范园区、国家职业教育创新发展试验区、国家级园区循环化改造示范试点园区和国家产城融合示范区。

（袁延隆　王　忠）

【人口】 根据 2016 年人口年报统计数据，滨海区共有常住人口 85381 人，其中男性 43309 人、女性 42072 人。央子街道有居民 5548 户、户籍人口 16140 人，大家洼街道有居民 43000 余人。

（全鸿鹏）

沿革·区划

【建置沿革】 夏朝时，大家洼街道属青州斟灌国，央子街道属青州寒国；商朝时，大家洼街道属青州，央子街道属营州莱国；西周时，大家洼街道、央子街道同属幽州纪国；东周时，大家洼街道、央子街道同属青州齐国；秦朝时，大家洼街道属青州临淄郡，央子街道属青州胶东郡；西汉时，大家洼街道属青州北海郡平望县，央子街道先后属青州北海郡、青州胶东国；东汉时，大家洼街道属青州乐安国，央子街道属青州北海国平寿县；西晋时，大家洼街道属青州乐安国，央子街道属青州齐郡平寿县；东晋时，大家洼街道属北海郡南皮县

（大家洼时名“乌常泽”），央子街道属青州北海郡平寿县；南北朝时，大家洼街道属河间郡南皮县，央子街道先后属青州北海郡平寿县、青州北海郡胶东县、高阳郡下密县；隋时，大家洼街道属北海郡寿光县，央子街道属北海郡北海县；唐时，大家洼街道属河南道青州北海郡寿光县南皮乡，央子街道属河南道青州北海郡北海县；宋时，大家洼街道属京东路北海郡寿光县南皮乡，央子街道属京东路北海郡北海县；金时，大家洼街道属山东益都府寿光县南皮乡，央子街道属山东东路潍州北海县；元时，大家洼街道属益都寿光县南皮乡，央子街道属益都潍州北海县；明时，大家洼街道属青州府寿光县南皮乡，央子街道属莱州府平度州潍县（1377年降潍州为潍县）；清时，大家洼街道先后属青州府寿光南皮乡、寿光观海区，央子街道属莱州府平度州潍县五区（1734年平度州降为散州潍县直属莱州府）。

民国时期，大家洼街道1912年属寿光观海区，1932年属寿光第九区；央子街道属1942年前潍县五区，1945年6—9月属潍县泊子区、10月属潍县报庄子区。其中，1942年10月至1944年5月，大家洼街道、央子街道同属共产党民主政府领导的清河区清东地区寿潍县；1944年5月至1945年6月，同属共产党民主政府领导的渤海区五地委昌潍县；大家洼街道1945年10月属共产党民主政府领导的寿光第九区，1948年属共产党民主政府领导的寿光望海区；央子街道1945年10月至1949年9月属共产党民主政府领导的潍北县报庄子区。

中华人民共和国成立后，大家洼街道1950年属寿光第九区，1953年更名为道口区；1955年4月，从道口区析出成立渔业区；1958年2月，撤区并乡设大家洼乡，同年9月，属海滨人民公社；1959年改称道口人民公社；1984年4月，从道口析出，建大家洼镇；2005年1月，改称大家洼街道。1992年，属潍坊海洋化工高新技术产业开发园区，1995年8月，成立潍坊海洋化工高新技术产业开发区；2002年9月12日，经山东省人民政府批准为省级高新技术产业开发区；2005年12月，通过国家发改委审核定为省级开发区，定名“山东潍坊滨海经济开发区”；2007年9月，将寿光市大家洼街道整体划归寒亭区管辖。央子街道1950年属潍北县泊子区央子乡；1953年，属潍县十三区；1958年10月，属潍县泊子人民公社；1962年，乡改期间由泊子公社析出，政府驻地设在林家央子村前；1972年，迁往固堤场西北角；1984年1月寒亭区成立，1984年5月央子公社改称寒亭区央子镇，5月撤公社建乡镇时，横里路、韩家庙子、牟家河坞三村划出，2001年三村重新并入；2003年3月，成立潍坊市寒亭海洋化工开发区，为山东省人民政府批准的省级开发区；2005年7月，潍坊市政府在其境内划出50平方公里成立潍坊滨海项目区；2007年8月，改称央子街道；2008年3月，将寒亭区固堤街道跨荣乌高速公路的报庄子村、前岭子村、北辛庄村、双庙子村和走马岭村共5个村整体划归央子街道管理，将调整后的央子街道由寒亭区整体划归滨海经济开发区管理，更名为潍坊滨海经济开发区央子街道，将寒亭海洋化工开发区整建制划归滨海经济开发区管理。

2010年4月，潍坊滨海经济开发区正式获国务院批准成为国家级经济技术开发区，定名“潍坊滨海经济技术开发区”。2011年9月，经山东省人民政府同意，设立潍坊滨海经济技术开发区管理委员会，规格为副厅级。截至2016年底，潍坊滨海经济技术开发区辖大家洼、央子 2 个街道。

（刘其鹏）

（据《寿光县志》《寒亭区志》《寿光史话》《寒亭史话》《潍县志》《潍县乡土志》《潍坊史话》《潍坊历史与文化》）

【行政区划】 潍坊滨海经济技术开发区管理央子街道、大家洼街道 2 个街道。其中，央子街道辖 17 个行政村，大家洼街道辖 12 个社区、21 个行政村。

自然条件

【地形 地貌】 地貌类型为泥质海岸，地势低平，整个地势南高北低，全部为平原，坡降 1/10000—1/5000。土壤种类及分布状况，滨海开发区的土壤因成土母质或成土母岩不同以及受地形和人为活动的影响，主要是盐化潮土，近海为湿潮土，仅适宜抗盐碱的植物生长。

【气候】 气候条件：年均气温 13℃，年积温 4199.8℃，有效积温（≥10℃）3827.6℃；无霜期 190 天。降水情况：年均降水量 600 毫米，年蒸发量 2200 毫米。海潮、旱、涝、碱、冰雹自然灾害严重，生态环境十分脆弱。

【土地资源】 截至 2016 年底，全区土地总面积 678.38 平方千米。其中，农用地面积 14765.11 公顷（耕地 5102.98 公顷、基本农田 1649.49 公顷），占总面积的 21.77%；建设用地面积 35759.17 公顷，占总面积的 52.71%；未利用地面积 17313.77 公顷，占总面积的 25.52%。人均耕地面积 0.06 公顷。

（王生学）

【矿产资源】 截至 2016 年底，全区已探明的矿产资源主要有地下卤水和地热 2 种，已开发的为地下卤水矿。全区共设立有效矿业权 23 个。滨海区矿产资源的特点是矿产种类少，非金属矿产优势明显；矿产规模以小型、小矿为主，大型矿山企业较少；矿产资源分布相对集中，区域矿产特色明显。

（王生学）

【林业植物资源】 全区林业植物资源经调查有 13 科 39 属 135 种，主要有白蜡、刺槐类、柳、杨、枣、葡萄、梨等。主要绿化树种（或品种）有：法桐、绒毛白蜡、刺槐、白榆、臭椿、毛白杨、金丝小枣、冬枣、桑树、柽柳、紫穗槐、紫叶李、沙枣、国槐、枸杞等。据森林资源调查汇总，全区现有林业用地面积 6630 公顷，占全区土地总面积的 8.9%。全区绿化覆盖率 15.1%，全区非林业用地 61070 公顷，占全区土地总面积的 91.1%。在非林业用地中，村镇绿化覆盖面积 8740 公顷，占非林业用地面积 14.3%，四旁植树总株数 120 万株。

（曲卫光）

经济和社会发展

【综述】 潍坊滨海经济技术开发区（以下简称“潍坊滨海”）是国务院批准成立的国家级经济技术开发区，地处潍坊市北部，渤海莱州湾南岸，弥河、白浪河、虞河入海处。东与昌邑市毗邻，南与寒亭区固堤街道、高里街道搭界，西与寿光市营里镇、侯镇相接。截至2016年底，全区总人口20万人，陆域面积678平方公里、海域面积510平方公里、海岸线长69公里，辖央子、大家洼2个街道。潍坊滨海先后被确定为国家科技兴贸创新基地、国家生态工业示范园区、国家职业教育创新发展试验区、国家级园区循环化改造示范试点园区、国家产城融合示范区和山东科学发展园区，“蓝黄”两大国家战略和胶东半岛高端产业聚集区一个省级战略在此融汇叠加。

2016年，实现地区生产总值303.32亿元，同比增长8.7%；规模以上工业主营业务收入869.8亿元，同比增长9.8%；完成固定资产投资430.38亿元，同比增长16%；公共财政预算收入33.1亿元，同比增长11.5%，主要经济指标增速居全市前列。

一、建设海陆交通枢纽区。以港口建设为龙头，全面抓好重大基础设施。潍坊港基础设施建设完成投资34.98亿元，同比增长7.7%。其中，森达美港2个5万吨级液化品泊位、3个5万吨级通用泊位和3个5万吨级多用途泊位全部建成，山东高速港2个5万吨级客货滚装泊位和2个5万吨级通用泊位全部建成并投入使用。3.5万吨级航道建成、5万吨级航道通过行业审查，增开潍坊—锦州—鲅鱼圈—龙口新航线，鲁辽大通道与“营满欧”（营口、满洲里、欧洲）国际班列海铁联运大通道完成对接，总面积1533.33公顷的8个物流园建设顺利推进，龙威渔港达到一级渔港标准、中心渔港完成土方回填开展航道清淤、海恒威渔港完成吹填，全年港口吞吐量完成3704万吨、集装箱34.6万标箱，同比分别增长23%和33%。白浪河大桥及渤海眼、潍日高速滨海连接线主体完成，疏港铁路路基部分完工，城海快轨启动建设，城海BRT快速公交可研报告通过专家评审。

二、打造循环经济聚集区。以发展循环经济为导向，全力以赴上项目、抓投入。大力发展循环经济，以大项目、大投入推动大发展，培育形成大化工、大智造、大物流、大旅游等为主导的现代海洋产业体系。2016年，全区在建项目213个、总投资1860亿元，潍柴中速机、华创工业机器人全面量产，石大昌盛凝析油、新和成蛋氨酸项目建成投产，弘润石化原油燃料油储备项目全部完工，中海油石化盐化一体化进行设备安装，新和成北方总部基地、弘润重芳烃等项目进展顺利，潍柴天然气发动机、国邦药业二期等项目近期开工。中韩华尚产业园23栋单体主体完工，联合国工发组织绿色工业示范园正式揭牌，国际畜牧产业园屠宰场和隔离场主体完工，启动验收程序；皮拉图斯通用航空机场完成立项，正在进行机场设计；德国赢创新材料、中以海水淡化等项目加快推进。滨海旅游业成为新亮点，游客服务中心、城市艺术中心建成投用，风筝冲浪基地一期基本建成，游艇码头、滨海度假酒店、弘润迪士尼小镇加快推进，全年接待游客200万人次，风筝冲浪比赛获得全国风筝推广贡献奖、入选国家优秀重点赛事。

三、创建产城融合示范区。以产城融合为主线，完善现代海洋城市功能。以国家级产城融合示范区获批为契机，实施了300万平方米的生活居住项目、100万平方米的商务服务项目，聚宝盆盐温泉小镇、裕源大厦建成投用，未来大厦、金融中心、海宁大厦、湖光山舍近期投用，数字小镇、北海渔村加快建设，宝岛生态文化城开工建设。棚户区改造仅用7天时间顺利完成一期东兴、双河两村474户拆迁工作，新建安置区（学府新城）总面积8.6万平方米的20栋住宅楼加快建设，二期2159户正式启动。全面推进海洋科技大学园建设，海洋科技大学一期、公共实训基地二期主体完工，山东化工职业学院实现招生，大学城商业配套项目8栋单体主体完工，与北京通航航空学院、英国斯特克莱德大学、韩国新罗大学等7所院校合作办学，已有12所院校招生、在校生8万人。

四、争当创新发展先行区。以改革创新为引领，增强经济社会发展新动力。充分发挥改革创新驱动先导作用，持续加大“放管服”（简政放权，降低准入门槛；公正监管，促进公平竞争；高效服务，营造便利环境）改革力度，在全面实行“三制三〇三全”（项目备案登记制、专管员联评制、限时办结制、零资本注册、零收费管理、零距离服务、全天候绿色通道制度、全过程代办服务、重点项目和骨干企业区领导全方位包靠制度）服务机制、“三张清单”（权力清单、责任清单、负面清单）管理模式和“四证合一”（营业执照、组织机构代码证、税务登记证、刻章许可证）企业登记模式的基础上，率先在全市实现全网络审批，审批效率提速30%以上。继续实行项目化责任制，健全常态指挥、发现问题、随时解决问题机制，将全区143项重点工作、186个重点项目细化为367个具体项目、1358个阶段性目标，细化方案、落实责任，先后召开各类协调会议40多次、解决问题70多个，推动任务快落实、项目快建设。深化园区公司化、市场化开发，充分发挥国有企业在园区开发中的主体作用，推进政府型园区向企业型园区转变。

五、共建和谐发展样板区。以共享发展为理念，持续强化社会民生保障。坚持发展为了人民、发展依靠人民、发展成果由人民共享，深入推进全域城市化，城乡养老、医疗、救助等社保体系实现全覆盖，全面提升免费教育、免费公交、免费直饮水政策实施效果。推进教育国际化现代化，与北京师范大学合作共建北师大基础教育实验区，北师大滨海国际学校实现招生，潍坊（上海）新纪元学校二期建成投用。深化医药卫生体制改革，积极开展分级诊疗试点，推进家庭医生签约服务，群众幸福感和满意度不断增强。深化“三八六”（实现三个目标、打响八大战役、强化六项保障）环保行动，狠抓大气、污水、固废专项整治，生态环境不断优化。突出抓好危化品、食品、校园、建设、海上、交通、暴恐等重点行业和领域安全，实行安全隐患有奖举报制度，安全生产形势持续平稳。

六、创建作风建设模范区。牢固树立抓好党建是最大政绩的理念，引导各级党组织和党员干部切实把思想和行动统一到中央、省、市委的决策部署上来，增强全面从严治党的自觉性和主动性。严格落实全面从严治党主体责任、监督责任和“一岗双责”（“一岗”就是一个领导干部的职务所对应的岗位；“双责”就是一个领导干部既要对所在岗位应当承担的具体业务工作负责，又要对所在岗位应当承担的党风廉政建设责任制负责），落实基层党组织书记“三张清单”（权力清单、负面清单、责任清单）工作制度。2016年，召开18次党工委（扩大）会议、9次专题会议，研究部署从严管党治党相关事项30余项。制定出台《区党工委（扩大）会议管理办法》，严肃党内政治生活，完善议事决策程序，严格执行民主集中制。健全工会、团委、妇联等群团组织，设立区纪工委办公室和党风廉政教育中心，实现了全面从严治党责任体系全覆盖。创新基层党组织建设，围绕打造“海陆统筹、联创联建、安居引航、先锋引领、党群共建”五大亮点，创建非公企业党建示范点，开展党员联户、村干部联户、村民代表联户“三联户”，投资800余万元高标准建设9处社区党群服务中心和50处村级党群服务站，基层党建工作全面推进、提质升级。着力打造“海上党旗红”党建品牌，推进党内政治生活海陆统筹、互为依托，设立了“远教播放点”“海疆书屋”“船头图书箱”等党员教育平台，在旅游度假区成立红鸢党支部，相关经验做法被新华网、人民网、《大众日报》等主流媒体宣传报道，得到了上级组织部门充分肯定，真正将党组织战斗堡垒推向滨海开放开发最前沿，在蓝色海岸线上竖起党建工作的鲜红旗帜。坚持作风建设永远在路上，严格遵守《中国共产党廉洁自律准则》《中国共产党纪律处分条例》，锲而不舍落实中央八项规定精神，驰而不息纠正“四风”，不断推动党风政风持续好转。2016年，全区共受理“四风”问题线索92条，查处违反中央八项规定精神问题8项，依法依规进行了处理。创建区纪检监察网站，开通纪工委举报电话和信箱，累计受理问题线索93件。针对重点领域和关键环节，全年开展专项督查7次、随机抽查52余次，督查单位80个（次），累计查补廉政风险点150余个，优化工作流程16项，出台责任追究等制度22项，对11名履职不力的党组织负责人实施责任追究。严格落实述廉述责、党内谈话制度，开展廉政谈话70余人次。鼓励广大党员干部履职尽责、担当作为，容错纠错、尽职免责，凝聚起推进滨海开放开发和新区建设的强大正能量。

七、严格规范干部选拔任用。坚持把选人用人作为落实党委主体责任的首要之责，严格执行《党政领导干部选拔任用工作条例》，真正选好人、用好人、管好人，各级干部服务发展的能力显著增强。树立正确的用人导向，严格规范选拔任用工作，严把动议关、推荐关、考察关、讨论决定关、公示关，坚持干部调整事项充分酝酿、集体研究决定，严格执行干部任前档案审核制度；实行干部考察工作责任制，制定《滨海区干部考察员管理办法》，首批62名干部考察员全部持证上岗；制定《关于及时沟通领导干部违纪违法案件中行贿买官人员情况的工作意见》，2016年共调整科级以上干部150人次，无一例“带病提拔”现象，未发生一起信访举报，没有出现任何买官卖官问题。从严从实抓好干部监督管理，制定出台《滨海区领导干部日常管理监督工作暂行办法》，促进日常管理监督工作科学化、规范化。严格落实领导干部个人重大事项报告制度，印发《关于加强全区干部因私出国（境）管理工作的通知》，完成46名县级干部、25名正科级干部的个人有关事项报告上报、比对工作，全区科级以上及重点岗位干部全部实行备案管理。强化“关键人”监督，对调整的11个单位主要负责人全部离任审计。从严抓好换届风气监督，圆满完成央子、大家洼 2 个街道换届工作。建立领导干部预防性谈话制度，区“两委”班子成员、班子成员与分管领域主要负责人之间，开展谈心谈话 100 多人次。

（周滨涛）

组织机构及负责人

组织机构及领导人

区党工委、管委会

潍坊市政府副市长、市政府党组成员，区党工委书记

王树华

区党工委副书记

张恒道　李树森

区党工委委员

宋世伟　王仲民（1 月止）

杜长明　王希光

张　华　郭瑞燕（1 月起）

刘振永　刘晓伟

范梅庆

区管委会主任

张恒道

区管委会副主任

宋世伟　杜长明

王希光　张　华

区纪工委书记

王仲民（1 月止）

郭瑞燕（女，1 月起）

党政办公室

区党工委委员、党政办公室主任、党总支书记

范梅庆

区党政办公室副主任、党总支副书记

刘建勇

政治工作部

主任、党总支书记

袁希庆

副主任　袁彦成（9 月止）

副主任、党总支副书记

李复胜（9 月起）

副主任　王益东（9 月起）

人民法院

市中级人民法院党组成员，区人民法院党组书记、院长

王鹏飞

党组副书记、副院长

陈永升

党组成员、副院长

刘景芝

党组成员、纪检组长

董立强（2 月起）

党组成员、执行局局长

李伟然（2 月起）

党组成员

丁合清（2 月起）

人民检察院

市人民检察院党组成员，区人民检察院党组书记、检察长

周金明

党组副书记、检察委员会委员、副县级检察员

刘文华（9 月起）

党组成员、副检察长、检察委员会委员

娄凤才（4 月起）

党组成员、纪检组长、检察委员会委员

苗新生

党组成员、职务犯罪侦查局局长、检察委员会委员

乔　雷（2 月起）

党组成员、检察委员会委员，正科级检察员

张中朝（2 月起）

纪工委办公室

廉政效能中心副主任

王宗虎（12 月止）

廉政效能中心副主任

关艳辉（12 月止）

区纪工委办公室副主任

王宗虎（12 月起）

区纪工委办公室机关党支部副书记、副主任科员

关艳辉（12 月起）

公安分局

党委书记、局长

谭佃华

党委副书记、政委

张　伟

副调研员

王春乔

党委委员、副局长

丛伟寿　张树军

王国智

党委副书记

杨爱华

党委委员、纪委书记

杨志英

党委委员、指挥中心主任

张明华

党委委员、治安大队大队长

王　勇

党委委员、刑警大队大队长

刘明波

党委委员、交警大队大队长

王耀杰

党委委员、政工办公室主任

张树文

党委副书记

张龙明

国税局

党组书记、局长

张文霞（女）

党组成员、副局长

梁守森　王顺文

党组成员、纪检组长

袁世友（3 月止）

付　辉（11 月起）

地税分局

党组书记、局长

周丰东

党组副书记、副局长

李中喜

党组成员、副局长

刘金国
党组成员、纪检组长
郑兆良

经济发展局

党组书记、局长
董广明
党组成员、副局长
秦绪兰（女）
党组成员
王春生

住房和城市建设局

局　长　李　冰（女）
副局长　陈　平

公共事业局

局长、党委书记
张英杰（2 月起）
副局长　孟庆芳
袁洪勇

财政局

局长、党组副书记
宋美亮
党组书记、副调研员
张树钦（2 月起）
副局长　张兴龙
王　翠（女）
副主任科员
单月山

科技与商务局

局　长　曲伟健
副调研员
陈明涛（2 月起）
副局长、高新技术创业（创业园）服务中心主任
王　强
副局长　孙军海
高新技术创业（创业园）服务中心副主任
张文泉

市场监督管理局

党委书记、局长
李嘉平
党委副书记、副调研员
李同亮
党委委员、副局长
马德明　张力平
衣光德

潍坊市环境保护局滨海区分局

局　长　刘　伟
党组书记、副局长　王维波
副局长　李建光
齐大凯
环境监察大队大队长　程现伟

海洋与渔业局

区党工委委员、局党支部书记
刘晓伟
局　长　张汉友（2 月起）
党支部副书记
王修东（9 月起）
副局长　王修东（9 月止）
韩建田（9 月止）
于爱国（9 月起）
张旭庆（9 月起）

城市管理行政执法局

局　长　孙守国（2 月止）
党支部书记、局长
　　刘海明（2 月起）
党支部书记、副局长
　　丁世勤
副局长　李祥春
城管监察大队副大队长
　　袁　波

国土资源分局

党支部书记、局长
　　吕　伟
党支部委员、副局长
　　李金明
　　刘　岩
党支部委员、不动产登记中心主任
　　杨怀民

安全生产监督管理局

局　长　袁佃坤（2 月止）
　　宋作忠（2 月起）
副局长　杨　彬（9 月止）
　　张旭庆（9 月止）
　　韩建田（9 月起）
　　王　金（9 月起）

交通运输局

局　长　刘海明（2 月止）
党支部书记、局长
　　高升明（2 月起）
党支部书记（10 月止）、副局长
　　王爱民
副局长　李继雷　王艳堂
　　郑春艳（女）

港口服务管理局副局长
　　崔峰起（10 月止）
监察大队大队长
　　朱瑞泉

农林水利局

局　长　王长彬（11 月止）
党支部副书记、局长
　　陈国侯（11 月起）
党支部书记、副局长
　　黄成利（1 月起）
副局长　李　彬　王洪杰
　　张金良

招商与项目促进服务中心

主　任　王秀刚
副主任　张金光　冯月玲（女）

投融资管理服务中心

主　任　杜源军
副主任　王永光
金融管理办公室副主任
　　王江晖

先进制造业产业园管理服务中心

党委书记
　　王建庆
党委副书记、管理服务中心主任
　　曲京利
副主任　杨伟光
　　张志尊

临港工业园管理服务中心

党委书记　张加光（2 月止）
　　于建云（2 月起）

主　任　张汉友（2 月止）
袁佃坤（2 月起）
副主任　燕西泉（9 月起）
王吉刚（9 月起）

旅游度假区建设管理办公室

区政法委书记、党委书记
李天然
主　任　高升明（2 月止）
党委副书记、主任（局长）
孙守国（2 月起）
招商办公室（旅游局）副主任（副局长）
袁新华（9 月止）
旅游度假区党委委员、旅游度假区管理服务中心（旅游局）副主任（副局长）
袁新华（9 月起）
党委委员、副主任
贾令国（9 月起）
旅游度假区建设管理办公室副主任
李建华（9 月止）
旅游度假区党委副书记、旅游度假区管理服务中心防潮堤管理服务中心主任
李建华（9 月起）
党委委员、潍坊欢乐海省级旅游度假区管理办公室主任
杨　彬（9 月起）

中央商务区开发建设管理服务中心

党委书记
张仲华
主　任　李云田
副主任　郭木华

滨海产业园管理服务中心

党委书记
王跃军
主任、党委副书记
张继伟
副主任　孙　波　闫修川

科技项目区管理服务中心

党委书记、主任　袁英学

海港经济区管理服务中心

党委书记、主任
王秋福
党委委员、主任
陈伟军
党委委员、渔港经济区管理办公室副主任
朱培泉

潍坊市规划局滨海区分局

党总支书记、局　长　徐维强
副局长　刘建彬

市规划局滨海区分局规划编制研究中心

主　任　窦源彬
副主任　崔建坤
党组织书记
刘光胜

公路局

局　长　马文峰
党支部书记
孙安庆（4 月止）
党支部副书记
袁洪伟（4 月止）
副书记、副局长
管德源（4 月起）
副局长　孙伟昌（4 月止）
史风伟（4 月起）

工会主席

郎晓梅（女，4 月止）

盐务局

局长、党委副书记

王涛祥

党委书记、副局长

杨玉国

副局长、党委委员

周洪波

副局长、纪委书记、党委委员

王澎涛

副局长、党委委员

李　萍（女）

副局长、工会主席、党委委员

赵虎林

央子街道办事处

党委书记

李玉珂

副书记、主任

袁希磊

副书记　徐世勇

人大工作室主任

张立慧

党委委员

李福国　牛和林

辛董辉　李夏飞

副主任　李福国　马修华

王新江　林英武

人大工作室副主任　张正梅（女）

大家洼街道

党委书记

于建云（2 月止）

王全博（2 月起）

党委副书记、办事处主任

王曰泉（2 月止）

苏其昌（1 月起）

党委委员、纪委书记

刘加忠（9 月止）

杜　坤（9 月起）

人大工作室主任

方笃法

党委副书记

王伟波（9 月起）

党委委员、办事处副主任

李　冰（9 月起）

办事处副主任

孙庆德（9 月止）

李金凤（女，9 月起）

郝庆辉（9 月起）

马敬香（女，9 月起）

党委委员

杨秀莲（女，9 月止）

卢　雯（女，9 月起）

刘志海（9 月起）

袁兴婕（9 月起）（女）

刘明辉（9 月起）

人大工作室副主任

孟秀玫（女，9 月起）

安全生产监督管理办公室副主任

刘文昌（9 月起）

社会管理综合治理办公室副主任

王新文（9 月起）

研究督查室

党支部书记、主任

肖清雨

副主任　袁　诚（9 月止）

张志坚
全面深化改革领导小组办公室副主任
曹希明
党政办公室副主任科员
周滨涛
全面深化改革领导小组办公室副主任
刘连科（9 月起）

宣传文化中心

党支部书记、主任
高　祥
副主任　王永刚
刘　涛

法制教育中心

区政法委书记、旅游度假区党委书记
李天然
主　任　王　伟
副主任　苗　鹏　张洪超

群团工作办公室

党支部书记、主任
朱良田
副主任　刘月成　王志顺
李晓丽（女）

卫生和计划生育局（妇幼保健计划生育服务中心）

党委书记、局长
刘增堂（9 月止）
张加光（9 月起）
副局长　张桂英（女）
王建功

国有资产管理办公室（加挂法制办公室牌子）

主任、国有资产管理办公室主任
杜源军
副主任　张春杰　王德明

评审中心

党支部书记、主任
王曰泉
副主任　范祚厂

招投标中心

党支部书记、主任
范祥林
副主任　孙抗波

统计中心

主　任　杨　辉

信息网络管理中心

主　任　陈伟强（9 月起）
副主任　袁崇刚（9 月止）
陈伟强（9 月止）
王文荣（9 月起）

为民服务中心

主　任　陈国侯（11 月止）
副主任　孙振田

社会保险事业处

党支部书记、主任
李复胜（9 月止）
袁彦成（9 月起）
副主任　张晓亮
丁秀忠

疾病预防控制中心

主　任　李金怀
党支部书记
　　　　崔　超
副主任　李延霞（女）

外事侨务与台湾事务服务中心

党支部书记、主任
　　　　宋作忠（1 月止）
　　　　张华武（1 月起）
副主任　张爱志

驻区部队

滨海边防大队

大队长　李晓华
政　委　高　宁
副大队长　张冬冬

央子边防派出所

所　长　马江涛
教导员　沈鸿周
副所长　吴伟涛
副教导员
　　　　鞠志强

大家洼边防派出所

所　长　王　波
教导员　尹涛涛
副所长　孟庆刚

水上边防派出所

所　长　付秀鑫
教导员　李立明
副所长　马　强

公边 37501 艇

负责人　马　强

消防大队

书　记　刘　永（教导员）
副书记　张小林（大队长）
委　员　刘杰副（大队长）
　　　　胡业辉（海化中队政治指导员）
　　　　张　帅（大队参谋）
　　　　刘延明（东城中队副中队长）
　　　　姜思嘉（海化中队执勤中队长助理）

党工委·管委会

潍坊
滨海
年鉴
2017
WEIFANGBINHAI
YEARBOOK

党工委·管委会

重要会议

1月18日，区“两委”班子在创业大厦召开“三严三实”专题民主生活会，认真贯彻党章要求和《中国共产党廉洁自律准则》等党内规章，深入贯彻习近平总书记系列重要讲话精神特别是关于“三严三实”专题教育的重要指示。潍坊市副市长、区党工委书记王树华主持会议，代表“两委”班子进行对照检查，带头作个人对照检查，并作总结讲话。其他班子成员逐一作对照检查，开展批评与自我批评。市纪委常务副书记马志勇和市委组织部李建忠到会指导。

1月21日上午，区党工委召开街道、园区党委书记抓基层党建工作述职评议会议，听取街道、园区党委书记抓基层党建工作述职报告并进行评议考核。潍坊市副市长、区党工委书记王树华主持会议、点评述职情况并作总结讲话。会议强调，要切实增强新常态下从严管党治党的思想自觉，把基层党建作为头号工程，全面推进、重点突破、打造亮点，积极创建基层党建示范区。

3月11日，滨海区在创业大厦召开党工委扩大会议，传达学习潍坊市委书记杜昌文到滨海调研讲话精神，研究贯彻落实意见。副市长、区党工委书记王树华主持会议并讲话。会议强调，要以杜昌文到滨海调研讲话精神为指导，抓紧重点项目建设，推进海洋经济新区建设。

3月15日，全区绿化工作会议召开。区党工委副书记、管委会主任张恒道出席会议并讲话。会议强调，驰而不息地推进滨海生态绿化建设，为建设海洋经济新区提供保障。会议宣读了《滨海区2016年绿化全覆盖实施意见》，就春季绿化攻坚、绿化投入保障、科学栽植与项目攻关、机制创新、督查考核、引导社会参与等方面作具体安排。

3月25日，全区工业企业经济运行工作会议召开。区党工委副书记、管委会主任张恒道出席会议，区管委会副主任宋世伟主持。会议要求，要加快工业经济转型，大力发展绿色循环经济，打造具有滨海特色的现代工业体系。区党工委委员刘振永与相关部门、企业代表签订了目标管理责任书。

3月29日，潍坊市委常委、副市长孙起生在滨海区创业大厦召开全市开发区转型升级集约服务现场会，就进一步提升全市开发区集约服务的能力水平，加快体制机制创新步伐等相关工作进行安排部署。会议强调，各开发区要领会集约服务的实质，抓好商事服务、招商服务、公共服务、企业服务，提升开发区整体匹配水平和区域核心竞争力。

4月21日，全区廉政工作会议在创业大厦四楼会议室召开。学习贯彻中央及省、市廉政工作会议精神，总结上年党风廉政建设和反腐败工作，明确2016年全区廉政建设重点任务。

4月25日，全区财税金融和经济运行调度会议召开。区党工委副书记、管委会主任张恒道出席会议并讲话。会议强调，要抓住“营改增”政策机遇，推进财税金融和经济工作，确保在全市走在前列、发挥带头作用。

△ 滨海区在创业大厦召开国家卫生城市复审迎检工作调度会议，部署推进国家卫生城市复审迎检工作。会议指出，总体来看已取得初步成效，与其他地区相比仍存在差距，滨海作为重点迎检区域，一定要确保圆满完成国家卫生城市复审任务。

4月26日，滨海区在创业大厦召开党工委会议，学习传达全市“两学一做”学习教育工作座谈会精神，研究贯彻落实意见。区党工委副书记、管委会主任张恒道主持并讲话。会议传达了全市“两学一做”学习教育工作座谈会精神，全文学习了《党委会的工作方法》和《中国共产党地方委员会工作条例》《中国共产党党组工作条例（试行）》。区“两委”班子成员作表态发言。

4月27日，全区“两学一做”学习教育工作座谈会召开。会议主要是深入学习贯彻习近平总书记系列重要讲话和关于开展“两学一做”学习教育的重要指示精神，认真贯彻落实中央和省、市委部署要求，对全区“两学一做”学习教育工作进行安排。

△ 滨海区在创业大厦举行全区劳模代表座谈会。区党工委副书记、管委会主任张恒道出席会议。会议强调，要弘扬滨海精神，发挥劳模的榜样作用，为建设海洋经济新区贡献力量。

5月10日，滨海区在央子街道大社区召开国家卫生城市复审迎检工作会议。区党工委副书记、管委会主任张恒道出席会议。会议要求，各有关责任部门要列出问题清单，明确整改任务，确定完成时限，加大奖惩力度，强化相关考核。

5月13日，滨海区领导班子成员开展“两学一做”第一次集中学习研讨。区党工委副书记、管委会主任张恒道主持会议并讲话。区领导班子成员轮流领学《中国共产党章程》，围绕“如何做党和人民需要的好干部”作研讨交流。

△ 滨海区在创业大厦召开党工委会议，学习传达全市经济运行分析调度会议精神，研究贯彻落实意见。区党工委副书记、管委会主任张恒道主持并讲话。会议听取了全区经济运行情况、财政收支情况汇报。区“两委”班子成员结合各自分管领域做了表态发言。

6月28日，区纪工委第一次全体会议召开，副市长、区党工委书记王树华出席并讲话。会议强调，要认真学习贯彻中央和省、市纪委全会精神，履行好从严治党的政治责任，为海洋经济新区建设提供坚强保障。区纪工委书记郭瑞燕主持会议并传达了全市纪检监察干部监督工作座谈会精神。会议通报了2016年上半年全区纪检监察工作情况和下半年打算，并征求对下半年纪检监察工作的意见建议。

7月20日上午，区党工委理论学习中心组召开专题学习会，交流学习习近平总书记“七一”重要讲话体会，研究部署贯彻落实意见。副市长、区党工委书记王树华主持。区“两委”班子成员结合各自思想和工作实际，交流学习习近平总书记“七一”重要讲话的体会和心得。会议传达市委办公室《整治拉帮结派搞小圈子等不正之风工作方案》和《中共潍坊市委常委关于强化政治担当严守换届纪律的公开承诺》。

7月20日，滨海区国家生态工业示范园

区复审会议在创业大厦举行。区党工委副书记、管委会主任张恒道出席会议。来自国家环保部、商务部、科技部三部委的专家领导对滨海区生态工业示范园区相关工作进行复审。

8月2日，全区街道和区直部门单位主要负责人向区纪工委述廉述责会议召开。潍坊市副市长、区党工委书记王树华出席并讲话，区纪工委书记郭瑞燕主持会议。会议强调，开展述廉述责工作，是进一步强化党内监督，督促落实“两个责任”，推动全区党风廉政建设和反腐败工作深入开展的一项重要举措。区纪工委要发挥好监督作用，以监督实效为新区建设保驾护航。市纪委党风政风监督室副主任童耀林到会指导。

8月9日，滨海区在创业大厦召开党工委扩大会议，学习传达全市开放发展会议和县市区长、市属开发区管委会主任座谈会议精神。副市长、区党工委书记王树华主持并讲话。

8月22日下午，全区工会第一次代表大会在滨海城市艺术中心举行。潍坊市副市长、区党工委书记王树华致辞，市政协副主席、市总工会主席吴建民出席并讲话。会议指出，工会是党联系职工群众的桥梁和纽带，在推动经济社会发展中发挥着重要作用。滨海成立总工会是深入贯彻落实以习近平同志为总书记的党中央治国理政方略的重要体现，是发挥好工人阶级主力军作用的必然要求。会议还听取滨海区总工会工作报告，选举产生了滨海区总工会第一届委员会委员、第一届工会经费审查委员会委员，朱良田当选为滨海区总工会主席。

8月26日，潍坊滨海海洋经济新区建设领导小组成员（扩大）会议在滨海区召开，主要是按照在全面建成小康社会进程中走在前列的目标定位，研究谋划“十三五”期间滨海海洋经济新区建设的重点任务。

9月1日，第二十二届鲁台经贸洽谈会两岸共建滨海宝岛科技城恳谈会在滨海区举行，会议对园区开发建设、滨海宝岛科技城项目合作进行了深入对接。

9月2日，区党工委理论学习中心组召开专题学习会，原文学习《习近平总书记系列重要讲话读本（2016年版）》。潍坊市副市长、区党工委书记王树华主持并讲话。会议认为，一个国家的成功关键在于找到一条符合自己民情国情的发展道路。

9月18日，滨海区在城市艺术中心会议室召开全区环保工作会议。区党工委副书记、管委会主任张恒道出席会议并讲话。会议分析当前环境保护面临的严峻形势，进一步统一思想、明确任务，扎扎实实地做好当前的环保工作，全力推进海洋经济新区建设。

11月1日，滨海区党工委召开扩大会议，传达学习党的十八届六中全会精神，传达贯彻全市经济运行调度会议精神，研究贯彻落实意见。

11月3日，潍坊市铸造协会第三届会员大会暨潍坊市铸造产业联盟成立大会在滨海区举行。区党工委副书记、管委会主任张恒道出席会议并致辞。会议举行潍坊市铸造产业联盟成立揭牌仪式，选举产生了潍坊市铸造协会会长、副会长、秘书长、监事长及潍坊市铸造产业联盟理事长等，举办了中外专家技术论坛。

11月22日，滨海区党工委召开扩大会议，传达学习中共潍坊市委十一届十次全体会议精神，研究贯彻落实意见。副市长、区党工委书记王树华主持会议并讲话，区“两委”班子成员分别结合自身学习和工作实际讲认识、谈体会、说打算。

12月13日，潍坊市委常委、常务副市长邹庆忠在滨海区召开滨海海洋经济新区重点工作重大项目推进会议，专题调度推进疏港铁路、潍坊港、龙威渔港、城海轻轨、海洋科技大学、大沂路北伸工程等重点工作。副市长、区党工委书记王树华主持会议。

12月29日，城海快轨建设动员会议在滨海区举行，标志着城海快轨正式转入建设阶段。潍坊市委书记杜昌文，市委副书记、市长刘曙光，市人大常委会党组书记、第一副主任、市委政法委书记苏立科，市委常委、常务副市长邹庆忠出席会议并共同按下城海快轨项目建设启动球。城海快轨项目于2016年12月21日经省发改委批复完成项目立项。项目总投资103.25亿元，建设工期3年，该项目线路起自在建济青高铁潍坊北站，跨北海路、虞河后沿白浪河向北，经开元、固堤后折向东北，进入滨海新区，正线长53.14公里，设潍坊北站、海洋科技大学园和欢乐海3座站点。

（刘其鹏）

组织工作

【概况】 根据区党工委统一安排，对部分区直部门单位领导干部进行调整，共涉及科级以上干部153人次，其中提拔重用122人次。根据市委组织部要求，完成党的十八大以来选人用人工作自查，共涉及提拔重用124人次。为提高干部考察工作科学化、规范化水平，制定滨海区《干部考察员管理办法（试行）》，完成滨海区首批干部考察员培训62人次，经考核测试，全部发放了《滨海区干部考察员资格证书》。

【干部教育培训】 根据干部教育培训工作需要，结合各部门单位提报的培训计划，编制印发《滨海区2016年干部教育培训工作要点》及《2016年度全区干部教育培训重点项目计划表》，设置各类培训专题16个，指导完成各类专题培训15个，培训各类干部2800余人次。根据市委组织部要求，成立各级党校13个，已全部开展工作。根据区党工委主要领导意见，与市委组织部对接，组织举办浙江大学—潍坊市滨海新区海港经济专题研修班，完成培训52人。完成上级组织部门调训18人次，组织省委党校研究生报名4人次，完成浙江大学企业高级经营管理人才培训班报名5人次。

【干部监督工作】 根据市委组织部统一安排，全面开展公职人员出资办企业、企业兼职和社团兼职集中清理规范工作，共清理规范公职人员在企业兼职5人次、社团兼职45人次；按照中央和省、市委组织部要求，会同区纪工委、人民法院、人民检察院制定出台《关于及时沟通领导干部违纪违法案件中行贿买官人员情况的工作意见》；为激励干部干事创业，制定《关于建立容错免责机制鼓励干部干事创业的实施办法（试行）》。按照市委组织部要求，完成全区46名县级领导干部、25名正科级领导干部的个人有关事项报告及承诺书的上报工作和比对工作。办理领导干部因公出国手续20人次、因私出国（境）备案2人次。整理汇总全区备案人员信息表，与公安分局出入境部门进行核对。

【干部档案管理审核】 根据市委组织部干部档案专项审核实施安排及全区审核工作进度，对全区干部档案信息进行反馈和整改。共对滨海区 50 多个机关事业单位 1200 余名干部进行了专项审核反馈，重点对干部档案中涉及三龄二历一身份信息涂改、造假、记载不一致等问题进行反馈，其中存在问题档案 1098 卷，已全部整改完毕。补充收集材料 1897 份，对 530 余名干部的出生日期、参加工作时间、学历信息进行重新认定，此次审核的 1200 名干部全部完成《干部任免审批表（档案审核专用）》签字工作，未出现不同意组织认定的情况，并根据市委组织部要求做好月报、周报的上报，并形成书面总结报告。严格执行干部任前审核制度，全年审核 9 批、240 余人次拟提拔重用干部信息，并形成干部动议信息确认表，如实记载其干部档案中存在的问题。完成全区 4000 余人次年度考核、工资调整、干部任免、职称变动等信息审核录入工作。做好其他入档材料的收集、整理、审核、入档工作。

（李星亮）

人才工作

【概况】 发挥组织部门牵头抓总作用，组织 30 家重点企业召开全区人才工作座谈会，了解企业对人才工作的意见建议。会同科技与商务局等部门完成省商务厅和市委组织部人才工作考核。赴寿光、高密等地学习人才工作先进经验，结合开发区实际，制定印发《关于进一步加强全区人才工作的若干意见》《关于调整区人才工作领导小组的建议》《滨海区人才工作目标责任制考核实施细则》及《滨海区“归雁计划”实施方案》。

【引进申报人才扶持项目】 组织各街道、园区赴 130 余家企业开展高层次人才信息采集工作和高层次人才需求调研，帮助区内企业引进硕士研究生以上学历人才 67 人。组织千人计划、泰山、鸢都产业领军人才工程评选，牵头科技与商务局、经济发展局、农林水利局等部门单位，完成鸢都产业领军人才申报 10 人，其中 2 人进入公示范围；完成泰山产业领军人才（团队）申报 4 人、国家“千人计划”申报 1 人。组织山东新和成药业有限公司完成省博士后创新实践基地申报工作并成功入选。

【技能人才队伍建设】 继续实施“无费区”政策，对区内涉及企业、社会人员的职业技能培训考核及鉴定费实行免费，激发了企业和职工参加职业技能鉴定工作的积极性。开展职业技能鉴定工作，不断扩大技能人才队伍规模，全年共鉴定各类技术工人 1900 余人，其中初级工 1320 人、中高级工 580 余人。加强高技能人才队伍建设，全年共组织 57 人参加全市技师、高级技师考评，其中 35 人获得资格；推荐区内职工参加市级评选，1 人获评潍坊市首席技师，2 人获评潍坊市有突出贡献技师，4 人获评潍坊市技术能手。

（马　冬）

宣传工作

【概况】 2016年，通过多种形式，集中力量深入宣传滨海区各方面的新进展、新成效；以统一思想、正面鼓劲为导向，主导形成团结和谐、积极向上的社会舆论氛围。制订全区党委（党组）理论学习中心组学习方案，全年组织党工委理论学习12次；制订全区意识形态工作实施方案和联席会议制度，年内组织党工委就意识形态工作研究2次；组织市委讲师团来滨海区宣教基地宣讲10次；组织各部门单位举办“风筝都大讲堂”宣讲166场次，起到了良好的学习效果。

【新闻外宣成绩显著】 通过合作通联、集中采访、节会活动、形象宣传、新闻发布等多种形式，集中力量宣传突破滨海、产城融合、海洋经济、循环经济、城市建设、旅游文化、体制机制创新等方面的新进展、新成效，对开发区进行全方位展示，提高开发区的知名度和美誉度。做好落实五大发展理念推进海洋新区建设座谈会、“第十二届中国网络媒体山东行”大型采访活动、“日韩主流媒体聚焦潍坊”大型采访活动、大众日报地方和行业记者站长调研采访等活动的组织、策划，推出开发区在落实五大发展理念、供给侧结构性改革、循环经济发展、产城融合发展等方面的经验做法，形成新闻宣传强势。组织中央、省、市级主流媒体，对潍坊国际风筝会、世界风筝冲浪竞速锦标赛、亚太小姐争霸赛、潍坊马拉松赛、渔盐文化节等重大活动进行集中宣传报道，提升滨海对外形象。截至年底，在《大众日报》刊发20多个专版，在《潍坊日报》刊发11个头条、10个专版，在《潍坊晚报刊》发11个专版；在列入市委宣传部考核的国家级媒体发稿102篇、省级以上媒体发稿213篇；市级电视媒体发稿272篇，省级电视媒体发稿12篇，在中央台发稿4篇。

【新闻内宣稳步提升】 以统一思想、正面鼓劲为导向，借助滨海电视台、滨海日报直管平台优势，坚持“直接定位、迅速调整、突出效果”原则，发挥其“短、平、快”的特点，主导形成团结和谐、积极向上的社会舆论氛围。滨海电视台创建《新姿态 新举措 新作为 新风气》《加快构建现代海洋产业体系》《走进项目一线》《产城融合示范区 现代蓝色海洋城》《推进滨海海洋经济新区建设》《正家风 树村风 淳民风》等挂牌栏目15个。《滨海新闻》采编366期，采集各类稿件约1720篇；组织采编《一周要闻》52期、《一周民生》52期、潍坊新闻《新闻晚高峰》48期、《三风》宣传22期。《滨海日报》探索创新，精益求精，围绕中心工作，不断推出各类专栏、专版、专题，发挥了宣传排头兵作用，舆论引导力不断加强，已发行至1156期。

【新媒体宣传实现突破】 在筑牢传统舆论宣传阵地的基础上，深入探索微博、微信等新媒体宣传的特点、形式和要求，建立滨海区微博微信等新媒体宣传各项规章制度，适时邀请大V、意见领袖等到开发区进行采访，开辟新的宣传阵地。发挥已搭建的区政务微博、微信和滨海传媒网、滨海新闻网等新媒体平台，强化传统媒体与微博微信等新媒体融合宣传，全面放大宣传效应，努力实现爆发性宣传效果。

【舆情监控及处置】 稳妥做好海化集团纯碱厂碱渣沉淀池护坡破裂舆情、光大垃圾焚烧厂、西城空气异味等近10起突发事件和重大舆情事件应对工作。做好舆情监控及处置工作、及时上报区领导，做好落地记者的接待和解释工作，使舆情得到有效控制，为海洋经济新区建设和滨海开放开发提供了良好的舆论环境。积极组织评论员撰写宣传文章，倡导社会主流言论，上报社会舆情1000余篇。

【党建工作】 牢固树立抓党建是最大政绩的理念，以“两学一做”学习教育为主线，狠抓关键环节，坚持把学习教育、凝聚共识贯穿始终，确保取得实效。通过深入学习党章、党规和习总书记系列讲话精神，进行专题讨论，集中观看教育片等，统一思想认识，接受党性教育。组织党员关注“潍坊滨海党建”微信号，通过“滨海党建云平台”开展在线观看和学习，不断提高党性修养。健全党建各项规章制度，打造规范党员活动室，全面推进党务政务公开。严格落实“三会一课”、党性定期分析、民主评议等制度，坚决维护制度的严肃性和权威性，坚决纠正有令不行、有禁不止的行为。发挥党建示范作用，密接联系群众，实地了解群众困难，主动帮助群众解决问题，主动与包靠企业联系对接，了解企业经营情况，主动服务，为企业排忧解难。

【自身建设】 规范机制体制，提高管理水平。开展以“增强服务意识，提高工作效率，维护工作大局，规范管理行为，严格工作纪律”为主要内容的机关整顿活动，健全抓班子、带队伍，抓科长、科长抓的机制，营造干事创业、争创一流的良好氛围。修订完善出差管理、考勤管理、值班管理、接待管理、车辆管理等制度，规范公文收发存档、财务支出报销等流程，明确了目标，落实了责任。深入开展比学赶超活动。每名职工确定2个学习赶超目标，比出差距，比出潜力，比出干劲，各项工作都要坚持高标准、严要求，做到有名次的争第一，没名次的争一流。通过看典型、比作为、知不足，激发干部职工的忧患意识、责任意识和赶超意识，坚定信心、砥砺勇气，提振精气神，推进工作取得新进展。

（武　涛）

统战工作

【概况】 围绕提高非公经济代表人士选拔、培养和政治安排的有效性和准确性，累计确定了约50名非公经济代表人士，完成了新一届各级人大代表、政协委员、市工商联执委、光彩事业促进会会员考察评价等工作。狠抓新的社会阶层人士统战工作，加强统一战线理论成果创新，协调做好民建滨海支部成立批复等工作，持续扩大统一战线覆盖面。筹备召开全区支持非公有制经济健康发展工作会议，健全完善政策、政务、法治、市场、金融、社会环境，形成推进非公有制经济健康发展的工作合力。全力搭建科技服务、就业用工平台，做好民营企业创新驱动发展科技综合服务等工作。完成“泛海助学”助学活动，有10名贫困大学新生接受资助。

抓好非公有制经济人士思想政治工作，组织全区非公有制经济人士开展理想信念教育实践活动和“厚道鲁商”倡树行动，推荐山东海王化工股份有限公司、山东裕源集团有限公司2家企业参加全市工商联系统“厚道鲁商”倡树行动第二批示范企业评选，推动新常态下非公有制企业健康发展。提报统战理论调研宣传“四新工程”优秀成果1篇。根据市工商联换届工作要求，严格按程序和标准推选7名执委人选。加强和改进非公有制经济代表人士综合评价工作，组织对全区党员代表、人大代表、政协委员代表及工商联执委人选进行综合评价。协调有关部门搭建政策法律、人才引进、就业用工、金融服务等服务平台，推进民营企业“走出去”，参加先进制造业和现代管理培训班、新生代企业家商会论坛等，推动企业转调创。完善与非公企业和非公经济人士联系渠道，开展新的社会阶层人士统战工作调研。落实全省统一战线“同心扶贫攻坚行动”，联合教育部门实施“泛海助学山东行动”，推动工商联公益品牌建设。

（牟怀宇　玄恩栋）

机构编制管理

【概况】 科学核定全区中小学教职工编制，制定《滨海区中小学教职工编制方案》，核定中小学教职工编制数1145名，经市政府批复后印发了《关于下达全区中小学教职工编制的通知》。开展公立医院人员控制总量核定工作，对区中医院人员控制总量178名进行备案。统筹推进党政群机构配置，合理设置开发区和街道相关机构，明确职责定位和工作任务，对人民法院诉讼服务中心、人民检察院检务中心、纪工委办公室、区科技与商务局等机构和内设科室进行调整设置。按照市编办和相关机构通知要求，完成了全市机构编制系统理论学习中心组读书会、《2015机构编制年鉴》、滨海区事中事后监管、科研创新成果奖评审上报、“放管服”工作督查、政府职能转变、执法执勤用车统计等信息的收集、材料报送20余次。按照省市关于下放行政审批事项和调整部分行政权力事项的要求，组织有关部门、单位做好承接落实工作，共承接行政许可事项3项，取消行政许可事项1项。开展行政审批等领域中介服务突出问题专项整治工作，对存在问题的9家单位进行督促、整改。

【重点领域体制改革】 做好综合行政执法体制改革工作。根据中央、省、市关于综合行政执法体制改革的要求，开展全区综合行政执法体制改革工作，对各部门单位行政执法权进行调查统计，汇总15个部门（单位）40多个领域共计2000余项行政处罚权，在与市编办进行多次沟通的基础上，结合滨海区实际，拟订《全区综合行政执法体制改革工作方案》，并报市政府审核、省政府批复。做好街道有关领域安全监管改革工作。印发《潍坊滨海经济技术开发区管委会〈关于加强街道安全生产、建设工程质量安全、环境保护、道路交通安全监管工作的通知〉》，积极采取措施，督促街道加强安全生产、建设工程质量安全、环境保护、道路交通安全等方面监管工作，相关人员机构已经全部就位。

【事业单位改革监管】 做好事业单位年检、法人登记等监管工作，完成全区27家已登记事业法人单位年度报告和换发新证工作，督促新成立事业单位完成法人登记。开展全区政务和公益中文域名注册工作，印发《关于进一步做好政务和公益专用中文域名注册管理工作的通知》，组织全区机关事业单位做好政务和公益中文域名注册工作，全区注册率达100%。

【机构编制信息化建设】 建设“机构编制云平台”，印发《关于开展全区“机构编制云平台”建设工作的通知》，建立“机构编制云平台”录入信息台账，汇总全区1995年以来“三定”材料，完成全区各机关事业单位“三定”信息校对和录入工作。建设机构编制实名制信息库，做好机构编制管理系统的维护工作，及时对各机关事业单位人员信息进行核对，对发现的问题及时进行整改。全年共维护机构信息700余条，人员任职、调动信息330余人次，确保了全区机构和人员编制数据的规范性、完整性和准确性。

【简化优化公共服务流程】 落实上级关于优化公共服务流程、方便基层群众办事的部署要求，结合开发区工作实际，制订出台《滨海区简化优化公共服务流程工作方案》，督促各有关单位做好公共服务事项目录清单编制工作。已有19个区直部门报送目录清单，其他各部门正积极与上级业务部门对接、编制中，预计12月中旬可完成全区公共服务事项目录清单汇总、审核工作。

【修订完善《滨海区行政许可事项目录清单》】 组织全区22家部门（单位）对《滨海区行政许可事项目录清单》进行修订完善，新增了上级新下放的行政许可事项，并将全区原行政许可事项名称、设立依据、审批时限、承办机构、事中事后监管等20余项内容进行细化和规范，修订后保留行政许可事项291项，较上次精简233项。

【工资审批】 完成3100余人次的2016年度全区机关事业单位工作人员工资晋级晋档、正常增加薪级调整和新招聘工作人员工资核定，为58人办理机关事业单位工作人员退休审批手续，完成105人次的2014年10月份以后机关事业单位退休人员退休待遇重新审批、一次性退休补贴审核工作，完成3000余人次的机关事业单位工作人员2015年度考核，做好国有企业职教、幼教退休教师生活补贴发放工作，做好全区工作人员带薪年休假、健康查体审核备案工作，完成全区机关事业单位工作人员取暖补贴审核工作。

【人事考试】 完成2016年度公开招聘事业单位工作人员工作，组织报名753人次，顺利完成笔试、面试工作，共招聘55人。组织理顺借调教师人事关系工作，完成20名借调教师面试工作。做好各类专业技术（执业）资格考试报名和证书办理工作，共组织计算机应用能力、卫生初中级、注册安全工程师、监理师、造价师等人事考试报名2500余人次，为280余人次办理经济师、会计师、一级建造师、执业药师等资格证书。

【专业技术人员管理】 组织完成2016年度全区专业技术人员公共科目继续教育学习工作，有3000余人报名参加学习；完成300余人次的2016年度大中专毕业生按期定职材料收集审核；完成2016年度相关系列专业技术职称的报名审核、资料收集、评审材料上报、证书发放等，计900余人次。组织第十三批市级专业技术拔尖人才推荐选拔工作，并完成2人次的考察工作。

【军转干部安置和管理】 做好企业军转干部相关信息统计上报工作。认真落实有关企业军转干部待遇，按月足额发放差额补助。在重要节假日，积极协调有关单位，做好稳控工作，全区企业军转干部整体稳定。继续做好企业军转干部接收和安置工作，接收军转干部2人。

（王文智）

外事与侨务

外事侨务与台湾事务服务中心

【概况】 2016年，外事侨务与台湾事务服务中心共接待外事团组11批次，包括法国奥朗日市代表团、加拿大不列颠哥伦比亚省高贵林港市市长代表团、日本和歌山县代表团、日本日向市代表团、德国雅各布大学代表团等来自多个国家的外事团组，多角度、多方位开展涉外交流工作，就开发区与国外友好关系、港口建设、交通运输、涉外宣传、合作办学、职业教育多领域对外合作牵线搭桥。全年滨海区共有出国（境）团组20批次。其中，政府人员因公出访团组15批次，国有企业因公出访团组6批次，出访团组分别就招商引资、城市建设、旅游开发、交通运输、文化交流、工业园建设等开展对外交流，借鉴国外先进经验，推动滨海区联合国环保生态工业园项目、休闲渔村项目、法拉帝游艇采购项目、国际畜牧业产业园项目、“中国—以色列生态海洋化工产业园”项目、欢乐海温泉度假酒店项目等多个重点项目达成合作意向或推进项目建设进程。

推进滨海区各项侨务工作的开展。开展贫困归侨补助工作，为滨海区已逝归侨发放生活困难补贴1人次，并协调市侨办为其发放困难归侨专项补助1次；组织企业参加“2016海外华商博士投资创业潍坊行恳谈会”等活动，为企业了解各项先进技术、提高国际竞争力和开展对外合作提供平台。

【机构沿革】 2005年7月21日，根据潍海管发〔2005〕32号文，设立潍坊海洋化工高新技术产业开发区招商处，为开发区招商委员会下设正科级事业单位；2006年1月22日，根据潍滨发〔2006〕4号文，潍坊海洋化工高新技术产业开发区招商处更名为山东潍坊滨海经济开发区招商处；2008年5月29日，根据潍滨管发〔2008〕40号文，山东潍坊滨海经济开发区招商处更名为山东潍坊滨海经济开发区境外招商局；2015年2月28日，根据潍滨发〔2014〕9号文，山东潍坊滨海经济开发区境外招商局更名为潍坊滨海经济技术开发区外事侨务与台湾事务服务中心（挂外事侨务与台湾事务办公室牌子），为区管委会直属正科级事业单位；2015年11月25日，根据潍滨管发〔2015〕33号文，潍坊滨海经济技术开发区外事侨务与台湾事务服务中心隶属关系由潍坊滨海经济技术开发区管委会直属调整为潍坊滨海经济技术开发区科技与商务局所属，核定事业编制7名，领导职数1正2副。

【涉外企业服务】 坚持“外事为民”服务理念，协助区企业开展国际交流与合作。全年为企业办理外国人来华商务洽谈、技术合作等邀请函备案审批36批次；加强滨海区外国人管理工作，于11月份集中开展外国人实际来华情况跟踪督查，防止发生非法滞留等违法问题；为企业办理APEC商务旅行卡9批19人次，累计办理突破60人次，为企业“走出去”提供了便利。

（杨臻臻）

对台工作

【概况】 促成滨海区团组赴台交流工作，2016年共协助办理开发区赴台手续1批次、企业5批次。做好来访台商接待工作，全年有台湾中华中小企业经营领袖协会、葫芦墩开发建设有限公司、“台湾青年创业齐鲁行”等15批次台商、台湾知名人士先后来滨海区参观考察，较上年增长67%，分别就宝岛科技城、两岸青年创业就业示范点申报等进行对接，取得良好效果。潍坊滨海经济技术开发区外事侨务与台湾事务服务中心被评为2016年度全市台办系统先进单位。

【对台经贸工作】 组团赴台开展经贸交流活动。2016年4月，管委会组团赴台，拜访台湾科学工业园区同业公会、台湾发展研究等有影响力的工商团体、协会和正崴集团、友嘉集团、太子汽车企业集团等世界500强及行业领军企业，重点推介潍坊滨海台湾科技园和滨海区整体发展环境，推动产业合作精准招商，收获重要招商线索，并就国际学校、海洋生态馆等多个项目达成合作意向。推进滨海宝岛科技城建设。深入了解淮安、平潭、苏州等地台湾、新加坡工业园建设模式及相关优惠政策，研究拟订滨海宝岛科技城相关政策，包括产业定位、入园模式、优惠政策等。

【鲁台会工作】 围绕鲁台会，做好各项筹备工作。第二十二届鲁台会于2016年9月1—4日在潍坊成功举办，在此期间举办了滨海区特色活动两岸共建滨海宝岛科技城恳谈会，鲁台会第一次在滨海区设分会场，台湾工业总会、台湾友嘉集团等大型协会、企业约40名台商来滨海区参观考察，参加两岸共建滨海宝岛科技城恳谈会，对接滨海宝岛科技城建设，为扩大滨海区在台商中的影响力，推动滨台合作再上新台阶做出了积极贡献。

【涉台服务工作】 全力抓好落地台资项目服务工作。严格推行“三制三〇三全”制度，实行“保姆式”服务方法，由专门包靠，协助茂宇电子化学项目、宝岛生态文化城项目办理职业卫生、安全设施设计专篇等审批手续。完成宝岛生态文化城项目内溴素厂、盐田拆迁，供电部110千伏商务线迁移，截至2016年底，项目绿地土方开工面积已达66.67公顷，人造沙滩铺沙、沙滩西侧绿化基本完成。开展“2016年台资企业走访季”活动。外事侨务与台湾事务服务中心负责人及成员多次到山东崇舜化工有限公司、潍坊茂宇电子化学科技有限公司等重点台资企业进行走访调研，建立“联系卡”及24小时涉台服务热线，帮助台资企业排查不稳定因素和破解发展难题。

（杨臻臻）

信访工作

【概况】 2016年，推进信访基础业务规范化建设，强化实时监控，严格督查督办，着力提升基层信访业务现状，各项工作取得一定成效，全区信访形势保持平稳、持续向好。

全区发生群众信访案件425批2190人次；其中，发生群众走访案件318批2083人次，包括来区访213批1592人次，去市访69批392人次，到省访27批90人次，到京访9批9人次。接受群众来信22件，其中致信中央巡视组3件、致信国家信访局3件、致信省信访局11件、致信市信访局5件；接受网上投诉85件，其中纳入省对市科学发展考核的满意度评价案件14件、国家转交案件12件、省转交案件7件、市转案件26件、区级受理40件。从反映问题性质看，建设领域拖欠农民工工资案件295批1335人次，占信访案件总量的69.4%；劳动保障类案件31批298人次，占信访案件总量的7.3%；经济和合同纠纷类案件19批321人次，占信访案件总量的4.5%；海域纠纷类案件12批159人次，占信访案件总量的2.9%；村民待遇类案件10批19人次，占信访案件总量的2.4%。

【信访案件特点】 信访总量有所下降但仍在高位运行。从信访量看，全年共发生信访案件425批，与上年同期相比虽有所下降，但是信访案件总量仍居高位；共发生越级访案件112批471人次，占走访总量的35.2%，信访问题上行态势较为严峻。集体访、重复访频发。从信访规模看，全区共发生集体访案件138批、重复访案件57批；其中，来区集体访89批、重复访22批，去市集体访28批、重复访6批，到省集体访21批、重复访11批。反映诉求较为集中。因建设领域拖欠农民工工资问题引发的信访案件占信访总量的69.4%，引发越级访案件71批，占越级访案件总量63.4%，建设领域拖欠农民工工资问题仍是全区信访案件多发的首要因素。因涉海补偿、海域使用、生产企业欠薪、劳资纠纷等问题引发的信访案件也占较大比重，且协调解决难度较大。

【群众来信来访接处工作】 做好日常接访工作。结合实际，实行信访轮值制度，及时做好群众走访接待处置工作。详细记录来访时间，信访人姓名、人数、住址、联系方式、身份证号等个人信息及其所反映的信访事项，由信访人签字确认。针对信访人反映事项的内容、性质，根据《信访条例》中“谁主管谁负责”的原则，将信访案件及时转办给相关责任单位。做好北京轮流值班工作。组织有关信访重点单位在北京轮流值班，及时处置各类信访问题，避免发生重复访、越级访以及非访等问题。做好信访接待和劝返工作。加强与省、市沟通联络，做好信访问题化解工作。落实信访报告制度，做好信访数据统计分析，对每周、每月、每季度以及每年的信访情况进行总结、分析，及时报告有关部门和领导，促进工作开展。

【规范信访办理程序】 做好网上登记录入工作，实现案件全部网上办理。严格工作要求，自2016年1月1日开始，对区内发生的信访案件全部上网登记，按照谁接访、谁负责录入的原则录入系统，并通知责任单位通过网上信息系统办理，实行“网上登记（接收）、网上办理、网上回复、网上查询”的网上流转程序。按照办理时限要求，所有网上登记、转送的案件，督促责任单位在15日内出具受理或不予受理告知书，60日内给予信访人答复，并将相关材料传送至山东省信访信息系统。对不按照规定期限办理的相关单位采取电话、下文等方式进行督办，确保信访事项件件有回音。针对山东省信访信息系统的业务性较强现状，采取建立全区工作交流QQ群、以干代训等方式，对系统操作过程中出现的问题进行交流、培训。做好信访考核工作。按照省市考核重点，制订全区考核细则，明确考核项目，每月一次考核通报，年终汇总形成排名。及时处理潍坊民声网上信访案件，按期转办给相关责任单位并及时进行回复，避免出现超期未办理的案件。

【整治信访突出问题】 坚持分工调度、定期催办，对2016年以来信访积案进行集中督办，逐一落实责任单位和包靠领导，有效化解去市到省信访积案38件起。进一步加大进京非访问题治理力度，加强非访预警和处置联动，有效处置进京非访案件9件（起），其中3件免于登记、3件免于重复登记。抓好非访反映问题的调查处理工作，及时与非访人员见面了解情况，督促有关责任单位做好化解稳控工作。按照市里部署，及时化解1件进京重复非访问题。

【信访工作考核和案件督办】 结合省、市信访业务考核变化，制订完善《滨海区信访工作考核办法》。对全年信访积案进行梳理，调度办理情况，截至年底，已调度案件76件。落实信访报告制度，起草信访周报16期、月报5期、季报2期、半年报1期，整理各类信访事项汇报18份。健全信访案件调度工作机制，积极适应省、市信访工作考核方式，坚持每月一调度、每季度一督办，有力推动了信访案件的办结。

老干部工作

【概况】 完善组织设置，加强退休党员管理，更好的发挥退休党员在群众中的先锋模范作用，成立党政办公室离退休干部党支部，围绕全区及党政办公室的中心工作，以自学为主，集中为辅，深入学习习总书记系列重要讲话及开展“两学一做”教育活动。通过“老干部之家网站”的日常宣传、上门服务等形式传达重要会议精神，学习有关文件，听取时事政治报告，听取老干部的意见和建议。在重要节日和重大政治活动中对老干部开展多种形式的座谈和走访慰问活动。做好离退休干部党建工作，提升离退休党建工作水平，对照滨海区2016年度离退休干部党建工作考核办法规定通知要求，做好离退休干部的党建考核的材料迎查准备工作。做好老干部日常信息维护及定期组织体检等活动，做到政治上关心老干部、生活上照顾好老干部，确保老干部工作有人抓，老干部的事有人管，扎实做好老干部工作。

（王玉军）

党建工作

【概况】 2016年，政治工作部深入学习贯彻党的十八大和十八届三中、四中、五中全会精神，认真落实区党工委、管委会决策部署，以“三严三实”为标尺，持续改进干部作风，解放思想主动作为，党的基层组织建设、领导干部队伍建设、行政审批制度改革、人事人才、劳动保障等工作进展顺利，为海洋经济新区建设提供了坚强保障。

【“两学一做”学习教育活动】 精心谋划部署。对全区9844名党员逐一核实身份、理顺关系、建立台账、健全档案，逐个落实参加学习教育的党组织，全面消除组织覆盖空白点。印制共产党员证、《中国共产党党章》《中国共产党廉洁自律准则》《中国共产党纪律处分条例》等“口袋学习读本”6000余本，统一配发党徽、印制学习教育笔记本，确保学习效果。4月底前，全区311个基层党组织全部启动“两学一做”学习教育活动，各基层党组织制订学习配档表，明确支部生活日，做到动作不少、标准不减、效果明显。注重活化形式。引导各基层党支部通过建立支部微信群、QQ群等形式，加强党员之间的交流，营造浓厚的学习氛围。利用集中学习和支部生活日，请进来授课，走出去实践，不断扩展学习内容，把学党章党规、系列讲话同学业务知识相结合，增进学习的针对性。定期督查指导。成立学习教育协调小组，建立联系指导员机制，从全区抽调18名业务骨干成立6个督导组，负责对学习教育工作开展情况进行实时督导，集中督查10余次，印发情况通报8期，确保学习教育开展扎实有效。做好典型推优。结合“两学一做”学习教育和建党95周年，在电视台、报纸设立专栏，组织开展全区先进典型宣传活动，营造学习典型、向典型看齐的浓厚氛围。新和成山东基层党委获评省级先进基层党组织，公安分局党委、臧传奎等11个集体和个人代表获市级表彰奖励。组织召开全区庆祝建党95周年大会，对107名先进集体和个人进行表彰，在全区形成崇尚先进、学习先进、争当先进、赶超先进的良好氛围。

【农村服务体系建设】 改造升级9处农村新型社区，推动街道50%以上的力量下沉到社区办公，优化内外环境、提升服务流程，依托党群服务中心，引进社会公益组织和志愿者服务，强化社区服务功能。各街道党委依托村级服务站，实施文明乡村建设，努力丰富为民服务载体，51个村级服务站全部投入使用，不断提升服务群众水平，提高群众满意度。与信息网络管理中心和广电公司合作，试点开发建设“智慧党建”平台，将村居“三务”公开、党建活动、党员身份等进行公开，拓宽村级事务管理、监督渠道。高标准落实“两清理、两规范”，全面实行村级会计聘任制，村级事务管理规范化水平大幅提升。

【“两新”组织党建工作】 采取以点带面的形式，打造6处非公企业党建工作示范点，通过党费支持、企业投入等方式，高标准建设企业党群服务中心，为服务职工生产生活、服务企业健康发展奠定基础；截至年底，新和成山东基地已通过全市验收正式挂牌，另外5家已对照标准自查正等着全市统一验收。开展区域化党建工作，建立联席会议制度，划分网格片区，成立综合党委和网格党总支，细化管理服务，实现区域内党的组织和工作全面覆盖及党组织间互联互动互促。实施“建组织、扩覆盖”，全区有3名以上党员的全部单独建立党支部，不足3名党员的建立联合党支部，没有党员的选派党建指导员，实现了党的组织和工作全覆盖。

【机关党建工作】 以“双联双服务”活动为载体，深化机关事业单位包村联户工作，调整充实机关党员包靠联系群众，全区所有部门单位党员全部到联系村居、群众中走访慰问，服务农村发展、带领群众致富。在窗口单位，组织开展“金牌窗口”和“服务之星”创评、党员示范岗创建等活动，分行业、分领域选树典型，引导激励广大党员凝心聚力、创先争优，岗位立功、建功立业。严格落实党员关怀机制，在落实老党员相关政策补贴的基础上，每人每年再补贴5000元，让其感受到党和政府的温暖。

（李星亮）

保密工作

【概况】 滨海区党政办公室主管全区保密工作，围绕“抓重点带全局，抓创新求突破”的总体工作思路，贯彻落实保密工作有关政策、法规，不断探索新形势下保密工作新思路，圆满完成年度任务，实现全区保密工作完全无差错。

【保密制度建设】 通过保密制度建设，形成依法保密长效机制。先后发布了《滨海区涉密公文管理暂行规定》和《滨海区政府信息公开保密审查暂行规定》2个制度文件；落实保密承诺书制度，全区机关工作人员均已签订保密承诺书；将保密工作相关制度纳入党政办印发的《工作制度汇编》，包括机关工作人员保密制度、保密工作责任制、涉密文件管理、计算机保密管理等方面。

【保密宣传教育】 2016年，以提高全区保密干部“两识”水平和保密技能为重点，为全区10家重点单位订购《保密工作》和《保密科学技术》杂志12期，为全区各单位发放《保密法实施条例》200本、《党政机关工作人员保密须知》100本、保密教育挂图50份；组织2期全区保密干部培训班，邀请市保密局专家现场指导，以保密形势、法规和警示教育为主要内容，培训保密干部120余人。

【保密技术防护】 2016年，党政办公室着力推动保密科技装备的配备和应用，强化保密技术防护支撑作用。上半年组织协调全区22家单位统一采购保密电脑、保密柜、红黑电源插排、视频电磁干扰器等保密工作急需的设备，基本解决了保密资料处理、流转和存储问题。下半年完成主机安全保密监管平台的部署，该平台可对所有党政办公网内的计算机进行远程监控，快速定位违规涉密计算机，极大地提高了保密管理工作的效率，获市保密局的高度认可，在2016年全市保密局长会议上受到表扬。

【保密监督检查】 3月，开展全区涉密人员分类及保密审查登记备案工作，全区各单位共审查备案涉密人员138人；4月，在全区开展清查互联网上存储、处理、传输涉密信息的工作，要求各单位做到涉密信息不上网，上网信息不涉密；6月初，对滨海区高考考点保密工作进行检查指导，协助公共事业局做好高考期间的保密管理工作，对考试存放、交接等情况进行查看，严把保密关，并对考试中心的试卷保密管理工作进行24小时全程跟踪，确保高考期间的保密安全，圆满完成全国高考招生考试工作任务；8月中旬，开展“清池子”行动，即在全区机关单位开展互联网专项保密检查工作，对互联网上存储、传输的信息进行拉网式自查，杜绝泄密隐患。

【网络等级防护】 随着互联网的迅猛发展和联网办公的普遍存在，网络泄密的风险不断加大，党政办要求全区各单位必须接入电子政务外网办公，并对网络进行二级等级保护认证和备案，主动联系安全服务公司对网络进行安全测评，根据测评建议进行网络优化和安全加固，使网络达到较高防护水平。全区政务外网已做到全区一张网一个出口，出口处实行防护监管，加装防火墙禁止外界非授权访问，划分不同的安全域并加装堡垒机、抗DDOS、WAF、IPS、漏洞扫描等设备，将网络安全威胁降低到最低。在终端管理方面，对所有入网电脑进行审批并登记部门和使用人，实行统一管理，做到谁使用谁负责，杜绝非法接入。

【信息公开保密审查】 为防止网站主动过失泄密，在完成“清池子”行动后，总结经验后进一步加强监管。联合政务公开负责单位进行相关培训，学习相关知识，确保按照“未经保密审查的信息不得公开、未经解密并准予公开的信息不得公开、公开与保密界限不清的信息不得公开”的原则贯彻落实；落实谁公开谁审查的原则和双审查工作法，第一次审查由公开信息的机关对拟公开的信息进行保密审查，并对最终审查结果负责，发布单位进行第二次审查，重点对第一次审查的流程资料进行复核，确保保密审查落实到位。

（单保勇）

政府信息公开

【概况】 为保证滨海区政府信息及时、规范地公开发布，进一步健全、完善政府信息公开工作机制和工作制度。制定《滨海区政府信息公开保密审查暂行规定》《涉密公文暂行管理规定》等相关制度文件，对公开的内容、形式、程序、方法、保障等予以规范，构建政务公开深入发展的长效机制。建立健全信息发布审查机制，按照“谁发布谁审查、谁审查谁负责”的原则，做好对拟发布政府信息的审定工作，形成一级抓一级、层层抓落实的工作机制和责任机制。按照“谁主管、谁负责”的原则，将政府信息公开的各项工作落实到人，各单位分管领导是第一责任人，各单位工作人员是岗位职责范围内政府信息公开的具体责任人。通过目标考核、社会评议和舆论监督等途径，加强监督检查，确保政府信息公开各项工作落到实处。

【落实政府信息公开条例】 及时更新政府信息，在《中华人民共和国政府信息公开条例》规定的期限内，对新形成的规范性文件在15个工作日内及时予以公开。把群众最关心、最密切的民生事项作为政府信息公开的重点，在政府信息公开公开专栏增设行政审批、财政预算决算和“三公”经费、保障性住房、食品药品安全、环境保护、生产安全事故、价格和收费、征地拆迁等重点领域栏目，针对部门职能进行细化分工。推进行政权力运行信息、财政资金信息、公共资源配置信息、公共服务信息、公共监管信息的全面公开。高度重视依申请公开制度建设，认真落实依申请公开流程。

【加快公开载体建设】 坚持发挥滨海区政府门户网站在政府信息公开主渠道中的作用，进一步优化平台建设。在加强信息查阅点、新闻发布会等传统媒体平台作用的基础上，不断拓宽公开渠道，着力建设基于新媒体的政府信息发布模式，强化“两微”平台建设，探索利用政务微博、政务微信等新媒体及时发布权威政务信息。滨海区分别通过新浪和腾讯开通“潍坊滨海经济技术开发区”官方微博，完成“潍坊滨海区发布”公众服务号微信注册。平台开通运行后，将重大决策、规章、办事流程等政务信息通过平台公布于众，直接与公众对话，提高信息的抵达率，进一步探索应用新媒体的互动功能，接受公众咨询和监督，既有利于满足媒体和公众的信息需求，也有利于保证政府信息的准确性和权威性，化解群众误解，提高办事效率，树立亲民为民良好形象。

（王学方）

公共行政审批

【概况】 2016年，为民服务中心共受理涉企审批、便民事项744733件，月均办件量达6.2万多件；为民服务热线受理群众诉求1275件，办结率达99%，群众满意率100%，为全区的经济和社会发展提供了优质高效便捷服务。

【试运行全网络化受理代办中心】 为进一步转变政府职能，提升服务水平，滨海开发区为民服务中心集中本单位自身资源，设立投资项目集中受理、全程代办中心，受理代办中心负责受理滨海开发区所有投资项目审批手续报件材料，并通过材料数据库共享及全网络化审批模式，全程为投资项目代理代办各项审批事项。2016年，共为273家企业、497个投资项目集中受理代办了工商登记、节能评估、立项、施工许可等业务。为企业节约了交易性制度成本，审批服务效率明显提高，受到企业的一致好评。

【推行“三制三〇三全”和“三张清单”制度】“三制三〇三全”对企业申请事项实行容缺审查办理、限时承诺办结、专管员联评、全方位服务等创新举措，“三张清单”让企业清楚知道自己可以干什么、政府该管什么、政府提供那些服务，可“按图索骥”，实现“权力部门”向“服务部门”的转变。2016年，共受理各类审批服务办件744733件，按时办结率100%，组织专管员联评123次，出动流动服务车上门服务286次。

【审批服务】 根据市、开发区部署安排和相关文件及有关会议要求，继续贯彻落实开展投资建设项目模拟审批、建设项目“模块化”审批、化工项目投资审批窗口联审、行政审批否定报备、建设项目告知承诺制、重大投资项目审批绿色通道等一系列审批制度，加快滨海区投资项目审批手续办理进程，不断提高投资项目审批服务工作质量和效率，确保建设项目早落地、早开工，打造一流投资服务发展环境，推动滨海海洋经济新区建设。2016年，为13家公司的15个项目组织模拟审批联席会议，为26个企业29个项目组织召开化工项目投资审批窗口联席会议。

（郎美红）

政府招投标管理

【概况】 2016年，中心完成招标采购项目224项，预算额13.8亿元，中标额11.1亿元，节支率为19.7%。较好地完成了进口肉牛产业链项目土地平整、海安支路、旅游度假区湿地生态建设、渤海路一号桥、长江西街（西海路—寿光界）、科教创新区道路绿化等重点项目的招标工作，工作成绩显著，服务效能明显提升。

【机构设置】 潍坊滨海经济技术开发区招投标中心为全额拨款正科级事业单位，主要负责全区政府性投资项目（工程、货物、服务）的招投标管理等工作，承办区党工委、管委会交办的其他工作。内设综合科、招标投标科 2 个科室，办公地点在大家洼街道海化街为民服务中心。中心有领导职数 1 正 1 副。

【规范招投标管理】 根据相关法律法规制定并实施《招标采购限时办结制度》《政府采购流程工作指南》《项目包靠责任制度》《招标代埋机构考核办法》等 26 项制度规程。从 10 月开始对投标报名、专家抽取采取在中心现场集中方式进行，从源头上规范招投标行为，杜绝徇私舞弊现象发生。规范项目部人员的证件管理程序，要求必须从基本账户提交投标保证金及履约保证金；对重大项目及民生工程要求投标单位法定代表人到场，以法定代表人现场承诺的形式杜绝借用资质现象，确保实力强、信誉好的企业承担项目；对招标过程中发现借资质投标的企业，列入黑名单并取消其三年内在滨海区政府采购市场的投标资格；经常性考察在建项目，及时调度项目进展情况，加强事后监管，确保项目顺利推进。

2016 年 9 月 29 日，考察长江西街改建工程建设情况

（赵喜杰 摄）

【加强招投标环境监管】 对参与招投标活动的相关人员实行进出场签到制度，改善开标现场的工作环境，规范开标会议秩序开展以“杜绝借资质投标”“提高效率，依法办事，做好招投标工作”等为主题的讨论活动，集体研究招投标工作新办法，千方百计提高工作效率；定期召开招标项目调度会议、招投标业务培训会，提高项目各方的主动性、积极性和责任意识。

【推进党风廉政建设】 按照党建工作规范、机关服务型党组织建设三年行动计划开展党建工作，夯实支部书记作为党建“第一责任人”的主体责任。推进“两学一做”学习教育工作，引导党员亮身份、亮责任、亮承诺、亮成效，发挥先锋模范作用。领导班子成员履行“一岗双责”，把“笼统的责

图为招投标中心报名处

（赵喜杰 供稿）

任”变成“明确的清单”落实到班子成员、落实到各科室，形成主要领导亲自抓、分管领导分头抓、责任科室具体抓的党风廉政建设工作机制，正风肃纪，强化监督，营造了良好的政治生态。

（李国卫）

机关事务管理

【物业管理】 对西城原管委会办公楼、创业大厦、海王大厦及海运学校办公楼3—5层4处办公场所的租赁方制订印发物业、安全规章制度并组织日常检查考核及调度整改。结合上级安全方面的文件及会议要求，党政办公室跟物业公司建立办公楼安全运行责任制，明确安全运行责任人，签订安全运行责任书，进一步落实“安全第一、预防为主”的方针。加强各项安全检查和隐患整改力度，将各种隐患消灭在萌芽状态，不定期对4处办公楼的消防、空调、电梯、监控及用水用电进行安全隐患排查及物业服务检查，对存在安全隐患环节逐一列出单子，采取正式书面文件及电话通知等形式跟办公场所租赁方搞好对接，撰写限期整改通知书，彻底消除安全隐患，确保安全零失误，物业服务上台阶。做好滨海区4处办公场所房间日常调配工作，配合做好“关于党工委、管委会及部分机关事业单位租赁办公场所情况的汇报”及“关于滨海区党工委、管委会及机关事业单位租赁办公场所的请示”的撰写及汇报工作。与市级机关事务管理局对接，对各部门单位办公人员面积及特殊用房面积需求进行核算，为租赁入驻新办公场所做好前期准备工作。

【公共机构节能】 制订滨海区《公共机构节能管理办法》。

在6月全国节能宣传周中，按照省公共机构节能办通知要求，开展了节能主题日活动，要求各办公室停开空调，关闭公共区域照明，进行能源紧缺体验；活动周期间号召践行“135”出行方案（即1公里内步行、3公里内骑自行车、5公里内乘坐公共交通工具），以绿色低碳的出行方式支持节能减排。

做好全区公共机构能源资源消费统计信息系统“十三五”规划基础数据的录入。

（杨金伟　李　阳）

军事工作

【概况】 组织对全区基干民兵进行调整编组和军事训练，圆满完成了上级军事机关的集中点验。高质量完成全年征兵工作任务。推动在普通高中成立国防后备生办公室。按要求完成海上紧急信息报送、重要军事设施周边情况调查、国防动员潜力数据调查统计等工作。

（牟怀宇）

档案工作

【概况】 2014 年 3 月区党政办公室成立史志档案科，负责指导全区档案工作和档案业务培训，史志档案科 8 人，具有档案上岗证，其中本科毕业 6 人，专科毕业 2 人。2015 年 12 月晋升为山东省档案工作科学化管理先进单位。2016 年史志档案科 3 人，室存文书档案 833 卷（盒），会计档案 210 卷，科技档案 2 卷，声像档案 189 件，实物档案 82 件，电子档案 372GB，重大活动 1 卷。全区 51 个立档单位，室存档案 16 万卷，立档单位分成 3 组，由专人包靠，业务指导。

【档案常规】 平时注重收集档案资料，包括文件、照片、实物、视频、重大活动等，做到应收尽收。2015 年归档文书档案 84 盒，1365 件，17345 页，全部进行数字化加工。利用区档案工作 QQ 群解答疑问，互相学习，提高业务能力。

【档案馆建设】 区党政办公室租赁区金融中心 6 号楼作为档案馆用房，建筑面积 12000 平方米，库房建筑面积 4800 平方米，史志档案科征集档案馆建设方案，结合滨海区实际，制定《滨海区智慧型数字档案馆建设方案》。

【档案培训】 2016 年牵头组织两次全区档案业务培训，2016 年 4 月 7 日举行《归档文件整理规则》培训和《照片档案整理规范》《全宗卷整理规范》的培训，2016 年 5 月 10 组织申报山东省档案工作科学化管理先进单位验收材料培训，15 日对全区档案业务大检查，摸清各立档单位档案工作情况，确定由区住建局和规划局申请山东省档案工作科学化管理先进单位验收。组织本区 32 个单位 38 人参加 2016 年全市企事业单位档案业务培训班，经测试合格，取得档案工作上岗证。

【档案征集】 每年 2 月，区党政办公室发文征集上一年度各立档单位照片、实物、视频资料，资料必须具有全区性质且有一定社会影响。资料征集起来，实行统一集中分类、编目、打印目录，征集率达到 95% 以上。2016 年收集《人民日报》《大众日报》《潍坊日报》《滨海日报》1400 多份，均集中编号保管，便于查阅。

【档案服务利用】 每月编写一期《滨海区大事记》，年末汇总印刷，发放到全区各街道，各部门、单位。为全区各部门单位提供档案利用服务，制定《档案查询利用制度》，简化申请手续，使查询快捷、便利，2016 年向各部门单位提供查询服务 115 次，提供文件资料 217 件。宣传档案工作，普及档案知识，在市级网站发表档案业务稿件 1 篇，在《滨海日报》发表宣传稿件 8 篇。

【基层档案规范化】 2016 年指导区住房和城乡建设局、潍坊市规划局滨海区分局晋升为山东省档案工作科学化管理先进单位。对全区各部门单位实行划片分组包靠，每年年初组织各部门单位文档人员集中整档，实行统一标准，统一立卷，统一分类，统一装订和装盒，做到收集、整理、归档、保管规范化。

（刘其鹏）

地方史志

【概况】 2014年3月区党政办公室成立史志档案科，负责地方史志编研，为省市年鉴提供地情资料、指导基层修志、开展读志用志服务，配备工作人员8人，其中本科毕业6人，专科毕业2人。2016年本科室配备3人。

【省市年鉴供稿】 每年区党政办公室史志档案科为省政府主办、省史志办编纂的《山东年鉴》和潍坊市政府主办、潍坊市史志办编纂的《潍坊年鉴》以及潍坊市委主办、市党史办编纂的《中共潍坊年鉴》提报滨海区情稿件。主要提报滨海区国民经济和社会发展情况、各街道经济社会发展情况。2016年史志档案科广泛征集资料，做到准确无误，按时高质量完成供稿任务，提供区情资料12000字。

【预研地方志编纂】 史志档案科成立时间短，专业人才缺乏。区党政办公室组织史志档案科人员参加市史志办召开的业务培训，到寒亭区史志办学习区志和年鉴编纂，具体学习编写规范；以其他县市区志书为参考，预研志书编写体例、编写方法，为《滨海区志》编纂提前准备；利用网络资源，自学地方志编纂规范。通过以上措施，初步掌握地方志编纂方法。

【史志利用服务】 利用现有史志资料，为区内单位提供区情资料，包括建置沿革、地理位置、地方特产，2016年为8家部门单位提供资料20000字。

（刘其鹏）

研究督查

【政策研究】 一是扎实做好综合材料工作。围绕新区建设中心工作，完成了全市经济运行分析会、全市开放发展大会、全市提升市区系列会议、省市领导滨海调研等汇报材料，协助新区推进办完成了新区领导小组成员（扩大）会议、城海快轨项目各类工作等汇报材料；起草了经济工作会议、全区述廉述责会议、区纪工委第一次会议、建党95周年庆祝大会等全区性会议领导讲话，市政府常务会、市长办公会等市级会议发言材料，共计50余篇；圆满完成了突破滨海三周年、两岸共建滨海宝岛科技城恳谈会等重大活动、重要会议解说词，全年共起草、撰写各类材料200余篇、350余万字。认真做好区党工委（扩大）会议纪要和公文制发工作，全年共起草党工委（扩大）会议纪要21期，专题会议纪要90期；起草、制定、审核党工委文件39件，管委会文件115件，党政办公室文件70件，潍滨通报10期。协调宣传文化中心、滨海日报社共同做好党工委、管委会主要领导新闻稿件的审核工作，共审稿260余篇，确保了新闻报道的全面、及时、准确。同时，积极承担党政办公室安排的其他文字工作。二是深入开展调研活动。紧紧围绕事关滨海开放开发的热点难点问题，通过专题调研、外出考察等多种方式进行深入分析研究，累计撰写产业发展、城市建设、机制创新、基层反映等方面的调研报告75篇，其中报送市政府52篇、市委18篇、内部上报5篇。《以潍坊滨海区为例推进产城融合发展示范区建设的思考与建议》等有关课题为相关市级政策出台提供了有效借鉴，《关于推进滨海区供给侧结构性改革情况调研》《关于滨海区小产权房、自建房情况调研》等课题为全区产业发展和社会建设提出了有益思考和建议，并取得了良好成效。 三是信息工作实现新突破。按照“广采集、深挖掘、出精品、重实效”的要求，全面做好政务信息编辑和上报工作，及时准确反映滨海开放开发和海洋经济新区建设的重要成果、经验做法和对策建议，为上级领导决策提供信息依据。今年共编发《潍滨信息》28期，《重要事项专报》8期，向市委、市政府报送各类信息3000余篇，采用300余篇，转报省级以上信息80余篇，信息工作考核居全市前列、市属开发区第一名。产城融合、循环经济、园区市场化开发等滨海开放开发经验成果，被中央、省级信息刊物采用。

【政务督查】 狠抓政务督查工作。扎实做好上级部门来文办理和督查事项上报工作，办理市委、市政府等上级来文125件，圆满完成市政府工作报告、新区推进办、提升办等系列文件确定的重点项目月度、季度上报工作。按照“互联网＋督查”模式，建设了滨海区网络督查平台，将上级党委、政府和区党工委、管委会各项决策部署，以及区直部门重大事项、专项领导小组和市长热线等1000余件督办事项纳入督查范围，大大提升了政务督查时效性、准确性、互动性。全面落实工作项目化管理、项目责任制，不定期现场督查区级领导包靠的重点工作、重点项目，通过一线督导、跟上督查，有效解决港联化管道铺设、第二创业大厦复工等问题100多项。

【综合改革】 进一步健全工作推进机制，下发《关于进一步落实提升市区、全面深化改革工作任务的通知》《滨海区2016年新型城镇化重点工作分解的通知》《滨海区全面深化改革督察工作实施办法（试行）》等文件，将任务目标逐一落实到各责任单位，强化跟踪督查、狠抓任务落实，针对供给侧结构性改革、简化优化公共服务流程等重点改革事项落实情况，集中组织全区性督导活动6次。深入开展重大改革问题调查研究，先后组织实施了供给侧结构性改革、项目建设、“公司＋园区”开发模式等5个专题调研，形成改革调研报告6篇，为领导决策提供重要依据。加大改革宣传力度，先后在各类媒体发布改革宣传信息80多篇，《借力改革试点，创新体制机制，全力打造国家级循环化改造示范园区》《潍坊滨海区发展循环经济的经验做法》等改革创新成果在全市交流推广。滨海改革领域200多项重点任务、提升市区30项重点工作、城镇化49个重点项目顺利推进。

（胡大水　陈建东）

人大·政协·纪检·群团

潍坊

滨海

年鉴

2017

WEIFANGBINHAI

YEARBOOK

人大·政协·纪检·群团

人大工作

【概况】 根据市人大、市委组织部工作安排，滨海区共推荐3名潍坊市人大代表，其中公务员1名、企业负责人2名，并对2名企业负责人开展考察工作。办结市人大常委会、寒亭区人大常委会转办的代表建议。根据寒亭区人大换届选举工作安排，坚持发扬民主与依法办事相结合，坚持代表的广泛性和先进性原则，协调央子街道、大家洼街道做好寒亭区人大代表选举工作。

【央子街道、大家洼街道人大代表选举工作】根据寒亭区人大换届选举工作安排，协调央子街道、大家洼街道做好寒亭区人大代表选举工作。

部署安排。央子街道、大家洼街道作为寒亭区人大代表选举单位，分别成立街道党委书记为组长，人大工作室主任、党委副书记为副组长的换届选举工作指导小组，分别划分5个选区、10个选区，以选区为单位进行选民登记，并由副科级管干部包靠每个选区的选举工作。

做好代表候选人推荐工作。注重发扬民主与依法办事相结合，本着坚持代表的广泛性和先进性原则，反复征求各选区和有关部门意见，注重代表结构的合理性，科学分配各选区的代表名额。各选区在确定代表候选人中严格把好法律关、民主关、结构关。对推荐手续不完整、不符合差额比例或推荐名额超过应选代表名额等现象给予纠正，依法审议各选区报送的初步代表候选人名单。按照代表界别和结构要求，将初步候选人名单交由选民小组反复讨论协商，根据较多数选民的意见，提出正式代表候选人名单，推荐出符合法律、顺应民意、富有先进性和代表性的代表候选人。

做好代表候选人考察工作。区政治工作部牵头，成立3个代表候选人考察小组，负责开展代表候选人的考察工作。征求计生、公安、信访、安全、环保、住建、法院、检察院、市场监管、人社等部门意见，并按市委组织部印发的考察程序对代表候选人进行考察。

投票选举。各街道换届选举领导小组专门召开培训工作会议，强调选举的意义及重要性，明确换届选举工作的指导思想、工作原则及工作任务要求。各街道换届选举领导小组成员和各选区工作领导小组组长一起坐镇指挥，加强对各选区投票情况的监督、组织和领导；各选区相应增加干部力量，加强指导协调，实现无违法乱纪行为发生，确保高参选率、一次成功率、代表结构符合法律要求，圆满完成了区人大代表投票选举任务，顺利选举产生了33名寒亭区人大代表。

（李星亮）

政协工作

【概况】 做好全国、省、市、区政协委员候选人推荐考察工作。制订2017年度政协委员活动组活动计划，组织委员积极参政议政、建言献策，办结2件政协提案，上报社情民意信息30篇。加强民主协商，积极参政议政，完成了全国政协调研组“加强垃圾无害化处理”及省市政协“提升化工企业发展水平、促进化工产业转型升级”“降低企业成本、大力振兴实体经济”“中心城区大气污染防治治理”等专题调研活动。

（玄恩栋）

纪检监察

【概况】 2016年，滨海区纪工委在党工委、管委会的正确领导下，认真转职能、转方式、转作风，突出监督执纪问责，聚焦主责主业，各项工作取得了较好成效。

【机构设置】 滨海区纪工委为潍坊市纪委派出机构，有书记1人，正县级。有区纪工委办公室、党风廉政教育中心2个工作机构。有工作人员10人，其中大学本科学历的5人、研究生学历的3人；35岁以下的8人、35—40岁的2人，平均年龄31.5岁。

2014年1月28日，滨海区党工委印发《潍坊滨海经济技术开发区党工委关于成立潍坊滨海经济技术开发区法制教育中心等机构的通知》（潍滨发〔2014〕7号），成立潍坊滨海经济技术开发区廉政效能中心，正科级规格，财政拨款，定编7名，配领导职数1正2副；将区政治工作部承担的纪检监察工作职责划归区廉政效能中心。2016年9月8日，滨海区管委会印发《潍坊滨海经济技术开发区管委会关于部分机构调整设置的通知》（潍滨管发〔2016〕22号），设立潍坊滨海经济技术开发区纪工委办公室，正科级规格，配领导职数1正1副；潍坊滨海经济技术开发区廉政效能中心更名为潍坊滨海经济技术开发区党风廉政教育中心，调整为区纪工委办公室所属事业单位。

区纪工委办公室。作为区纪工委的日常办事机构，在区纪工委书记领导下开展纪律检查和行政监察工作，负责区纪工委日常事务处理和文件起草工作。根据区纪工委程序要求负责纪检监察范围内的信访举报和开展纪律审查、案件监督管理、党风政风监督等工作。负责纪检监察情况统计与上报工作。负责区纪工委印章的保管和鉴印工作。根据区纪工委要求做好纪律审查相关案卷和信访材料的归档保存工作。按照区纪工委工作计划，指导党风廉政教育中心开展党风廉政建设宣传教育工作。承办区党工委、管委会和区纪工委交办的其他工作。下设综合科、党风政风监督科、纪检监察科、信访科 4 个科室。

区党风廉政教育中心。主要负责组织协调全区党风廉政建设和反腐败宣传教育、廉政文化和网络信息工作，指导各基层党组织对党员进行党风和廉政教育，负责全区纪检监察政策法规、调查研究、纪检监察干部培训工作，负责纪检监察办案场所的建设管理工作，承办区党工委、管委会、纪工委交办的其他相关工作。下设综合科、宣传科、调研科 3 个科室。

【制度建设】 2016 年，围绕信访举报、纪律审查等方面，共制定出台制度、流程 42 项，逐步实现工作规范化、程序化、制度化。其中，区级层面工作制度 7 项，包括《纪检信访举报件办理工作制度》《区管干部问题线索管理办法》等；机关内部工作制度 20 项、工作流程 15 项，主要涉及公文流转、制发、财务管理、信息宣传、集中学习、保密等方面。

【纪检队伍建设】 完善机构设置。争取区党工委支持，设立区纪工委办公室，将原廉政效能中心更名为党风廉政教育中心，选拔 10 名优秀纪检干部充实到区纪工委办公室。落实街道纪委书记、副书记提名考察办法，在 2 个街道纪委换届选举中，2 名纪委书记均由纪工委办公室业务骨干提拔担任，8 名纪委副书记、纪委委员均由区纪工委提名考察。调整充实 15 名区纪工委委员，召开滨海区纪工委第一次全体会议。出台区纪工委委员《履行职责发挥作用的意见（试行）》和《联系部门单位工作制度（试行）》，实现对全区各部门单位和区属国有企业的监督全覆盖。聚焦主责主业，全面落实监督责任。区纪工委书记专职从事纪检监察工作，重要会议全程出席参加，在制度建设、干部任用、重要领域和关键环节等方面，及时提出监督意见、建议。对街道纪检组织建设情况进行专项督查检查，组织有纪检组织的部门单位党委（组）书记、纪委（纪检组）书记签订履行“三转”责任承诺书。在区纪工委办公室设纪检委员，实施内部监督，严防“灯下黑”。强化培训指导。邀请上级纪委业务骨干，对 100 余名纪检监察专兼职干部开展执纪审查业务培训；在区纪检监察专职干部中开展业务大讲堂活动，区纪工委书记为全区纪检监察干部讲党课，纪工委专职纪检监察干部轮流讲课；选派 7 名业务骨干参加市级纪检监察业务培训，提升了业务素质。

【督促主体责任落实】 发挥参谋助手作用。对上级党风廉政建设和反腐败工作的新部署、新要求，第一时间做好汇报，并提出具体落实意见。2016 年，向区党工委汇报工作 52 次，其中全区信访形势研判分析、区纪工委委员发挥作用、加强区属国有企业党风廉政建设等相关建议被采纳并得到落实。细化责任分解落实。按照工作项目化管理要求，协助党工委细化量化党风廉政建设和反腐败工作任务，明确各级党组织“责任清单”，督促层层签订《党风廉政建设责任书》，将责任和压力逐级分解传导，实现全覆盖、无缝隙。强化考核督导。协助区党工委建立党风廉政建设日常考核台账，改进考核方式，明确考核指标，开展半年及年度考核，年底由区“两委”班子成员带队进行重点检查，考核结果计入全区科学发展综合考核成绩。坚持“一案双查”“一案双究”，围绕主体责任落实，约谈有关部门单位主要负责人 21 人次，对 11 名履职不力的党组织负责人实施责任追究。

【强化纠风治理】加强对中央八项规定精神落实情况的监督检查。围绕落实中央、省市委和区党工委作风建设具体要求，紧盯“四风”问题纠治重点，坚持抓常抓细抓长，建立常态化明察暗访机制，突出节庆等重要时间节点，攥紧拳头、严肃执纪。2016年，查处违反中央八项规定精神问题9个。开展“为官不为”专项整治。围绕区党工委、管委会决策部署落实，突出行政审批监管、中介服务监管、棚户区改造等重点领域和关键环节，做到有访必查、有责必问，全年针对等创城迎审、重大项目建设等问题，纪工委主要负责人对相关部门单位主要负责人开展批评教育7人、查处履职不力问题11个，优化了发展环境。整治侵害群众利益不正之风和腐败问题。以大家洼街道、央子街道为重点，紧盯集体“三资”管理、土地征迁、村级“三务”公开、生态环境保护等热点问题，惩“蝇贪”、治“微腐”，推动全面从严治党向基层延伸。全年查处和曝光侵害群众利益不正之风和腐败问题23个。

【严格执纪审查】严格问题线索处置。畅通信访投诉举报渠道，组织开展信访工作大检查，出台信访举报件办理、重要事项报告和区管干部问题线索管理等制度，规范处置问题线索。全年全区纪检监察机关受理信访举报92件，其中区级受理54件、市转来38件。严格审理程序。执行查审分开，实行案件审理小组负责制，出台《关于党纪处分批准权限的暂行规定》等配套制度，严格工作流程。高标准建设纪律审查谈话室，区街两级谈话室全部建成。严格执纪审查。调整区反腐败协调小组，健全完善联络机制，加强沟通协作，形成反腐合力。全年全区立案审查33起，给予党政纪处分33人，免予党政纪处分3人，自办案件数量同比增长57.1%。

【加强廉政教育监督】加强党规党纪教育。构建“互联网+”模式，开通纪检监察网站、廉政短信平台和“潍坊滨海纪检”微信公众号，定期推送典型案例、党纪法规解读等内容，全年累计发送廉政短信24000余条、推送微信信息180余条。深挖传统媒体潜力，开设“学《准则》《条例》，谈心得体会”专栏，约请各部门单位党组织书记、纪委书记（纪检组长）谈认识、体会。组织编写党规党纪专题学习教育读本3套，免费印发给全区党员干部4500余本。组织开展“两项法规”知识竞赛、廉政文化示范点创建、家训家规家风征集等活动，创造尊廉崇洁的良好氛围。加强警示教育。组织全区党员干部观看《潍水镜鉴》警示片，组织区“两委”班子成员、部门单位主要负责人、重点岗位工作人员210余人参观潍北监狱警示教育基地；组织学习《潍坊市党员领导干部违纪违法典型案件警示录》和上级纪委关于党员干部违规违纪案件的有关通报，以案明纪，用身边事身边人加强教育警示，强化不敢、知止氛围。强化廉政风险防控。坚持预防为主、防控结合，突出权力集中、资金密集、资源富集等重点岗位和重点环节，督促各部门单位查找廉政风险点，制订防控措施，预防违纪问题发生。组织区“两委”班子成员、街道和区直部门单位主要负责人向区纪工委集中述廉述责。开展常态化廉政谈话，立足抓小抓早抓苗头，对新提拔任用的领导干部全部进行任前廉政谈话，对各部门单位主要负责人进行经常性的谈话教育，全年开展廉政谈话70余人次。按照“四种形态”要求，针对纪律审查、调查研究、信访举报、群众反映中发现的具体问题，开展触类旁通式谈话，累计开展提醒谈话922人次，函询22人次，批评教育25人次，责令做出书面检查20人次，通报批评17人次，诫勉谈话17人次。

（王　菲）

群团工作

群团工作办公室

主　任　朱良田

党支部书记　朱良田

副主任　刘月成　王志顺　李晓丽

【机构设置】 2015年10月，滨海区管委会印发《关于成立群团工作办公室和理顺全区司法工作职能的通知》（潍滨管发〔2015〕31号），成立潍坊滨海经济技术开发区群团工作办公室，主要负责全区工会、共青团、妇联等群团工作，承办区党工委、管委会交办的其他工作。核定事业编制10名，配领导职数1正3副。

【总工会工作】 2016年8月22日，潍坊滨海经济技术开发区工会第一次代表大会召开，潍坊市副市长、区党工委书记王树华，市政协副主席、总工会主席吴建民出席工会第一次代表大会开幕式，会议选举产生滨海区总工会第一届委员会、经费审查委员会和第一届委员会主席、副主席、常务委员会委员、委员及第一届经费审查委员会主任。朱良田当选为总工会主席，刘月成当选为总工会副主席、兼任经费委员会主任，会议选举产生常务委员会委员5名、委员29名。

10月，举行2016年“醉美滨海”摄影大赛，大赛收到摄影作品510幅，从中评选出一等奖3名、二等奖5名、三等奖8名、优秀奖30名。此次展出的摄影作品，或宣扬社会主义核心价值观，或反映滨海区在推进滨海海洋经济新区建设中生动实践与丰硕成果，或记录滨海开放开发过程中的发展亮点和精彩瞬间，或吟诵社会和谐、赞美幸福滨海。作品主题突出，鼓舞人心，格调高雅，富有感染力和表现力，展示了滨海日新月异的发展变化。

10月26日至11月2日，举办全区基层工会主席培训班，全区机关事业单位工会主席、企业工会主席184人参加培训，是区总工会成立以来举办的首期全区所有工会主席培训班。此次培训提升了全区工会主席的工会理论水平和工作实践能力，强化了服务和维权意识，推动了全区工会工作的开展。

12月17日，滨海区总工会职工志愿服务大队成立并揭牌授旗。区志愿者协会会长孙炳海被聘为区总工会职工志愿服务大队大队长，标志着区职工志愿服务工作向制度化、规范化迈出了新的步伐。

12月28日，全区职工冬季越野比赛举行，200余职工参加比赛。通过比赛增进了友谊，提高了凝聚力，展示了全区广大职工的良好精神风貌和勇于挑战的气势和信心。

【共青团工作】 加强基层组织建设，对全区机关事业单位、已投产企业团组织建设情况进行摸底，对7家企事业单位团组织书记改选进行备案建立动态台账，以正式文件形式进一步明确团组织书记人选和职责，全区机关事业单位、国有企业100%建立团组织，非公企业团组织建设达70%。夯实学校共青团工作，加强学校团员发展和管理工作，对2016—2017年度团员发展数进行科学分配，保证团员学生先进性。开展“大手拉小手 共筑碧水蓝天”、星星火炬选拔赛、国学达人赛、潍坊青年志愿服务之星评选等16项活动，通过形式多样、丰富多彩、易于接受的大众化、实用化的活动，进一步提升了团组织对基层团员青年的凝聚力。对全区困难学生进行摸底。为4名家庭困难学生发放助学金，圆了他们的大学梦。推进基层青年服务平台建设，申报2处“青年之家”，争取上级资源，为央子街道海港社区申请4万元专款，建设“希望图书屋”，打造广大外来务工子女和困难青少年的“幸福家园”。

6月，举行传承经典——滨海区中华经典诗文诵读大赛，来自全区50多个部门单位的80多名青年参加比赛，共评选出一等奖1名、二等奖4名、三等奖6名、优秀组织奖5名，选手们诵读经典、放飞梦想，展现出朝气蓬勃、昂扬向上的精神状态，鼓舞了士气、提振了信心，在全区营造了浓厚书香氛围。

12月20日，共青团滨海区第一次代表大会召开，会议选举产生滨海区共青团第一届委员会书记、副书记、常务委员。王志顺当选为共青团潍坊滨海经济技术开发区委员会书记，张芸超当选为共青团潍坊滨海经济技术开发区委员会副书记，常务委员会委员7人。

【妇女工作】 2016年，开展新农村、新生活培训活动40场次，培训2546人次，在全区营造“乡村文明，妇女先行”的浓厚氛围。联合潍坊佳益家政滨海分公司，到社区、村居开展月嫂、育婴师、养老护理员等方面的培训，受到妇女群众的欢迎，共培训发证巾帼家政服务员120人。组织参加全市第二届巾帼家政技能大赛，毕瑞荣获二等奖，杨会霞、单淑娟分获优秀奖。盛信旺家政服务中心获潍坊市“好潍姐”家政服务示范企业，区妇联获优秀组织奖。开展妇女“两癌”免费筛查，为全区1921名35—64岁农村妇女进行“两癌”免费筛查，建立“两癌”筛查健康档案，提高了妇女的健康水平。组建巾帼服务队，把热心公益、乐于奉献的457名优秀妇女吸引到队伍中来，先后开展“让爱温暖冬天”走进常青园福利院、“情暖滨海 共享阳光”残疾人关爱季力源慈善基金“免费康复项目启动仪式”、反家暴宣传、花开童年公益助学、“黄手环”发送等28项活动，让志愿服务惠及全社会。

3月8日，围绕“创业、维权”主题召开全区各行业优秀妇女座谈会，倡导全社会维护广大妇女权益，号召全区广大妇女以昂扬的斗志和饱满的热情，投身滨海改革发展大潮，奋发作为，建功立业。4月8日，举办《中华人民共和国妇女权益保障法》和《中华人民共和国反家庭暴力法》两法知识竞赛，在全区形成维护妇女合法权益和反家暴的良好氛围。

（王志顺　花　铮）

法　　治

潍坊滨海年鉴

2017

WEIFANGBINHAI YEARBOOK

法　　治

综　　述

【概况】 2016年，滨海区法制教育中心贯彻落实中央和省、市委政法工作会议精神，按照全市统一部署，推进综治暨平安建设各项工作，开展“平安滨海”“法治滨海”创建活动，各项工作稳步推进，为全区经济社会的平稳快速发展创造了持续和谐稳定的社会环境。区法制教育中心被省综治办评为全省社会治安综合治理先进集体，被市治安保险工作联席会议授予潍坊市治安保险工作先进单位特等奖。苗鹏被省委宣传部、省人社厅、省司法厅、省普法办评为2011—2015年全省普法依法治理工作先进工作者，被省委办公厅、省政府办公厅、人社厅授予2016年全省信访工作先进个人；宋利波于被区党工委评为2016年优秀共产党员。

【平安建设工作】 进一步明确工作责任，区党工委、管委会与各部门、单位层层签订《2016年度综治暨平安滨海建设工作承诺责任书》。推进“无命案镇（街）、无刑事案件村居（社区）”综治主题创建活动，全区2个街道均实现“零命案”，50个村居社区实现无刑事案件。加强重点人群服务管理，对“两类”人员建立帮扶管控制度，加大对易肇事肇祸精神病人管控。出台《实施以奖代补政策落实严重精神障碍患者监护责任的意见》，进一步加强易肇事肇祸精神障碍患者的服务管理工作，全区未发生重大恶性案（事）件。建立“法治滨海”微信公众号，定期发布政法、司法等相关内容，及时了解相关政策法规。

【维护社会稳定】 健全维稳信息预警处置工作机制，制订相应考核办法。对各部门、单位维稳信息预警率、及时处置率、失控率，定期进行考核，对排查出的不稳定因素逐一建立台账，分门别类，列出单子，逐案落实措施，认真加以解决。2016年，重点排查了非法集资、征地拆迁、村务管理、农民工工资、涉军涉师等重点领域，预警处置“金河投资”“我的未来网”“烈士家属聚集上访”等各类不稳定因素65个，形成《每日维稳情况专报》95期。在全国“两会”、十八届六中全会、“两节”、风筝会等重要节会期间，组织开展集中排查活动，切实摸清区内涉稳隐患，实行“零报告”制度，加强区内情况掌控，全区未发生有影响的群体性上访事件。推进源头治理，强化社会稳定风险评估机制，对出台涉及群众切身利益的重大改革方案、重大工程项目和重大政策，在决策前进行社会稳定风险“双评估”。全区评估重点项目20个，其中第三方参与评估项目5个，全部为低风险，并全部准予实施。通过社会风险评估，全面剖析影响稳定的矛盾和问题，及时掌握工作主动权，确保不出现影响社会稳定的因素。

【排查化解矛盾纠纷】 健全矛盾纠纷排查化解工作机制。推进“4+2”矛盾纠纷化解机制建设，突出抓好公调对接、警民联调、听证法、律师参与社会矛盾化解四项机制的建设工作。全区建立警民联调派出所 6 个，有专职调解员数量 18 人、兼职调解员 34 人。2016 年，警民联调室共接到纠纷 175 起，调解成功 170 起；法律服务工作者参与街道矛盾纠纷化解案件 10 起。开展矛盾纠纷大排查大调处活动，全区共开展集中排查化解行动 15 次，成功调解各类矛盾纠纷 300 余件起。实施社会稳定风险评估机制，推行第三方参与评估机制，有效预防和减少各类社会矛盾纠纷的发生。

法治政府建设

【概况】 为完善法治政府制度体系，健全行政决策机制，根据开发区工作实际，滨海区制定印发《区党工委会议管理办法》《关于进一步明确和规范文件制发程序的补充通知》和《滨海区收文办理规定》《政府性法律事务办理暂行规定》等一系列文件，进一步健全了依法行政制度体系，严格规范决策程序，强化行政执法制度保障，提升行政决策的公信力和执行力，促进决策科学化、民主化、规范化。

【机构沿革】 2014 年 1 月，滨海区管委会印发《潍坊滨海经济技术开发区管委会关于区国有资产管理办公室加挂区法制办公室牌子的通知》（潍滨管发〔2014〕6 号），加挂潍坊滨海经济技术开发区法制办公室牌子。主要职责是负责全区依法行政的综合协调、督促检查和政策研究；制订全区依法行政规划和具体实施意见，经区党工委、管委会批准后组织实施；拟订全区规范性文件编制计划，督促、指导有关部门实施；负责全区重大行政决策的合法性审查工作；承办全区规范性文件解释工作，对全区规范性文件提出修改或者废止意见；承办全区行政复议案件和作为被申请人的行政复议案件，对全区行政复议、行政应诉、行政赔偿工作进行指导，并负责对全区行政复议应诉案件和行政赔偿的统计、分析和备案审查；协调各部门之间在有关法律、法规、规章实施中的矛盾和争议，会同有关部门规范行政执法行为；组织开展全区法制理论研究和宣传培训工作，为区领导和各部门提供法律咨询服务和法制信息服务，组织对全区行政执法人员的法律培训；管理和协调、指导全区仲裁工作；承办其他法制工作和区党工委、管委会交办的其他事项。

【法律顾问制度】 根据工作实际，滨海区继续推进完善政府法律顾问制度，依托专业律师团队提供法制服务，明确责任、规范流程，充分保证法律顾问在重大行政决策、推进依法行政中发挥积极作用，实现政府性法律事务办理工作制度化、规范化、常态化。2016 年，共办理各类政府性法律事务 80 件次，为推进法治政府建设、促进依法行政提供了有力的法律保障。

【规范性文件管理】 为进一步完善规范性文

件管理，全面落实“三统一”制度，滨海区印发《关于进一步完善规范性文件管理　落实“三统一”制度的通知》，严格执行规范性文件统一登记、统一编号、统一公布制度。加强规范性文件管理，严把审查关，实现对规范性文件合法性审查的全覆盖，有效维护文件严肃性，促进依法行政。2016年，共审查新制定规范性文件6份。

【政府性合同审查】 滨海区印发《关于改进规范政府性合同（协议）审查流程的通知》，规范完善合同审查流程，依托法律顾问制度，实行专业化前置审查，严把合同“审查关”，实现对新签合同合法性审查的全覆盖。运用信息手段，推进政府性合同数据库建设，做好统一登记、编号、备案和归档保密。2016年，共审查政府性合同69份，有效防范了法律风险。

【提升行政执法水平】 严格行政执法人员资格管理，对滨海区450名执法人员进行年度审核，清理执法证9件，换发新证18件，为99名执法证新申领人员进行了信息录入和专项法律培训考试。加强行政执法听证主持人队伍建设，对滨海区25家单位提报的86名申领人员进行集中审核，完成相关信息录入工作，为最终培训考试合格的41人发放了听证主持人证。规范行政复议应诉工作，为滨海区138名法制业务骨干发了行政复议应诉资格证件，提高行政复议应诉业务水平。会同管委会法律顾问和各单位业务骨干，开展滨海区行政执法案卷评查，涉及滨海区行政执法单位25个、案卷1043宗，进一步提高案卷质量，加强行政执法监督，推进规范执法。

【法治教育】 健全领导干部学法制度，定期组织法律知识与业务技能培训，营造学法、尊法、守法、用法的良好氛围，进一步提高行政机关工作人员学法用法的意识，增强领导干部法治思维和依法行政能力。

（陈世鹏）

公　安

【概况】 2016年，滨海公安分局立足新起点，适应新常态，围绕全年任务目标，忠诚履职、锐意进取，基层基础工作不断夯实升级，有力维护了全区政治稳定、社会安定，全局业务、队伍建设呈现出较好的发展态势，为全区经济社会发展创造了良好环境。

年内，分局被潍坊市精神文明建设委员会评为市级文明单位，局党委被中共潍坊市委评为先进基层党组织；交警大队被省人力资源和社会保障厅、省公安厅、省公务员局评为全省公安系统先进集体，政工办公室被省公安厅记集体二等功，央子边防派出所被省公安厅评为爱民固边成绩突出集体；大家洼派出所党支部被开发区党工委评为先进基层党支部。有2人被省公安厅记个人二等功，1人被省禁毒委评为“全省禁吸戒毒工作先进个人”，1人被省公安厅评为“全省公安机关系列安民行动成绩突出个人”，1人被省公安厅评为“爱民固边成绩突出个人”，1人被省公安厅评为“山东省公安交通管理科技信息化应用标兵”，1

人被省公安厅评为“优秀共产党员”，7人被市公安局记个人三等功，6人被市公安局记个人嘉奖，1人被市委、市政府、军分区评为“潍坊市双拥工作先进个人”并记个人三等功，2人被市委、市政府、军分区评为“潍坊市双拥工作先进个人”并记个人嘉奖，2人被开发区党工委评为优秀共产党员。

【内设机构】 分局设有政工办公室、指挥中心、治安管理大队、刑事警察大队、交通警察大队、经济犯罪侦查大队、国内安全保卫大队、法制大队、特警训练中心、网络安全保卫大队、禁毒大队、大家洼派出所、工业园派出所、央子派出所、北港派出所。

【维稳工作】 始终把维护国家安全和政治稳定作为公安机关的第一责任，高度重视，超前谋划，狠抓各项维稳措施落实。以重点人员一体化管控平台为依托，建立情报信息每周、每月、每季研判机制，严格反恐维稳和特殊利益人员等重点人群管控；构建“警校”互动平台，做好高校维稳工作，确保全区政治大局稳定。按照“职业化、专业化、社会化”要求，调整优化巡防模式，强化应急处突力量、装备和机制建设，完善快速反应、梯队响应工作机制，形成固定的专业化反恐处突常备力量，开展反恐防暴、实兵对抗等实战演练，妥善处置各类上访事件197起。开展信访积案化解活动，成功实现无非访县市区建设与积案清零工作要求。落实领导接访、挂牌督办、联动协作、依法打击等措施，依法受理群众信访案件；加强网上维稳和舆情管控，网络舆情发现率、有效处置率达100%。做好各类安保工作，完善战时维稳指挥部机制，完成2016年“两会”、风筝会、C20会议、G20峰会、十八届六中全会等政治敏感期重大维稳安保任务，确保了社会大局持续平稳有序。

【打击刑事犯罪】 以深化系列安民行动为主线，健全完善合成作战工作机制，始终保持对各类违法犯罪的严打高压态势，破案质量和效率明显提升。强化大要案件侦办。成功破获“4·8”系列电信网络诈骗案，“7·3”过失致人死亡案，“8·15”制假售假专案，“12·14”特大贩卖、制造毒品案件，系列拐卖儿童案等一批大案要案，全年共破获刑事案件397起，抓获犯罪嫌疑人234人，打掉各类团伙13个，抓获追回各类逃犯67名，追回赃款赃物600余万元，破案质量和效率明显提升。严打民生侵财犯罪。以“盗抢骗”犯罪专项行动为抓手强化侦查破案，成功破获“4·8”系列电信网络诈骗案，抓获犯罪嫌疑人50人，涉案价值7000余万元。全年破获侵财类案件260起，抓获侵财类犯罪嫌疑人57人，追回赃款赃物600余万元。严打经济违法犯罪。加强与金融办、市场监督管理、税务、烟草等行政执法部门的联系与协作，挂牌成立区国税局、地税分局联络机制办公室，与银行、保险等部门建立联动机制和协作办公室，发挥部门联合的综合效能，破获各类经济犯罪案件7起，抓获犯罪嫌疑人24人。强化社会面清查整治。开展扫除“黄赌毒”、治爆缉枪、整治娱乐场所等一系列整治行动，查办涉毒案件10起，抓获犯罪嫌疑人10人，强制戒毒4人；查办涉黄案件9起，行拘19人；查办涉赌案件11起，刑拘3人，逮捕3人。截至年底，全局共查处治安案件400余起，治安处罚214人，其中行政拘留153人。

【社会治安管控】 牢固树立“防为主、防为上”的工作理念，以需求为牵引、以问题为导向，依托公安信息化的科技手段，全力为长远发展添力增效。推进视频全覆盖工程建设。将视频监控建设列入全区民生实事予以保障和推进，推动出台优惠补贴政策，在沿街商铺、村居小区内部推广安装“萤石云”视频监控设施。年内投资2000余万元新建6处高清治安卡口、反向卡口5处、34处电子警察、5个高空球机，新安装卡口高清探头370个，全区探头总量达775个，新建萤石云项目362个门头、515个摄像头，完成18个村庄内部监控项目建设。推进基层警务实战中心建设。加强实战型指挥中心建设，完善扁平化运行机制，相继建成大家洼所、央子所、工业园所警务实战中心，建立集指挥调度、情报研判、视频侦巡、重点管理四大功能于一体的派出所实战指挥平台，助推勤务运行机制转型升级，警务实战质效得到提升。推进“平安指数”创建与应用。制订印发“平安指数”应用实施方案、考核办法，维护警情902条，强化情报引领，完善警情数据“日通报、周分析、月研判”的工作机制，定期通报各类警情数据分析结果，推送开发区综治部门，推动辖区派出所、社会单位落实管控措施。强化公安信息化深度整合应用，把基础信息采集纳入公安执法勤务常规动作，整合社会资源信息68类50万余条。推进基层基础设施建设。争取开发区支持，水上边防派出所、海洋科技园消防站、大家洼边防派出所、治安防控指挥中心（海宁大厦）等基础设施建设顺利推进，央子边防派出所新营房建设全面启动，基层所队办公环境进一步改善。

【提升社会管理能力】 坚持民意导向，坚持严管重罚，公共安全监管和基层基础工作更加扎实，为社会经济发展和人民安居乐业创造优质高效的服务环境。优化服务举措，创优便民服务环境。深化“创满意”活动，建立健全具有滨海特色的民意数据闭环管理体系，实行常态回访机制，深入了解社情民意，整改问题不足。优化窗口服务，推进户籍制度改革，车驾管、出入境等窗口单位继续推行绿色通道、上门服务、自助申请等便民措施，服务窗口连续三年实现“零差错”“零投诉”。做优做实社区警务工作，社区民警专职化，常态开展警民恳谈活动、党员干部联系群众，形成警民良性互动格局。加强安全监管，创优公共安全环境。加强道路交通管理，开展“春雷”酒驾毒驾整治、大货车违法行为专项整治、危化品运输车辆专项治理、道路交通“平安行·你我他”等专项行动，辖区交通事故四项指数全面下降，道路交通肇事逃逸侦破率100%。开展消防安全专项治理，采取监督检查、错时夜查和联合检查等形式，消除各类火灾隐患。共检查单位1328家次，发现火灾隐患137处，督促整改火灾隐患126处，下发责令改正通知书126份，临时查封13家，责令三停9家，行政拘留4人，全区消防安全形势总体平稳。强化治安整治，创优社会治安环境。强化危化品、易制毒企业安全管理，依托剧毒危化品、溴素等平台管理系统，全面实现网上跟踪、网上监督和网上流向控制，为企业提供便捷高效服务。严格物流、寄递业、旅馆业治安管理，开展“护校安园”“守平安、固海防”治安秩序集中整治等专项行动，加强渔船民教育管理，创新行业场所等级化管理、管理与查处分离、异地检查等工作模式，有效规范全区行业场所经营秩序。共检查各类行业场所1400余家次，检查各类船舶500余艘次，整改隐患220余处，没有发生安全事故。

【规范执法】 始终坚持以强化法治引领为重点，加强执法基础、执法管理，落实执法责任，强力推进执法规范化建设，执法质量和水平明显提升。加强执法基础建设。争取党委、政府支持，投资500万元全面启动执法办案中心建设。购买4台数据采集站、2台服务器、80部执法记录仪，为基层及窗口单位配备执法记录仪157台，一线民警现场执法记录仪配备率100%。推进执法主体建设。组织执法民警参加旁听庭审2次，开展执法业务类培训5次300余人，组织民警跟班培训学习5期，组织全局民警开展法律法规知识考试11次，共有213人通过基本级执法资格考试、151人通过中级执法资格考试、5人通过高级执法资格考试，在已通过司法考试民警总数16人的基础上，又有5名民警通过国家司法考试，全局民警法制业务水平得到进一步提高。狠抓执法流程管理。坚持问题导向，组织开展执法场所安全检查，全面运行执法问题数据工作机制和执法办案积分管理机制，每月定期开展执法质量考评。推进受立案制度改革，成立受立案管理中队，完成3处派出所案管中心建设。深化执法办案闭环管理系统应用，全面落实刑事案件“两统一”工作，实施法律顾问制度，畅通与检法工作对接，定期召开联席会，沟通协调有关问题。实行办案质量终身负责制和错案责任倒查问责制，推动执法责任落实，执法规范建设得到进一步完善。

【公安队伍建设】 坚持队伍建设为根本，以“两学一做”学习教育为载体，推进实战化、职业化警队建设，为推进公安工作科学发展提供坚强保障。分局成功申报并获评市级文明单位。坚持政治建警铸警魂。全面加强党建工作，开展“两学一做”学习教育，坚持“三会一课”制度，全体党员民警佩戴党徽胸章，组织开展专题辅导、座谈交流、主题党课、手抄党章、党务工作者井冈山培训学习等活动，引导全体党员民警挺纪在前、整肃四风，争做“四讲四有”合格党员，以党建促队建、以党风促作风，不断提升队伍精神风貌和工作效能。分局党委被潍坊市委评为“潍坊市先进基层党组织”。坚持从严治警正警风。规范经费管理，开展“审计整改年”活动，专门召开党风廉政建设会议，认真履行党风廉政建设党委主体责任和纪委监督责任，定期组织民警开展警示教育学习，坚持抓早、抓小、抓苗头，强化执纪监督，狠抓队伍细节管理，教育问责民警51人次，全警没有发生大的违法违纪问题。围绕内务管理、警容风纪、会议纪律等环节，加强督促检查和问责通报，编发督察通报13期，强化民警纪律观念。坚持素质强警扬警威。争取区财政98万元作为教育训练专项资金，建立全员训练机制，先后组织全体民警、辅警开展大轮训活动、分3期开展心理行为拓展培训，选派20名民警赴苏州市吴江分局跟班学习，在厦门大学举办领导干部综合素质提升研修班，带动民警向“全科型”转变。在全市公安机关大练兵、大比武活动中，分局代表队获团体总分第八名，列同序列第一名，其中14项技能比武项目进入全市前六名。坚持从优待警暖警心。出台《民警执法权益维护工作规范》，办理民警侵权案件7起，行政处罚3人，维权正名4人，制作维权专题片2部。举办民警心理健康讲座，全面落实年休假、体检、谈心谈话制度，组织开展功模休养活动，缓解民警工作压力。健全工会制度，全面施行爱心暖警慰问工作机制，同开发区对接发放市级文明单位补贴，警辅人员全部缴纳五险，在全省率先落实警衔津贴调整政策。加强公安内外宣传，拍摄制作微电影23部，举办篮球比赛、征文比赛、演讲比赛等文体活动，丰富了民警的业余文化生活，增强了队伍凝聚力战斗力。

（全鸿鹏）

检　察

【概况】 2016年，潍坊滨海经济技术开发区人民检察院（简称滨海区人民检察院）按照“高起点定位，高标准建设，高水平管理，高效率运转”的工作思路，加快筹建步伐，大力加强基础建设和队伍建设，筹建工作已基本完成。2016年10月，滨海区人民检察院正式挂牌并开展工作。

【机构人员】 根据潍坊市机构编制委员会《关于潍坊滨海经济技术开发区人民检察院机构编制事项的批复》，潍坊滨海经济技术开发区人民检察院为潍坊市人民检察院的派出机构，行使县级人民检察院的职权，在潍坊滨海经济技术开发区辖区内，依照法律规定独立行使检察权。滨海区检察院核定政法编制27人，核定内设分别为办公室、政治处、侦查监督科、公诉科、职务犯罪侦查局和控告申诉与民事行政检察科6个机构。根据工作需要，经滨海区党工委、管委会同意并报市编制部门批准，设立事业机构1个（名称为“检务中心”，规格为正科级，核定编制15人）。

截至2016年底，有工作人员32人，其中政法编25人、事业编7人。政法编制的25人中，有班子成员6人，全部来自潍坊市人民检察院；业务骨干12人，2人来自市检察院、10人来自县（市区）检察院，采取考选方式调入；新招考公务员5名，全部通过国家司法考试，具有法律执业资格；经省、市院和区党工委同意，调入公务员2人。事业编7人中，包括统一招考的3人，面向潍坊市选调的3人，从外省调入1人。公务员职级分布情况为：25人中，正处级1人、副处级3人、正科级2人、副科级4人、科员级15人；员额制检察官情况为：原有检察官16人；2016年11月，根据全省统一安排，遴选员额内检察官6人，占22.22%，未入额检察官10人。

【基础设施建设】 办公场所改造建设。经过慎重考虑和多次选址，最终选择租赁山东坚龙特种不锈钢股份有限公司的办公楼作为临时办公场所，完成了包括办公室改造、电力设备配备、空调配置等在内的办公场所改造工程，建成办公用房、党员活动室、控告申诉大厅、案件管理大厅、宣告庭、视频会议室、档案室等，已基本满足办公需要。

办公装备建设。严格执行招投标程序，本着既有利于工作又勤俭节约的原则，购置了相关办公家具、办公设备，为干警正常办公提供了必要条件。为保障职务犯罪侦查工作顺利开展，高标准配备了包括心电监护仪、手机取证分析设备、高速硬盘拷贝机等在内的侦查技术设备。严格按照最高人民检察院和财政部有关规定，购置6台执法执勤车辆、2台业务特种车辆。

信息化建设。高标准进行“一个机房，两种网络和三套设备”的检察信息化建设。“一个机房”即信息中心机房，主要用于存放、安装信息化系统中的核心设备，包括加密机、路由器、核心交换机等。“两种网络”包括涉密网络和非涉密网络，涉密网络即检察专网，是按照最高人民检察院的统一规划部署进行，主要用于检察系统内部公文传递、业务流转和信息共享。非涉密网络即侦查信息网，主要用于侦查信息查询。“三套设备”包括网络及分级保护设备、视频会议设备、安防监控设备，网络及分级保护设备包括服务器、交换机、防火墙、漏洞扫描系统、入侵检测系统等，视频会议设备包括高清视频终端、会议摄像机、高清投影机等，安防监控设备包括高清摄像头、网络硬盘录像机、交换机等。

【队伍建设】 从筹建之初，滨海区检察院就着眼于长远，尽量使机构编制、队伍建设与司法体制改革相接轨。在进行筹建工作的同时，认真开展“三严三实”和“两学一做”专题学习教育活动，增强干警的政治意识、大局意识、核心意识、看齐意识。针对队伍现状，制订业务学习计划，组织干警参加上级院举办的反渎、侦监、民行、计财、法警等专业性培训，提高新进人员的岗位技能和业务知识水平，为干警创造学习业务、提升能力的空间，为检察业务开展做好充分的准备工作。

【制度建设】 制度建设是基础性工作，事关全局。从建院之初，滨海区检察院切实把制度建设摆在各项工作的优先位置，制订了检察长办公会制度、党组议事规则、车辆管理制度等多个日常管理制度；制定了检察委员会议事规则、检务公开大厅接待规范、涉案财物管理制度等一系列基本办案制度及执法规范，并刊印成册。着力加强与潍坊市人民检察院对口部门的沟通对接，主动了解辖区司法环境及发案情况，提出有针对性的措施。各项制度的制订落实，使检察工作逐步迈上制度化、规范化、精细化的轨道。

（高跃前）

法　院

【概况】 潍坊滨海经济技术开发区人民法院系2016年新组建法院。自2016年2月开展组建工作以来，坚持以党的十八大和十八届三中、四中、五中、六中全会精神为指导，立足现有条件，瞄准司法改革方向，高起点谋划筹建，严格有序充实人员队伍，扎实推进基础设施建设，全面抓好建章立制工作，牢牢把握司法为民、公正司法工作主线，忠实履行宪法和法律赋予的职责，各项工作基本步入正轨，为滨海区经济社会发展提供有力的司法保障创造了条件。

围绕滨海区“解放思想，提升境界，高标准大力推进现代海洋城市建设”的总体部署，边组建，边调研，边衔接，边服务，针对滨海新区建设面临的司法需求，与有关部门进行工作对接，在组建时间短，人员到位少的情况下，本着及时、急需、稳妥、规范的原则，自2016年10月20日起开始受理辖区内民商事和行政案件，并自2017年1月1日起，开始受理辖区内刑事案件，把宪法和法律赋予的基层人民法院的审判执行职能全部落实到位。截至2016年12月31日，共受理民商事一审案件191件、行政一审案件1件、诉前财产保全案件6件、特别程序案件1件，案件争议标的额达9000余万元，预收诉讼费用100余万元；审结民商事案件72件，结案标的额近800万元；审结行政案件1件，办理诉前财产保全案件6件。

【机构人员】 2013年11月15日，最高人民法院印发《关于同意设立青岛经济技术开发区人民法院、潍坊滨海经济技术开发区人民法院的批复》(法〔2013〕238号)。2016年2月，开始组建潍坊滨海经济技术开发区人民法院；2016年10月8日，滨海法院正式挂牌成立。滨海法院作为国家审判机关，为潍坊市中级人民法院的派出机构，依照法律规定独立行使审判权。滨海法院核定政法专项编制30名，配备院长(正县级)1名、副院长(副县级)2名，正科级领导职数7名、副科级领导职数5名。法院内设办公室(研究室合署)、政治处2个综合部门及立案庭、刑事审判庭、民事审判庭、行政审判庭(审判监督庭合署)、执行局(法警大队合署)5个业务部门。

根据潍坊滨海经济技术开发区管委会《关于部分机构调整设置的通知》(潍滨管发〔2016〕18号)及潍坊滨海经济技术开发区政治工作部《关于明确区人民法院诉讼服务中心机构设置的通知》(潍滨政发〔2016〕50号)，滨海法院设置诉讼服务中心。诉讼服务中心为区人民法院所属事业单位，正科级规格，财政拨款，定编15名，配领导职数1正2副，依法承担诉讼引导、查询咨询、材料收转、司法鉴定、评估拍卖、信访接待、司法救助等职能。

【刑事审判】 刑事审判工作紧扣依法惩治刑事犯罪，全力维护辖区社会稳定的主题，与公安机关和检察机关对接，及时争取市委政法委协调移交管辖权，自2017年1月1日起开始受理辖区内刑事案件。通过派员到兄弟法院实习、模拟开庭等形式进行培训和演练，为及时、有效发挥职能作用打下基础。

【民商事审判】 民商事审判工作立足依法调节民商事关系，以化解矛盾纠纷、重视民生保障，防范金融风险、保护市场主体经济行为为导向，妥善审结涉及婚姻家庭、交通事故、建设工程、买卖、借款、票据等纠纷案件72件。针对道路交通事故、家事纠纷这两类案件所占比重较大的情况，按照“能调则调、当判则判、调判结合”原则，发挥调解工作优势，妥善化解矛盾，做到“案结事了人和”，维护社会和谐稳定。已审结的案件中，以调解、撤诉方式结案的38件，调撤率53%，无上诉、信访案件。为体现商事审判效率优先的价值取向，坚持“简案简审”繁案精审”，简易程序适用率95%，审结案件的平均审限为28.9天，及时实现当事人的合法权益，维护市场交易安全。

【行政审判】 行政审判工作已审结履行法定职责案件1件，在化解行政争议的同时，着眼促进当地执法规范化水平的提高，帮助相关单位健全工作机制，堵塞行政执法漏洞，特别是对工伤认定数量较多，潜在案源多的情况，及时与有关部门对完善工伤行政确认程序进行沟通，有效减少了行政争议产生。

【执行工作】 2016年，执行工作尚未受案，主要研究对执行环节实行节点管理、执行信息和程序全程公开、构建执行外部联动系统、推进执行信息化建设和探索建立不动产网络查控系统等措施，完善机制建设，确保执行工作开好头，起好步。

【提供优质司法服务】 诉讼服务中心坚持边建设、边升级提档，全方位为当事人提供“立审执”全过程、多方式、一站式、多层次、方便、快捷、高效地综合性涉诉服务，让当事人真切感受到人性化关怀；按照程序规范、及时合法的要求，立案登记、送达保全、排期开庭、查询咨询、信访接待各个环节紧密衔接、井然有序；为减少当事人诉累，试行对一部分事实清楚、权利义务关系明确、争议不大的简单民商事案件进行速裁，仅11月份一个月，进入速裁程序案件共18件，其中调解结案6件，平均办案周期仅为5天。

【诉讼服务设施和机制建设】 在办公场所暂时需租赁解决的情况下，法院立足实际，本着“因陋就简，满足审判执行工作需要，可重复利用”的原则，争取区党工委支持和有关部门的协助，将整个审判场所改造工程及办公办案设施采购划分为13个标段进行，逐一进行研究和论证，并统筹好每个标段的时间节点，在符合政府采购政策的前提下，灵活地采取公开招标、单一来源采购、竞争性磋商等方式，压茬推进，确保了质量和效率。自2016年4月底开始建设，历时不到4个月，建成新型“一站式”诉讼服务中心和5个高标准科技化审判法庭，所有工作人员于8月进驻办公。

立足服务群众，完善诉讼服务中心功能。建成的诉讼服务中心总面积260平方米，分为安检等待区、自助诉讼区、窗口接待区、诉调对接区和速裁庭5大功能区，为敞开式的接待平台，能够最大限度地为当事人提供司法服务，窗口设置突出“以人为本”理念，设有登记立案、信访接待、材料收转、申请再审等8个窗口，为来诉来访群众提供立案送达、来访接待、查询咨询、判后答疑等全方位“一站式”服务。

体现公开透明，规范建设科技法庭。5个审判庭全部按照最高法院“科技审判法庭”标准建设，可审理民商、刑事、行政等各类案件，具备庭审直播、远程作证、远程提审、多媒体证据展示等功能，能够实现高清同步录音录像，进行庭审直播，真正做到“司法公开”“阳光司法”。

加强信息化建设，助推工作效率提高。配备与上级法院专网联结的视频会议系统，远程接访系统，自动化办公系统、信息化审判执行办案系统已安装运行，案件审理、执行、公文传输、人事管理、车辆管理的工作效率大大提高。

【队伍建设和管理】 自组建特别是挂牌成立以来，院党组认真谋划人员配备、制度建设、队伍管理等工作，为保证审判执行等各项工作的有序开展夯实了基础。

多渠道配备人员，推进司法责任制改革。本着“精干、效能”和“工作急需、适当留有余额”的原则配备工作人员，经选调和招考，已配备政法编制人员27人、事业编制人员8人，公开招录的28名编外辅助人员开始体检和政审。按照司法责任制改革的要求，遴选入额法官人选8名，探索组建以“1个法官+1

个法官助理 +1 个书记员”为基本模式的审判团队，对法官、法官助理、书记员的职责进行明确，责任到人，形成抱团办案的合力，提高了办案效率和责任落实。

建章立制，全面推进制度建设。按照“质量高、速度快、效果好”三位一体的要求，从审判流程管理入手，着手搭建一整套健全完善、科学合理、切实可行的制度体系，使立案、审判、执行、信访工作的各个环节、各个方面都有规则可依、有规章可循。借鉴其他法院先进经验，本着服务审判、执行工作的原则，建立和完善一系列有关机关运行、后勤保障、安全保卫等方面的工作制度、规定，确保各项工作起好步、开好局。

重视教育培训，促进队伍素质提升。全面加强理想信念教育，组织学习党的十八大和十八届三中、四中、五中、六中全会及习近平总书记系列重要讲话精神，开展“两学一做”学习教育，发挥党组织的战斗堡垒和党员的先锋模范作用，增强全院干警的政治意识、大局意识、核心意识、看齐意识。立足新组建法院实际，开展多种形式的教育培训，采取“制定总体计划、分岗位人员进行、及时总结汇报”的“总一分一总”形式，保证人员到位一个，参训一个，夯实教育培训基础，有效提升队伍廉洁司法意识、业务素质。通过视频学习、分组讨论等形式开展专项学习 30 余次，通过邀请上级法院法官指导、其他方面专家授课等形式开展专项培训 7 次。

狠抓党风廉政建设，提升廉洁司法意识。强化党组在党风廉政建设中的主体责任，做到主动担责、带头尽责、严肃追责。落实“一岗双责”“一案双查”责任制，开展廉洁司法主题教育活动，组织党员干部专题学习《中国共产党廉洁自律准则》《中国共产党纪律处分条例》，召开廉洁司法主题教育暨作风建设专题会议，开展审务督查活动，主动发现问题、处理问题，在全院营造出法正风清、干事创业的良好氛围。

（丁合清）

2016 年 10 月 8 日，潍坊滨海经济技术开发区人民法院挂牌成立

2016 年 10 月 8 日，潍坊市副市长、滨海区党工委书记王树华，中院党组书记、院长姜树政考察指导滨海法院诉讼服务中心

司法行政

【概况】 滨海区按照上级总体部署要求，以普法依法治理为总揽，以基层基础建设、矛盾纠纷排查调处和重点人员管理为重点，努力创新管理机制，扎实推进司法行政工作，为推进滨海新城和国家海洋经济新区建设提供了有力保障。2016年，区党工委组织理论学习中心组集中学法2次、领导干部胜任力培训2次，各部门单位组织学法15次，干部职工学法人均20小时。组织司法、行政执法人员专题法律培训4期，举办法律知识讲座3场次，提高了干部队伍的法律知识水平。面向副科级以上领导干部发放《常用法律法规选编》80余本，编印发放《滨海区党员干部学法用法手册》1300余本，广大党员群众、各行各业工作人员依法工作水平普遍提高。

【推进“法治滨海”建设】 2016年，是“七五”普法启动之年，在顺利完成“六五”普法各项工作的基础上，开展“六五”普法效果提升工程、“七五”普法启动工程。制定并发布《关于在全区公民中开展法治宣传教育的第七个五年规划（2016—2020年）》，召开全区“七五”普法动员大会，推进“谁执法谁普法”责任制的落实，整合各方力量参与社会普法，构建了部门分工负责、各司其职、齐抓共管的“大普法”工作格局。深化法治创建进程，制订完善“法治机关”“法治企业”“法治社区”等六个类别的综合量化考评细则，明确创建任务目标、职责分工和工作重点，推动创建工作顺利有效开展。继续深化“法律六进”活动，邀请专家、律师作普法专题报告、讲座7次，组织机关、企业法律知识竞赛各1次，对机关工作人员、农村社区基层群众、青少年、企业从业人员等重点群体进行专门法制宣传，教育效果良好。加快“法制宣传阵地”建设，利用西城滨海广场、东城智慧岛等广场文艺演出主阵地，开展群众法制文艺会演、法治文化进基层等群众性文化活动4场次，观众3100余人次。结合“3·15”等重要节点，组织公安、税务等16个部门开展集中法制宣传教育，发放各类法制宣传资料1.2万余份，解答法律咨询700余人次。

【提升法律服务水平】 继续抓好司法所规范化建设，抓各项规章制度，通过以会代训等多种形式，对司法所工作人员进行业务培训，促进司法所工作制度化、规范化进程和司法工作人员整体水平的提高。按照“应建尽建”的总体要求并结合全区实际，动员组织人手新建环保领域矛盾纠纷调解委员会，截至年底，全区已建立调解组织81个，其中村居（镇街）调委会52个、专业性和行业性调解组织7个、企事业单位调委会22个，共计调解员总数490余人，实现街道、村（社区）、企事业单位人民调解组织全覆盖，滨海整体人民调解组织架构得到进一步完善。严格组织、制度、工作“三落实”，强化调解组织人员配备、职责规程、业务台账规范化建设，举办人民调解员培训等各类培训3期，司法行政系统人员综合素质进一步提高。加强与专业法律服务机构的沟通合作，组织值班律师和基层法律服务工作者为重点企业提供法律服务，有效维护了社会稳定。

【社会管理创新】 发挥网上管理平台作用，实现对刑释解教和社区矫正人员的网络化管理。健全安置帮教机制，完善组织网络，开展刑释解教人员“大排查大走访”活动，排查帮教刑释解教人员 92 名，安置率 99% 以上，积极落实服刑在教人员未成年子女帮扶措施。截至 2016 年底，社区矫正人员在册 109 人，全部实现手机定位管理，定期开展集中教育学习，无一人脱管、漏管。继续推进社区矫正档案和执法工作档案规范化，累计开展各项社区矫正判前社会调查工作 7 人次，社区矫正工作规范化建设得到进一步加强。全国两会和十八届四中、五中、六中全会及省、市重要会议期间，对重点两类人员一天一排报、一调度，实行 24 小时监控，确保了社会稳定。

【队伍建设】 把学习贯彻一系列重要会议和习总书记重要讲话精神作为首要政治任务，围绕发挥司法行政“维护稳定、法律保障、法制宣传、法律服务”的职能作用，组织司法干部采取座谈交流、个人自学等形式，专题学习一系列文件精神。结合党的群众路线教育实践活动和“三严三实”“两学一做”专题，积极推进干部作风、工作理念大转变，提升司法行政工作水平。

（陈世鹏）

驻区部队

潍坊滨海年鉴 2017

WEIFANGBINHAI YEARBOOK

驻区部队

边防工作

【概况】 滨海公安边防大队以“抓班子，带队伍”为核心，从“铸警魂、严管理”抓起，向“保平安、促稳定”聚焦，实现部队和辖区双稳定，各项工作迈上新台阶。截至2016年底，共接处警843起，查破刑事案件11起，抓获网上逃犯2人，查处治安案件71起，化解各类矛盾纠纷200余起，化解信访积案4起，帮助农民工讨要工资1000余万元，确保了辖区和谐稳定；协调海事、渔政等涉海部门开展联合执法11次，消除海上治安隐患20余处，检查各类船舶500余艘次，查处边防行政案件31起，处罚31人，有效维护了海上治安秩序稳定。

【党建工作】 大队党委积极适应全面从严治党新常态，抓牢党建龙头工程，全面加强和改进新形势下的政治工作，部队凝聚力、向心力不断增强。大抓党的建设，锻造坚强领导核心。持续推进“两学一做”学习教育和“创建活动”，系统学习党的最新理论和习主席系列重要讲话，制订大队党委议事规则及实施细则，坚决贯彻民主集中制，对立功受奖、经费使用等重大敏感事项一律充分酝酿、集体决策。开展党委中心组集中学习11次，召开党委会25次、研究议题34项，党内民主氛围更加浓厚，议事决策水平不断提升。深入整改作风，加强廉政建设。贯彻落实各级党风廉政教育要求，及时查摆、剖析、整改党组织生活中存在的突出问题，提升了党委班子核心领导作用、党支部战斗堡垒作用和党员先锋模范作用。落实廉政教育制度和风险防范措施，对新任领导干部、新入警学员、新晋级士官开展任前谈话以及常态化警示教育，官兵拒腐防变意识进一步筑牢。指导大家洼所丰富完善“廉政教育基地”，拓展教育形式，深化了廉政教育效果。深化铸魂育警，坚定官兵理想信念。应对部队体制改革在即、信息网络高速发展、官兵思想活跃等现实问题，开展“两学一做”“讲党性、迎考验”等学习教育活动，官兵思想信念得到进一步升华。深化大家洼“红柳精神”培树工作，总队长王永成到该所检查工作时给予充分肯定并在全省会议上予以表扬，《中国边防警察报》进行了专版报道，山东电视台《齐鲁先锋》栏目专程来挖掘其先进事迹，在部队内外引发强烈反响。

【维稳工作】 牢固树立主动维稳的服务理念，确保辖区社会稳定，服务保障滨海大开发建设。平安建设取得新成效。开展“固边系列”专项行动，持续推进“破案攻坚”“缉枪治爆”行动，开展涉毒危化品专项整治和打击治理电信网络新型违法犯罪，确保辖区和谐稳定。港船管理实现新突破。部署开展“守平安、固海防”海上治安专项整治和船舶证件集中大检查等行动。发挥新列装的318B型巡逻艇的尖兵利器作用，参与有关海上安保工作，首航6天、航时30余小时，航程500余海里，检验了船艇日常执法执勤的能力水平。安保执勤任务取得新战果。大队相继完成第三十三届潍坊国际风筝会、2016潍坊国际风筝冲浪比赛、2016潍坊半程马拉松赛暨潍坊市第六届全民健身运动会等大型安保任务30余次，出动警力1500余人次，实现各项安保措施“零差错”，公共安全“零事故”的目标，受到各级领导和群众的充分肯定。

【“四项建设”成果凸显】 始终把“四项建设”(基础信息化建设、警务实战化建设、执法规范化建设、队伍正规化建设)置于全部工作的首位，立足长远，厚植发展，固本强基，务实推进。执法规范化迈上新台阶。针对执法“聚集在镜头下、身处于直播中”的严峻考验，部署开展执法突出问题排查整改活动和执法规范化建设强制达标项目“回头看”活动，推行“执法可视化、监督动态化、管理实时化”的执法监督管理模式，全面提升执法公信力。加强法治理念教育和法律知识培训，建立日常学法、案情研判和定期考试制度，安排官兵到驻地公安机关跟班学习，邀请驻地公安机关专家为官兵授课，有效提升官兵法律素养。基础信息化得到新提升。整合海防监控系统和社会监控资源，重点开展海防一体化监控、边防移动专网建设，将辖区所有的剧毒危化品企业视频监控全部接入勤务指挥室，提高了技防水平。保障安全防范工作开展，投资2万余元，对部队营区技防设备、监控系统和周界报警系统进行升级改造；推进“Y”数据库、萤石云、“神眼”大数据系统和警务千度等业务软件的建设应用，采集整合社会信息资源3万余条，录入各类数据1万余条。警务实战化取得新进步。开展岗位技能练兵，抓实战训练工作，先后组织开展实战技能培训班2期，队伍实战能力显著提升。常备处突队伍，常抓处突训练，完善应急预案，配备反恐装备，保障各类应急实战的快速反应、高效处置。强化船艇专业人才技能培训，10名船艇官兵全员通过总队考核，船艇专业技能明显提升。队伍正规化呈现新形象。树立底线思维，坚持问题导向，围绕工作重点，持续抓好隐患排查和防范落实，做好一人一事的跟踪管理，夯实部队安全根基。年内，开展“大排查、大清理、大整改”“学条令、守条令”活动，有效整顿了作风、摸排了隐患、堵塞了漏洞、保障了安全。深刻吸取“7·5”“9·21”案件事故教训，加大安防投入，对基层兵器室进行升级改造，全面规范枪弹管理。开展正规化建设攻坚，建立健全主官蹲点帮扶、日常督导等制度，确保部队内部安全稳定。

【后勤服务保障】 围绕建设现代化后勤，规范当家理财程序，推动重点工程落实，进一步提升后勤服务保障能力。由滨海开发区财政全额投资2500余万元高标准建设的水上边防派出所已具备入住条件；区财政投资1400余万元的大家洼边防派出所营房主体建设完工并通过验收，正进行营房外部装修和室外配套设施建设；预计投资2600万元建设的央子边防派出所已完成建设前的各项手续办理和场地整理，将进行建设招投标工作；由总队和市、区财政出资3000万元建设的公边37501艇已于2016年7月列装；由滨海财政全额出资招录的30名辅警培训完毕，已有17名辅警充实到央子和大家洼边防派出所，剩余辅警也将陆续配备到位。

（胡红华）

消防工作

【概况】 2016年，消防大队以夯实消防基础工作、推进消防执法规范化为主线，以健全消防安全责任体系为抓手，以遏制群死群伤火灾为目标，全面提升社会防控火灾水平，全区未发生重特大及有影响的火灾事故，为全区经济社会健康有序发展创造了良好的消防安全环境。全年大队共接警出动157次，出动警力1548人次，出动消防车辆297台次，抢救遇险人员6名，挽救财产价值55.9余万元。消防大队有滨海经济技术开发区东城中队、滨海经济技术开发区海化中队2个中队。

【狠抓消防主业】 强化安全责任落实，层层签订责任状，人人签署承诺书。通过开展学习、查摆整改、讨论、知识竞赛、心得体会评比等多种方法打牢官兵安全意识，做到无官兵伤亡、无责任事故、无违法违纪、无违反“五条禁令”，杜绝事故的发生。开展石油化工企业调查评估与灭火救援能力建设专项行动，建立石油化工企业基础台账，推进石油化工企业消防安全专项整治，做好各项灭火救援准备工作，进一步提升大队灭火救援攻坚能力，确保安全形势的持续平稳。大队共开展实地熟悉演练99次，修订、制订灭火救援预案88份，石油化工专项行动“一企一档”预案53份。突出抓好执勤备战工作，大队严格落实值班规定，加强和规范大队、中队值班备勤秩序，确保部队接警快、出动快、火灾扑救快。

【加大执法力度】 政府消防责任进一步得到落实。提请管委会筹备召开各类消防工作专题会议11次，印发各类消防专项整治行动等工作方案7份。2016年，大队检查单位583家，发现火灾隐患178处，责令立即改正火灾隐患127处，下达责令改正通知书37份；临时查封5家、责令三停4家，下达行政处罚决定书11份，罚款共计42.9万元。部署开展冬春火灾防控、微型消防站建设、纺织企业消防安全专项整治、商（市）场消防安全专项治理，深化消防安全“四项重点”专项治理和夏季安全检查等消防安全专项整治工作，全区160家消防安全重点单位落实“六加一”措施，其中54家单位已完成微型消防站建设，督促25家火灾高危单位完成消防安全评估，推广安装独立式烟感报警器83个。深化社会单位消防安全“四个能力”建设，联合街办强化“网格化”管理机制，明确管理机构及管理人，进一步提升全社会防御火灾的能力。

【消防安全宣传】 利用电视、互联网等媒体和户外视频、手机短信等方式，宣传防火灭火和逃生自救常识，普及消防常识。按照消防安全大排查大培训大宣传和全员消防培训演练集中活动要求，开展全区消防大培训活动，对单位的消防安全管理人、消防安全责任人进行集中培训演练，使其掌握日常消防安全管理、消防安全“四个能力”和消防安全事故应急处置等知识，指导单位对新上岗和进入新岗位的员工进行岗前消防安全培训，对在岗员工每年至少进行一次消防安全培训，确保所有员工懂基本消防安全常识，掌握常用消防设施器材的使用方法和逃生自救技能，会查找身边的火灾隐患、扑救初起火灾和组织人员疏散逃生，切实提高单位防控火灾能力。通过“引进来，走出去”的方式，对外开放消防科普教育基地，邀请中小学生、消防安全重点单位管理人员参观、模拟演练，增强防火、灭火、逃生自救技能。深入镇街、学校、公司、单位开展培训35余次，4000余人掌握了消防基本知识。开展“千万学子学消防”、消防安全进课堂等活动，为小学、初中、高中、大学的学生培训消防知识，累计受训人员达到4万余人次，发放消防安全读本3900份、宣传彩页12000余份。

（张　莉）

经济管理与监督

潍坊滨海年鉴 2017

WEIFANGBINHAI YEARBOOK

经济管理与监督

综　　述

【概况】 2016 年，滨海海洋经济新区实现地区生产总值 706.76 亿元，同比增长 7.2%；固定资产投资 923.79 亿元，同比增长 13.9%；规模以上工业企业主营业务收入 2264.42 亿元，同比增长 7.3%；一般公共预算收入 61.18 亿元，同比增长 8.6%。

一、加强工作谋划。研究确定全年新区建设 12 项重点工作、28 个重大项目，逐一落实责任单位、实施步骤和具体责任人；确定新区"十三五"期间总投资 4000 亿元的 27 个重大支撑项目及责任分工，经领导小组会议、市委常委会研究通过，并以市"两办"文件印发实施。

二、加强督查调度。全面实行工作项目化管理、项目责任制落实，将重点工作、重大项目细化为 167 个具体项目和 679 个阶段性目标，每个项目组建一个工作班子、制订一套推进方案，进度计划落实到月，一周一调度、一月一通报，确保了项目快速推进。

三、搞好协调服务。及时调度梳理事关新区建设的重大事项，及时组织领导小组会议和专项协调会议，先后协调解决了港口、海洋科技大学园、交通路网等项目建设及海域使用权证换发土地证、华尚产业园厂房分割转让等遇到的问题。

四、创新推动落实。建立领导小组统筹指挥、新区办协调调度、专项小组全程推进的常态指挥机制；现场办公、专题调度、跟踪协调的问题随时解决机制；目标跟进、督查落实、考核推进的工作推进机制，推动新区开发建设取得新成效。潍坊港 3.5 万吨级航道通航，12 个 5 万吨级泊位建成，疏港铁路部分完工，第二平原水库建成。弘润石化原油燃料油储备等 56 个项目建成投产，新和成北方总部基地、中海油石化盐化一体化等 96 个项目进展顺利。国家产城融合示范区获批，实施了 300 万平方米的生活居住项目、100 万平方米的商务服务项目。海洋科技大学园招生院校达到 12 所、在校生近 8 万人，海洋科技大学开工建设。

【主要经济数据】 2016 年，实现地区生产总值（GDP）303.32 亿元，可比增长 8.7%。其中，第一产业增加值 5.05 亿元，可比增长 2.6%；第二产业增加值 242.01 亿元，可比增长 9.0%；第三产业增加值 56.26 亿元，可比增长 7.5%。

全区规模以上工业实现增加值 220.8 亿元，可比增长 9.8%，增幅居全市第二位。其中，国有企业 31.5 亿元，可比降低 6.5%；民营企业 189.4 亿元，可比增长 23.5%。规模以上工业完成主营业务收入 869.8 亿元，同比增长 9.8%，增幅位列全市第四位。其中，国有企业 132.7 亿元，同比降低 5.1%；民营企业 737.1 亿元，同比增长 10.7%。规模以上工业实现利润 61.8 亿元，同比增长 18.6%。其中，国有企业利润 8.2 亿元；民营企业利润 53.6 亿元，同比增长 11.1%。实现利税 106.75 亿元，同比增长 8.2%。其中，国有企业 16.1 亿元；民营企业 90.6 亿元，同比增长 4.0%。

全年全区完成国地两税收入 43.24 亿元，同比增长 2.2%。其中，国税税收 19.22 亿元，同比降低 13.9%；地税税收 24.02 亿元，同比增长 20.1%。全区完成公共财政预算收入 33.1 亿元，同比增长 11.5%，增幅居全市第三位；上交中央“两税”8.25 亿元，同比降低 34.7%；一般预算支出 22.1 亿元，同比增长 1.5%。到 12 月底，全区金融机构各项存款余额 136.15 亿元，较年初增长 15.2%；其中居民储蓄余额 63.4 亿元，较年初增长 10.82%。金融机构贷款余额达 49.42 亿元，较年初降低 18.63%；其中中长期贷款 10.1 亿元，较年初降低 54.2%。

全区完成规模以上固定资产投资 430.38 亿元，同比增长 16%，增幅居全市第一位。社会消费品零售额实现 24.2 亿元，同比增长 14.2%，增幅跃居全市第一位。限额以上社会消费品零售额实现 7.95 亿元，同比增长 13.1%，高于全市 6.3 个百分点。全区完成外贸进出口总额 864120 万元，同比增长 5.8%；其中：出口总额 761032 万元，同比增长 6.5%。

物价管理

【概况】 在元旦、春节、“五一”、清明节假日期间，围绕人民日常生活必需品和节日消费热点，以开展商品明码标价为重点，加大市场巡查力度，规范市场明码标价，整顿市场价格秩序。滨海区建立了海化集团纯碱、龙威集团原盐，裕源集团溴素三家特色产品价格监测点，蓝翔物流和红旗家电 2 家劳动力市场价格监测点。根据山东省价格监测中心价格监测预警与决策支持系统和山东省价格监测统一资源管理平台每月调度、数据审核上报。坚持独立、客观、公正的原则，秉承严谨的工作作风和操作规程，依法做好涉案财物价格认证工作。2016 年，共受理各类价格认定 53 件，认定标的总额近 150 万元。做到评估程序合法、评估结果公正、评估过程高效，为司法和行政执法机关办理案件提供了科学客观的价值依据。严格按照《价格认证规定》《价格认定行为规范》等文件精神，加强全区价格认定案卷以及认定程序的规范化。

【做好价费工作】 制定开发区阶梯水价、阶梯气价文件，转发水资源费价格调整文件，切实保障民生。执行居民阶梯电价制度，对于非居民电价按照《山东省物价局关于降低上网电价和销售电价的通知》（鲁价格一发〔2015〕131 号）一般工商业电价每千瓦时平均降低 0.0349 元，省物价部门电价政策已全面落实到位；保证厂区员工宿舍有按居民用电标准需求的企业经核实达标，按居民用电电价政策执行。与滨海供电部对接大用户用电实行“大客户经理服务制”，协助用好峰谷电价政策。对 110 千伏安以下的商场、超市、餐饮、宾馆、冷库等无法避峰用电的企业，不再纳入执行峰谷分时电价范围，严格落实到位。制订滨海区普通住宅小区停车收费管理办法，规范小区停车收费。

【完善收费管理】 根据2016年山东省物价局最新的《山东省定价目录》梳理属于开发区权限的定价目录，严格执行政府定价，做好政府定价收费备案工作。主要包括物业收费备案、停车场收费备案等，办理物业收费备案2家、停车场收费备案1家。出台开发区《涉企行政事业性收费目录清单》，结合滨海“无费区”进一步梳理开发区行政事业性收费。配合市物价局物价检查所对滨海人民医院的收费进行检查，主要是针对公立医院改革后医院的收费情况检查。清理规范物流收费，经核实交通运输局、环保分局、海洋渔业局、科技商务局、食品药品监管部门、综合保税区B区、山东高速物流、森达美港等有关单位，均严格落实国家和省涉企行政事业性收费及进出口环节收费减免和降费政策；对于开发区物流园区、口岸、港口码头、公路运输、水路运输及进出口等环节和领域依据《山东省涉企行政事业性收费目录清单》《山东省服务价格管理目录》和《山东省进出口环节政府定价和政府指导价收费目录清单》进行收费清查，未发现不合理收费情况。

【医疗服务价格改革】 根据省委办公厅、省政府办公厅《关于进一步深化医药卫生体制改革的实施意见》（鲁办发〔2015〕53号）、市政府办公室《关于进一步深化公立医院综合改革的实施意见》（潍政办字〔2015〕132号）、市发改委等5部门《关于全面推进医疗服务价格改革的实施意见》（潍发改物价〔2016〕56号）和《关于全面取消城市公立医院药品加成降低大型设备检查检验项目价格调整部分医疗服务价格的通知》（潍发改物价〔2016〕72号）文件精神，成立专门领导小组，组织工作人员严格依据文件开展工作，严格要求医疗机构执行医疗服务价格管理的有关政策规定，取消药品加成，降低大型设备检查检验价格，调整了医疗服务价格。

【价格收费专项检查】 开展医疗卫生服务价格检查。围绕医药卫生体制改革总体要求，结合社会反映的热点问题，全面、深入地开展医药价格、医疗服务收费检查。开展药品明码标价专项检查。根据山东省物价局《关于贯彻发改价检〔2016〕1101号文件扎实开展药品价格专项检查的通知》（鲁价检发〔2016〕49号）以及市物价局的相关要求拟定全区药品价格专项检查实施方案，确定检查的时间、范围、重点和方式。拟定重点检查单位名单，为开展重点检查做好准备。对重点检查单位进行检查，规范医药费用和价格行为，引导药品价格合理形成。

【及时处理价格举报】 2016年，物价部门共处理市场热线41件、群众来信6件、潍坊民声平台18件、电话举报25件。这些举报案件涉及居民小区物业费收费（包括水费、电费）、车辆出入证办卡收费（蓝牙门禁）、停车收费、供暖费、天然气安装费等不合理收费行为以及居民小区私自收取停车位押金、乱收手续费问题，还涉及道路交通施救费、停车场收费等收费不合理行为，均已及时办结，做到满意率100%。

【明码标价工作】 根据省、市物价局安排，严格按照文件规定做好明码标价宣传工作及检查工作，先后发放政策法规宣传明白纸1000

份，前往各大小商场、超市、门头房、汽车站、宾馆等场所，发放明白纸，做好明码标价检查，同时告知餐饮行业使用“诚信菜单”。对“我的未来网”经营企业以及类似8家企业（大家洼街道6家、央子街道2家）进行现场检查并发放政策法规宣传明白纸，严格要求企业按照《关于商品和服务实行明码标价的规定》实行明码标价，对于没有明码标价的经营者责令其严格按照《中华人民共和国价格法》《关于商品和服务实行明码标价的规定》《禁止价格欺诈行为的规定》要求，进行明码标价，依法经营。先后派出30余人次进行检查，全部实现了明码标价。

（董广明　秦绪兰　王春生）

审　　计

【概况】　2016年，滨海区财政局审计科完成审计项目15个，审计预算资金798545.98万元，查出主要问题金额88.10万元；应由领导干部承担领导责任的金额87.09万元，直接责任金额1.01万元。审计查出的问题金额88.10万元，主要是管理不规范问题，是由原始凭证不合规、部分固定资产未及时入账及会计账务处理不规范构成。损益收支不实金额19.37万元。提出审计建议19条，被采纳审计建议19条。通过审计，促进了行政事业单位财务管理的规范性，提高了财政资金使用效果，有力地维护了财经纪律的严肃性。完成党费审计项目，审计财政专项资金539.27万元。

【经济责任审计】　明晰干部经济责任审计，本着“积极稳妥、量力而行、提高质量、防范风险”的原则，核清单位家底，以为党工委、管委会管理干部服务为目标，加强单位主要负责人经济责任审计。全市共审计领导干部14人，查出负直接责任的违规金额87.09万元，负主管责任的违规金额1.01万元。

【基本建设投资项目审计监督】　据区党工委、管委会工作中心，对开发区政府投资建设重大工程项目进行审计监督。由于审计工作人员少，主要聘请具有资质的中介机构进行审计，财政局审计科全程参与对审计质量进行监督，并对审计结果的真实性、合法性负责。如发现参审中介机构的审计质量存在问题，及时予以纠正或者重新组织审计。有隐瞒审计查出问题、出具不实审计报告等行为的中介机构，不得再参加开发区基本建设投资项目的审计。2016年1—12月，对区评审中心发出4份审计通知书，涵盖工程项目169个、工程资金253303.16万元。截至年底，已完成审计工程项目99个，审计资金135950.15万元，审定值135307.21万元，审减642.94万元，审减率0.4%，并向评审中心发出3份审计报告。

【专项跟踪审计】　截至2016年底，配合市审计局进行的专项跟踪审计有《关于加快城市地下管线基础设施建设政策措施落实落实情况跟踪审计》《以创新支撑引领经济结构优化升级政策措施落实是情况跟踪审计》《医保资金审计》《1996年房改后建购职工住房情况进行专项审计调查》。建购住房审计已将整改情况上报省审计厅，审计工作基本完成，通过这次专项审计全区对 4 个单位的违规用地进行了完善，上缴公款支付建购房款 61.4 万元，上缴城市基础设施配套费 45.83 万元，上缴土地出让金 49.12 万元。根据《山东省审计厅对 2016 年 1 月至 7 月份财政收入状况进行审计调查的通知》(鲁审财函〔2016〕105 号) 文件，配合市审计局对财政收入状况进行审计调查。

（杨新萍）

工商行政管理

【概况】 截至 2016 年底，滨海开发区共有各类市场主体 10273 户，注册资本 485.52 亿元。其中，企业 2727 户，注册资本 407.98 亿元（内资企业 310 户，注册资本 173.32 亿元；私营企业 2261 户，注册资本 206.85 亿元；农民专业合作社 102 户，注册资本 10.04 亿元；外资企业 54 户，注册资本 17.71 亿元；企业集团 9 户）；个体工商户 7546 户，注册资本 77.54 亿元。2016 年，新增企业 446 户，注册资本 44.29，亿元；新增个体工商户 1074 户，注册资本 1.25 亿元；新增农民专业合作社 32 户，注册资本 4.68 亿元。

【深化商事制度改革】 落实“双告知”制度，将营业执照办理情况通过区为民服务中心网站告知各相关单位。加强事中、事后监管，构建良好信用格局。推进企业年报公示工作，2015 年度滨海区企业年报率为 90.55%、个体工商户年报率为 94.61%、农村专业合作社年报率为 98.57%。

【助推企业发展】 强化企业商标品牌意识。截至 2016 年底，全区有“中国驰名商标”1 家、“山东著名商标” 5 家、“国家地理标志证明商标”1 家、普通商标 44 家。推进诚信体系建设。组织 19 家企业参加 2014—2015 年度省级“守合同重信用” 企业公示活动，并顺利通过了省工商局、国家工商总局的审核。截至 2016 年底，全区有国家级“守合同重信用” 企业 2 家、省级 “守合同重信用” 企业 15 家、市级 “守合同重信用” 企业 27 家。帮助企业利用股权、商标权质押和动产抵押拓宽融资渠道，解决企业融资难题。全年办理动产抵押登记 23 家，资金额达 15.1 亿元。

【优化市场环境】 加强反不正当竞争执法，以工程建设、医药购销等行业为重点，开展商业贿赂治理工作。以农药、化肥、塑料薄膜等涉农产品为重点，开展“红盾”护农行动，对辖区内 10 余家农药生产企业的商标、包装等进行执法检查。开展无传销城市创建工作，保持打击传销活动的高压态势，严厉打击各种类型的“拉人头”式传销违法犯罪行为，全区无传销现象。2016 年，全局立案 22 起、结案 21 起，涉案货值 43 万元，下达处罚决定并罚款 27.7 万元。

【消费维权】 成立投诉举报受理中心，专门负责受理市消协、12315、12365、12331 投诉维权案件，并将办理情况汇总按时上报。开展“3·15”国际消费者权益日等一系列活动。2016年，共受理消费者投诉309起，调解结案307件，建议消费者寻求其他途径解决2件，处结率达100%，为消费者挽回经济损失40余万元。

（高玉栓）

质量技术监督

【特种设备监察】 截至2016年底，全区共有特种设备生产、使用单位247家，特种设备作业人员2423人，特种设备11238台（条），其中压力容器5924台、压力管道3683条、起重机械844台、厂内机动车327辆、电梯289台、锅炉171台，承压类设备占87%，设备数量位居全市第二。建立滨海区特种设备专家库，利用政府购买服务形式，聘请专家开展专业检查，由潍坊金联益康安全管理咨询有限公司组织专家对辖区特种设备进行检查。全年共派出专家512人次，检查247家企业，为特种设备安全检查工作提供了有力支撑。开展“大快严”“四严”集中行动及各项专项整治行动，在各专项工作中共检查液化石油气钢瓶465个，存在问题的15只气瓶已责令停止使用；检查电梯使用单位59家，检查电梯312台，下达特种设备监察指令书6份，已整改完毕；排查全区在用锅炉165台，未发现安全隐患；检查15家涉氨制冷企业，压力容器364台，使用登记率100%，压力管道9.93千米，使用登记率100%；检查压力管道使用单位91家，发现部分压力管道存在未检验、未办理使用登记、作业人员无证上岗等安全隐患，已全部整改到位。

【产品质量监督管理】 加强工业产品生产企业监管，严格工业产品生产许可证的证后监管，确保企业持续保持良好的生产条件，保证质量管理体系有效运行。实施名牌强区战略，将6家企业的13种产品以及山东新和成药业有限公司创建省长质量奖列入品牌培育计划，推荐5家企业的7种产品申报2016年度山东名牌产品，山东新和成药业有限公司的叶醇产品被评为2016年度山东名牌。开展“质检利剑”专项行动，重点围绕十类重点消费品、汽车产品、建材、农资、民生计量等开展执法工作，根据区域特点，开展危化品重点区域整治。开展产品质量监督抽查工作，落实企业产品质量主体责任，杜绝重大产品质量安全事故发生。制订产品质量监督抽查计划及具体实施方案，申请财政资金16.4万元，抽取64家企业的80批次产品进行检验，有3家企业生产的3个产品不合格，产品合格率为96.25%。截至2016年底，全区企业有山东名牌5个、市长质量奖1个。

【推进标准化战略实施】 鼓励企业主导、参与制定国际、国内先进标准和地方标准。2016年3月，由山东鹤见红旗环境科技有限公司主持制定的行业标准《叠螺式污泥脱水机》（JB/T12578-2015）发布实施；由山东海化股份有限公司等单位制定的《纯碱产品能耗限额（氨碱法）》（DB37/734-2016）于2017年4月8日实施；推荐山东新和成药业有限公司和山东鹤见红旗环境科技有限公司申报2016年度山东省企业标准“领跑者”。截至2016年底，全区企业共主导或参与制定的有国家标准14项、行业标准10项、地方标准1项。

【计量管理】 开展强检计量器具备案工作，对辖区内强检计量器具进行备案，累计备案4976台件。强化民生计量管理，开展“一机二器四表”、寄递物流行业等领域使用法定计量单位等计量专项检查，共检查加油站17家、加油机104台、出租车计价器46台、医疗机构3家、眼镜店8家、寄递物流公司33家。突出安全计量器具管理，检查安全防护计量器具使用单位72家、计量器具452台件，发现安全隐患9处，并督促整改。2016年，确定计量检定员4名，计量器具核准办结3个。开展计量宣传工作，利用“5·20”世界计量日、专项检查等契机，通过悬挂横幅、发放宣传页、播放宣传片等方式，加强计量法律法规的宣传引导，提高群众计量意识。开展计量惠民活动，围绕“质量月”活动主题，对央子街道、大家洼街道的2个集贸市场的贸易结算用计量器具进行免费检定，共检定电子台秤430台次，为业户节约资金7万余元。

（高玉栓）

食品药品监管

【概况】 截至2016年底，全区有各类食品生产经营单位1603户，其中食品流通业户1043户、餐饮467户、学校食堂31家；有药店52家；有食品和食品添加剂生产企业10家，其中正常生产企业8家。

【完善食品安全责任体系】 深化完善目标管理考核，强化食品安全责任，区管委会与区食安委16个成员单位签订食品安全责任书，细化任务，落实责任，确保各项任务的组织实施。进一步完善联合办公、联合执法、联合信息发布三联工作机制，强化食品安全长效监管措施。全面完成检测室第三方托管，通过区招投标中心招标，与山东格林股份有限公司签订合同，完成2个快检室的第三方托管任务。

【食品安全监管】 开展食品安全专项整治，保障人民群众饮食安全。全年先后开展了食品摊贩、“六小”“一非两超”、桶（瓶）装饮用水、景区食品安全等各类专项整治行动。在各类专项行动中，共出动食品安全执法检查人员432人次，检查各类食品生产、经营单位1621户次，下达监督意见书560份，提出整改意见893条，提升了全区食品安全水平。精心组织、扎实开展重大活动餐饮服务食品安全保障工作，圆满完成中考、高考、潍坊国际风筝会、风筝冲浪节、全国大学生技能比赛等各类重大活动餐饮服务食品安全保障任务，出动驻点食品安全监督人员63人次，开展现场快速检测200多个品种，做到保障工作“零”差错，食品安全“零”事故。加强对学校食堂及小饭桌的监管，对辖区31所学校食堂予以一户一档进行4次季度检查，下达监督意见书96份；对个别存在安全隐患的单位，下达限期整改通知书，要求其限期整改，均已完成整改落实。

【创建国家食品安全城市】 加强组织领导，及时召开创城工作动员会，安排部署食品安全城市创建工作，成立以管委会主要领导为组长的创城工作领导小组，结合实际制订创城工作方案。加强机构队伍建设，进一步明确各单位分工，建立食品安全目标管理责任制和责任追究制，健全考核评价机制，按照要求认真组织对各监管部门的工作评议和考核。加强保障力度，将食品安全监管经费纳入财政预算，确保满足实际工作需要，区财政拨付120余万元对市场监督管理局食品安全监管装备进行补充和升级，配备了笔记本电脑、便携式打印机、现场执法音像记录仪、高拍仪等设备，全面提升了一线人员的监督检查和执法办案能力。加强监管力度，对全区所有食品生产、经营、消费单位全部实施分级分类监管，加大对大中型食品生产企业、大中型商场超市、集体食堂等重点行业、重点单位的监管力度、频次，坚决杜绝重大食品安全事故的发生。在集体食堂放心工程提升行动中，出动执法人员469人次，检查集体食堂177户次，下达监督意见书38份。加强巡查督促企业落实主体责任，抽调全局执法力量，开展全面巡查督查5次，全年共检查各类食品经营业户3653户次、餐饮经营业户1928户次。与区行政执法局一起成功拆除央子农贸市场，依法取缔占道经营业户45家，引导各经营业户进驻潍坊渤海国际水产市场110家。经排查发现各类问题746个，已全部落实整改到位。强化宣传引导，以“双四”宣教活动为主线，在滨海电视台、《滨海日报》开设创城专栏，动态跟踪创城工作进度，发放宣传材料1万余册，悬挂宣传横幅150幅，在重要地段醒目位置设置宣传栏50块，在出租车、公交车张贴宣传标语200张。落实投诉举报制度，完善有奖举报及相关配套制度，设置统一的投诉举报电话，确保24小时通畅，在50个行政村、2个街办张贴有奖举报通告195份。

【药品监管】 加强药品经营使用单位日常监督检查，共出动执法人员457人次，检查药品经营单位73户次、药品使用单位62户次，覆盖率100%。查处过期药品21个品种、60盒（瓶），针对发现的问题要求各相关单位立即进行整改，并上交整改报告。开展疫苗专项检查，问题疫苗新闻报道出现后，立即组织执法人员，于2016年3月21日上午对区疾病预防控制中心、各医院和接种门诊进行拉网式检查；3月22日下午，又对全区所有有关单位的库存疫苗再次进行现场扫码；经核实，全区所有接种点疫苗均由区疾病预防控制中心配送，确保了疫苗经营、使用的安全。推进滨海区药械化安全性监测工作，组织开展药械化安全性监测工作培训，培训相关单位和工作人员以及化妆品不良反应监测哨点的监测人员50余人次。开展药品、保健食品、化妆品抽检工作，共抽检36批次，其中药品流通环节21批次、保健食品10批次、化妆品5批次，检验合格率100%。

（高玉栓）

安全生产监管

【概况】 2016 年，全区安全生产领域累计投入 2450 余万元。其中，投资 800 万元购买渔政执法船 1 艘，投资 1200 万元购买消防车 1 辆；拨付专项资金 190 万元，用于聘请专家检查和购买隐患排查服务；出资 260 余万元加强学校安保工作。8 月，经第十三次区党工委会议研究决定，配备安全生产执法车 4 辆，并为安监部门充实执法工作人员。

【安全生产监管执法】 开展安全生产大检查、安全生产隐患“大快严”和“四严”集中整治行动，加大对安全生产非法违法生产经营建设行为的惩治力度。危险化学品领域实施分级管理，开展常规检查和“两重点一重大”专项执法检查活动。结合滨海区实际，制订切实可行的执法检查方案，采取专家查隐患、政府促企业隐患整改和主体责任落实的方式，聘请专家随机抽查企业安全管理和现场隐患情况，并随机抽查重点岗位的一线工作人员，采取手指口述的方式，检查企业岗位操作规程培训情况；执法人员重点检查企业主体责任落实情况，对于查处的问题严格依法处理。加大对安全生产非法违法生产经营建设行为的惩治力度，印发专门文件，对未按要求开展隐患自查自纠的企业，在下达责令限期整改指令的同时，进入处罚程序；对到期未完成隐患整改的企业，依法予以顶格处罚。2016 年，全区累计出动执法检查人员 5300 余人次，检查企业 1278 家次，排查隐患 12131 处，下达责令限期整改指令书 811 份，立案处罚企业 118 家次，罚款 218.3 万元，有效促进了企业安全生产主体责任落实。

根据滨海区管委会《关于落实安全生产网格化实名制开展生产经营单位摸底承诺工作的通知》要求，各街道、各园区对辖区所有企业情况进行调查摸底，并向区党工委管委会进行书面承诺，形成监管名册，确保将所有企业纳入监管范围，实现安全监管“全覆盖、无缝隙”，共纳入监管名册企业 793 家。潍坊滨海经济技术开发区安全生产监督管理局（以下简称区安监局）选出 11 家化工企业进行安全生产主体责任体系建设试点工作，按照“层层落实责任，一级监督一级，全员参与”原则，根据企业生产人员数将企业生产区划分成不同的网格，每个网格制作安全隐患排查清单，明确网格责任人，制订《安全生产责任制》《安全生产目标管理责任制考核指标》《安全生产目标管理责任制考核办法》和《安全生产奖惩制度》等一系列配套措施，保证试点工作顺利展开。区安监局加大对企业开停车、试生产、复工和安全许可延期换证等方面的监管力度，现场核查时，若发现该企业存在重大安全隐患，则该现场核查转为执法检查，除对企业进行行政处罚外，要求企业按相关规定继续进行自查自纠，整改后重新申请现场核查，强化企业落实安全生产主体责任。

【安全生产宣传教育】 全面调查摸底危险化学品企业人员基本情况，列入统计的有 14300 余人。通过政府培训和企业自主培训的形式，落实危险化学品企业全员安全生产警示教育。11月11—13日，区安监局聘请国家级、省级安全生产专家，分别对全区140余家化工和危险化学品企业主要负责人和安全管理人员进行培训。2016年，聘请国家级安全专家对全区有关部门、单位安全监管人员和企业主要负责人开展培训3期，培训1200余人次；组织企业开展自主培训，举办安全警示教育培训班67期，培训12500余人次。

开展第十五个"安全生产月"活动。开展"6·16"全国安全生产宣传咨询日活动，宣传安全生产方针政策、安全知识和应急逃生、自救互救方法，解答社会公众关心的安全生产问题，印发安全生产宣传资料7200余份，悬挂横幅102处，提高全民安全生产意识。根据季节和行业特点，组织开展针对性强、形式多样的应急演练活动，持续提高从业人员风险防范意识和自救互救应对能力，检验各级各部门在应急救援状态下的反应和组织协调能力，不断提高全区应急管理水平。全年全区组织各行业领域和企业应急演练300余次。

【建设安全生产长效机制】 开展"两个体系"建设工作。全省"两个体系"工作开展以来，滨海区认真贯彻落实省政府安委会《关于〈加快推进安全生产风险分级管控与隐患排查治理两个体系建设工作方案〉的通知》（鲁安办发〔2017〕36号）要求，坚持政府引导、标杆示范、分级推进、全面实施的原则，积极开展风险分级管控与隐患排查治理两个体系建设。制定印发《滨海区安全生产风险分级管控与隐患排查治理两个体系建设工作方案》，成立由区管委会主要领导任组长、分管领导任副组长，有关部门、单位主要负责人为成员的组织领导机构，统筹协调、定期研究全区"两个体系"建设工作。先后组织召开6次专题会议，对标杆遴选、风险摸排、隐患排查、培训帮扶、督导检查等相关事项进行专题研究部署，要求各有关部门根据职责分工，明确责任，细化措施，全力推进本管理区域、本行业领域企业"两个体系"建设工作。开展专家辅导和座谈交流会议8次，分片区开展专题培训活动11次，累计培训4100余人次，指导全区178家企业进行辨识管控风险和排查治理隐患，共排查风险点8736个，通过工程技术、管理措施、培训教育和个体防护等措施对风险点进行有效管控。根据滨海区产业结构，结合不同企业规模，选出30家安全管理基础较好的企业作为标杆，以点带面，试点先行，切实发挥示范带头作用，争创全省两个体系建设典型。滨海区规模以上企业已全部开展"两个体系"建设，3家省级标杆企业已完成指南编制任务，全区"两个体系"建设工作稳步推进。

开展安全生产标准化建设。滨海区制定印发《全面推进滨海区安全生产标准化建设实施方案》，成立区安全生产标准化推进办公室，负责部署、推进、督查、考核及宣传等工作，各行业领域主管部门牵头制订本行业领域工作方案，明确包靠的企业名单；建立生产经营单位激励约束机制，将生产经营单位安全生产标准化建设作为实施安全生产考核奖惩、行政许可、分类指导和分级监管的重要依据。通过组织保障措施和激励约束机制，提升全区生产经营单位安全生产标准化的创建热情和达标水平。2016年，全区危险化学品企业安全生产标准化已全部达标，其他行业企业达标率70%。

结合全区危险化学品企业数量大、密集度高、监管难度大的实际特点，滨海区出台《关于企业聘请安全生产中介机构进行技术服务进一步促进企业主体责任落实提高本质安全水平的指导意见》（潍滨安发〔2016〕12号），在全区化工和一般工贸企业实行聘请中介机构进行安全生产技术服务工作，弥补企业安全生产专业技术力量相对薄弱的问题，更好地促进企业安全生产主体责任有效落实。

【化工产业安全生产转型升级】 2016年9月，潍坊市政府公布了滨海区绿色化工园为发展类专业化工园区，规划面积96平方公里。为进一步推进化工产业安全生产转型升级，滨海区印发《关于明确潍坊滨海绿色化工园产业发展定位等有关事项的通知》（潍滨管字〔2016〕5号），明确化工园北区为发展区、南区为控制区，园外一律不新批化工项目。根据《潍坊滨海区化工企业综合评价工作方案》《滨海区化工企业评级评价工作规范（试行）》，滨海区组织全区167家化工企业参加安全生产评级，下达《问题整改通知单》，严格督促各化工企业进行整改落实。滨海区严格落实小型化工企业退出机制，对危险程度高、能耗高、效益差、生产工艺和装备技术落后、生产安全没有保障的44家小型化工企业全面停产整顿，对于限期内不能完成整改或整改未达到法定条件的企业，直接列入“关闭淘汰”名单。根据潍办发〔2016〕4号文件要求，滨海区组织园区区域安全风险评价，对园区存在的危险有害因素、现有安全条件、风险可接受程度等进行辨识和分析，并对园区发展进行科学规划，提出安全防护距离、安全容量、总量控制、风险管控、事故预防、应急管理等方面的对策措施和建议，对于保障园区安全发展、推动安全生产工作源头治本、有效指导安全规划、进一步提高滨海区整体安全水平和应对突发事件能力具有重要意义。

（魏　琦）

潍坊滨海经济技术开发区评审中心

【概况】 2016年，滨海区评审中心以党的十八届三中、四中、五中、六中全会精神为指引，围绕开发区党工委、管委会的决策部署，踏实肯干、求真务实，较好地完成了开发区党工委、管委会交办的各项工作任务。2016年9月，刘学纲获潍坊滨海经济技术开发区优秀共产党员称号。

【机构沿革】 2009年，根据潍滨管发〔2009〕72号文件，滨海经济技术开发区评审中心成立。2011年，升级为正科级事业单位（潍滨管发〔2011〕1号文件），核定全额拨款事业编制7名。截至2016年底，领导职数有科级领导正职1人、科级领导副职2人，实有领导2人（科级领导正职1人、科级领导副职1人）；实有职工16人，其中事业编制15人（均为全额拨款）、工勤人员1人。

【评审工作】 估算评审。共进行白浪河船闸橡胶坝、长江西街道路改造工程等估算评审37项，估算额52240万元，评审额50335万元，审减额1905万元，审减率3.6%。概算评审。共进行科教创新区文昌湖景观绿化、沂河东街绿化、大社区周边市政及绿化、渤海路绿化工程等估算评审21项，估算送审额40060万元，评审额34133万元，审减额5927万元，审减率14.8%。预算评审。共进行胜伟牧业屠宰场及隔离场、长江西街、渤海路一号桥、未来大厦高低压配电、金融中心工程等预算评审54项，立项额98395万元，评审额84855万元，中标额79005万元。结算评审。完成白浪河船闸橡胶坝、南水北调东线一期工程、海河路及人工岛、紫薇路水系核心岛及周边绿化工程、月亮湾片区起步区干线道路工程等结算评审127项，总送审额265465万元，审定总额235457万元，审减额30008万元，审减率11.3%。形象进度评审。共完成渤海路二号桥、港营路白浪河大桥、未来大厦及装修设计一体化、金融中心等重点工程形象进度跟踪评审38项，总申报额94671万元，审定额77765万元，审减16906万元，审减率17.9%。拆迁评估评审。共进行胜伟牧业屠宰场及隔离场、白浪河入海口生态示范带二期、疏港铁路等拆迁评估评审21项，出具评审函36份，累计审定拆迁补偿额35302万元，其中评审涉及盐田471公顷、管线5.37万米，房屋和鱼棚3.08万平方米，审定拆迁补偿资金35302万元。

【“1·29”溃坝事件损失评估】 评审中心委托山东德勤造价公司会同区临港工业园、中海油海化集团对海化集团“1·29”溃坝事件进行损失评估。经过近一年的不懈努力，工作进展情况如下：①碱渣：已完成51家受损企业及大家洼街道4村的碱渣清理费用评估，其中43家受损企业及大家洼街道4村已出具碱渣清运费用评审函7份，累计评审金额1613万元，其余8家企业的碱渣清运费用数据正在对接中。②受损车辆：已完成32家企业及个人车辆受损费用评估，其中28家受损企业已出具受损费用评审函、累计评审金额167万元，其余4家企业及10辆个人车辆费用数据正积极对接中。③生产设备、原材物料、成品、半成品等：62家企业资产受损，有57家完成现场勘查，出正式报告30家，初评报告13家，正在进行估损测算14家，现场勘查4家，因场地未清理无法进场勘查的企业1家。

（王曰泉）

工业和信息化

潍坊滨海年鉴

2017

WEIFANGBINHAI YEARBOOK

工业和信息化

高端海洋化工产业

【概况】 滨海区依托丰富的卤水资源优势，以蓝色、高端产业为导向，初步构筑起了高新技术主导产业的框架，已培育形成海洋化工及相关企业1000多家，其中规模以上企业150多家。全区以构筑海洋化工、石油化工千亿级产业链为重点，努力打造海洋化工、石油化工、煤化工、精细化工、橡胶加工、合成材料和有机化工六大优势产业，初步形成了以苦卤化工系列、盐碱系列、溴系列、精细化工系列为主导，上下游产品配套发展的产业链条。

【产业发展情况】 滨海区高端海洋化工产业主导产品纯碱年产300万吨、氯化钙年产50万吨，产量和市场占有率居世界第一位；泡花碱年产15万吨，居亚洲第一位；原盐、溴素、溴化物、小苏打等产品的产量和市场占有率居全国第一位。有30多种产品出口到40多个国家和地区，其中纯碱和氯化钙的出口量占全国出口量的23%和45%。海洋化工产业实现产值、销售收入、利税等均占全区经济总量的70%左右，是我国规模最大、产品品种最多的生态海洋化工生产和出口创汇基地。“鸢都”牌商标被认定为驰名商标，“风筝都”牌等6个商标被认定为省著名商标。“鸢都”牌纯碱被认定为中国名牌。

【化工专业园区建设】 开发区规划了面积117.2平方公里的潍坊滨海绿色化工园，以产业升级和结构优化调整为发展重点，打造以石油化工、盐化工为主导，精细化工和化工新材料有机结合的创新型沿海高端化工基地。

（董广明　秦绪兰　王春生）

高端装备制造业

【概况】 按照市委、市政府整体战略部署，立足滨海实际，围绕打造高端装备制造基地，配套拉长产业链条，培强做大潍柴重机、华创机器人等行业龙头企业，深入推进现代产业体系建设，打造新的经济增长点和竞争优势。高端制造产业初具规模，形成以海洋动力装备及关联产业为主的现代海洋产业体系。潍柴大机等海洋动力装备世界闻名，已成为全国重要的海洋动力装备制造基地和环渤海地区重要的智能装备制造产业基地。

【潍柴重机股份有限公司】 是中国产品系列最全、功率覆盖面最宽、应用领域最广的船舶动力和发电机组供应商，公司专业开发、制造和销售船舶动力和发电设备市场用30—12000马力的中、高速柴油机、发电机组及动力集成系统，兼顾经营柴油机零部件、船用齿轮箱配套等产业。

【华创机器人研发基地】 项目总投资125亿，规划用地333.33公顷，依托华创机器人、海纳海洋科技等龙头，重点发展工业机器人、智能农业机器人、水文机器人等产业，建设高端装备和智能设备研发中心、智能机器人及关联产品制造、技术体验、培训于一体的高端装备制造基地。

【通用航空产业园】 壹大通通用航空产业园项目由深圳壹大通航空有限公司投资建设，该项目位于滨海产业园，计划总投资120亿元，总用地面积约333.33公顷，主要建设飞机生产线及维修基地、飞机试飞跑道、航空俱乐部、通用航空培训学院、通用航空研究院、航材交易中心及相关综合配套设施，项目全部建成后，预计年营业收入达50亿元。项目一期用地约100公顷，主要建设航空培训学院、航空研究院、一条飞机生产线及维修基地、航空俱乐部、飞机试飞跑道等配套设施。

（董广明　秦绪兰　王春生）

节能环保产业

【概况】 滨海区积极发展节能环保产业，其中规模较大的企业为联兴新材料股份有限公司、中碳能源（山东）有限公司、佛士特环保等企业。积极发展循环经济，成功申报国家级园区循环化改造示范试点园区。10个中央财政资金扶持的重点示范项目完成投资12亿元，占总投资22亿元的54%，其中国邦药业高盐废水机械蒸汽再压缩、中碳能源年产56万吨煅烧石油焦二期、门捷化工8万吨/年40%废硫酸综合利用、科伦比恩炭黑尾气发电、潍坊联兴新材料煅烧石油焦烟气余热回收利用等6个项目已基本完成投资，进入试运行阶段。根据开发区实际，自主实施了38个项目，正在有序推进，项目涵盖海洋化工、生物医药、生物质发电等产业，发挥了良好的示范带动作用。

【山东天维膜技术有限公司】 是从事各种分离膜及水处理设备的研究、开发、生产及工程应用的国家级高新技术企业，主要产品有扩散渗析膜、电渗析膜、双极膜、扩散渗析器、电渗析器等荷电膜材料及其组器，主要用于工业酸、碱性废水资源化回收利用，含盐废水处理，物料脱盐，海水淡化，纯水制备等领域。2016年，公司实现销售收入5200万元，实现净利润610万元。

【余热利用助力园区发展】 潍坊联兴新材料科技股份有限公司、中碳能源（山东）有限公司立足自身工艺特点，深入挖掘节能潜力，将生产过程中的高温物料余热、高低温烟气余热、低温散热等余热资源回收利用，制取蒸汽并供周边企业生产使用，形成一套完整的循环经济体系。在主营碳素产品的基础上，年外供蒸汽近 120 万吨，节约标准煤 15 万吨，不仅给企业带来了巨大的经济和社会效益，还避免了园区内用汽企业重复建设燃煤锅炉，降低了煤炭消耗，减少了大气污染，实现经济效益 2 亿元。

【废物处理与垃圾焚烧】 潍坊佛士特环保有限公司是山东省环保厅在潍坊滨海经济开发区设立的唯一一家危险废物处置公司，是滨海区重要的基础设施配套项目，处理滨海及周边地区高浓度废水、废液及危险固物，年处理危废 2 万多吨，实现危废处置收入 6000 万元；其二期项目总投资 5 亿元，建成后年可处理危废 43 万吨，可实现营业收入 6 亿元。光大国际潍坊生活垃圾焚烧发电项目是潍坊市重点市政、民生工程，一期项目投资约 5.86 亿元，日处理生活垃圾 1000 吨；二期项目投入运营后，日处理垃圾能力达 1500 吨。

【资源综合利用】 潍坊金信达生物化工有限公司通过自身优势，积极发展餐厨废弃物资源化利用和无害化处理项目，年处理餐厨垃圾 10 万吨左右，实现经济效益 4000 万元，实现了全市餐厨垃圾回收利用，具有巨大的社会和环境效益。山东国邦药业有限公司总投资 2225 万元的 MVR 高盐废水处理项目，年处理废水 5 万吨，可回收纯度为 99% 的氯化钠 1 万吨，可创造利润 1000 多万元。

（董广明　秦绪兰　王春生）

盐　业

【概况】 全区共有 13 家制盐企业，分别是山东海化股份有限公司羊口盐场、山东海王化工股份有限公司、山东寒亭第一盐场、山东龙威实业有限公司、山东龙震集团潍坊群盛盐化有限公司、山东鑫环实业有限公司、山东潍坊海晶盐业股份有限公司、潍坊镇北盐场有限公司、潍坊银丰制盐有限公司、潍坊央子盐化集团公司、潍坊渤海水产综合开发有限公司、潍坊中友盐业有限公司、潍坊市滨海盐业有限公司；有盐田生产面积 16300 公顷，原盐生产能力 530 万吨。全年生产原盐 520 万吨，同比减少 7.1%；销售 271.6 万吨，同比减少 11.2%。区内企业自产自用盐 252.5 万吨，同比增加 8.1%；生产溴素 3.43 万吨，同比增加 4.6%；销售 3.38 万吨，同比增加 5.6%。

【行业管理】 受近年来全国井矿盐产量大幅增加和下游“两碱”（纯碱、烧碱）生产下滑影响，原盐价格继续在低位徘徊，销售压力较大。部分盐场因资金困难只放水养滩，不再进行盐业生产。在盐价持续低迷、盐业生产热情不高的情况下，区盐务局加强与上级业务主管部门及行业协会的交流沟通，及时组织召开制盐企业座谈会，将行业方面最新信息和会议精神传达至各企业，分析原盐产销形势，商讨应对措施；鼓励企业对原盐进行合理存储，理性营销，避免竞相降价的恶意行为出现，共同应对困难，渡过难关。做好制盐个体的管理工作，对改变承包主体的盐场，区盐务、税务部门及时更正信息，确保盐场正常办理销售手续。落实盐溴配套联产政策，区国土、环保、盐务等部门联合行动，对溴素企业实行定量生产，确保提溴后的卤水必须全部用于原盐晒制，提高资源综合利用率，防止环境污染。及时将重大天气情况通知制盐企业，把天气对原盐生产的影响降至最低。抓好行业安全生产，加强行业安全管理。

【食盐专营】 区内有1家食盐定点生产企业（山东寒亭第一盐场），全年生产食盐18.3万吨，向国内多个省、市供应食盐；有2家食盐批发企业及遍布城乡的食盐零售店，形成覆盖全区的批发、销售网络，保障了合格食盐的有效供应。全区全年销售食盐468吨，其中小包装食盐210吨。区内碘盐覆盖率达98.35%，碘盐合格率达98.56%，合格碘盐食用率达98.23%，高于全市平均水平。健全完善食盐销售相关制度及措施，规范各方经营行为。做好各类盐种的推广工作，提高高端品种在食盐销售中所占的比重。落实便民措施，在原有食盐销售网点的基础上，进一步优化食盐销售网络，完善社区销售网络，新增5处无碘食盐销售点，为全区群众提供快捷、优质、周到的服务。开展宣传活动，在"3·5"学雷锋日、"3·15"消费者权益日、"5·15"防治碘缺乏病日，利用电视、报纸、网络等媒体以及采取出动宣传车辆、设置宣传点、悬挂宣传标语、摆放宣传板、发放宣传材料、为群众答疑解惑等多种形式，宣传盐业法律法规、防治碘缺乏病知识、真假食盐辨别知识以及"减盐控压""少用盐、用好盐"等科学用盐知识。全年累计出动宣传车辆122车次、人员320人次，发放宣传材料12000余份，解答群众咨询问题3000余条。

【盐政执法】 针对盐业市场监管中出现的新情况、新问题，区盐务局对盐政执法工作进行调整部署，积极应对新形势下的新变化，提高盐政执法效能。与盐政执法人员签订行政执法责任书，使执法工作做到有制度、有措施、有考核，进一步规范执法行为。通过换位思考，实现"执法就是服务"理念上的转变，把服务和执法工作紧密结合起来，以服务带动执法。加强源头管理，强化"定点值守"，对全区盐场进行分片包靠管理，建立产销台账，对各盐场产、销、存情况跟踪管理，加强对原盐运销的监督与监控，严查运销过程中的各个环节。注重加强联合执法体系建设，区盐务与公安、市场监督、卫生等部门密切配合，开展联合执法行动，加大市场监管力度，有效打击和震慑涉盐违法行为。加强食盐市场监管，全面落实《山东省制贩假盐专项治理行动方案》，在全区开展食盐市场专项治理活动和"守护舌尖上的安全"专项行动。对区内餐饮业、食品加工业、酱菜腌制业、饲料加工业、商店超市及集贸市场等用盐、售盐单位进行拉网式清查和突击性检查。全年累计出动盐政执法人员3289人次，查处涉盐违法案件316起，查获违规工业盐269吨、假冒食盐1吨。

（张建立）

电子商务

【概况】 滨海区登记在册的电子商务企业及商户有14家，全年电子商务企业交易额4.6亿元。其中从事电商经营的中小企业和个体业户有10家，业务范围主要包括小包分装式化工产品、保健品以及服装日用品等。2016年，滨海区完成电子商务人才培训4069人次，被评为潍坊市电子商务人才培训工作先进单位。

【电子商务平台建设】 滨海区有3家规模以上电商平台，其中2家盐化工产业电商、1家石油焦行业电商。滨海化工盐化工产业电商平台由山东滨海化工商务有限公司于2010年建成，近年来，受市场经济形势和行业竞争加剧等因素影响，平台业务萎缩明显，2016年交易额1000万元。中国盐化工产业电商平台由潍坊滨海网库信息技术有限公司打造，已启动运行，平台以滨海区中小型化工企业为主体服务对象。联兴科技石油焦电商平台是联兴新材料科技股份有限公司根据行业特点和自身发展需要，精心打造的行业电商平台，其开发建立的“中国石油焦商务网”是全球行业内首家和唯一的石油焦大宗商品交易电商平台；该平台2016年实现销售额4.48亿元，新建的“焦易网”已启动上线，2017年力争实现平台交易额30亿元。

【电子商务孵化器】 由潍坊胜品电商体验有限公司建设的胜品电商孵化器已入驻企业28家，完成创新项目合作投资2000余万元，技术专利转让10个，完成投产市场化运作7个，总体纳税额达200多万元。

物　流　业

【概况】 滨海区有物流企业71家，其中道路运输类企业40家，营运货车保有量1396辆，总吨位18341吨。2016年，实现货运量2238.56万吨，同比增长64.12%；全区物流投资额26.02亿元，同比增长54.1%。

【物流园区建设】 山东高速临港物流产业园总投资130亿元，主要建设综合客运枢纽、冷链运输服务基地、物流产业加工基地和大型大宗货物仓储区，分两期建设。一期投资70亿元，综合客运枢纽于2015年8月开工建设，预计2017年底投入使用。由潍坊森达美港有限公司投资建设的森达美港物流园处于规划阶段，项目总体占地面积270公顷，以承接森达美港口货物的物流集散，利用森达美在东南亚的市场优势，构建以物资储备、货物集散、流通加工、公铁海联运、商贸物流为核心的现代物流运作平台，2017年物流园区将完成规划报告。

【龙头物流企业】 山东安金科国际贸易股份有限公司是以钢材储运、经营为核心的物流和贸易企业，主营方向是为国家铁路工程建设、电厂工程建设及大中型厂矿企业、加工业供应所需钢材，平均月供货数量达12192吨，年营业额高达2亿多元，2016年通过3A级物流企业认证。截至2016年底，滨海区共有4A级物流企业1家、3A级物流企业2家。

【管道物流】 山东滨海弘润管道物流股份有限公司承担着黄潍管道的投资建设与运营管理。黄潍管道采用先炉后泵加热密闭输送工艺，设计年输送原油、燃料油1500万吨，最大输送量可达2000万吨，2016年管道输油量为1310万吨。同时，管道具有反输能力，可实现从潍坊反输至黄岛油港分公司库区，并可连接进入中石化等其他管网系统，较好地实现了与各大油库直联互通，为创造资源间的互相利用提供了极大的便利。黄潍管道的投产运行，为潍坊地区乃至山东省炼化企业提供了一条安全、环保、高效的物流通道，不仅有效缓解了众多炼化企业面临的物流瓶颈，而且为企业大大地降低了物流成本。根据2016年的输油量计算，共节约物流成本11.8亿元。

中化弘润石油储运（潍坊）有限公司承担着700万立方米石油储备库的投资建设与运营管理，该库区占地面积333.33公顷，有储罐82台；到2018年，总库容可达1220万立方米，将成为全国最大石油储备库。库区处于山东省炼油企业云集的腹地，地理位置优越，陆路、水路交通网络四通八达。库区与黄潍管道相互配套，具备船运、车运和管道运输原油、燃料油的功能，相当于为潍坊区域新增一座年接卸油品能力达2000万吨的无水油码头，为周边炼厂的原料供应和储备提供了极大的便利。

【多式联运】 鲁辽陆海货滚甩挂运输大通道是以潍坊港和辽宁营口港作为陆海联运衔接基地，利用渤海湾水运资源打造的我国第一条货滚多式联运通道，运用甩挂多式联运方式，借助甩挂场站体系和公铁干线网络，形成连通我国华东—华北地区的物流大通道。鲁辽大通道甩挂运输与鲁辽陆路运输对比，在安全方面，牵引车不需要上船，消除了燃油和人员安全隐患，减少了驾驶员工作强度，降低了事故发生概率；在节能环保方面，能有效降低能耗，减少污染物排放，减轻公路运输压力，减少华北地区污染排放；在经济效益方面，能缩短运输时间，提高挂车使用效率，减少驾驶员人数，降低车辆损耗，运行经济。自大通道通航以来，滨海区成为北上对接“一带一路”战略的桥头堡，从2015年12月复航以来，截至2016年底已运行接近200个航次，运载甩挂车辆5237部，运载货物17万余吨。

（董广明　秦绪兰　王春生）

商贸服务

潍坊
滨海
年鉴
2017
WEIFANGBINHAI YEARBOOK

商贸服务

商贸服务业

【概况】 2016年，滨海区实现社会消费品零售额24.2亿元，同比增长14.2%，增幅跃居潍坊市第一位；限额以上社会消费品零售额实现7.95亿元，同比增长13.1%，高于潍坊市6.3个百分点。截至年底，全区有大型商场超市2家（全福元、百大万家福）、专业市场1家（渤海国际水产市场），物流企业71家（其中4A级物流企业1家、3A级物流企业2家），登记在册的电子商务企业及商户14家，电子商务孵化器1家（胜品电商孵化器），规模以上电商平台3家（滨海化工盐化工产业电商平台、中国盐化工产业电商平台、联兴科技石油焦电商平台），重点物流园区2个（山东高速临港物流产业园、森达美港物流园）。联兴科技石油焦电商平台开发建立的“中国石油焦商务网”是全球行业内首家和唯一的石油焦大宗商品交易电商平台。

2016年滨海区获评“全省开发区信息工作先进单位”“潍坊市电子商务人才培训工作先进单位”；曲伟健被评为“全省科技管理系统先进先进个人”并记三等功，孙军海被评为“潍坊市首届中日韩产业博览会先进个人”，张莉获“2016年度潍坊市科协学会工作先进个人”称号，于书异被评为“滨海区优秀共产党员”。

【机构沿革】 2006年1月，滨海区党工委、管委会（以下简称区党工委、区管委会）印发《关于机构设置的通知》（潍滨发〔2006〕5号），成立山东潍坊滨海经济开发区园区建设管理办公室（挂山东潍坊滨海经济开发区科技外经贸局牌子），为管委会领导的正科级事业单位，编制12人，配主任1名、副主任2名；负责科技、外经贸、园区建设管理、北部沿海开发区等工作。2008年2月，区管委会印发《关于部分机构调整设置的通知》（潍滨管发〔2008〕7号），山东潍坊滨海经济开发区科技外经贸局（园区建设管理办公室）增挂山东潍坊滨海经济开发区国家科技兴贸创新基地管理办公室牌子，同时成立山东潍坊滨海经济开发区高新技术创业服务中心，为科技外经贸局（园区建设管理办公室）领导的正科级事业单位，编制7人，配主任1名、副主任1名。2008年5月，区管委会印发《关于部分机构调整设置的通知》（潍滨管发〔2008〕40号），成立山东潍坊滨海经济开发区科技外经贸局，为管委会领导的正科级事业单位，撤销山东潍坊滨海经济开发区园区建设管理办公室。2011年1月，区管委会印发《关于部分机构调整设置的通知》（潍滨管发〔2011〕1号），山东潍坊滨海经济开发区科技外经贸局更名为潍坊滨海经济技术开发区科技与商务局（挂知识产权局牌子），经济发展局原对口的市商务局职责，划入科技与商务局；山东潍坊滨海经济开发区高新技术创业服务中心更名为潍坊滨海经济技术开发区高新技术创业（创业园）服务中心。2012年4月，潍坊市机构编制委员会印发《关于调整潍坊滨海区机构编制的通知》（潍编〔2012〕8号），调整设置科技与商务局为行政内部机构，副县级规格，配领导职数1正2副。2013年9月，潍坊滨海经济技术开发区党工委印发《关于成立科学技术协会的通知》（潍滨发〔2013〕23号），成立潍坊滨海经济技术开发区科学技术协会，与区科技与商务局合署办公。2015年3月，潍坊滨海经济技术开发区管委会（以下简称区管委会）印发《关于行政事业机构调整设置的通知》（潍滨管发〔2015〕1号），潍坊滨海经济技术开发区科技与商务局不再挂知识产权局牌子，调整设置为区党工委、管委会内设机构，副县级规格，配领导职数1正2副；负责全区科技、商务、知识产权以及科学普及等工作，承办区党工委、管委会交办的其他工作，内设综合科、科技科、商务科、知识产权科与信息管理科4个科室，均为正科级规格，配领导职数4正2副；撤销潍坊滨海经济技术开发区高新技术创业（创业园）服务中心。2015年11月，区管委会印发《关于部分机构调整设置的通知》（潍滨管发〔2015〕33号），潍坊滨海经济技术开发区外事侨务与台湾事务服务中心（挂外事侨务与台湾事务办公室牌子）隶属关系由潍坊滨海经济技术开发区管委会直属调整为潍坊滨海经济技术开发区科技与商务局所属。2016年6月，区管委会印发《关于部分机构调整设置的通知》（潍滨管发〔2016〕18号），将潍坊滨海经济技术开发区科技与商务局科技科更名为科技与知识产权科，知识产权与信息管理科更名为外经贸科。

【商场超市发展迅速】 2016年，新建的渤海国际水产市场完成投资8000万元，一期于5月投入运营。滨海区有2家大型超市，其中全福元超市全年营业额1.18亿元、万家福超市全年营业额2518万元。长富二手车交易市场，正在建设中，预计2017年底投入运营。

【山东全福元商业集团有限责任公司海化全福元店】 始建于2003年12月，是集购物、休闲、娱乐于一体的商业零售企业。公司位于潍坊滨海经济技术开发区新城路156号，拥有建筑面积8750平方米、经营面积8000平方米、职工400余人，总资产890万元。2016年，公司实现销售收入1.18亿元、利税505万元、利润1130万元。经营范围主要包括零售预包装食品、散装食品、乳制品，零售卷烟、雪茄烟；图书、报刊零售，批发零售百货、服装、鞋帽、针纺织品、文体用品、五金交电、家用电器等。曾先后获“山东省消费者满意单位”“山东省食品安全诚信单位”“潍坊市AAA级诚信经营（服务）单位”“潍坊市消费维权标兵单位”“潍坊市消费者满意单位”“潍坊市守合同重信用企业”“滨海开发区消费维权示范单位”“滨海开发区消费者放心承诺单位”，“潍坊滨海开发区消费维权示范单位”等称号。

【山东安金科国际贸易股份有限公司】 是一家民营股份有限公司，法人代表王军，于2010年12月24日注册成立，注册资金8000万元。公司位于潍坊滨海经济开发区辽河西三街，占地面积56734平方米、建筑面积1.3万余平方米，总资产1.96亿元、净资产1.05亿元，有管理人员18人、员工200余人，主要经营货物及技术进出口，金属材料、建筑材料、机械设备及配件、环保设备、五金交电、电线电缆的销售，金属材料的仓储服务（不含危险品和贵重金属）、综合性物流服务。2016年，公司实现销售收入6.79亿元、利税1376.97万元、利润1035.57万元，分别比上年增长15%、25%和25%。年内，新增加业务项目接近10个。企业获"AAA级物流企业"称号，综合经济实力名列滨海区前茅，被列入滨海区重点扶持的企业之一。

2016年，企业在潍坊、青岛、济南等城市建立了项目运营网点，具体负责本区域的物流和金属贸易等事宜。并参与京沈高铁、济青高速铁路、青连铁路的修建，参与济南地铁、青岛地铁的钢铁供应等，并在各个项目中取得了良好的信誉，提升了公司的竞争能力和适应能力。截至年底，项目网点遍布中国华北地区，逐步稳定向全国辐射，并逐渐向国外扩展。钢材销售和物流贸易完成销售收入6亿多元，成为企业经济效益提高的一个主要增长点。

年内，企业对配送软件、信息管理系统进行升级，企业内部全面联网，基本实现结算付款无纸化。重新进行公司管理体系的整改和修订，邀请专家重新对公司进行ISO9000认证，实现公司制度和管理方式上的重大改进，更加适应当前社会发展步伐。聘请专业安全管理人员定期对公司进行全面的管理检查和制度的规范，逐步落实到公司的每一步行动当中。

【放心早餐工程】 2016年3月18日，滨海区放心早餐工程启动仪式在全福元广场举行，潍坊市商务局副局长王好田、管委会副主任张华、科技与商务局局长曲伟健等出席仪式。截至2016年底，全区已在主要街道园区设置18辆放心早餐车，基层群众的放心早餐得到可靠保障。

（贺珺妍）

2016年3月18日，滨海区放心早餐工程启动仪式在全福元广场举行，滨海区党工委委员、管委会副主任张华（前右）出席并讲话

（李　静）

对外及对港澳台经济贸易

【概况】 截至2016年底，全区有外贸进出口企业195家，其中135家企业实现外贸进出口业绩。全区完成外贸进出口额86.41亿元，比上年增长5.8%。其中，出口额76.1亿元，比上年增长6.5%；进口额10.3亿元，比上年增长0.4%。主要出口产品为煅后焦、莠去津、

2-4滴、草甘膦、纯碱、溴化物、融雪剂、氯化钙、洗衣粉、生物医药、精细化工等化工产品，主要出口市场为欧美、日韩、东南亚等国家及地区。全区完成实际到账外资7.59亿（约1.15亿美元），比上年增长50.8%，首次突破1亿美元大关。截至年底，全区有外资企业43家，投资总额11.3亿美元，合同外资4.6亿美元；全区实现境外实际投资额104.7万美元，比上年减少79.7%，累计完成境外投资额12029.5万元；全区有境外投资企业境内主体7家，设立境外投资项目25个。

2016年，全区进出口额过亿元的企业有13家，分别是山东潍坊润丰化工股份有限公司、山东新和成药业有限公司、山东海化进出口有限公司、潍坊联兴新材料科技股份有限公司、潍坊光华精细化工有限公司、中碳能源（山东）有限公司、山东瀛洋香精香料有限公司、潍坊中以溴化物有限公司山东国邦药业股份有限公司、山东凯龙化工科技发展有限公司、山东高信化学股份有限公司、潍坊裕凯化工有限公司、潍坊滨海石油化工有限公司。

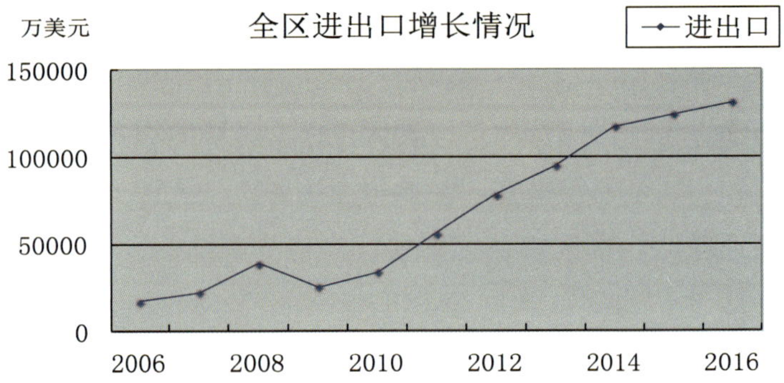

滨海区2016年主要外贸企业进出口情况表

附表1　　单位：万元

企业名称	进出口总额			出口额			进口额		
	2016	2015	增减%	2016	2015	增减%	2016	2015	增减%
山东潍坊润丰化工股份有限公司	318753	264283	20.61	318540	263743	20.78	213	540	-34.38
山东新和成药业有限公司	79395	62423	27.19	77962	59929	30.09	1433	2494	-60.59
山东海化进出口有限公司	48130	50083	-3.9	47879	50083	-4.4	251	0	-42.55
潍坊联兴新材料科技股份有限公司	47974	42797	12.1	47974	41861	14.6	0	936	—
潍坊光华精细化工有限公司	44836	3803	1078.83	43639	3763	1059.81	1197	41	-100
中碳能源（山东）有限公司	26393	18851	40.01	26337	17912	47.04	56	939	2833.21
山东瀛洋香精香料有限公司	23228	21196	9.59	21448	20018	7.14	1780	1177	-93.99
潍坊中以溴化物有限公司	22449	23497	-4.46	13054	14561	-10.35	9395	8936	51.21
山东国邦药业股份有限公司	15520	17384	-10.73	15260	16424	-7.08	259	961	5.13
山东凯龙化工科技发展有限公司	14445	15183	-4.86	14239	15183	-6.22	206	0	-72.99
山东高信化学股份有限公司	14324	9587	49.41	11404	8488	34.36	2920	1099	—
潍坊裕凯化工有限公司	11886	8219	44.61	9050	7013	29.04	2836	1206	165.59
潍坊滨海石油化工有限公司	10259	11328	-9.44	9669	9625	0.46	590	1704	135.14
潍坊加华化工有限公司	9237	11434	-19.22	8209	10056	-18.36	1027	1379	-65.37
山东海利尔化工有限公司	8683	3382	156.7	8683	3382	156.7	0	0	-25.48
山东海王化工股份有限公司	8411	11959	-29.67	6994	9810	-28.7	1416	2149	—

续表 附表1

企业名称	进出口总额			出口额			进口额		
	2016	2015	增减%	2016	2015	增减%	2016	2015	增减%
山东华辰生物化学有限公司	8348	2351	255.09	8347	2351	255.04	1	0	-34.09
潍坊绿霸化工有限公司	7931	11178	-29.05	7251	11140	-34.91	680	38	—
潍坊沃尔特科技有限公司	6931	4102	68.96	3901	2330	67.45	3029	1772	1667.35
潍柴重机股份有限公司	6621	8856	-25.24	3534	0	—	3087	8856	70.95
山东祥维斯生物科技股份有限公司	6426	6938	-7.38	6426	6938	-7.38	0	0	-65.14
潍坊市万润化纤有限公司	4591	22372	-79.48	0	0	—	4591	22372	—
潍坊强源化工有限公司	4487	4462	0.55	4487	4462	0.55	0	0	-79.48
潍坊益华化工有限公司	3746	3395	10.31	3725	3376	10.33	20	19	—
潍坊德高新材料有限公司	3660	2840	28.9	3660	2840	28.9	0	0	7.2
山东潍坊龙威实业有限公司	3529	8173	-56.83	2621	7933	-66.96	908	240	—
潍坊双丰化工有限公司	3324	1963	69.29	2702	1711	57.93	622	253	278.1
山东裕源集团有限公司	3211	10682	-69.94	3211	10682	-69.94	0	0	146.15
山东海领船舶机械有限公司	2858	221	1195.67	2858	221	1195.67	0	0	—
潍坊万豪木制品有限公司	2810	516	445.06	2810	516	445.06	0	0	—
山东润科化工股份有限公司	2773	888	212.23	2573	888	189.67	200	0	—
潍坊滨城化工有限公司	2657	2557	3.94	2353	2358	-0.24	305	198	—
潍坊鼎丰家居有限公司	2513	1407	78.65	2513	1407	78.66	0	0	53.69
潍坊宏仁肠衣有限公司	2334	1822	28.12	320	1205	-73.45	2014	617	-100
潍坊世华化工有限公司	2267	2212	2.49	2195	2065	6.25	73	147	226.39
潍坊拓实化工有限公司	2122	1918	10.67	1319	1006	31.2	803	912	-50.46
潍坊强昊化工有限公司	2104	777	170.59	2104	777	170.59	0	0	-11.96
潍坊欢乐海经贸有限公司	2028	81	2403.19	1985	81	2350.15	43	0	—
潍坊嘉润机械科技有限公司	2009	2128	-5.62	2009	2128	-5.62	0	0	—
潍坊先达化工有限公司	2000	2329	-14.11	2000	2329	-14.11	0	0	—

【实际利用外资及港澳台资】 2016年，全区完成实际到账外资7.59亿元，比上年增长50.8%，均列居全市第二位。截至年底，全区有外资企业43家，投资总额11.3亿美元，合同外资4.6亿美元。

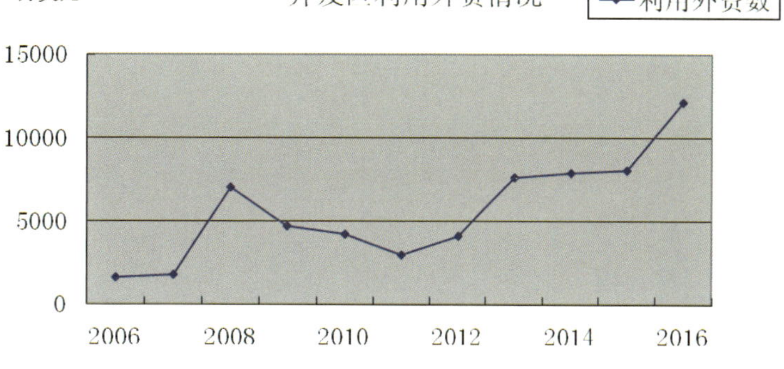

滨海区 2016 年外资及港澳台资企业情况一览表

附表 2

企业名称	经营方式	投资总额	外资来源	投资中方	其他投资方
潍坊森达美港有限公司	合资	16936	马来西亚	潍坊港有限责任公司	马来西亚森达美集团有限公司
潍坊森达美液化品码头有限公司	独资	9680	中国香港	潍坊森达美港有限公司	森达美海外（香港）有限公司
潍坊森达美西港有限公司	合资	9680	中国香港	潍坊森达美港有限公司	森达美海外（香港）有限公司
潍坊森达美散货码头有限公司	合资	9680	中国香港	潍坊森达美港有限公司	森达美海外（香港）有限公司
潍坊茂宇电子化学科技有限公司	独资	8000	中国台湾		亨威控股有限公司
潍坊耀能新能源科技有限公司	合资	5600	中国台湾	潍坊海泽生态工程有限公司	蔡国隆、蔡明发、徐金峰、黄炘煌
潍坊寰承新能源科技有限公司	合资	5000	中国台湾	潍坊海泽生态工程有限公司	台湾莫聪敏先生、王依婷女士、莫俊鸿先生
潍坊科伦比恩化工有限公司	独资	4857	卢森堡	—	哥伦比亚化工（潍坊）控股有限公司
山东钟舜投资发展有限公司	独资	4800	萨摩亚	—	天龙股份有限公司
中碳能源（山东）有限公司	独资	4650	香港、阿联酋	—	中碳能源控股有限公司、迪拜铝业
潍坊德高新材料有限公司	独资	4280	中国香港	—	（香港）德高投资控股有限公司
山东崇舜新材料科技有限公司	独资	3600	萨摩亚	—	萨摩亚 DRACO，CO.，LTD
山东弘润置业有限公司	独资	2998	中国香港	—	潍坊房地产有限公司
山东潍坊润丰化工有限公司	合资	2990	英属维尔京群岛	山东润源国际贸易有限公司	英属维尔京群岛 KONKIA 公司
潍坊中以溴化物有限公司	合资	2900	以色列	山东海化股份有限公司	荷兰欧溴公司
潍坊森达美水务有限公司	独资	2800	马来西亚	—	马来西亚森达美集团有限公司
山东瀛洋香精香料有限公司	独资	2368	加拿大	—	加拿大中国国际香料有限公司
潍坊双丰化工有限公司	合资	1293.7	中国台湾	潍坊鑫航海运有限责任公司	台湾裕炜实业有限公司
潍坊利维酵母有限公司	合资	1201	法国	潍坊凯泽酿酒材料有限公司	法国李凤春
潍坊潍港疏浚工程有限公司	合资	1137	中国香港	潍坊森达美港有限公司	森达美海外（香港）有限公司
潍坊滨海石油化工有限公司	独资	1080	中国香港	—	智邦企业有限公司
潍坊世华化工有限公司	合资	1000	加拿大	青岛胶南澳通精细化工有限公司	加拿大 CTC 公司
潍坊益华化工有限公司	合资	1000	新加坡	青岛胶南澳通精细化工有限公司	新加坡三益投资私人有限公司
潍坊宏仁肠衣有限公司	独资	600	中国香港	—	香港振隆国际贸易有限公司
潍坊信韩融雪制品有限公司	独资	150	韩国	—	（株）Shin Seung E&C

续表 附表2

企业名称	经营方式	投资总额	外资来源	投资中方	其他投资方
潍坊潍港拖轮服务有限公司	合资	474	中国香港	潍坊森达美港有限公司	森达美海外（香港）有限公司
潍坊凯瑟庄园果蔬科技有限公司	独资	440	中国香港	—	加拿大凯瑟王集团（香港）有限公司
潍坊强奥化工有限公司	合资	280	阿联酋	潍坊强源化工有限公司	阿拉伯联合酋长国奥仁碳氢化合物中东股份有限公司
台齐（潍坊）气雾剂制造有限公司	合资	140	中国台湾	潍坊迪克特再生资源有限公司	詹德涝先生
汇世（潍坊）制动系统有限公司	独资	100	英国	—	HUSCH AUTOMOBILE PARTS LTD
山东鹤见红旗环境科技有限公司	合资	155.128	日本	山东红旗机电有限公司	日本国法人株式会社鹤见制作所
潍坊恒达塑胶有限公司	合资	60	英国	潍坊晨源塑胶有限公司	英国技术发展有限公司
潍坊三益盐化有限公司	独资	59	日本	—	日本三信贸易株式会社
潍坊裕鑫化工有限公司	合资	56	中国台湾	潍坊鑫航海运有限责任公司	台湾裕炜实业有限公司
潍坊海金沙化工有限公司	合资	35	日本	潍坊渤奥化工有限公司	日本川上绫香先生
潍坊东崎盐加工有限公司	独资	29	日本	—	日本有限会社则进社
潍坊安景水产开发有限公司	独资	20	美国	—	美国段自安先生
潍坊凯金化工科技有限公司	合资	20	韩国	潍坊戈璐宝国际贸易有限公司	韩国（株）韩国化学
潍坊宇虹包装制品有限公司	独资	17	中国香港	—	香港汉兴化工有限公司
潍坊泰合兴化工有限公司	独资	8	日本	—	日本日信国际株式会社
潍坊森大集装箱服务有限公司	合资	112	中国香港	大连港集装箱发展有限公司	森达美海外（香港）有限公司
潍坊索伦特化工有限公司	独资	15	新加坡	—	吴铭和

【对外合作】 2016年11月，意大利萨尔尼科市代表团到滨海区考察对接，与滨海区管委会签署双边合作协议及会议纪要，双方一致同意在经贸、旅游、文化方面加强合作交流。

【境外投资】 2016年，全区实现境外实际投资额104.7万美元，列全市第十一位，比上年减少79.7%；累计完成境外投资额12029.5万元。

2016年11月23日，意大利萨尔尼科市市长乔治·贝尔塔德利（前排右）与滨海区党工委委员、管委会副主任张华（前排左）分别代表萨尔尼科市与滨海区签署双边合作备忘录 （王晓强）

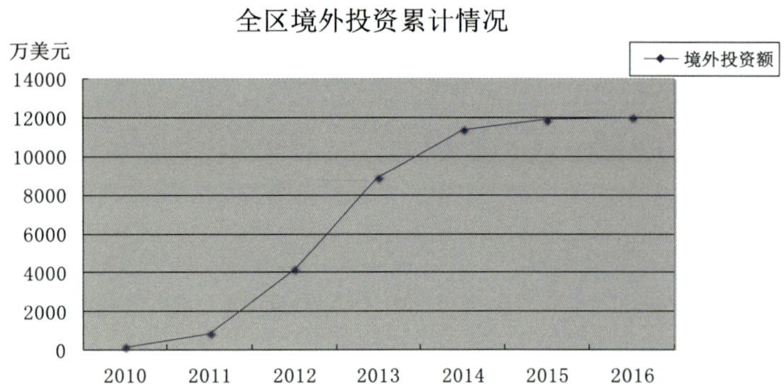

截至 2016 年底，全区有境外投资企业境内主体 7 家，分别为：山东潍坊润丰化工股份有限公司境外营销网络项目、山东海王化工股份有限公司老挝万象钾盐矿开发项目、潍坊宏仁肠衣有限公司美国加州并购项目、宏洋港建尼日利亚疏浚与港建项目、北海国际有限责任公司境外投资项目、中碳能源（香港）有限公司项目以及潍坊加华化工有限公司智利境外投资项目。设立境外投资项目 25 个，分别是：境外营销网络项目、老挝万象钾盐矿开发项目、美国加州并购项目、宏洋港建尼日利亚疏浚与港建项目、北海国际有限责任公司美国内华达州家用太阳能发电项目。

1. 山东潍坊润丰化工股份有限公司国际营销网络项目。2011 年，润丰化工公司投资 5420 万美元，在香港设立全资子公司——山东润丰农科有限公司。润丰农科作为润丰化工国际贸易和全球化运营的平台，已在阿根廷、南非、秘鲁、哥伦比亚、尼日利亚、加纳、墨西哥、马来西亚、哥伦比亚、厄瓜多尔、印尼、巴拿马、巴拉圭、乌拉圭、泰国、菲律宾、澳大利亚、萨尔瓦多、洪都拉斯等 25 个国家投资设立了分公司或分支机构。主要进行产品销售及包装业务，构建了涵盖 70 多个国家和地区的客户网络，取得了近 400 个产品的登记，产品涵盖除草剂、杀菌剂、杀虫剂、植物生长调节剂等，具有润丰特色的全球市场平台和国际营销网络已具雏形，企业核心竞争力开始显现，经营业绩和市场影响力得以大幅度提升。润丰化工还投资 2100 万美元，在巴西设立了巴西润丰农科有限公司。

2. 海王化工老挝万象钾盐矿开发项目。2011 年 10 月 6 日，海王化工与老挝政府签订《老挝人民民主共和国万象省杜拉空县钾盐矿勘查合同》，取得 174 平方公里矿区的探矿权，项目前期计划总投资 2980 万美元，大部分为前期勘探费用投资，经营期限为 30 年。2011 年 11 月 5 日，注册成立了“老挝海王矿业有限公司”；2012 年，对矿区开展普查工作，当年完成钻井 10 眼，完成矿区内 1∶2.5 万地质草测；2013 年，进行详细勘探工作，对所发现的钾盐富集区的储量和地质构造、开采条件、环境保护等做出评价，并组织相关专业人员考察在老挝投资氯碱厂项目的可行性。

3. 潍坊宏仁肠衣有限公司美国加州并购项目。该项目主要致力于开拓国际市场，利用被并购美国公司的现有市场拓展宏仁肠衣的销售渠道，已于 2012 年完成并购，每年带动进出口 300 万美元。

4. 宏洋港建尼日利亚疏浚与港建项目。该项目主要经营范围为尼日利亚拉各斯州采砂、航道疏浚、港口建设、土木工程。项目运营正常，预计每年带动进出口额 300 万美元。

5. 北海国际有限责任公司美国内华达家用太阳能发电项目。该项目主要经营范围为家用太阳能发电、供热、生活热水的安装，运营管理，项目运营正常。

6. 中碳能源（香港）有限公司项目。该项目由中碳能源（山东）有限公司在香港注册成立中碳能源（香港）有限公司，主要从事未煅烧石油焦、煅烧石油焦、硫酸铵、碳素制品、机电设备的采购、销售、代理委托加工等业务。公司成立后预计出口煅烧焦 40 万吨、硫酸铵 6 万吨、采购石油焦 30 万吨，项目实施后将以国际化公司的姿态承担企业国际市场的开拓、企业宣传、产品展销及企业商情信息采集、分析、预测上游供应商，下游客户的联结，是企业商务运营的核心，预计力争三年内使企业进出口总额达到 2 亿美元以上，其中出口达到 1.2 亿美元以上。

7. 潍坊加华化工有限公司智利境外投资项目。潍坊加华化工有限公司在智利地区成立智利加华化工有限公司，经营矿业化学试剂和其他精细化工产品的销售。在智利本地租用 300 平方米办公楼，租用仓库 1000 平方米，雇佣员工 10 人。所销售的矿业用化学试剂和其他精细化工在智利当地不能生产，这是该公司产品的优势。智利加华化工有限公司预计年销售收入 400 万美元，投资回收期 1 年。

（贺珺妍）

招商引资

【概况】 2016 年，滨海区科技与商务局加强招商引资力度，引进了联合国工发组织绿色工业园项目、中以生态海洋化工产业园项目，洽谈中的项目有包靠皮拉图斯通用航空示范项目、游艇码头项目、V1 汽车世界项目、佛罗伦萨小镇项目、创意米兰项目等。联合国工发组织绿色工业园项目由滨海区与联合国工业发展组织合作共建绿色循环工业园区，于 2016 年 9 月揭牌成立。

瞄准 500 强及行业领军企业，重点对接惠普年产 1500 万台打印机、长城年产 50 万台新能源汽车、上海交大与海化氯碱合作年产 50 万吨 PVC 提升改造、中航通飞爱飞客小镇、中铁建装配式住宅基地、中能东道年产 40 万辆新能源汽车、青岛万成科技 500 万吨重质液体储备库及年产 60 万吨新型聚酯复合材料等“大高外”项目。招商引资过程中，在亮出滨海优势的同时，最大程度展现招商诚意。

2016 年 9 月 14 日，市委书记杜昌文（前排左）与联合国工发组织驻华首席代表包瑞理（前排右）共同为“联合国工业发展组织绿色工业园区”揭牌（王晓强）

持续完善主要负责人、分管领导、具体包靠人层级分工的“1+1+1”服务模式，为每个项目建立项目服务日志，相关责任人坚持靠在一线、主动问需、灵活协调，解决了若干影响项目推进的问题，使招商引资及项目落地工作有序开展。

【机构沿革】 2005 年，根据潍坊海化开发区管委会文件（潍海管发

〔2005〕2号），潍坊海洋化工高新技术产业开发区招商办公室正式挂牌成立。2006年1月22日，根据潍滨发〔2006〕4号文件，调整为潍坊滨海经济开发区招商办公室。2009年9月26日，根据潍滨管发〔2009〕72号文件，加挂山东潍坊滨海经济开发区旅游局牌子，负责旅游工作管理、旅游节会活动等。2012年11月25日，根据潍滨发〔2012〕24号文件，不再挂山东潍坊滨海经济开发区旅游局牌子，挂潍坊滨海经济技术开发区投资促进局牌子。2015年3月27日，根据潍滨管发〔2015〕1号文件，更名为潍坊滨海经济技术开发区招商与项目促进服务中心，内设综合科、招商科、承接服务科、考核科4个科室。主要负责全区招商引资政策的拟定，招商引资工作的综合协调、调度、统计、考核，重点招商活动的组织、宣传，重点招商项目的推介、服务，负责各县市区特色产业园的综合协调和服务等工作，承办区党工委、管委会交办的其他工作。

【加大招商引资力度】 加强宣传推介。完善《招商项目手册》《投资指南》，外出前制作专门PPT推介资料，精选发布内容，开通滨海区投资促进网、招商微信公众号，社会关注热度持续提升。利用大型节会、推介会等场合，开展专题推介，提升滨海知名度。

组建6支招商小分队，赴长三角、京津冀、珠三角、中西部及省内地区外出招商73批155人次，洽谈项目105个，获取价值信息47条。签约山大博士后工作站、国融嵩山镇、中国网库盐化工产业电子商务基地、胜伟牧业国际畜牧产业园、德华安顾人寿保险滨海分公司、联合国工发组织绿色化工园区、龙浩航空通航产业园、中冶煤炭80万吨/年醚基燃料8个大项目。

随团出访欧洲、澳大利亚、中东等地，洽谈德国赢创集团食品级新材料、意大利法拉帝游艇公务艇、新西兰阿拉丁跨境电商、欧德油储液化品码头及油库、以色列海水淡化、迪拜铝业上下游产品等外资项目。

参加第七届全球绿色经济财富论坛、第八届安阳航空运动文化旅游节、2016北京服务机器人大会、东北高端产业招商交流会、潍坊（上海）先进制造业合作对接会、第33届风筝会暨世界500强行业领军企业对接会、第22届鲁台经贸洽谈会、中日韩产业博览会等50余次招商活动，累计拜访接待客商600余批。

与教育部职业教育研究所师资研究院及中海油大学、山大博士后工作站、上海交大科技园、东方智库应用技术师范大学、山东财经大学分校、青岛求实职业学院分校、沈阳化工大学分校、北师大国际学校、深圳大学通航研究院、中兴通讯实训基地等院校机构进行招商引资洽谈。

【招商考核工作】 内部招商考核。修订完善绩效考核办法，提高招商工作占权重，明确价值信息、签约项目认定标准，进一步激发干部职工招商积极性。全区招商考核。定期调度区内在谈项目、新签约项目及小分队外出招商情况，掌握全区招商基本情况；年底，根据全区科学发展考核工作安排，公平、透明做好各部门单位、街道园区的招商考核工作。全市招商考核。科学谋划项目申报工作，提早准备，定期走访各园区、街道和部门，经过层层筛选、反复比对，做好项目储备工作。全年申报项目61个，最终认定18个，到位资金73.33亿元，连续4年位列全市及开发区第一名。

（贺珺妍）

海洋与渔业

潍坊
滨海
年鉴
2017
WEIFANGBINHAI
YEARBOOK

海洋与渔业

综　　述

【概况】　滨海区海域面积510平方公里，陆域面积678平方公里，海岸线长度69公里。全区开发利用浅海滩涂12000公顷，区域内有养殖、捕捞船只200余艘。水产主要有南美对虾、车虾等虾类品种，半舌滑鳎、大菱鲆、鲈鱼、梭鱼、狗光鱼、鲅鱼等鱼类品种，毛蚶、白蛤、纹蛤、蛏子、牡蛎等贝类及渤海梭子蟹、虾虎、海肠等其他海产品，年产量60余万吨。2016年，全区水产养殖总面积21893公顷，完成水产品总产量83565吨，其中海洋捕捞20715吨、海水养殖62850吨，实现产值10.7亿元。

【机构沿革】　2001年9月30日，根据潍坊市机构编制委员会潍编办〔2001〕21号文，区海洋与渔业局成立。2006年，单位机构名称调整为山东潍坊滨海经济开发区海洋与渔业管理处（潍滨发〔2006〕4号文件）。2008年，单位机构名称调整为山东潍坊滨海经济开发区海洋与渔业局（挂旅游局牌子）（潍滨管发〔2008〕40号文件）。2009年，单位机构名称调整为山东潍坊滨海经济开发区海洋与渔业局（潍滨管发〔2009〕72号文件）。2015年，山东潍坊滨海经济开发区海洋与渔业局更名为潍坊滨海经济技术开发区海洋与渔业局（潍滨管发〔2015〕1号文件），为区直属事业单位，副县级规格，财政拨款，定编19名，配领导职数1正2副。

主要职能是贯彻执行国家和省、市有关海洋与渔业的方针政策和法律法规，承担海洋经济运行监测、评估和信息发布责任，承担规范管辖海域使用秩序、海岛生态保护和无居民海岛保护和合法使用的责任，承担保护海洋环境和渔业水域生态的责任，负责组织实施促进渔业生产发展的政策措施，承担海洋灾害预警报和海洋与渔业防灾减灾的责任，承担水产品质量安全责任，负责海洋与渔业的科技管理工作，负责组织开展对外经济技术交流和合作工作，负责海洋监察、渔船检验和渔政、渔港监督管理工作，承办区党工委、管委会交办的其他事项。

【省级平安渔业示范县创建】　2016年，组织开展省级平安渔业示范县创建活动，采取定期检查与不定期抽查相结合的方式，加强日常监管，强化安全生产。全年派出执法小组20个，执法人次达95人次，检查渔港码头、渔船集中停泊点14个，登船检查渔船108艘，配备救生衣300件，现场整改安全隐患30起，渔业安全生产形势持续稳定。全区渔船绝大多数参加了山东省渔业互助保险，配备了CDMA网络、AIS网络和北斗卫星网络“三网”为主体的安全监控设备，强化了安全生产保障能力。2016年，全区共承保渔船28艘，收取保费626264元；参保渔民326人，收取雇主责任险保费458810元，总保费合计1085074元。受理各类互保案子6起，为受损渔民赔偿损失10万多元，完成了全区互保业务工作，受到了广大渔民的真诚信赖。按照国家、省有关规定，滨海区管辖海域从6月1日至9月1日为禁渔期，对海洋渔业捕捞实施伏季休渔，严禁非法捕捞作业。按照省政府要求，以异地挂靠渔船、渔船标识牌、“三无”渔船、涉外渔船整治为重点，加大对渔船专项整治的力度，促进了渔船规范化管理。

海洋管理

【海洋管理】 坚持依法管海、规范用海，促进海域资源的合理有序开发和集中集约利用，为涉海项目做好用海服务。率先实施海域“招拍挂”制度。2016年，滨海区在全市率先实施海域使用权招标、拍卖、挂牌制度，改变了过去海域使用行政审批式管理，推进了海域资源的市场化配置，保证了海域使用权出让的公开、公正、公平，全年通过“招、拍、挂”方式确权海域2宗。

【严格用海审批】 全面落实海域使用权属登记制度和海域有偿使用制度，严格规范海域使用审批程序，坚持“四不发”“四清楚”原则，做到依法审批，有偿使用。全年受理、上报项目用海申请29宗，受理申请用海面积5700公顷，确权发证16宗，新增确权面积5291公顷；收缴海域使用金6200万元，征收率100%。

【推进科学用海】 重点是推进旅游度假区区域建设用海规划实施，组织相关单位按照规划要求，加快围填海步伐，形成适度规模开发、集中连片发展的新优势。规划区内已完成填海造地1000公顷，安置项目57个，协议总投资350亿元。开展岸线综合整治。按照科学整治、适度开发、合理利用的原则，开展海洋、河流等岸线综合整治，建成11公里的潍坊渔港防浪坝等重点工程，全部完成岸线综合整治。2016年，由海洋与渔业局组织实施的白浪河入海口海岸带综合整治项目是省海洋与渔业厅、省财政厅批复的海域使用金项目。项目总投资2928万元，其中省级拨付1900万元、地方配套1028万元，项目于2016年12月全面完工，并组织初步验收。项目实施后，遏制了沿岸严重破坏的趋势，有效改善了沿岸环境侵蚀破坏的现状，提升了白浪河入海口海岸生态景观质量。伴随着原有岸线和岸线植被的恢复，丰富了海岸线的自然多样性，提高了生态系统的稳定性，构成了能够自我更新的海岸系统，维持了较好的生态平衡，极大地改善了周边环境。建立健全海洋生态环保应急机制。重点针对潍坊港片区，完善环境灾害和突发事件应急响应机制，强化危险化学品泄漏突发事件应急准备，随着动态监管体系的建立，逐步开展针对重点区域的视频监控，健全完善溢油应急工作机制等。

渔　业

【浅海滩涂养殖】 适度发展浅海滩涂养殖，推进规模化、工厂化、标准化健康养殖。2016年，滨海区打造的南美白对虾陆基工厂化养殖模板——滨海红星模式，被山东省海洋与渔业厅作为山东省“海上粮仓”建设模式在全省推广。以此为契机，重点发展南美白对虾工厂化养殖，探索发展全国领先的南美白对虾循环水工厂化养殖，适度发展浅海滩涂养殖，推进规模化、标准化健康养殖。截至年底，全区开发利用浅海滩涂12000公顷，主要开展虾、蟹、贝类等水产品养殖；有工厂化养殖大棚330多座、35万多平方米，主要开展半滑舌鳎、南美白对虾等名优水产品工厂化养殖，年养殖鱼虾7500多吨、产值4.5亿元；有海水池塘养殖2000公顷，主要养殖南美白对虾，少量养殖日本对虾、梭子蟹，年产虾蟹400多吨、产值约1600万元。全区已建设国家级水产健康养殖示范场2处、市级水产品质量安全示范园4处，申报省级现代渔业园区6处，海洋经济创新发展区域示范项目5个，认定“滨海老河口白蛤蜊”“滨海老河口牡蛎”等地理标志证明商标5个。组织成立滨海区渔业协会，发展渔民专业合作社20多个，加强渔业单位的行业自律管理。

【渔业资源修复】 从2009年开始，每年争取上级扶持资金300万元以上，并引导社会资金投入，实施渔业资源修复工程，每年组织放流各类苗种1亿单位以上；2016年，在近海区域投放梭子蟹苗种1200万只、中国对虾7500万尾、海蜇3000万尾、牙鲆100万尾、黑鲷180万尾、半滑舌鳎60万尾、文蛤1000万尾、许氏平鲉100万尾。

【水产育苗业】 全区有水产品育苗场9家、3.7万多立方米，主要利用地下卤水和淡水勾兑成近似海水，并适当调控水质，开展中国对虾、南美白对虾、日本对虾、梭子蟹、半滑舌鳎等苗种繁育，可年产各类苗种7亿多单位。捕捞业方面。重点抓好捕捞渔船管理，控制近海捕捞，鼓励发展远洋渔业，组织有条件的渔船开展涉朝、韩等国家入渔合法生产。休闲渔业方面。突出渔业风俗文化，组织开展以垂钓、餐饮、渔家乐等为主题的休闲渔业活动。2012年10月，申请设立“中国潍坊滨海钓鱼运动基地”，与国家、省、市钓鱼协会成功组织举办“首届中国潍坊滨海全国海钓邀请赛”和“潍坊市第二届海钓比赛”，促进了休闲渔业发展。

渔政与渔港

【海洋渔业执法与服务】 全区有海监大队和渔政站2支海洋、渔政执法队伍，人员分别与局内海洋科、渔政渔港科交叉兼职、合署办公。有2条执法船只，分别是中国海监4039

执法快艇和中国渔政37306执法船，承担海域使用监管巡查、海洋捕捞生产秩序维护及救助等职责。海监与渔政执法队每年分别开展“海盾”“碧海”行动和护渔行动，较好地维护了全区海洋使用秩序。

【渔港建设】 潍坊渔港列入农业部和山东省“十二五”期间重点渔港建设规划，2012年12月，渔港用海规划和环评获得省海洋与渔业厅批复，争取建成环渤海有较大影响力的国家中心渔港。截至年底，潍坊渔港正在实施疏港路、码头等基础设施，基本达到渔船停泊能力。

【渔船管理】 2016年上半年，辖区有小型渔业船舶245艘，其中137艘是养殖渔船。137艘养殖渔船中有120艘没有养殖区域，而且这些渔船都属于老旧渔船，通过向开发区管委会申请，决定给予补偿拆解，将这120艘养殖渔船全部拆解完毕，所有拆解资料全部归档。截至年底，全区共有海洋捕捞渔船108艘（含建造中的渔船）、总功率7017.8千瓦，其中110千瓦以上具有涉外作业能力的中型捕捞渔船35艘、功率6589千瓦，取得涉韩入渔资格证的渔船有2艘，渔船年审率100%，检验登记归档率100%，档案整理校对完善。

（曲卫光）

水资源管理·水利

潍坊滨海年鉴

2017

WEIFANGBINHAI YEARBOOK

水资源管理·水利

水资源管理

【概况】 滨海区地处潍坊北部，弥河、白浪河、虞河从滨海区入海，由于上游河流水利工程众多，经层层拦蓄后进入滨海区的径流量很少，特别是近几年，受干旱天气影响，开发区河道内基本没有接收到上游有效来水。受地质构造影响，全区地下水为微咸水和高浓度卤水，地下无淡水资源，浅层地下水矿化度高，是卤水，用于提取溴素、晒盐等用途，卤水作为矿产管理。深层地下水，属微咸水。全区生活、生产用淡水都是从区外调入的客水。滨海区无淡水资源，日常利用的淡水以引进客水为主。滨海区现有森达美水务公司、滨海水务公司、海化集团动力公司等供水企业，担负着全区生活、工业、农业及生态供水任务。2016年，全区用水总量4804万立方米。其中，农林牧用水32万立方米，占0.67%；工业用水3741立方米，占77.9%；生活用水518万立方米，占10.8 %；生态环境补水量242万立方米，占5 %;城镇公共用水为271万立方米，占5.6%。全区生产总值303.32亿元，用水总量4804万立方米，万元地区生产总值用水量15.84立方米，比2015年的16.01立方米，下降1个百分点。工业用水量3741万立方米，万元工业增加值用水量15.98立方米，2015年工业用水量3647万立方米，万元工业增加值用水量15.76立方米；2016年与2015年基本持平。滨海区农田灌溉水有效利用系数0.6。重要江河湖泊水功能区水质达标率控制目标自评得分5分。加强水资源保护工作，强化水功能区监督与管理，全区不断实施水生态系统的保护和修复。近年来，加快实施河流治理和生态建设工程，投资21.96亿元，治理河道82.7公里，增强河道行洪安全和存蓄淡水能力。

【加强用水总量控制】 严格水资源论证。针对水资源短缺的现实情况，滨海区非常重视建设项目水资源论证管理工作。近几年，根据《关于进一步加强和规范建设项目水资源论证管理工作的通知》(潍水资字〔2013〕11号)、《关于进一步调整滨海经济开发区水评审批权限的通知》(潍水字〔2013〕19号)的要求，在区为民服务中心设立了水评服务窗口，确定了水评专管员，依法依规做好辖区内建设项目的水评工作。工作中，严格执行水资源论证作为建设项目审批立项的前置条件，要求需要取用水的建设项目必须进行水资源论证。2016年，为区内23家生产建设项目办理了水资源论证审批服务工作，切实落实好水资源论证管理工作。 实施取水许可。完善管理滨海区取水许可台账管理，加强对取用水户监督检查，规范取用水户档案管理，严格实施取水许可管理。根据市水利局及滨海区自备井整治意见，2016年度依法对3家企业办理延续取水许可手续。

【地下水管理与保护】 滨海区地下水分为微咸水和高浓度卤水，浅层地下水矿化度高，是卤水，用于提取溴素、晒盐等用途，卤水作为矿产管理。深层地下水，属微咸水，一般用作工业企业消防及冷却用水。在地下自备微咸水井日常管理中，要求所有涉及地下微咸水项目必须进审批大厅办理水资源论证，在建成区自来水管网覆盖范围内，地下微咸水取水原则不再审批。

【提高用水效率】 加强节约用水管理。全区加快推进节水技术改造，加强供水公共管网改造降低供水管网漏失率，鼓励企业使用节水新技术新设备新工艺，加大生产用水循环使用力度，加大工业、生活节水技术改造力度。按照年度用水总量控制目标，对全区正常使用地下微咸水自备井企业下达年度用水计划。严格水资源有偿使用。加大水资源费征收力度，按1.00元/立方米标准征收水资源费，做到应收尽收。正常管理中，微咸水自备井使用企业在街道、园区及区农林水利局等部门共同监督下安装用水计量设施，自行制作安装表箱，由各街道、园区同区农林水利局分别上锁共同管理，对计量水表运转情况不定期进行检查，共同见证抄表计量，留取影像等资料，保证企业对地下微咸水的有序、规范使用。2016年，共征收水（地下微咸水）资源费30万余元，所征水资源费全部上缴财政专户。

水资源管理体制方面，由区农林水利局水利水务科加挂水资源管理办公室和节约用水管理办公室，并配备专职人员，开展各项相关工作。通过实行最严格水资源管理制度，全区各部门、单位对水资源工作的重视程度不断提高，全社会水患意识和节水观念进一步深化，节水优先的治水方针深入人心，水资源规划体系不断完善，水资源管理制度建设、管理基础与能力建设进一步加强，水生态环境不断改善，水资源保护与管理得到强化。

（曲卫光）

水　利

【防汛抗旱】 2016年，全年降雨量529.5毫米，多年平均为降雨量557.7毫米。重视防汛抗旱工作，从组织、预案、物资、队伍等工作入手，提前安排部署，检查督促，确保全区安全度汛。加强组织领导，提前谋划准备。召开全区防汛部署工作会议，对防汛工作进行安排部署，与住建局、园区、大型企业等重点单位签订《防汛责任书》；建立健全防汛领导机构，加强各成员单位防汛责任意识。滨海区位于北部沿海，骨干河道、城区园区是全区防汛工作重点。组织人员对境内主要河道的防汛隐患进行全面排查，对排查出的拦河坝等行洪障碍物明确责任单位，限期清除；对过水路桥、堤防缺口等，制订专项预案；汛前对白浪河、弥河、崔家河、南一横、围滩河等河道的水闸进行专项检查，投资55万元开展汛前水利设施维修项目；申请资金43万余元，通过招投标手续购置防汛物资；对白浪河船闸橡胶坝、长江大街白浪河大桥（摩天轮）等重点涉河在建工程进行现场监督检查，制订、完善专项度汛方案。坚持落实以行政首长负责制和部门单位分工负责制为核心的各项防汛责任制，同时把防汛责任和任务层层分解，落实到人。区防指及时组织人员修订《全区防汛应急预案》，确保出现险情时各项工作有序进行。建立防汛常备队、抢险队、后备队“三支队伍”，重点是抓好防汛队伍的落实到位，形成建制。全区落实常备队3178人、后备队5010人、抢险队3810人。落实料物号备，对防汛物资进行补充更新，确保足额、及时到位，落实地点、数量和调运措施。全区落实防汛物资包括袋类42.35万条、土工布3.945万平方米、砂石料2.49万立方米、块石4.56万立方米、铅丝3.4万公斤、救生衣3845件、雨具2400套、工作灯1500个。区防办申请财政资金40余万元，充实防汛物资储备。自6月1日开始，各防汛责任单位实行24小时值班制度，确保雨情、汛情、工情等信息传递及时准确、按程序上报。

坚持防汛抗旱两手抓，做好防汛工作的同时，协调做好抗旱工作。全年全区降雨量较多年平均降雨量偏少7.5%，农业旱情不重。根据市防指要求，协调两街道抓好农田灌溉，拨付两街道10万元专项抗旱经费，修订完善《全区抗旱预案》，开展抗旱保苗工作，完成抗旱浇灌面积1766.67公顷。

【河道管理】 制止河道违法行为。对管理范围内非法埋设管道、非法打井等多起违法行为进行及时制止。做好涉河建设项目的审批。对中央商务区白浪河橡胶坝船闸工程、中化弘润滨海—青州输油管道工程穿越崔家河丹河、潍坊滨海乘德酒店工程、滨海水务第二平原水库净水厂配套管网工程穿越弥河白浪河、董家口—潍坊—鲁中、鲁北输油管道工程穿越利民河丹河崔家河、新和成蛋氨酸项目雨水排水工程等涉河项目，协调做好防洪影响评价，组织专家进行评审，对建设方案及时出具审查意见。对完工的项目根据其防洪影响评价做好监管。做好水利设施维护，配合防汛工作，对河道内的水闸、橡胶坝等水利设施进行检查，对存在的问题及时整改落实，确保正常运行。

【实施河长制】 构建区河长制组织体系。截至年底，全区共落实区级河长10名、街道级河长11名、村级河长30名，形成横向到边、纵向到底的“河长制”工作网络。协同潍坊市水利建筑设计研究院，先后完成3条市级河流以及4条县级河流的问题排查工作；根据采集数据，编制河流岸线利用保护规划方案，出台《滨海区全面实行河长制实施方案》。7月起，各河河长带领相关责任单位开展清河行动，清理弥河下游鱼棚排水口2处，虞河入河排污口6处、堤顶作物1处，查处白浪河违章建筑5处，完成摩天轮南侧拆迁、老橡胶坝残留物以及白浪河左岸河道内违规建筑物清理等工作，完成房屋拆迁面积5066.77平方米、鱼棚虾池养殖用房拆迁面积121404.75平方米等；集中力量，重点攻坚围滩河污水治理工作，完成污水抽排约12万立方米。摒弃“先污染、后治理”发展模式，严格招商项目准入制度，统筹抓好水污染治理与产业转型升级、水环境整治与城乡规划建设、水资源保护与合理开发利用、网格化监管与“零容忍”执法，从源头上根本上解决污染问题。注重建章立制，坚持用制度管人管事，建立完善日常巡查、部门联合监管、水行政执法、督查考核、应急处置等长效管理制度，切实强化河长担当，真正做到发现问题及时、解决问题到位，努力把河流治理好、保护好、管理好，实现“水清、河畅、岸绿、景美”。

【白浪河生态示范带亮点工程】 白浪河（包括溎河）生态示范带工程是全市“三八六”环保行动重点建设项目，也是滨海区全力打造的生态文明典范工程。工程总投资18亿元，规划建设面积37平方公里，按照“安全、生态、效益”原则，进行疏浚河道，大幅提升防洪排涝能力；按照高点植大树，低处种地被的理念，栽植乔木、灌木、地被等对两岸进行全面绿化，打造大开大合的北部特色；同时建设游艇码头、亲水平台、内河沙滩、生态商住、滨水商业等配套服务设施，推进沿岸综合开发。项目建成后，可使白浪河防洪排涝能力由20年一遇提高至50年一遇，在河道形成约3100万立方米蓄水量，优化水资源配置，增加滨海区植被多样性，改善盐碱化的脆弱生态环境；有效促进沿岸生态特色小镇、中央商务区、科教创新区、生态商住区综合开发建设，增强滨海区人气聚集，形成城园相依，最具魅力的生态景观城市轴。

工程自2012年冬季开工以来，重点围绕土方开挖调运、河床清淤、两岸绿化、景观园路建设、码头驳岸砌筑等内容突击施工。截至年底，白浪河河道生态修复任务已完成，累计完成土方3500万立方米，河道治理工程完成，防洪堤坝建设完成；绿化方面，累计完成地被453万平方米、大乔木4.0万棵、小乔木及灌木109万棵，生态湿地建设任务完成。

【围滩河治理及崇杰污水处理厂湿地工程】该工程作为围滩河综合整治工作的一部分，主要承担西城区排涝任务，对河道进行疏浚并对两岸进行绿化，改善该区域内的生态环境。工程西起西海路围滩河桥，东至围滩河入弥河口处，治理长度14.8公里，建设内容包括河道清淤及生态绿化。于2014年6月3日进行公开招标，确定由潍坊峡山水库水利水电建筑安装公司、贵州华腾环球建设有限公司中标承建，总投标报价为2940万元，监理由东营市新汇工程建设监理有限公司中标；受拆迁因素影响，8月10日部分河段拆迁完成，施工单位开始进场施工。2015年1月底，土方工程基本完成，挖运土方约48万立方米，建设总排滚水坝1座。2015年4月，绿化工程完工，完成绿化约8万平方米。2015年12月2日，工程通过完工验收。

围滩河崇杰污水处理厂湿地工程。该湿地工程西起临港路围滩河桥，东至疏港路围滩河桥西约250米处，长约600米，宽约100—110米，占地面积约7.33公顷，于2015年6月20日开工建设，2015年10月底完工，完成投资约280万元。该工程主要内容为：土方挖运约5.5万立方米；绿化面积约3.73公顷，其中芦苇种植约1.47公顷、柽柳种植约2.26公顷；PE630管道顶管120米，进出水闸3座。2015年12月2日，工程通过完工验收。

2016年1月29日，海化集团排渣场溃坝后，围滩河自氯碱厂附近至围滩河入弥河口不同程度地被废渣淹没（包括围滩河崇杰污水处理厂湿地及沿岸绿化），海化集团清理废渣又损毁了部分沿岸绿化。计划由海化集团按原设计要求对因排渣场溃坝损毁的部分绿化先进行土方整理。截至年底，湿地内废渣液已清除，但因受废碱渣液长期浸泡，土壤盐碱程度较高，一年来因天气干旱淡水资源缺乏无法进行冲洗。下一步准备利用汛期雨水压碱，土壤条件改善后，由开发区对湿地、沿岸绿化等进行设计、施工、监理招标，重新栽植柽柳、芦苇等植物，按设计逐步恢复湿地及沿岸绿化。

【崔家河生态修复及渤发污水处理厂湿地工程】 崔家河水毁治理及生态修复工程，总投资1000万元。项目南起荣乌高速以南开发区界，北至崔家河汇入丹河处，全长约11.5公里。主要施工内容包括：对设计范围内的河道进行清淤、土方外运、边坡修整、堤防填筑及生态绿化等。工程已完工并验收。渤发污水处理厂人工湿地，总投资300万元，完成土方25万立方米，绿化6.67公顷，已经完成工程验收。同时利用绿化包活期内春季、雨季适宜种植的季节，通过雨水和灌溉压碱对绿化苗木进行补植、提升，提高成活率。

【丹河生态治理工程】 于2014年6月开工建设，治理长度10.5公里，南起荣乌高速南，北至与汇入弥河处。经公开招标确定山东恒泰工程集团有限公司城承建。主要建设内容包括河道清淤拓宽、岸坡整理、筑堤及绿化等。工程已全部完工并完成验收。

（曲卫光）

园区建设

潍坊
滨海
年鉴
2017
WEIFANGBINHAI
YEARBOOK

园区建设

滨海海洋经济新区

【概况】 2016 年，滨海海洋经济新区实现地区生产总值 706.76 亿元，同比增长 7.2%；固定资产投资 923.79 亿元，同比增长 13.9%；规模以上工业企业主营业务收入 2264.42 亿元，同比增长 7.3%；一般公共预算收入 61.18 亿元，同比增长 8.6%。

研究确定了全年新区建设 12 项重点工作、28 个重大项目，逐一落实了责任单位、实施步骤和具体责任人；确定了新区“十三五”期间总投资 4000 亿元的 27 个重大支撑项目及责任分工，经领导小组会议、市委常委会研究通过，并以市“两办”文件印发实施。全面实行工作项目化管理、项目责任制落实，将重点工作、重大项目细化为 167 个具体项目和 679 个阶段性目标，每个项目组建一个工作班子、制订一套推进方案，进度计划落实到月，一周一调度、一月一通报，确保项目快速推进。及时调度梳理事关新区建设的重大事项，及时组织领导小组会议和专项协调会议，先后协调解决港口、海洋科技大学园、交通路网等项目建设及海域使用权证换发土地证、华尚产业园厂房分割转让等遇到的问题。

建立领导小组统筹指挥、新区办协调调度、专项小组全程推进的常态指挥机制；现场办公、专题调度、跟踪协调的问题随时解决机制；目标跟进、督查落实、考核推进的工作推进机制，推动新区开发建设取得新成效。潍坊港 3.5 万吨级航道通航，12 个 5 万吨级泊位建成，疏港铁路部分完工，第二平原水库建成。弘润石化原油燃料油储备等 56 个项目建成投产，新和成北方总部基地、中海油石化盐化一体化等 96 个项目进展顺利。国家产城融合示范区获批，实施了 300 万平方米的生活居住项目、100 万平方米的商务服务项目。海洋科技大学园招生院校达到 12 所、在校生近 8 万人，海洋科技大学开工建设。

先进制造业产业园

【概况】 2016 年，先进制造业产业园 44 家规模以上工业实现企业产值 169.3 亿元，同比增长 6.4%；销售收入 165.4 亿元，同比增长 6.1%；完成固定资产投资 35.2 亿元。对 21 家正常投产运营企业按照计划顺利完成四评级一评价的初评工作（含拟搬迁的 3 家企业）。根据开发区工作安排，依据金融办提供的条件要求，通过前期调查摸底拟定符合公司化改制的规模以上工业企业共16家，要求2016年底应有50%的企业完成改制。经过宣传、摸底、逐户对接，截至年底，已完成改制企业9家，完成率为56%。

【机构沿革】 2003年4月，潍坊市寒亭区机构编制委员会印发《关于潍坊市寒亭区海洋化工开发区职能配置内部机构和人员编制问题的通知》(寒编字〔2003〕8号)，成立“潍坊市寒亭海洋化工开发区管理委员会”，为副县级全额拨款事业单位，是寒亭区人民政府派出机构，代表区政府对北部沿海区域经济发展实行统一领导、统一规划、统一管理。核定事业编制20人，设主任1人、副主任3到4人，管委会委员5至7人。2008年3月，中共潍坊市委、潍坊市人民政府印发的《关于对寒亭区、潍坊滨海经济开发区、潍坊经济开发区管理区域进行调整的实施意见》，将寒亭海洋化工开发区整建制划归滨海经济开发区管理，原定副县级规格和编制员额不变，更名为山东潍坊滨海经济开发区先进制造业产业园管理委员会。2008年5月，根据《山东潍坊滨海经济开发区管委会关于部分机构调整设置的通知》(潍滨管发〔2008〕40号)，山东潍坊滨海经济开发区先进制造业产业园管理委员会加挂山东潍坊滨海经济开发区投资促进局牌子，财政拨款，定编20人，配领导1正2副。主要负责先进制造业产业园的招商引资、基础设施配套管理的协调、项目建设用地的协调、项目管理服务等工作，下设综合处、招商处、项目服务处3个正科级内部机构，配中层3正3副。2015年3月，根据《潍坊滨海经济技术开发区管委会关于行政事业机构调整设置的通知》(潍滨管发〔2015〕1号)文件要求，山东潍坊滨海经济开发区先进制造业产业园管理委员会更名为潍坊滨海经济技术开发区先进制造业产业园管理服务中心，为区直属事业单位，副县级规格，财政拨款，定编19名，配备领导职数1正2副。主要职责是负责园区项目引进、管理、服务，做好园区内的安全、环保、信访维稳、计划生育、劳动保障、社会治安等工作，承办区党工委、管委会交办的其他工作。内设综合科、招商科、项目服务科、建设管理科4个科室，均为正科级规格，分别配领导职数1正1副。

【基础设施建设】 先进制造业产业园加强园区基础设施建设，提升保障水平，满足企业生产需求。2016年，园区组织实施新和成蛋氨酸南、北两侧向崔家河排雨水工程，保障新和成蛋氨酸项目的排洪防涝要求；协调吉瑞特明胶、新和成热电、新和成蛋氨酸等项目实施排污水“一企一管”工程；配合市政执法局对园区内海丰路、海林路、珠江西四街等市政污水管网进行疏通维护；协调新和成热电由香江西街以南位置，搬迁技改到珠江西四街以南新位置，并完成蒸汽管道改造，实现对外供汽。为新和成蛋氨酸二期、港联化库区项目拆迁林家央子、横里路、韩家庙子等村盐田5付，总面积超过80公顷，保障了项目建设用地需求。园区污水处理方面，潍坊渤发水处理有限公司污水处理能力10000吨/日，其中化工废水5000吨/日、非化工废水5000吨/日，基本满足了园区企业排污需求。园区生产用蒸汽方面，热源有北海热力和新和成热电2个，热源最大对外供汽能力是115吨/小时，基本满足了园区企业生产用汽需求。园区燃气供应方面，主要由港华燃气通过管道输送的方式解决，供气能力为6万立方米/小时，日供气量144万立方米，保障能力充足。园区供水保障方面，以森达美水务供水为主导，自备井与央子水利站供水为辅助，森达美水务在滨海区日供水能力为 14 万立方米 / 天，先进制造业产业园企业日用水量约 1.4 万立方米，保障能力充足。园区供电保障方面，有供电线路 18 条，主要由 35 千伏镇府站、110 千伏滨海变电站、220 千伏央港站 3 个变电站提供电源，基本完成了对园区企业的全覆盖，公共线路负荷率约 50%，能够满足企业用电需求。园区道路建设方面，园区内路网完善，交通便利，除珠江西二街西段、海林路中段等少数路段外，其他园区道路均已建成通车。

【安全生产管理】 2016 年，按照大快严集中行动、四严行动及涉氨制冷、粉尘防爆等专项整治工作要求，持续推进开展安全生产大检查和企业隐患排查整治工作。全年累计出动检查人员 400 余人次，累计检查生产经营单位 240 余家，督促企业查改隐患 860 余项。与安监、公安等部门针对弘润石化储备油库周边停车场安全问题开展联合检查整顿，规范停车秩序，确保道路交通安全。建立园区安全生产网格化实名监管体系，完善 78 家生产经营单位相关信息并按要求上报备案，实现安全监管无缝隙覆盖。组织园区化工企业建立安全承诺公告制度。组织 10 家标杆企业开展安全生产风险分级管控与隐患排查治理双体系建设工作并在园区所有生产经营单位中推广示范。组织园区安全监管工作人员参加全市安监系统执法监察人员业务培训班，组织 20 余家企业参加全区危化品安全管理讲座，提升安全监管工作人员工作水平。组织企业员工 30 余人参加全区“6·16”安全生产集中宣传咨询日活动，与开发区多个部门到新和成药业观摩并协同开展危化品泄漏事故演练活动。组织企业学习新《安全生产法》《山东省生产经营单位安全生产主体责任规定》等法律法规，发放法释〔2015〕22 号文《关于办理危害生产安全刑事案件适用法律若干问题的解释》宣传资料 60 余份。出资 10 万元专项经费，采用政府购买服务方式通过招标聘请第三方安全管理咨询机构委托安全生产行业专家参与企业安全管理和隐患排查整治。组织开展打非治违工作，全面排查未经审批非法生产经营、非法制售烟花爆竹、制毒贩毒等违法行为，取缔违规项目 3 处。组织开展化工产业转型升级工作。组织 24 家化工企业参加“四评级一评价”工作，督促企业根据评级评价结果开展隐患整改，促进企业生产经营管理进一步规范化。

【环境保护】 按照环境保护工作要求，督促园区 12 家重点涉危废企业针对 50 余项环保问题完成限期整改，进一步规范企业危险废物管理。按照市区统一部署，完成 25 台 10 吨以下燃煤小锅炉清零淘汰工作，推动企业积极采用蒸汽、天然气等清洁能源。开展秋冬季节大气污染防治工作，实施秸秆、垃圾禁烧并加强排查，累计出动工作人员 60 余人次，排查重点部位 30 余处，实现秸秆焚烧问题零发生。加强“散乱污”企业整治力度，对排查发现的 4 个违规项目责令停产并采取断水、断电取缔措施，对 2 处环保不达标项目进行环保整治。与环保局加强联合执法，对异味污染、废水排放等方面存在问题的企业严肃查处，通过停气、限水措施严令企业停产整治，实现达标排放。

（辛　锐）

临港工业园

【概况】 2016年，临港工业园管理服务中心认真贯彻落实党的十八届五中、六中全会精神，进一步转变工作作风，强化工作创新，规范园区管理，优化服务保障，突出抓好园区建设、产业发展和管理服务三个重点，推动了各项工作又好又快发展。全年园区企业实现工业产值330亿元、主营业务收入316亿元，同比分别增长7%、10%。

【机构沿革】 2003年8月，根据潍坊海化开发区管委会（潍海管发〔2003〕51号文件），潍坊海洋化工高新技术产业开发区招商办公室（招商局）正式成立。2006年1月，更名为山东潍坊滨海经济开发区招商局；2008年5月，更名为山东潍坊滨海经济开发区海洋化工产业园管理办公室；2011年1月，更名为潍坊滨海经济技术开发区临港工业园管理办公室；2015年3月，更名为潍坊滨海经济技术开发区临港工业园管理服务中心。内设综合科、招商科、项目服务科、建设管理科。主要职责是负责园区项目引进、管理服务，做好园区内安全、环保、信访、维稳、计划生育、劳动保障、社会治安等工作，承办区党工委、管委会交办的其他工作。

【企业生产恢复工作】 山东海化纯碱厂溃坝事件发生后，临港工业园管理服务中心成立了应急工作小组，积极组织企业抢险自救和生产恢复工作，到5月底受灾企业全部恢复生产。后续补偿工作正在有序开展，28家企业的234辆受损车完成评估，21家企业财产完成评估，35家企业完成碱渣清运评估工作，部分企业兑付补偿完成。

【项目建设】 实行项目专人包靠制度，对新签约项目集中抓开工率。与企业“定开工时间、定施工进度、定履约责任”，并积极协调做好场地平整、打沙回填、临时用水用电等前期准备工作，确保项目及时开工建设。新绿化工一期、润丰制剂项目完成建设，具备了试产条件；先达化工、氧化锌、氯化锌3个项目完成现场吹填整平，正在办理相关手续。对续建项目抓投产率。对续建项目进行重新梳理，实行倒排工期、跟踪服务、定期督查等措施，协调解决项目开工建设过程中遇到的困难和问题，及时排除施工障碍，加快项目竣工投产步伐。石大昌盛一期、祥维斯一期、崇舜化工一期、佛士特二期已建成投产，石大昌盛二期、祥维斯二期、崇舜化工二期等项目按计划建设。抓项目技改，实现新的经济增长点。全年园区共有23家企业投资38亿元新上技改项目51个，已累计完成投资17亿元。中农联合、润丰化工、普洛得邦、天赋化学等9家企业的13个技改项目建成投产；凯龙化工、皓翔化工、门捷化工3家企业完成兼并转型，扩大了生产规模，提高了市场竞争力，实现了新的经济增长。

【招商引资】 2016年，园区新签约落户项目4个，分别是润丰高端制剂项目、海王溴素产业化项目、潍坊泽宇 100 万吨 C4 综合利用项目和绿霸总部搬迁项目，共占地 106.67 公顷，协议总投资 60 亿元。在谈项目 4 个，占地约 66.67 公顷，协议投资 41 亿元。

【基础设施配套建设】 组织和协调配合有关部门，加快园区基础配套建设，不断增强和完善园区的载体功能。新铺设蒸汽管线 4 千米，实现新源热力、恒通热力、中碳能源 3 家供热企业并网运行，保证了园区企业稳定用热。协调供电部门，完成石大昌盛自备供电线路和绿霸化工、普洛得邦、海利尔 3 家公司的供电专线架设。对园区所有排水系统进行整治疏通，保障了园区企业安全度汛。完成临港路北伸工程的验收和经二路东段的建设。组织园区企业植树 1 万余棵，新增绿化面积 2 万平方米，进一步改善了园区环境。

【管理服务工作】 按照建设生态型、循环型、高效型特色工业园区的目标要求，进一步优化管理服务，着眼于长远，推进企业科学发展。引导企业转方式、调结构。先后 4 次组织召开企业发展座谈会，引导企业加大科学投入，加快技术创新，强化安全、环保意识，鼓励企业做大做强。天一化学、强源化工、德浩化学等 8 家企业投资 2.3 亿元进行产品结构调整和技术更新，19 家企业完成公司制改制，进一步推动了企业规范化、规模化发展。强化环保和安全监管工作。开展大气污染、水污染、扬尘治理等专项整治活动，不断推进企业节能减排工程建设。对园区企业推行安全生产两个体系建设，推动企业规范化和标准化建设进程。陆续开展了“严检查、严整改、严执法、严追责”整治行动、冬季安全生产整治、“打违治非”等专项行动，通过聘请专家、与安监部门联合检查等形式，对辖区内企业进行多次拉网式排查。全年检查企业 94 家（次），查出各类隐患 359 个，并限期整改，安全生产工作取得明显成效。制订实施《临港工业园安全、环保网格化管理实施方案》，根据“横向到边、纵向到底”的原则，按照监管对象和监管内容，建立“安全环保、人人参与，全覆盖、无死角”的监管网络，指导园区 70 家企业开展风险分级管控与隐患排查治理体系建设。截至年底，共确定安全风险源 36 个，并将辨识情况及时添加到一企一册中，园区安检体系初步形成。开展评级评价工作，促进化工企业转型升级。按照开发区化转办统一安排，自 10 月起，对园区 108 家化工企业开展节能、节水、安全、环保四评级一评价工作，综合评价工作、环保评级工作已全部结束，节能、节水、安全评级工作进入收尾阶段。通过评级评价工作，进一步摸清了园区企业现状，规范提升了各企业安全环保工作水平，为园区企业转型升级打下了基础。落实信访工作领导责任制和接待群众制度，做好群众来信来访工作。2016 年，共排查受理各类矛盾纠纷 81 起，化解 79 起；受理各类信访件 17 件，报结 16 件，调处成功率 98%；妥善化解进京上访积案 1 件。

【党建工作】 做好园区基层党建工作，组织 20 家企业党支部、190 名党员开展“两学一做”学习教育，打造市级示范点 2 个、区级示范点 2 个。先后组织党员进行能力拓展训练、红色基地现场教育、“学党章，见行动”等系列活动，通过活动的开展提高了党员干部的工作热情，增强了党组织的凝聚力和向心力。有 3 家企业党支部被评为先进基层党组织、2 人被评为优秀党务工作者、4 人被评为优秀共产党员。

（陈天永）

滨海产业园

【概况】 滨海产业园规划约55平方公里，于2013年3月正式启动建设；截至2016年底，已完成配套面积约30平方公里。其中，修（扩）建道路16条、45公里，绿化36000平方米，铺设供水管网16公里，架设供电线路30公里，铺设燃气管道10公里，铺设弱电管道20公里，拆迁供地1666.67公顷。已落户项目58个，其中潍柴重机、红旗机电、华创机器人等34个项目已投产，华尚产业园、兴跃电子、华春生物医药等24个项目在建，初步搭起了以潍柴重机为龙头的海洋动力产业、以华创机器人为龙头的智能装备产业和以华春医药为龙头的生物医药产业框架。2016年，有规模以上工业企业21家，实现工业产值78.9亿元，同比增长22.4%；主营业务收入76.9亿元，同比增长24.8%；利税9.1亿元，同比增长33.3%。

【机构沿革】 2011年1月30日，潍滨管发〔2011〕1号文，成立潍坊滨海经济技术开发区装备制造业产业园管理办公室，与先进制造业产业园招商处合署办公，为开发区管委会领导的正科级事业单位；2015年3月27日，潍滨管发〔2015〕1号文，潍坊滨海经济技术开发区装备制造业产业园管理办公室更名为潍坊滨海经济技术开发区滨海产业园管理服务中心（挂中外合作产业园管理服务中心牌子），为区直属事业单位，正科级规格。定编7名，配领导职数1正2副。主要负责园区项目引进、管理、服务，做好园区内安全、环保、信访维稳、计划生育、劳动保障、社会治安等工作，承办区党工委、管委会交办的其他工作。

【招商引资】 围绕汽车制造、智能装备、生物医药、工业地产等重点产业，面向世界500强、国内500强和行业100强等实力雄厚的企业开展联系。加大外出招商频率，全年外出招商50人次，重点拜访有投资计划企业60家；增强邀请客商力度，全年邀请40多家有投资意向的大型企业来开发区实地考察，新签约10亿元项目1个。

【园区配套建设】 完成寒亭区333.33公顷工业用地置换；协调供电部门，完成10公里供电线路架设。协调区住建、市政部门疏通雨（水系）、污水管道。做好园区安全、环保等监管工作，通过购买服务，委托安全专家对园区内企业进行安全生产检查，全年检查重点企业40多家，查出安全隐患372项，并下发了整改通知。对发现的环保问题及时予以整改，对查出的各类隐患通报有关执法部门，确保消除隐患，杜绝问题发生。邀请区环保局工作人员，对园区内混凝土和建材企业进行环保检查，配合区环保局处理经纬公路、天邦塑业等环保事件。

【服务企业】 服务潍柴重机投资1.2亿元建设大缸径天然气发动机项目加速推进，立项、环评手续已办结，与有关部门一起协助申请扶持资金3500万元；帮助红旗机电集团解决上市融资遇到的各项困难；帮助华创机器人项目争取上级资金支持，协助其对接一盐场、潍柴、新和成、国邦等有购买机器人需求的企业。积极引导企业进行规范化改制，主动帮助企业完善各项手续。

园区把盘活企业现有资产作为一项重点工作，支持企业采取出租、转让方式增加效益。帮助山东广渤海重工有限公司引入誉中装备项目，进行压力容器生产，中集集团拟整体收购该项目，正在进行设备安装；山东长富物流有限公司引进家用电器物流项目，正在办理各项手续；促成宝帝包装和中昊粮油项目合作；云强零部件、峥嵘机械、远大木塑等项目也积极寻求对外合作。

优质服务园区企业，细化企业服务，针对各企业以及特色园区遇到的困难，每月安排专人进行全面调查摸底，并将企业反映的问题归类整理，及时协调有关部门给予解决；对于协调解决不了的问题，及时上报开发区管委会，尽心为落户企业提供保姆式服务。

【潍柴滨海产业园项目】 该项目由潍柴重机股份有限公司投资建设，总占地 85.53 公顷，主要生产船舶用中速发动机和柴油机关键毛坯件。MAN 大机项目、铸造项目和中速柴油机项目已投产，中速柴油机研发创新平台建设项目已投用，大缸径天然气发动机研发试验平台建设项目在建。

1.MAN 大机工厂。于 2008 年 9 月动工建设的大型船舶动力制造基地，主要引进生产 MAN27/38、32/40、21/31 等大型中速船用柴油机，最大功率 10000 马力。工厂配置国内外一流精密、大型、稀有设备 57 台套，采取集群式加工工艺，有 17 个加工集群，试车区有 8 个试车座台，单台最大试验能力达 16000 马力，拥有世界最高级别的 MAN 大机生产水平。

2. 中速柴油机项目。160、170 中速柴油机是潍柴赖以起家的产品，为助推滨海经济发展，规划生产线建筑面积 6 万平方米，将形成年产 160、170 系列中速柴油机 1 万台的产能。

3. 铸造项目。于 2010 年 9 月开工建设的年产 6 万吨铸造毛坯项目，总建筑面积 8.2 万平方米。该项目新上 2 条国内最大、自动化程度最高的机体、曲轴树脂砂造型线，可实现一次浇注最大铸件重量为 70T 的大型柴油机缸体毛坯。具备年产高牌号灰铁、球铁材质机体、曲轴、气缸盖、飞轮等铸件 6 万吨的能力，可满足潍柴 160、170、200、博杜安柴油机系列，以及新引进的德国 MAN 公司 16/24、21/31、27/38、32/40 等大功率柴油机系列年产共计 2 万台的高质量铸件毛坯需求。

4. 中速柴油机研发创新平台建设项目。该项目改造建设 12 套柴油机和测试系统，主要完成 160、170、280、320、L16/24、L21/31、L27/38、L+V32/40 柴油机的试验开发。

5. 大缸径天然气发动机研发试验平台建设项目。该项目建设试车车间（7 个试车座台）、试车控制室及辅房（3 层）、天然气气站、公用设施（水泵房等），购置试车设备 7 套。建成后，年产缸径 150—320 毫米天然气发动机和双燃料发动机 4000 台。

【红旗机电项目】 该项目由山东红旗机电集团有限公司投资建设，占地 13.33 公顷，是军民结合型规模以上企业。拥有先进、完善的机械加工制造手段，计量、理化、试验、检测手段齐全。公司先后通过 GJB9001A-2001 军品质量管理体系认证、GB / T9001-2000 民品质量管理体系认证和国家二级保密资格认证，具有较强的军民品技术研发能力。公司产品研发中心为潍坊市市级研发中心。

公司秉承“军民并举，协调发展”的方针，走科技兴企、创新管理、多渠道合资合作、多元化经营、积极向集团化发展的道路。以北京理工大学、南京理工大学、中北大学等院校和科研机构为技术依托，充分发挥军工技术优势，瞄准高新技术产业方向和国家产业政策，先后与日本鹤见株式会社、青岛恒基太等公司合资合作。民用产品涉足农业装备、环保设备、石油机械、液压机械、汽车零部件、船舶部件、饮用水设备、大型非标制作等领域。近几年来，公司逐渐扩大了房地产、民用枪械、医疗等行业。除公司本部，还先后以合资合作等方式组建注册红旗自动化、红旗精工、华东气枪等7个控股子公司。

公司坚持做强做大、做精做专、创新发展、树精品意识、打造红旗品牌。

【华创机器人项目】 该项目由山东帅克机械股份有限公司出资，北京理工大学、上海交通大学、中科院重庆分院、山东大学、济南大学、山东省科学院自动化所等国内著名高校及科研机构，香港固高科技公司提供技术支持，项目占地58.27公顷，总建筑面积679283平方米，主要进行系列化工业机器人、机器人应用系统集成、农业智能化多功能大型植保机（农业机器人）、现代大型农机具、高速插秧机、翻转犁、联合深松整地机等研发、生产、销售。该建设项目已被列为潍坊市政府重点产业化建设项目。

公司拥有专业化的研发团队，拥有机器人相关专利5项及专有技术数十项。公司与国内外知名大学和科研机构联合实施产学研一体化发展，其自主研发的工业和农业机器人产品、农机核心零部件、高端农机具等产品在市场上得到了较好的市场推广。

公司研发的工业、农业机器人均为国家“863”科技攻关项目之一。其中，工业机器人整机所使用的零部件从技术到产品，在国内率先全部实现本土化国产制造，可替代部分同类进口产品，经政府相关部门组织的科技成果鉴定达到了国内先进水平，可广泛应用于工业、农业、海洋工程等领域的应用；农业机器人具有GPS（北斗）全球定位导航自动驾驶系统、远程监控及田间作业信息控制系统、智能传感控制系统、全液压动力传输及驱动系统，具有一机多能田间作业（喷药、施肥、打顶、抽雄、割晒）切换功能。

【华尚产业园项目】 该项目由天津客商投资建设，总占地66.67公顷，拟规划建筑面积80万平方米，分三期开发建设。一期占地面积26.67公顷，建筑面积32万平方米，起步区10万平方米。科技园在功能结构上分为“一心、两轴、三区”；“一心”指产业孵化核心，“两轴”指创业服务轴和景观生态轴，“三区”指孵化器区、加速器区和产业化基地区。

该园遵循“大众创业，万众创新”基本理念，以创新发展为主线，开发建设管理运营全国罕见、潍坊首创的新型科技园区。潍坊华尚科技园达产后是典型的小微企业总部，是生物制药、电子软件、仪器仪表、机械装备、新材料新能源、产学研聚集区，是集金融、创意科研、人才培训、商务外包、生产加工等功能为一体的综合性产业园。该园区的建成将对潍坊一大批小微企业转型升级起着巨大的推动作用，对区域经济发展将产生重大影响，建成运营之后必将成为促进滨海开发区经济发展的引擎项目。

（王增翠）

中央商务区

【机构沿革】 2009年，根据《山东潍坊滨海经济开发区管委会关于部分机构调整设置的通知》（潍滨管发〔2009〕72号），成立山东潍坊滨海经济开发区中央商务区（太阳城）建设管理办公室，与山东潍坊滨海经济开发区建设局合署办公，为管委会领导的正科级事业单位，负责中央商务区的开发建设、管理服务等工作。2014年，根据《潍坊滨海经济技术开发区党工委关于成立潍坊滨海经济技术开发区中央新城管理服务中心的通知》（潍滨发〔2014〕5号），成立潍坊滨海经济技术开发区中央新城管理服务中心，为区管委会所属事业单位，正科级规格。2015年，根据《潍坊滨海经济技术开发区管委会关于行政事业机构调整设置的通知》（潍滨管发〔2015〕1号），更名为潍坊滨海经济技术开发区中央商务区开发建设管理服务中心，为区直属事业单位，副县级规格。

【建设服务型党组织】 一是抓住“基础在学”这个关键，展现新姿态。按照各级党委“两学一做”学习教育的安排部署，始终把“基础在学”贯彻其中，组织广大党员干部原原本本、原汁原味的学习党章党规和系列讲话。充分利用微信、QQ等网络媒体，活化学习形式，创新学习载体，提升学习的效果。通过缅怀革命先烈、重温入党誓词、党组织书记上党课等形式，增强党的意识、党员意识、宗旨意识，不断提升广大党员干部的政治素质和思想境界。通过“两学一做”学习教育，切实增强广大党员干部的政治意识、大局意识、核心意识、看齐意识，形成思想同心、目标同向、工作同力的新姿态。二是抓住“关键在做”这个根本，实现新作为。学党章党规和系列讲话是基本功，是基础，做合格党员则是出发点和落脚点。始终把问题整改与工作实践相结合，找准党组织和党员存在的突出问题，列出问题清单，明确整改举措，一项一项抓好整改，真正把合格的标尺立起来。通过建立党员联系服务项目制度、包村联户等措施切实增强了党员干部的服务意识。通过“两学一做”学习教育广大党员干部转变工作作风，形成抓落实的新风正气，站在滨海区开放开发的新起点上，勇于创新，攻坚破难，发挥好党员的先锋模范作用，以实际行动服务经济社会发展。

【促进项目建设】 一是建成项目管理。以提升园区整体形象和发展层次为目标，抓好已建成的上书房、二龙明珠等项目的管理服务，协调央子街道、新城公有资产公司等单位规划建设上书房社区服务中心，提高服务质量，打造高档生态居住区；加强裕源大厦等商务楼宇的招商引资工作，尽快吸引企业入驻，聚集商气人气。二是推进在建项目进度。推进服务型党组织建设，引导党员干部工作重心下沉，做好项目跟踪服务，围绕在建项目需求，深入工地一线搞好服务，帮助协调解决项目建设中遇到的困难问题。按照“一个项目＋一个支部”的党建创新模式，在建工程项目全部建立临时党支部，引导党组织和党员发挥模范带动作用，推动项目加快建设。未来大厦、金融中心基本建成，海宁大厦通过主体验收，正进行室内设备安装和幕墙安装，潍坊（上海）新纪元学校二期6栋教师公寓建成投用，北师大滨海国际学校建成，于2016年9月招生开学，数字小镇完成基础，正在进行地上主体施工。湖光山舍正在进行室内装修，二龙明珠一期6栋多层、7栋联排已建成，阳光海岸一期7栋多层、6栋联排已建成，馨海艇郡一期27栋低层住宅已建成。三是为签约项目服务。对已签约的海韵广场、滨海之窗等项目，积极协调解决项目用水、用电等困难问题，主动服务、提高效率，协助办理前期手续，争取项目早落地、早开工。海韵广场完成规划设计条件通知书办理，正在修改具体方案，临建及水、电设施已配套完成。四是在谈项目签约。做好招商引资政策的宣传推介，加强与新和成北方总部、新和成小镇等在谈项目建设方的对接，在项目选址、规划方案设计、土地审批程序方面主动跟踪服务。五是招商引资新突破。结合园区功能定位和产业布局，整合招商政策，明确招商重点，做好政策落地的结合文章；加大招商引资的宣传力度，开展好招商引资的宣传工作，拓展与延伸招商引资宣传渠道，发动企业招商引资，主动为企业搭台，引导企业走出去，带领企业去招商，同时，努力打造规范的招商引资工作队伍，提高招商针对性，实现招商新突破。

【增强园区吸引力】 一是加快推进基础设施配套。2016年以来，园区继续完善城市道路、绿化、供排水、排污、强弱电等基础设施配套，公共服务设施建设更加完善。开通免费公交，新增公交车站点5处，新设公共自行车站点4处，方便居民出行，实现绿色出行。规划建设海汇东路、海安路、黄河东一街等城市主干道，新增道路约16公里，海汇东路、海安路、黄河东一街拆迁清障全部按期完成，确保工程的顺利实施，目前正大力推进白浪河综合治理工程二期有关拆迁工作，新和成小镇和城海快轨项目用地随用随拆。二是优化生态环境。按照打造生态环境最好的目标要求，提升绿化全覆盖水平，对尚无建设项目的空地进行土方整理，栽植木槿、白蜡、紫荆、金银木等各类绿化苗木约2000株，计2560平方米。创建省级绿色生态示范城区，对新建、在建的项目全部按照绿色建筑的标准进行规划设计，湖光山舍项目已达到“二星级绿色建筑标识”，未来大厦、金融中心、北师大滨海国际学校、裕源大厦、盛鸿大厦等5个项目已达到“一星级绿色建筑标识”，已通过省级绿色生态示范城区专家组评估验收。三是完善教育资源。园区内的基础教育初具规模，布局合理，功能完备，实现从幼儿教育到高中教育的全覆盖。新纪元学校二期工程6栋宿舍楼和综合楼于2016年9月份建成投用；滨海国际学校和机关幼儿园也于2016年9月实现招生开学，幼儿园的开学填补中央商务区没有幼儿教育的空白，解决上书房等周边小区适龄儿童入学问题。

【提高园区承载能力】 一是强化安全责任，确保安全生产。将安全生产责任落到实处，2016年以来，先后7次聘请专家、联合有关主管部门，对园区建筑工地、化工企业、特种设备、食品安全等重点领域、重点部位、重要环节进行拉网式排查，对检查出的安全隐患点实行建档管理，重点包靠，限期整改。认真做好汛期安全生产工作，对建筑工地、险工险段等防汛重点部位实行重点排查、重点包靠，确保了安全度汛。二是化解矛盾纠纷，促进和谐建设。加强矛盾纠纷的排查调处力度，化解各类矛盾纠纷。做好值班备勤工作，建立矛盾纠纷预警机制。针对园区建设工地多的现状，加强与区住建局、法制教育中心等部门的协调配合，建立农民工工资预警机制，定期到建筑施工单位督导检查，做好农民工工资的清算工作，维护了农民工权益。

（毕冠华）

海港经济区

【概况】 海港经济区包括以华能、国电、中核汇能风力发电及景世乾太阳能发电为主的新能源产业园，以潍坊龙威渔港为依托的海渔产业园，以胜伟肉牛进口项目为依托的中外畜牧产业园以及山东高速物流园、森达美物流园、鲁辽大通道甩挂物流园。园区物流园 8 平方公里起步区（弥河以西，疏港路以东、龙威南以南）已形成“七横四纵”的路网体系，水、电、燃气、弱电管网等工程已完工，实现“六通一平”。园区内有企业 23 家，其中规模以上工业企业 8 家。2016 年，园区实现固定资产投资 32873 万元；规模以上工业主营业务收入 93998 万元、利润 4136 万元、利税 5064 万元，同比分别增长 26.7%、97.7% 和 64.8%。国电风电、华能风电、景世乾光伏发电、金立机电、众合生物肥料、联兴石油焦交易市场等 17 个项目已建成投产，全年实现营业额 117000 万元。

【产业定位】 坚持港口带动，统筹规划、一体推进，打造集港航服务、保税仓储、物流加工、国际贸易于一体的现代化港口经济区，努力成为“一带一路”的重要衔接点。依托潍坊港，形成化工、机械、干散货和集装箱集散地，重点发展以现货装卸、储存、集散为主的综合商贸、信息、现代物流项目。规划建设渔港经济区和新能源产业园，发展风能、太阳能等新能源产业，以及海水淡化、风机制造、新能源研究、新能源旅游等项目。

（李亚庆）

科技项目区

【概况】 科技项目区园区西起大九路，东至弥河西岸，北起黄河西街，南至创新街，分为起步区、东扩区和 B 区三部分，规划面积 18.5 平方公里，其中已配套面积 8.5 平方公里，疏港路以东未配套面积 10 平方公里。起步区规划面积 3.2 平方公里，共安置海鹰科技、诺亚鑫家居、禾宜生物等中小项目 61 个。东扩区东至临港工业园，西至蓝海路，南至创新街，北至大莱龙铁路，规划面积 5.3 平方公里，共安置弘润重芳烃综合利用项目、皓天化纤、宏福化学等大项目10个以及临朐特色产业园。未配套的科技项目区B区位于疏港路以东，滨海大街以南区域，规划面积10平方公里，将按照开发区总体规划安置加工制造、新材料等科技含量高、无污染的项目，主要安置机械加工制造、纺织化纤、家具建材、新型材料、仓储物流等项目。2016年，共安置项目71个，其中已投产项目54个、在建项目17个。实现产值61亿元，同比增长19.4%；主营业务收入60亿元，同比增长22%；利税6亿元，同比增长55%；新增固定资产投资5亿元。

【机构设置】 科技项目区管理服务中心成立于2014年2月28日，为区管委会直属事业单位，正科级规格。主要负责园区产业的规划发展工作，园区宣传推介、招商引资工作，负责项目落地建设和管理工作，负责协调做好园区基础设施配套、项目用地工作，负责园区经济运行调度、数据统计工作，负责园区安全、环保、信访维稳等工作，配合街道抓好园区内企业的计划生育工作，配合职能部门做好园区内企业的劳动保障、社会治安等工作。

【招商引资】 创新招商方式，引进一批投资贡献大、产业效益好、科技含量高的企业，带动一批上下游企业发展，形成产业集聚和配套效应。2016年，引进潍坊卓凡包装科技有限公司、潍坊蓝谷木业有限公司、潍坊富群新材料有限公司、潍坊万泰木业有限公司、潍坊海牧生物科技有限公司等8个新项目，总投资9亿元。

【项目建设】 重点抓好大项目建设，及时跟进、督促皓天化纤、宏福化学等重点项目建设进程，加快项目建设进度，推进项目尽早落地投产。2016年，有皓天化纤、宏福化学、卓凡包装等在续建项目14个，新开工单体11个，开工建筑面积9.8万平方米。潍坊宏福化学有限公司一期工程已投产运营，二期工程正在进行设备安装；潍坊皓天化纤有限公司新上的2号生产线已投产；潍坊万泰木业有限公司新引进的两条生产线已经投入使用；潍坊海牧生物科技有限公司新上预混饲料项目已完成安装调试，投入生产。

【技改升级】 引导企业通过兼并重组、租赁、合资合作、破产清算等方式，盘活闲置资源。督促园区企业加大技改力度，强化“僵尸”项目与科研院校、世界500强企业等的合作，采取合资合作、技术入股等方式，盘活存量空间，提升企业核心竞争力。2016年，共有卓凡包装、金永包装、鲁达机械等8家企业新上项目或转型升级。潍坊海威车桥有限公司已进入破产清算程序；潍坊海昌电气有限公司已完成拍卖，准备新上项目。引导企业做好规范化公司制改制工作，根据滨海区党工委、管委会工作部署，全年科技项目区内有6家规模企业需要进行规范化公司制改制，已有7家企业与中介结构签订了协议相关改制工作，超额完成既定目标。其中，山东海鹰塑胶科技有限公司已完成改制，成功在“新三板”挂牌公开转让。

【安全环保】 2016年，共与企业签订安全生产责任书60余份，发放宣传资料200多份，企业自办培训教育班500余人次；通过政府购买服务方式，聘请安全专家现场指导。共检查企业34家次，排查隐患155项。组织企业开展应急演练，开展消防演练20余次。落实

“三八六”环保行动，引导具备整改条件的企业开展“煤改气”工作；做好排污企业的监督管理工作，逐步完善园区企业污水运送台账，形成动态监管体系，杜绝企业偷排污水废水行为。

（陆晓玲）

飞地经济

【概况】 2016年，各县市区（开发区）在滨海区设立飞地工业园15处，总占地4222.53公顷，实现投资12.10亿元。其中，寒亭北海工业园被市循创办确定为10个市级循环经济示范园区创建单位之一，高新区（滨海）产业园成功创建为国家科技兴海产业示范基地，昌邑（滨海）产业园莱德管阀项目流体自密封技术研究中心已申报国家级技术研究中心，寿光（滨海）产业园正在加快打造千亿级木材加工产业集群核心区。

【项目建设】 2016年，15个园区共有在建飞地项目99个，其中34个项目实现投产，新增投产项目16个；在滨海区纳税企业达22家，有6家投产企业已达到规模以上工业企业标准，各园区实现税收1.13亿元（含寿光1亿元、寒亭246.10万元）；在谈飞地项目64个，计划总投资334.90亿元。

为充分发挥飞地政策效益，进一步推动滨海海洋经济新区建设，2016年10月8日，市委、市政府出台关于《滨海飞地工业园闲置土地收回和飞地项目安置工作的意见》（潍办字〔2016〕63号），在新区建设领导小组统一领导下，由新区办会同滨海区、有关县市区（开发区）按照轻重缓急，有序组织实施闲置土地收回工作。

【基础设施配套】 2016年，15个园区基础设施完成投资1.03亿元，配套面积近2000公顷，各园区主要道路基本完成绿化和亮化工程，水电管网配套已覆盖大部区域。

（葛　龙）

附：各县市区（开发区）滨海飞地工业园区位示意图

交通·电信

潍坊滨海年鉴

2017

WEIFANGBINHAI YEARBOOK

交通·电信

交通运输

【概况】 滨海区拥有客运班车车辆18辆、公交客运车辆133辆、出租客运车辆25辆；拥有货车2165辆、31992吨位，新增货车668辆、13651吨位，分别增长47.85%和74.43%。完成客运量297.5万人次、客运周转量5360万人公里，分别增长12.69%、13.20%；完成货运量1820万吨、货运周转量23.20亿吨公里，分别增长13.75%、15.25%。优化延长5条公交线路，总里程达458公里，同比增长20.53%。全区50个建制村中已有47个建制村通公交，通达率94%；制定实施《关于进一步加强公交客运管理的通知》，强化公交管理；推动公交智能调度监管平台和公交出行APP项目进入建设阶段。

【交通安全工作】 年初，与各道路运输、机动车维修企业签订安全生产责任书。开展春季、夏季及多次专项安全生产大检查活动，消除安全隐患；开展“安全生产月”“平安行、你我他”等专项活动，落实隐患整治责任和要求；组织辖区内危险品运输企业开展应急演练活动；根据山东省化工产业安全生产转型升级专项行动要求，开展专项行动，对辖区所有危运企业、车辆、从业人员进行全面大检查。9—10月，通过聘请安全专家的形式开展道路运输行业安全大检查活动，取得良好效果。截至年底，没有发生危害安全稳定事故，没有发生影响稳定的越级上访和群体事件，确保了节假日、汛期等重要时段的道路运输安全。

依据《全省路面交通违法行为整治行动工作方案》《全省机动车“四非”问题专项整治行动工作方案》《全省变型拖拉机专项清理整治行动工作方案》要求，与滨海区公安分局交警大队联合执法相结合的方式，严厉打击违法货运车辆。在海化集团（纯碱厂、热电厂）、森达美港、弘润油库等大型货物集散地采取定点、不定点的检查方式，严查超限运输车辆，做到货物运输车辆包括危化品车辆的标载行驶，保障了道路交通运输的安全。全年出动执法人员2430余次、执法车辆530余次，查处违章车辆201台，责令改正违法行为201起。

【整治货车超限超载】 依据《潍坊市整治公路货车违法超限超载行为专项行动实施方案》要求，与滨海分局交警大队开展专项整治行动，健全完善交通运输和公安部门治超执法联动机制，统一超限超载执法标准，严厉打击公路货车违法超限超载、强行冲卡等突出违法行为，落实“一超四罚”，有效预防货车道路交通事故，依法保护公路路产路权，为群众出行创造安全畅通的交通环境。全年出动执法人员520余人次，检查发现非法违法行为107起，整治违章行为107起，卸货5120余吨。

【危化品运输治理】 依据《滨海区危险化学品安全综合治理实施方案》要求，公路局监察大队与滨海区公安分局交警大队在区内途径弘润油库、石大昌盛、森达美港的要道开展联合执法。截至年底，路查发现运输危化品违法行为55起，责令改正55起。

【整治扬尘与黑出租】 依据《区散装货物运输车辆撒漏、扬尘综合治理实施方案》要求，监察大队每天安排2台执法车辆、10名执法人员在重点区域、重点线路设立纠查岗位，采取定点检查与动态巡查相结合的方式，每天不间断巡视巡查。在创新街与疏港路路口、创新街与大沂路路口设立2个纠查点。路查发现扬撒违法行为为11起，罚款并责令改正。

依据滨海公路局制订的《打击“黑车租”专项整治实施方案》，结合市局《潍坊中心城区打击“黑车”等专项行动工作方案》在3—5月开始了为期2个月的专项整治行动，共查处2台黑出租，责令改正并罚款。

（马永伟）

公路建设与管理

【概况】 滨海区交通运输局认真学习贯彻党的十八大和十八届五中、六中全会精神，以开展“两学一做”学习教育为载体，结合单位实际，抢抓“推进滨海”的机遇，较好地完成了各项工作任务。坚持日常养护与生命安全防护工程并重原则，在前期对公路安全生命防护工程隐患排查的基础上，继续加大对局管养国省干线公路的隐患排查工作，确保不留死角，消除安全隐患，切实保障人民群众出行安全。

2016年，全局完成灌缝10000米，路面挖补3020平方米，桥梁护栏刷新1480.5延米，更新补置中央隔离护栏539米，中央隔离护栏标志更换29套，完成补缺道口桩121根和轮廓标65根，水毁抢修3处，处理车辙42700平方米，完成桥梁改造2座。白浪河桥改建后，打造了全新的公路通行环境的新景观。弥河桥经过桥梁上部结构的更换，由三类桥改造为一类桥。

【路政执法】 路政科以创一流和立足岗位争先，着眼服务创优等方面，进一步修改完善责任追究，廉洁自律、政务公开、安全生产、党员承诺、执法人员评议考核等方面的规章制度，明确责任、目标、措施、步骤奖惩，使每名执法人员工作有依据，做事有章法，结果有评判，绩效有奖惩，真正建立起分工明确、职责清晰、上下贯通、左右衔接、纵横联动的责任管理体系。全体路政执法人员都具备执法资格，具有部、省两级执法证，上路执法时按规定着装，严格遵循敬礼、亮证、调查、处理程序，没有发生违反“四坚持”“六不准”的行为。

在执法过程中，做到态度热情、语言文明、文明执法，无乱扣、乱罚现象；对违反路政管理法律条款的单位、个人，严格按照法定程序办理，遵循公开、公正、高效、便民原则，努力为群众提供优质高效的服务。 全体路政执法人员严格以《中华人民共和国公路法》《中华人民共和国行政许可法》《公路安全保护条例》《路政管理规定》《山东省公路路政条例》等国家及地方法律法规为执法依据，严格执行上级有关路政管理工作的方针、政策，恪守职业道德，严格执法、规范执法。未出现违反廉政和公路“三乱”的现象，无不作为、乱作为、行政执法责任不落实、群众举报不及时处理等问题，一年来无任何群众投诉。加强对路政执法人员的教育培训，进行业务知识考核，提高执法人员遵规守法、按章办事的自觉性，提升执法队伍规范执法、依法行政能力。2016 年，路政人员学习培训共 235 人次。

【依法维护路产路权】 在日常工作中按照市局要求，科学合理规划巡查路线，制订巡查计划，确保及时发现查处损坏路产和影响公路安全畅通的行为。对于损坏公路及公路设施、新增违法建筑、私设非公路标志、私开平交道口、擅自穿管顶管等涉路工程现象及时发现、迅速处理，将公路违法现象消灭在初始状态，有效维护了路产路权。2016 年，路政巡查里程 70506 公里，审批涉路工程许可 8 件，审批非标许可和延续非标许可 6 件，查处路政事案 30 起，共收取路赔费和有偿使用收入 449334 元，结案率、回收率均为 100%；清理占道经营、摆摊设点 321 处次，清理堆积物 32 处、四大堆 686 立方米；查处、清理违法非标和各种临时广告牌等 405 块；维护公路养护施工作业秩序 61 次，使辖区路容路貌得到有效改善，取得了良好成效。

【路政宣传】 5 月，响应“交通运输部办公厅关于开展全国‘路政宣传月’活动”的号召，开展第二个“路政宣传月”活动，围绕“爱护桥梁，保障安全”主题，宣传《中华人民共和国公路法》《公路安全保护条例》《山东省公路路政条例》《潍坊市国道省道两侧规划建设管理规定》等有关公路法律法规，出动宣传车 19 台次、宣传人员 105 人次，制作宣传展板 4 块，悬挂宣传条幅及标语 10 条，行程 2280 公里，解答群众咨询 570 人次，发放宣传单 2300 余份。在公路站、城乡繁华地带设立临时宣传点，营造了浓厚的舆论氛围，提高了公众对公路路政的认识和了解，为进一步提升公路路政执法形象、构建畅安舒美优的公路通行环境打下了基础。

【推进公路路域综合整治】 加强路域环境综合整治是公路部门服务保障民生、优化发展环境、提升城市形象的重要途径，也是潍坊公路工作的亮点品牌。根据全市国省道路域整治三年规划，在巩固已取得成果的基础上，全局突出抓好公路建筑控制区管理。

从公路边沟外缘起，无边沟的，从公路坡脚线外缘起，国道不少于 20 米、省道不少于 15 米、县道不少于 10 米、乡道不少于 5 米的区域为公路建筑控制区范围。公路建筑控制区范围内，除公路防护、养护需要和必要的农田水利设施建设外，禁止修建建筑物和构筑物。经过治理，控制区内无擅自占用、挖掘国省道公路及公路用地现象，无私自利用、跨越或穿越国省道公路和公路用地修建工程设施现象，无乱堆乱放现象，防止公路街道化。经许可设置的平交道口不得改变国省道和国省道设施的基本结构，不得高于路面，并应满足行车视距、技术规范的要求，保证行车、行人安全，做到排水通畅、路面平顺、标志标示齐全，符合路面硬化、美化要求。拆除建筑物控制区内范围内原有的建筑物、地面构筑物。推进公路界桩、标桩设置和桥下空间专项整治工作的同时，在清理占道经营、摆摊设点、堆积物、四大堆、违法非标和各种临时广告牌等工作上，全局投资69.21万元，进行路域整治。

继续开展安全隐患治理，实施安保工程，完善交通安全设施，完善交通标志、标牌、标线、路口警示桩，监管施工道路存在隐患位置设置的安全标志和施工标志。

【路政安全】 贯彻落实上级关于加强安全生产和防范安全事故一系列指导精神，全面落实安全责任，强化安全制度，严格落实领导责任制、一岗双责制，明确安全责任和工作目标，将目标层层分解落实到人、落实到岗位。根据市局的要求和部署，完善安全生产责任制考核办法和各类应急救援方案，对重点领域、要害部位的安全检查达100%，事故隐患整改率达100%，杜绝了安全事故的发生。

【廉政建设】 在加强廉政基础工作的同时，重点加强廉政风险防控机制建设与作风建设。动员各科室、重点岗位人员深入查找存在的风险点，共查找风险点44个，制订风险防控措施66条，形成了全覆盖的风险防控网络体系。修订机关考勤管理办法，加强机关考勤管理；严格工作纪律管理，禁止串岗闲谈、做与工作无关的事情等；关于公务用车、办公用房、公务接待等严格按中央八项规定及市局规定执行。

【交通监察机构沿革】 2008年5月14日，根据潍滨管发〔2008〕25号文，成立山东潍坊滨海经济开发区交通稽查大队，为开发区交通局领导的副科级事业单位，编制10人，领导职数设1职。2008年7月3日，根据潍编办〔2008〕46号文，成立山东潍坊滨海经济开发区交通稽查大队，为区交通局所属事业单位，副科级规格，定编5名，配领导1职。2008年7月8日，根据潍滨政发〔2008〕40号文，成立山东潍坊滨海经济开发区交通稽查大队，为区交通局所属事业单位，副科级规格，定编5名，配领导1职。2008年7月9日，根据潍滨政发〔2008〕26号文，山东潍坊滨海经济开发区交通稽查大队内设交通稽查一中队、交通稽查二中队。2011年7月1日，根据潍滨管发〔2011〕47号文，山东潍坊滨海经济开发区交通稽查大队更名为山东潍坊滨海经济技术开发区交通运输监察大队。2015年3月27日，根据潍滨管发〔2015〕1号文，山东潍坊滨海经济技术开发区交通运输监察大队，为区交通运输局所属事业单位，正科级规格，财政拨款，定编6名，配领导职数1正2副。主要职责是负责全区的交通运输监察工作，承办区党工委、管委会交办的其他工作。

（马永伟）

潍　坊　港

【概况】 潍坊港是山东省综合运输体系的重要枢纽和地区性重要港口，是潍坊市加快北部沿海开发开放、促进产业结构转型升级的重要依托，是山东省建设蓝色经济区和黄河三角洲高效生态经济区的重要支撑。

潍坊港于1996年开工建设，历经20年的发展，已成为黄三角地区最具发展潜力的港口，是国家一类对外开放口岸、山东省地区性重要港口、对台海运直航港口，已建成泊位45个，其中万吨级以上深水泊位20个，综合通过能力4095万吨。

【潍坊港优势】 后方发展空间大。潍坊港近岸2600平方公里滩涂宽阔平坦，航道、港池疏浚土方可用来吹填造地，支撑港口大规模开发，成为潍坊港最具吸引力的战略资源。地理区位优越。地处山东半岛中部，“蓝黄”两区叠加，后方综合运输体系完备，是黄三角港口群中距离中心城区最近，半岛以西地区货物出海距离最短的港口。腹地货源充足。腹地可辐射到淄博、东营、济南、临沂、莱芜等地，水路运输需求发展空间大，潍坊港货物吞吐量多年来保持了持续稳定增长。市场化程度高。坚持“政府主导、规划调控、开放多元、市场化运作”的发展模式，马来西亚森达美、山东高速、龙口港、山东浩信等国内外企业先后参与潍坊港建设。引进外来资金占建设投入的95%以上，实现了“政府小投入，港口大发展”。

【潍坊港现状】 码头航道。中港区：拥有泊位27个，综合通过能力3435万吨。其中森达美港有限公司拥有泊位23个、山东高速交通物流投资有限公司拥有泊位4个，万吨级及以上深水泊位20个，最大为5万吨级，航道满足3.5万吨级散货船单向航行。西港区：拥有泊位18个，综合通过能力895万吨。其中龙口港集团有限公司拥有泊位13个、小清河港务局洋口港拥有泊位5个，航道可达到5000吨级船舶通航条件。东港区：尚未开发建设，主要为昌邑滨海经济开发区发展建设服务，规划建设10000吨级航道和码头。

经济运行情况。2016年，全港完成货物吞吐量3704万吨，比上年同期增长23%；其中集装箱完成34.6万TEU，同比增长33%。中港区完成货物吞吐量2007.73万吨，集装箱完成21.4万TEU。已开通60多条国内及国际航线；其中国内航线可通航至沿海沿江各个港口地区，国际航线延伸至俄罗斯、韩国、朝鲜、日本等9个国家。港口集装箱运输现有航线11条，其中内贸9条、外贸2条，运输货物涉及化工、能源、粮食、造纸等产业领域，涵盖盐类、碱类、一般化工品类、成品纸及造纸原料类、粮食及食品类等主要货物类别。

【潍坊港运营管理】 潍坊港的运营本着“谁建设、谁运营、谁受益”的原则，据统计，自1996年开工建设以来，潍坊港累计完成固定资产投资近120亿元，其中引进外来资金占比超过95%以上。

中港区（潍坊港）是潍坊港的主体港区，现有马来西亚森达美集团、山东高速集团、潍坊港集团等3家建设经营主体。其中，马来西亚森达美集团建设经营散杂货泊位21个及后方森达美中马产业园，并与香港龙翔集团合资建设2个液化品泊位及配套库区，累计完成固定资产投资约60亿元。由省国资委主管的山东高速集团投资建设4个客货滚装、通用泊位，累计完成建设投资约10亿元。2014年，市政府（由潍坊港集团代持股份）、森达美、山东高速三方共同出资组建潍坊港务有限公司，建设维护中港区3.5万吨级航道，累计完成投资约18亿元。

西港区寿光作业区（寿光港）由烟台市国资委主管的龙口港集团投资，建设13个5000

吨级通用、液化品泊位，并与淄博依航仓储、烟台港化油品合作建设液体化工品库区，累计完成固定资产投资约16亿元。

羊口作业区（羊口港）由山东省交运集团小清河航运管理局运营5个1000吨级泊位，固定资产规模约2亿元。

东港区（下营港）由昌邑当地民营企业山东浩信集团牵头组成的企业联合体与昌邑市政府合作投资建设蒲东防潮堤及临港物流园区，累计完成建设投资6.5亿元，实现港口基础设施的起步开发。

【港口整体规划】 按照潍坊港总体规划修编，潍坊港规划形成“一港三区、一主两辅”的总体发展格局。一港三区：潍坊港分为西港区（寿光）、中港区（滨海）、东港区（昌邑）3个港区。一主两辅：以中港区为主体港区重点开发建设，西港区适度发展，东港区适时开发的总体发展框架，以市场需求为导向，集中政府主导的资源，加快码头、航道等基础设施建设，提高港口规模等级，增强港口的综合竞争力。

【港口“十三五”期间建设计划】 “十三五”期间潍坊港计划完成总投资约73亿元，实现完成货物吞吐量9000万吨，集装箱100万标箱。具体实施以下包括：①森达美2个5万吨级液化品泊位及罐区，建设完成，潍坊港集团2个5万吨级液化品泊位及罐区，总投资概算约30亿元。②山东高速4个5万吨级通用泊位工程，1个5万吨级滚装泊位工程建成投用；森达美2个5万吨级集装箱泊位工程建成，潍坊集团3个5万吨级通用泊位工程建成，总投资概算约20亿元。③5万吨级航道项目：该项目通航宽度190米，设计底标高-13.6米，航道全长约66公里，可满足5万吨级货单向乘潮航行要求，总投资225925.62万元，4月11日已由省发改委批复立项。④潍坊港中港区1#、2#锚地工程。潍坊港中港区1#、2#锚地为1万—5万吨级船舶锚地，是为整个港口服务的公益性项目，估算总投资3371万元。⑤推动鲁辽甩挂大通道持续健康发展。以潍坊港和辽宁营口港为陆海联运衔接基地，再购置1艘甩挂船舶加密目前海运线路，成立专业甩挂运输企业，通过潍坊港与营口港的海上对接，经由营口—满洲里—欧洲的海铁联运“新丝路”，实现与亚欧大陆的连通和延伸。

（马永伟）

电　信

移动滨海分公司

【概况】 2016年，公司上下团结协作，务实推进，深化企业精细化管理运营，加强基层党建工作，完善廉洁风险防控机制，保持住了移动的竞争优势。完成4G四期建设，提升了网络质量；围绕提速率、提质量、增价值，坚持发展、效益、服务并重，加快有线宽带的发展；面向重点行业和集团的信息化攻坚工作取得了很大成效。公司以“客户满意工程”为着力点，坚持“客户为根、服务为本”的服务理念，不断发现和改善导致客户不满的问题和环节，通过多种措施提升客户的满意度。获滨海区“消费维权示范单位”的称号。

围绕员工反映的热点、焦点问题，制订有效措施加以改进，不断提升员工的满意度。

【公司沿革】 1997—1998年，邮电分营。1999年，电信业迎来第一次重组，中国国内电信市场形成有中国电信、中国联通、中国移动、中国网通、吉通、铁通和中国卫通等7家运营商组成的分层竞争格局。2002年，迎来电信业第二次重组；2008年，电信业第三次重组，中国电信、中国移动、中国联通成为全业务牌照运营商。2008年5月，中国铁通集团有限公司并入中国移动通信集团公司，成为其全资子公司。

【安全工作】 推行安全生产第一责任人和安全生产红线意识，坚持问题导向，先后开展“安全生产百日竞赛”、安全生产大检查、安全隐患专项整治、安全生产专项技术比武等活动。建立“平安潍坊移动”微信平台，开展以手机微信视频为主的安全督查行动，实现安全督查的全面覆盖，切实消除各类安全隐患，确保全年安全生产无事故。

【党建工作】 公司严格落实中央和上级党组织要求，加强政治理论学习和组织建设。启动“两学一做”学习教育，深入学习党章党规，按期开展党委专题民主生活会和党支部专题组织生活会。开展中央巡视“回头看”整改工作。公司在推进党风廉政建设“两个责任”的落实的基础上，开展党风廉政建设。

联通滨海分公司

【概况】 潍坊联通滨海经济开发区分公司围绕市公司总体部署，结合滨海区通信市场的实际情况，调动公司各专业线员工积极性，重新梳理内部流程，明确工作职责，加强专业培训，强化员工素质，提升工作效率，服务水平，市场经营能力不断提升。集团客户线以信息化应用为着力点加快行业客户拓展，行业客户发展取得明显突破，为滨海区引资企业在信息化应用方面注入活力；校园市场实现新突破，取得新成绩，集团客户业务收入列全市专业线的第一位，客户服务水平显著提高，将服务工作做细做实，滨海区用户满意率均位居全市前列。网络支撑能力进一步加强，2016年新建4G基站18个、室分站点22个，信号覆盖率在98%以上，FTTH端口新增3684个，截至11月底全面完成开发区光纤入户的改制工作，百兆到桌面的网络速率在滨海各区域全部实现，用户感知明显提升。各项工作以问题为导向，以用户满意为出发点，以“团结、用心、务实、创新”的理念，全面提升服务、管理和支撑水平，为滨海区经济的快速增长，人民的幸福生活做出了积极贡献。

2016年，累计完成主营业务收入列全市第一位，同比增幅12.24%，列全市第一位；移网业务发展，列全市第一位；宽带业务发展列全市第一位；IPTV业务发展列全市第三位。

【公司沿革】 2009年1月15日，根据市公司《关于进一步细化部门职责的通知》（潍联通人力〔2008〕57号文件）要求，同时根据潍坊市委、市政府《关于滨海经济开发区管理区域调整的实施意见》（中共潍坊市委〔2008〕

11号）及有关要求，为强化对滨海经济开发区通信服务支持，确定滨海经济开发区分公司作为市公司设在滨海经济开发区的直属机构，负责行政区内各项通信业务的业务发展、业务受理、固网、移动网络的建设、维护、服务等工作。

为了对应地方行政管理区域的调整，将原寿光分公司管理的大家洼营业部、寒亭分公司管理的央子营业部成建制划归滨海经济开发区分公司管理。公司成立时，办公地点设在原来的大家洼营业部办公楼，2009年5月，滨海分公司总部搬迁到滨海区广场东侧鸢都大厦三楼。2012年6月，市公司装修大家洼营业部办公楼，滨海分公司总部从鸢都大厦搬回大家洼营业部办公楼。

城建·国土资源·环保

潍坊
滨海
年鉴
2017
WEIFANGBINHAI YEARBOOK

城建·国土资源·环保

城市规划

【概况】 2014年11月，潍坊市编办印发《关于调整理顺市区规划管理体制和明确职责划分的意见》（潍办〔2014〕42号），组建成立潍坊市规划局滨海区分局，依法承担滨海区城乡规划的编制研究；核定行政编制10名、事业编制15名，领导职数1正2副。2015年2月，设立市规划局滨海区分局规划编制研究中心，为市规划局滨海区分局所属公益一类事业单位，正科级规格，核定事业编制15名，配主任1名、党组织书记1名、副主任2名。2016年，被潍坊滨海经济技术开发区党工委授予“先进基层党组织”称号，被潍坊市档案局授予“山东省档案工作科学化管理先进单位”称号。

【城市规划编制】 2016年，在潍坊市率先启动开发区总体规划（2016—2030年）编制工作，并以“港口带动、陆海统筹、产业集群、城市集约、生态保障、产城融合”为引领，全面推进“多规合一”，将滨海区功能定位确定为：环渤海南翼重要的滨海城市，潍坊城市双中心之一，潍坊市海洋经济中心，现代化工业基地，经济创新转型极，高品质休闲活力城市。科学划分区控规编制及管理单元，有序推进控规修编及动态更新，精心编制城市蓝线控制规划，加强控制性详细规划的公开性和强制性，深化“多规融合”规划编制和成果转化，控制性详细规划覆盖区域为294平方公里，实现建设用地范围内的控规全覆盖，积极推动旧城保护与城市更新，强化特色风貌的引导构建。按照产城融合的理念，编制央子、大家洼、旅游度假区城市设计，委托悉地（北京）国际建筑设计顾问有限公司编制白浪河景观轴及重点区域亮化设计，打造多彩夜色滨海。编制中央城区近期开发区域城市设计、企业总部基地建筑群策划、文昌湖周边和摩天轮西南地块规划策划。

【规划审批服务】 2016年，全年包靠重点企业29家，协助解决实际问题98件（项），形成包靠服务重点企业督查通报24期，完成督办事项76件。办理建设用地规划许可证53项，同比增长35.9%；办理建设工程规划许可证228项，同比增长38.2%；办理规划选址意见书5项，同比增长25%；核提57个地块规划设计条件，同比增长18%；答复群众建议、咨询19件，群众满意率100%。

【招商引资工作】 2016年，全年招商引资量完成6亿余元，与清华大学合作在滨海注册潍坊清尚建筑设计咨询有限公司，引进济南市政设计研究院，在滨海区招院引所方面做出积极贡献。签约意向投资30亿元的潍坊滨海华芯电子集成电路产业园，开创了滨海在数字集成电路产业方面招商引资先河。

（贾　佳）

城市建设

【概况】 2015年3月27日，根据潍坊滨海经济技术开发区管委会《关于行政事业机构调整设置的通知》（潍滨管发〔2015〕1号），设立潍坊滨海经济技术开发区住房和城乡建设局，为区党工委、管委会内设机构，副县级规格，配领导职数1正2副。主要负责全区住房和城乡建设、人民防空、防震减灾等工作，负责全区城市道路、路灯、园林绿化、排水排污、城区防汛等城市基础设施建设和管理工作。内设综合科、城市建设科、建设市场管理科、住房管理科4个科室，均为正科级规格，共配领导职数4正2副。下设建筑安全质量监督站、建筑工程管理处、建筑设计院3个正科规格局属单位。

【城市基础设施建设】 市政设施配套。完成渤海水产广场支路、蓝海学校西侧道路、海安支路等新建道路工程，实施长江西街道路改建、氯碱路道路改造、华洲路及海滨街等道路改造提升工程，新增道路10公里。实施道路隐患整治工程，整改道路隐患145处，安装中央隔离护栏16000米、道口警示桩900根，完善指路标志130套、交通信号灯15处，改善了居民出行环境。园林工程。实施中央商务区景观工程、未来大厦地块及未来广场工程续建工作，完成白云公园改造提升，实施未来广场东西两地块绿化工程、科教创新区5条道路绿化工程、渤海路南段、珠江东街及中央商务区未建项目地块绿化覆盖工程，新增绿化面积53万平方米，覆盖裸露地块30万平方米；对687万平方米绿地实行动态管护，发现问题随时整改，保持良好的绿化效果。路灯工程。完成大家洼社区周边、蓝海学校西侧道路、樱花路、科创北街、黄河西街、珠江东街等道路路灯工程，完成蓝色畅想及玉龙雕塑亮化，安装LED路灯400余盏，敷设电缆2万米，安装箱变12台；做好全区12000盏路灯巡查维护工作，及时排除照明设施故障，保证辖区亮灯率及设备完好率。卫生城市复审。对全区道路缺失、损毁的人行道铺装、路缘石、检查井盖等市政设施进行检查更换，及时疏通排雨污管网，对北海路、香江东一街等10余条道路、绿化设施维护维修；组织实施大家洼片区市政消火栓提升工程，新增改换消防栓57处，满足了城市消防要求。

【省级绿色生态示范城验收】 顺利完成省级绿色生态示范城区验收工作，根据任务要求组织相关单位对相关资料进行完善整理，通过向上级咨询学习，根据省、市有关文件，出台《潍坊滨海绿色生态城区建设激励暂行办法实施细则》和《关于加强潍坊滨海绿色生态示范城区建设项目监督管理的通知》等一系列文件，制订绿色建筑项目奖励标准和资金审批流程。2016年12月，顺利通过省住建厅验收，得到专家组好评，争取上级资金2000万元；湖光山舍、未来大厦、金融中心、学校、盛鸿大厦、裕源大厦、上书房7个项目通过绿色建筑设计标识评审，总面积达100万平方米。推广应用可再生能源示范项目，完成20万平方米太阳能光热建筑一体化应用，1 个项目获山东省绿色施工示范项目，1 个项目获省绿色建筑二星级绿色建筑运行标识，完成 3 万平方米既有居住建筑供热计量及节能改造。

房地产业及住房保障

【建筑市场管理】 2016 年，全区在建建筑单体 190 多个，建筑面积 200 多万平方米。做好建筑领域质量安全工作，推行建筑质量安全“网格化”监管模式，开展开复工安全教育培训、“大快严”综合整治行动、安全生产月、消防隐患排查等专项整治 10 余次。抓好窗口服务工作，全年办理建筑工程施工许可证 16 项、质量监督手续 139 件、安全施工措施备案 131 件、竣工验收备案 95 件。及时解决拖欠农民工工资问题，全年受理上访事件 81 起，涉及农民工 653 人，涉及工资 3390 万元。加强建筑施工扬尘污染整治的监督监管，结合潍坊市创建卫生城市契机，将扬尘治理同工程质量、安全管理同部署，做到常态化监管。积极创建优质工程。2016 年，光大环保获“国家优质工程奖”，中小学实践基地获“泰山杯”“鸢都杯”“市优良工程”称号，海宁大厦、渤海湾五星级被评为“省安全文明标准化工地”，体育运动学校被评为“市优良工程”，海事学院被评为“市优质工程”，公共实训基地被评为“市安全文明标准化工地”等。

【住房管理及物业管理】 抓好住房管理及物业管理工作，组织召开全区房地产企业、物业企业座谈会。创新性的开展华尚产业园工业地产分割办理房产手续，办理新建商品房预售合同备案登记 484 宗，预售许可 21 宗，清理业绩较差的房地产开发企业资质 3 家，帮助新办理开发资质 3 家。对全区 24 个企业实行预售资金监管制度，累计监管资金 76.32 亿元。做好住房维修资金管理，全年交存维修资金 1641 户，办理过户 183 户，更名 17 户，交存本金 1499 万元，审核批复使用维修资金 140 万元。加大物业管理力度，2016 年度新增物业备案小区 4 个，新办理物业公司资质 2 家，处理物业信访投诉 194 件，满意率 100%，有效化解了物业矛盾纠纷。

【棚户区改造】 2016 年，棚户区改造 474 户，其中大家洼社区改造 450 户，为东兴、双河 2 村。东兴村村庄占地 200 亩，有村集体经济成员 190 户、宅基地 138 处，符合宅基地审批条件而尚未分户的 54 户、534 人；双河村村庄占地 210 亩，有村集体经济成员 266 户、宅基地 198 处，符合宅基地审批条件而尚未分户的 75 户、727 人。自 2016 年 3 月底全市棚改现场推进会以来，从政策研读、发动动员、民意调查、评估测算、制定方案、签订协议、居民临时安置、“四项批复”、上报融资材料到房屋拆除，仅用了 3 个月的时间。2016 年 7 月中旬，全部签订拆迁补偿安置协议，房屋全部拆除，发放临时安置费、搬迁费及搬迁奖励共 1500 多万元。

新建安置区学府新城位于大家洼街道大社区二期西侧，项目一期规划建设总户数 490 户、总人数 1568 人。地上停车位 490 个，项目范围内规划建设 20 栋 1+5+1F 多层住宅楼，2 栋 3F 社区服务用房。用地面积 72008 平方米，建筑面积 86220.74 平方米，容积率 1.20，2016 年 9 月开工建设，主体已完成，预计 2018 年 6 月 30 日前全部完成回迁，回迁完成后可与周边住宅区共享共用配套设施。滨海区通过省财金公司统借统还方式向国家开发银行申请政策性贷款 1.7 亿元，贷款期限 25 年，已到位 5000 万元，财政筹集项目资本金 5500 万元。

（张　玮）

城市管理

【概况】 2016 年，根据潍坊市政府办公室《关于印发中心城区市容环境综合整治提升工程实施方案的通知》（潍政办字〔2016〕31 号），潍坊市提升市区领导小组办公室《关于印发〈市容环境秩序综合整治提升工程考核细则〉的通知》（潍提办发〔2016〕11 号）等有关文件要求，区城市管理行政执法分局（以下简称行政执法分局）集中力量开展市容环境综合整治。

【机构沿革】 2005 年，根据潍坊海化开发区管委会（潍海管发〔2005〕2 号文件），潍坊海洋化工高新技术产业开发区城市管理行政执法局正式挂牌成立。2005 年 5 月 30 日，根据潍海管发〔2005〕28 号文件，更名为潍坊市城市管理行政执法局潍坊海洋化工高新技术产业开发区分局（加挂潍坊市执法监察总队海洋化工高新技术产业开发区大队的牌子）。2006 年，根据潍滨发〔2006〕4 号文件，调整为潍坊市城市管理行政执法局山东潍坊滨海经济开发区分局（挂潍坊市执法监察总队山东潍坊滨海经济开发区大队的牌子）。2015 年 3 月 25 日，根据潍滨管发〔2015〕1 号文件，更名为潍坊市城市管理行政执法局滨海区分局。负责全区城市管理行政执法、市政管理、公用事业管理、环境卫生管理等工作，承办区党工委、管委会交办的其他工作。内设综合科、市政管理科（挂城管监察大队牌子）、公用事业管理科、环境卫生管理科 4 个科室。

【重点区域专项整治】 根据综合整治工作分工要求，牵头街办、园区、交警、交通、环保、市场监督管理等相关单位，抽调专门人员组成联合执法队伍，累计出动执法人员 500 余人次、工人 300 余人次，登高车 120 余工时，对 3 个重点区域，逐一检查，集中清理。共计清理流动商贩 154 户，取缔违规摊点 15 处、乱搭乱建 7 处，扣押落地灯箱 70 余块，拆除较大广告牌 70 余块，拆除耳牌、副牌、房顶广告牌等多余广告牌 430 余块，清理店铺门窗广告、乱贴乱画 3500 平方米，清理乱停乱放机动车 17 辆，查处违法行为 60 余起，暂扣物品 50 余宗。拆除固定旋转木马 4 处、蹦床 3 处，清理垃圾死角 100 余处。

【整治占道经营和露天烧烤】 根据潍政办字〔2014〕170 号文件以及潍办字〔2015〕14 号《“四通一治”工作实施方案》要求，行政执法分局于2016年10月引入潍坊滕顺物业公司参与城市管理，因地制宜设置便民摊点群。已完成白云公园处、科教区槐花路便民摊点的设置工作，其他设置点的设置和管理工作也在有序推进。集中力量整治露天烧烤。实施源头管理，对全区54家烧烤企业逐户登记造册，全面掌握底数和基本信息，做到查有底，罚有据。要求露天烧烤摊点必须进店经营，更换无烟烧烤炉具，做到油烟排放达标；经营活动不得占用城市主次干道，不得占用绿化带、广场等市政设施；对店外摆桌的占道经营进行规范管理，要求商户在餐桌旁设置垃圾容器。对不达标摊点业主下达《责令限期整改书》35份。加大巡查力度，对限期未整改完毕的摊点及时查处，严管重罚，取缔露天烧烤8家，规范46家全部进店烧烤。

【文明城市卫生城市复审迎查】 按照《2016文明城市湿地考察站点标准条件》和国家卫生城市复审标准的要求，加强公共广场、公园、车站广场、广告设施、停车场、主次干道路、商业街区、背街小巷等的监管，及时高标准完成督办事项整改，杜绝问题反复出现。

【供热】 全区有热力企业8家。其中，居民集中供热企业有潍坊滨海盛源热力有限公司、潍坊北海热力有限公司、潍坊滨海明阳热力有限公司3家，工业蒸汽供气企业有潍坊滨海新源热力有限责任公司、潍坊恒通热力股份有限公司、中碳能源（山东）有限公司、潍坊联兴新材料科技股份有限公司、山东新和成药业有限公司热电分公司5家。2016年，采暖季行政执法分局督促各供热企业做好供热准备，提前达标供热。根据供热需求，不断完善供热设施配套，累计铺设居民供热管线16公里，累计配套面积19.5万平方米。继续推进老旧小区分户改造，在前3年完成50万平方米改造的基础上，加大分户改造宣传力度，累计完成改造16万平方米，超额完成了年初制订的10万平方米改造任务。

【供气】 全区有燃气企业8家。其中，管道燃气企业有潍坊港华燃气有限公司、潍坊中凯清洁能源技术有限公司、潍坊滨海金捷能源技术开发有限公司3家，汽车CNG加气站有潍坊大承天然气设施有限公司1家，液化石油气加气站有洪盛液化气站、昌泰液化气站、潍坊滨海周疃液化气站、潍坊中燃百江能源有限公司4家。2016年，共批复新建燃气管线9段、18335米，先后为太平小区、海建花园、王呈等居民小区，未来大厦、新和成药业、海化集团石化分公司等工商业用户完成管道燃气配套工程审批审查。截至年底，全区已供气小区35个、工商用户44家，全年累计供气1016.44万立方米。

【污水处理】 全区污水处理企业有潍坊崇杰污水处理有限公司、潍坊渤发水处理有限公司、潍坊滨海康达环保水务有限公司3家。行政执法分局作为滨海区城镇废水综合利用工程牵头部门，根据市委、市政府《关于深化“三八六”环保行动实施“十大工程”加快绿色发展的意见》开展工作。2016年，接管了城区范围内污水处理设施（包括围滩河污水管网、科技项目区污水管网、东城区污水管网及生活污水泵站，不含雨污合流部分）的日常维护维修管护任务；生活污水管网和泵站移交工作已经完成，维修维护工作正常开展。共组织10次维修维护任务，维修维护污水管网7处、污水井4个、泵站1次，疏通管道600米，维修补全污水井盖缺失35个。

【绿化养护】 负责科教创新园区1115300平方米的园林绿化管护养护工作，分为3个标段。潍坊海鑫园林绿化有限公司负责720900平方米，山东昌盛市政景观工程有限公司负责202900平方米，山东沁园春市政园林工程有限公司负责191500平方米。

【环卫工作】 铁路沿线环境综合治理。制订全区《铁路沿线环境综合治理工作的实施意见》，成立铁路沿线环境综合治理领导小组。加强铁路卫生治理，强化站区、主要进出口、生产办公院落以及线路区间的卫生整治和日常保洁，累计清理废弃路料1800余立方米，清除卫生死角39处。完善城乡生活垃圾收运体系，加大对乱堆乱倒垃圾、乱排污水等行为的查处力度，累计查处30次，清理铁路栅栏外可视范围内的积存生活垃圾100吨。搞好沿线“白色污染”清理，清除田间地头、河流沟渠等处以及挂在树枝（电线）上的废旧塑料袋。加大固体废弃物整治力度，通过清运、围挡、覆盖、绿化、喷水（洒水）等措施，对铁路两侧存放的固体废弃物、渣土消纳场、堆场、料场等进行规范化处理，严控扬尘和视觉污染。

道路保洁。负责对全区道路保洁进行业务监管。全区道路保洁面积5955万平方米，有保洁员432人、环卫机械设备36部，全区设置垃圾桶4500个、果皮箱287个。垃圾中转站有3个，其中西城2个、东城1个。全区有潍坊滨海永泰环卫保洁有限责任公司、潍坊鑫兴园保洁有限公司、潍坊滨海开发区长运汽车运输有限公司3家保洁公司。

餐厨废弃物管理。全区有餐饮单位300家，已签餐厨废弃物规范处理合同的300家。具有符合收集条件的餐饮单位123家，设置餐厨垃圾收集桶476个，日收集餐厨垃圾21.79吨，全部由潍坊金信达生物公司收集处理。

【安全生产】 行政执法分局严格落实安全生产责任制，层层落实安全监管制度，制订印发《2016年市政系统安全生产管理工作计划》。累计召开10次市政企业安全生产专题会议，与各企业签订《安全生产目标责任书》，明确各企业安全生产主体责任。按照《安全生产法》要求，组织各市政企业成立安全机构、设置安全科室、配备专职安全员。完善预案体系，抓好热力、燃气等相关行业的安全应急预警机制建设。将预案编制与演练情况作为检查重点，要求企业做好应急管理工作，确定应急联络人员，配备应急抢险物资，按照计划开展演练活动。开展家庭安全用气常识宣传。组织各燃气企业参加安委会组织的各项宣传活动，先后组织管道燃气企业、液化石油气站点参加“雷锋日”“安全生产日”等系列活动，发放燃气安全明白纸和免费提供燃气安全咨询台。鼓励经营企业通过开展客户安全用气专题讲座、燃气安全进社区、燃气安全进校园等活动提高全民安全用气意识。从专家库抽调燃气安全专家作为主讲，面向部分管理部门、各燃气经营企业、央子片区各村安全员、较大燃气用户负责人组织开展燃气安全培训讲座，对主体责任落实、燃气安全管理与使用、应急情况处置办法、安全隐患整改要求等方面进行细致讲解。

（李林涛）

国土资源管理

【概况】 2016年，潍坊市国土资源局滨海区分局（以下简称滨海分局）围绕滨海新区建设，先后为城海快轨、大莱龙铁路建设项目及疏港铁路等数十个省、市重点项目提供用地预审和规划调整完善，加快了项目的开工建设。遵循重点项目重点保障的原则，为海洋科技大学园、上海新纪元学校、新和成蛋氨酸、数字小镇等重点项目供应土地800公顷，全力保障大项目及时落地。全面完成2016市级卫片66个图斑核查上报工作，完成国家土地督察局济南局2016年开展的例行全天候遥感监测17个图斑的核查上报工作。2016年无国土资源违法案件发生，无信访案件发生。滨海分局被评为“全市国土资源工作先进单位”。撰写的《数字滨海地理空间框架建设项目》获2016年度山东省国土资源科学技术奖三等奖，《地下卤水资源深度综合利用技术开发项目》获2016年度山东省国土资源科学技术奖三等奖。

【机构设置】 滨海分局内设综合科、土地管理科、地质矿产管理科、测绘管理科4个科室，有事业编制15人，实有18人。下设土地储备中心、国土资源执法监察大队、不动产登记中心3个事业单位和1个国土资源所。其中土地储备中心为正科级事业单位，编制6人，实有6人；执法监察大队为副科级事业单位，编制3人，实有4人；不动产登记中心为正科级事业单位，编制7人，实有12人；央子国土资源所2人。

【土地资源】 截至2016年底，全区土地总面积678.38平方千米，其中农用地面积14765.11公顷（耕地5102.98公顷、基本农田1649.49公顷），占总面积的21.77%；建设用地面积35759.17公顷，占总面积的52.71%；未利用地面积17313.77公顷，占总面积的25.52%；人均耕地面积0.06公顷。

【土地规划】 全力做好规划调整完善工作，梳理全区100个重点项目用地规划情况，重点保障“十三五”潍坊滨海海洋经济新区建设28个支撑项目，保障新增建设用地规划指标405.33公顷，为城海快轨、北海路快速通道、大莱龙铁路扩建项目、山东省黄水东调等重点项目调整修改土地规划面积48.53公顷。

【耕地保护】 年初耕地面积5105.89公顷，年末耕地面积5102.98公顷，年度减少耕地2.91公顷。基本农田划定1462.53公顷，占耕地总面积的28.66%。连续多年实现耕地占补平衡。基本农田保护率100%。

【地籍管理】 全面完成2015年度土地变更调查和遥感监测工作，保持第二次土地调查成果的现势性。高质量完成耕地后备资源调查评价工作，并通过省厅验收。集体土地确权登记发证工作已全部完成，所有权确权登记发证完成533宗，发证率100%；宅基地确权发证51个行政村，发证率100%。完成1∶2000所有权数据库和宅基地数据库建设，满足了不动产登记的需求。无土地权属纠纷。

【不动产登记】 2016年初，不动产统一登记机构、人员全部整合到位，在全市率先实现不动产登记机构、登记簿证、登记依据和信息平台的“四统一”。申请50万元专项经费，完成办公场所和服务窗口设置，实现“一窗口”受理，“一站式”办结；购置叫号系统、导购台、电脑等设备，方便办事群众，提升工作效率。新证书颁发前发放各类证书3312本；9月9日后，办理各类不动产登记业务1074件，其中发放不动产权属证书625本、各类不动产登记证明336本，登记准确率100%。

【土地利用管理】 报批建设用地2批次，其中项目报批2次，面积21.74公顷，不占用耕地。供应土地142宗，面积公顷1354.08公顷；其中含出让137宗，面积1301.05公顷。成交价款100.408360亿元；其中招拍挂出让134宗，面积1252.20公顷，成交价款97.954975亿元。供地率78%，储备土地1707.4759公顷。

【矿产资源】 截至2016年底，全区已探明的矿产资源主要有地下卤水和地热2种，已开发的为地下卤水矿。全区共设立有效矿业权23个。滨海区矿产资源的特点是矿产种类少，非金属矿产优势明显；矿产规模以小型、小矿为主，大型矿山企业较少；矿产资源分布相对集中，区域矿产特色明显。

2016年8月22日，潍坊滨海经济技术开发区盐田保护区标志牌建成启用 （王东滨 摄影）

【测绘管理】 编制完成《滨海区“十三五”基础测绘规划》。全年实现595平方公里1：2000基础地理信息数据的更新一次、建成区82平方公里1：500基础地理信息数据更新一次，核查更新地名地址数据20885条，基础地理信息数据现势性达到2016年底。建设完成数字滨海地理信息公共服务平台，建成平台应用系统8个，推广应用部门达到7个。全区有2家测绘单位，均为丁级测绘资质。全年开展测绘资质巡查1次、地图市场检查1次、地理信息保密检查1次、测绘成果质量检查1次，效果良好。

【国土资源法律法规宣传】 加强国土资源法律法规宣传教育，以“4·22”地球日、“6·25”土地日、“8·29”测绘法宣传日等为契机，组织开展走上街头、走进校园、走进企业等丰富多彩的宣传活动，努力营造珍惜国土、节约集约、依法用地的良好氛围。加强社会监督，保证权力在阳光下运行，坚持依法行政，全年无行政复议、行政诉讼。

【队伍建设】 加强对服务大厅、所和局机关每月明察暗访，健全完善工作制度，严格机关规范化管理。继续实行百分制量化考核，每月对考核结果通报；继续开展评选亮点工作和先进工作者，全年共评选出44项亮点工作和60人次先进工作者，干部职工创先争优氛围日益浓厚，工作效率和服务水平明显增强，多次收到群众和企业送来的锦旗和感谢信，服务大厅国土窗口连续12个月被评为“红旗窗口”。

（王生学）

环　保

【概况】 近年来，滨海区围绕党的十八大关于环境保护方面的要求，践行五位一体发展理念，将生态环境建设融入开放、开发全过程，以大气、水、固废等综合整治为重点，加大执法力度，狠抓污染物减排，开展“三八六”环保行动，完善体制机制，强化流域治理，实施绿化全覆盖，坚持绿色发展、循环发展、低碳发展，实现了经济社会与生态环境的协调发展。滨海区是全国60家化工聚集重点区域之一，有重点化工企业160家，其中国控重点企业12家、市控重点企业15家。2016年，滨海区二氧化硫、二氧化氮、PM10、PM2.5平均浓度为0.038毫克每立方米、0.038毫克每立方米、0.109毫克每立方米、0.067毫克每立方米，比2013年分别改善了58.7%、22.4%、19.3%、25.3%。

【机构沿革】 1995年10月18日，潍坊市机构编制委员会以潍编字〔1995〕65号文，批复成立潍坊市环保局海洋化工高新技术产业开发区分局；1997年4月18日，潍坊市机构编制委员会以潍编字〔1997〕30号文件，确定在海化开发区设立潍坊市环境保护局海化分局；2001年10月12日，海化开发区党工委、管委会以潍海发〔2001〕32号《潍坊海化开发区党工委、潍坊海化开发区管委会关于行政部门和事业单位机构设置的通知》文件，确定成立环境监测监理站；2005年1月10日，潍坊海化开发区管委会以潍海管发〔2005〕2号文件，确定成立潍坊海洋化工高新技术产业开发区环保局（环境监测监理站与其合署办公）；2006年1月22日，山东潍坊滨海经济开发区党工委、管委会以潍滨发〔2006〕4号文件，变更为山东潍坊滨海经济开发区环保局（环境监测监理站）；2007年4月9日，山东潍坊滨海经济开发区管委会以潍滨管发〔2007〕12号文件，将山东潍坊滨海经济开发区环境监测监理站更名为山东潍坊滨海经济开发区环境监测站，与环保局合署办公；2009年9月26日，山东潍坊滨海经济开发区管委会以潍滨管发〔2009〕72号文件，更名为潍坊市环境保护局滨海经济开发区分局；2015年3月27日，潍坊滨海经济技术开发区管理委员会以潍滨管发〔2015〕1号文件，更名为潍坊市环境保护局滨海区分局。

【强化工程治理】 重点针对工业企业废气收集、处置和废水深度治理等环节抓硬件提升，促使企业新上或升级工程治理设施。推进重点减排工程建设。投资8851万元，海化热电5#—6#机组炉外脱硫工程、科伦比恩尾气发电工程等3个减排工程均按时间节点全部完成。开展超低排放改造。制定印发《滨海区2016—2017年燃煤机组（锅炉）超低排放改造实施方案》，明确完成时限，统筹推进，全年完成投资1.6亿元，完成新和成药业、北海热力等4家企业的7台锅炉超低排放改造工作。开展挥发性有机物综合整治工作。普洛得邦、绿霸化工等14家有机化工企业完成泄漏检测与修复（LDAR）工作，提前完成潍坊市下达的工作任务。强化工业废水深度治理。海化集团东大湾废水回用、中农联合废水焚烧等7个项目列入山东省2016年水污染防治项目库，共投资1.34亿元。争取上级资金扶持，海化集团石化盐化一体化项目污水处理设施提标改造项目和石大昌盛污水处理工程分别获得山东省重点流域污染防治专项资金95万元、150万元。区内已建成危废集中处置中心1座，年可处理固体危废7200吨、液体危废9.6万吨；投资5000万元的废盐综合利用项目已开工建设，建成后年处理固体废盐10万吨。

【聘请专家会诊把脉】 近年来，累计投入资金214万元，采取政府购买服务方式，聘请全国知名专家30余人，对265家次重点企业异味、危废、评级评价情况进行“会诊”“把脉”，综合“诊断”企业生产工艺、生产环节及环境管理情况，提出针对性治理措施1466条，督促企业有效落实整改。

【环保源头控制】 制订并严格落实“三张清单”，提高项目准入门槛，坚决杜绝高污染、低水平建设项目入驻，全年审批项目78个、验收项目35个。针对因历史原因积存的23个未批先建项目，本着“承认事实、帮助企业完善手续、促进环保规范化管理”的原则，集中审查、集中解决，全部补办环评手续，合计投资近15亿元，新增产值20亿元以上。

【监测能力建设】 全面开展废水、废气污染源及河流等常规监测、加密监测及委托监测业务。完成34家企业建设项目验收监测及4家企业在线比对验收监测，出具废气、废水有效监测数据5200余个。监督14家国控废水、废气、危废污染源及污水处理厂完成自行监测及信息公开工作。完成7个土壤环境质量例行监测点位的样品采集工作，开展高锰酸盐指数、凯氏氮、氟化物、总氰化物、总汞（原子荧光法）、总砷（原子荧光法）6项新项目。12名监测人员通过上岗证考核，扩展持证项目46项（不计重复项），完成2016年度资质认定质量体系换版工作。

【环境执法】 严格落实《中华人民共和国环境保护法》，实行24小时接访、巡查，对偷排、超排等环境违法行为，从严从重果断处理，打消企业侥幸心态。常态化推进环保执法专项行动，累计出动执法人员3000余人次，夜间执法1400余人次。开展滨海区环境安全隐患大排查严执法集中行动、秸秆禁烧专项行动、冬季供暖期大气环保专项行动等系列环保专项行动。加强部门联动，形成打击合力，联合公安部门出台《滨海区公安环保联勤联动执法工作机制实施意见》，开展联合行动5次，移交涉嫌环境犯罪案件1起。依法实施停产整治、按日连续处罚等新手段、新措施。2016年，共关停取缔企业（项目）4个，停产治理和限期治理企业（项目）67个，行政处罚18家次，依法征收排污费1572万元。

【强化环境安全风险防控】 邀请5名专家对全区所有环境风险企业进行检查。加强环境应急能力建设，梳理并充实环境应急物资储备，完成39家企业预案备案工作，备案率100%。全年未发生突发环境事件。加强重污染天气应急管理，修订《滨海区重污染天气应急预案》，增加蓝色预警（Ⅳ级响应）。2016年，共启动蓝色预警4次、黄色预警1次、橙色预警1次。

【水污染与大气污染治理】 全面落实“河长制”，强化河道监管，取缔非法排污口，加快实施河道疏浚、生态补水、水质生物净化，探索污水处理厂出水循环利用新模式。推进河流湿地生态保护工程，恢复河道净化能力，强化已建成人工湿地的日常管理，做好植被维护和补植工作。实施产业提升绿色发展工程，继续开展“打非治违”专项行动，深化“四评级一评价”工作。推动园区外化工企业搬迁入园工作，狠抓煤炭减量替代，推进清洁能源替代改造工程。通过煤改气、煤改电、煤改高效煤粉锅炉、节能技术改造等手段进行控煤，落实煤炭减量替代制度。发展绿色公交系统，推进加气站和充电站（桩）配套建设。推进城建环卫精细管理工程，加大渣土运输扬尘治理力度，严格管控扬尘污染。

【固废规范处置】 实施环境安全风险防控工程，实现工业废物规范处理，督促企业实行工业固体废物申报登记制度，及时更新危险废物管理台账，严格落实危险废物储存、处置、转移等各项规范措施，确保固体废物和危险废物安全处置。继续开展危废规范化管理，利用好专家排查结果，督促企业尽快完成整改。加强环境应急管理，督促企业落实环境安全主体责任。对环境风险企业开展应急管理培训和环境应急演练，坚决防范、遏制重特大突发环境事件。深化联合执法，加大执法频次，坚决打击工业废物乱倾乱倒、违法处置等环境违法行为。

（张　洋）

财税·金融

潍坊滨海年鉴

2017

WEIFANGBINHAI YEARBOOK

财税·金融

财　　政

【概况】 潍坊滨海经济技术开发区财政局围绕全区中心工作思路，加强收支管理，努力培植财源，强化财政监督，服务民生发展，有力促进了各项事业健康发展。2016年，滨海区财政收入保持稳步增长，全区财政总收入完成44.90亿元，同比增长0.9%，完成年度预算的102.6%；地方财政收入完成33.06亿元，可比增长11.51%，完成年度预算的107.61%；公共预算总支出22.63亿元，完成预算的101.5%，同比增长4%。年末，被授予潍坊市理论大众化示范点称号；2016年11月，尹睿获山东省财政厅全省财政“六五”法治宣传教育工作先进个人称号。

【机构沿革】 根据1998年潍海管字〔1998〕49号文件，设立潍坊海洋化工高新技术产业开发区财政审计局；根据2006年1月22日潍滨发〔2006〕4号文件，潍坊海洋化工高新技术产业开发区财政局更名为山东潍坊滨海经济开发区财政局；根据2015年3月27日潍滨管发〔2015〕1号文件，山东潍坊滨海经济开发区财政局更名为潍坊滨海经济技术开发区财政局，为区党工委、管委会内设机构，副县级规格，配领导职数1正2副。有职工42人，内设综合科、预算科、审计科、企业财务科4个科室，主要工作职责为：贯彻执行国家有关财政、审计等方面的法规政策；拟定全区财税发展规划及改革方案；编制年度区级财政预、决算，负责预算内、预算外资金、财政性基本建设资金、政府采购资金、社会保障资金等各项财政资金和公共收入的收支管理；对管委直属行政事业单位实行财务集中核算管理；负责全区国有资产的管理运营和全区的会计财务管理等。

【财源建设】 对重点税源搞好全方位服务，了解企业困难和需求，充分扶持企业发展，培育税源，增大财源。全面落实扶持政策，积极争取上级资源。2016年，为企业争取市外经贸扶持项目、区域战略推进等34项专项资金，共计4959.87万元；争取各类政策性补贴4608.69万元，涉及耕地地力保护、小麦一喷三防、农村饮水安全奖补等多方面。

【民生建设】 支持教科文事业发展。为教科文事业发展提供经费保障，创新义务教育生均公用经费的预算和拨付程序，全年全区教育支出2.7亿元，科学技术支出1901万元，文化体育与传媒支出5424万元。

全面落实惠农政策，支持“三农”发展。顺利完成年度粮食直补、良种补贴、棉花目标价格补贴工作。全年共计发放惠农资金720万元，惠及农户1万余户。

社会保障和就业服务体系日益完善。各

项财政社会保险工作稳步推进，民生项目资金支出得到有力保障，财政补助标准继续提高。2016 年，财政社会保障和就业支出 5424 万元，医疗卫生支出 6009 万元。

争取国家政策性贷款，做好棚户区改造融资贷款工作。2016 年，获得国家开发银行授信贷款额度 1.7 亿元，筹措项目资本金 5500 万元，为棚改项目的实施提供了资金保障。

【财政管理】 深化部门预算改革，提高预算编制完整性，强化预决算信息公开。组织开展 2015 年部门决算和“三公”经费及 2016 年度各部门、单位年度预算公开工作，以方便群众监督。

【债券管理】 加强对地方政府性债务的管理工作，依法规范举债行为，及时核对置换债券信息，确保全区置换债券及时到位。2016 年，共收到地方政府债券 54.30 亿元，有效缓解了存量债务压力。截至年底，债务率为 114.80%，低于市科学发展观考核目标 2.34 个百分点。

【财政监督】 开展违规发放津贴补贴、规范差旅费和公务用车管理、财政资金安全检查、涉企收费清理等专项检查，进一步规范差旅费报销、公务用车管理以及津贴补贴发放等业务。顺利完成 2016 年会计信息质量检查等工作，严肃了财经纪律，确保了专款专用。

【推广 PPP 模式】 推广政府与社会资本合作（PPP）模式，成立专门的 PPP 中心，通过招标确定中国财政科学研究院作为全区 PPP 项目咨询服务机构，建立了投资 30 多亿元的 PPP 项目库。先期运作科教项目区未来图书馆和公共体育馆 2 个 PPP 项目，总投资约为 8 亿元；以白浪河下游综合整治项目为载体（项目总投资 10.63 亿元），采用政府采购服务方式与中国建设银行签订 6.7 亿元信贷融资业务，该项目正在有序推进中。

【财政预决算公开】 为进一步增强政府决算透明度，提升决算管理水平，按照财政部、省财政厅、市财政局的相关文件要求，组织开展预决算和“三公”经费公开工作，凡是财政资金安排的用于教育、文化、医疗卫生、社会保障和就业、住房保障以及“三农”支出等民生领域支出政策都及时、准确、完整的公开，增强财政工作的透明性。保证及时性、完整性和规范性，细化公开内容，统一公开格式，统一信息公开的表格、口径和内容，全部公开到基本支出和项目支出，且按支出功能分类项级科目和经济分类款级科目公开。

（刘　芳）

国家税务

【概况】 2016 年，面对新形势、新情况，全局各科室齐心协力，通力配合，高质量地完成了全年收入任务。提前谋划，摸透税源现状，正确研判组织收入形势，全年税收收入预测准确率达 99.5%。积极作为，落实各类增收措施。将市国税局出台的 4 大项 37 小项具体增收措施分级落实，按周调度，形成人人身上有压力、全局齐心抓收入的良好局面。坚持原则，确保组织收入质量。全年落实各项税收优惠 97485 万元，处理企业所得税多缴税款 3563.25 万元，有效提高了收入质量。全年完成国内税收收入 192264 万元，其中地方级收入 78052 万元，实现了市国税局和地方政府双满意。

【机构沿革】 1995 年 8 月，潍坊市国家税务局印发《关于成立潍坊市国家税务局海洋化工开发区征收分局的通知》（潍国税〔1995〕128 号），成立潍坊市国家税务局海洋化工开发区征收分局，为正科级单位，具体负责海洋化工高新技术产业开发区内国税的征收管理工作，于 8 月 15 日正式对外挂牌办公。2003 年 5 月，潍坊市国家税务局印发《潍坊海洋化工高新技术产业开发区国家税务局加速税收征管信息化建设推进征管改革机构调整方案》的通知，更名为潍坊海洋化工高新技术产业开发区国家税务局。2007 年 3 月，山东省国家税务局印发《关于潍坊海洋化工高新技术产业开发区国家税务局和潍坊经济技术开发区国家税务局更名的批复》，更名为潍坊滨海经济开发区国家税务局。2012 年 11 月，山东省国家税务局印发《关于潍坊滨海经济开发区国家税务局更名及调整机构级别的通知》，更名为潍坊滨海经济技术开发区国家税务局，机构级别调整为正处级，内设办公室、政策法规科、纳税服务科、征收管理科、人事教育监察科、税源管理一科、税源管理二科、税源管理三科 8 个科室和信息中心 1 个事业单位。核定行政编制 50 名，其中局长 1 名、副局长 3 名和纪检组长、总经济师、总会计师各 1 名；事业编制 5 名。

【推进营改增试点工作】 按照上级统一部署，成立 10 个营改增工作推进小组，以“特别能吃苦、特别能奉献、特别能战斗”的营改增精神，连续奋战，取得了“开好票、报好税、分析好、改进好”各场战役的胜利。截至 2016 年底，确认迁移户管 1985 户，新增营改增纳税人 121 户，培训营改增纳税人 19 场 4595 户次，发售营改增纳税人发票 94985 份，代开发票 5475 份，营改增纳税申报 8563 户次，出具营改增效应分析报告 12 期，提出改进措施建议 13 条，组织营改增收入 14302.55 万元。在办税服务厅开辟绿色通道，设立 2 个专家咨询座席，增设 5 个营改增办税窗口，增加自助办税设备 8 台，提高办税服务质效。在电视台滚动播放自行录制的营改增公益广告，在《滨海日报》、微信公众号、QQ 群等媒体开辟专栏，提供营改增政策解读，推动营改增试点工作顺利运行。

【完成征管软件换版工作】 各业务科室在金税三期工程应用软件换版前期，做好环境搭建、数据比对、数据清理、初始化设置、应用培训、上机演练、应急处理等工作；在上线后，做好问题反馈、优化建议、数据分析、操作培训等工作，确保“系统培训深入细致、数据清理全面到位、实战演练扎实充分、解决问题快捷有序”，确保了换版工作顺利进行。

【探索税收征管改革】 重组税收业务，确立“服务 + 执法 = 遵从”的税收遵从管理二元业务架构。将税收基本职能整合为税收服务、税收执法、税收法制、税收保障四大序列。对税收业务进行重新梳理，对科室职能进行调整和转换，对人力资源进行适当调配，初步明晰了每个人的职责清单。

【优化纳税服务】 新招录办税服务厅工作人员11人，东西两城“一窗通办”窗口已达21个。购置8台自助办税设备，缓解办税压力。对涉税业务进行合并、精简，提速业务办理。强化纳税信用等级深度应用，取消纳税信用A、B级纳税人扫描认证96981份。深度开展“税银互动”，建设银行累计向滨海区9户A级企业发放贷款9920万元，进一步树立守信激励和失信惩戒的纳税信用价值导向。

【国地税合作】 成立国地税合作领导小组及办公室，推进机制同建、服务同体、管理同盟、执法同步、风险同防的落实，促进国地税工作深度融合。实现国地税业务一窗通办；国税、企业与银行的“三方协议”升级为国地税、企业与银行的“四方协议”，税款划转更加快捷、方便、安全；国地税共同开展个体定额核定、欠税清理、非正常户认定、漏征漏管户清理等工作，取得明显成效；国地税各派1名干部挂职锻炼，交流学习、借鉴管理服务经验。滨海区国地税合作工作做法被市国税局、地税局联合转发。

【提高税源管理水平】 税源管理专业化。按照企业规模和行业进行分类管理，提高税源管控的针对性，将纳税百强与集团企业、金融企业实行集中管理，强化千户集团及大企业监控。模板分析精细化。加强第三方数据获取，科学制订行业模板，通过模板测算分析企业经营状况，加强日常管控。风险应对数字化。持续加大评估力度，按照上级要求开展重点行业、重点风险事项专项评估，运用数字化评估手段，对涉税数据进行标准化处理，提高分析的深度与精度，风险等级划分更科学，风险应对更高效。开展复审复查，加强对风险应对全过程和评审结果的监管，进一步提升风险应对工作质量。全年共计开展纳税评估304户次，增加税收5521.77万元。

【提升整体工作站位】 年初，经过多轮专题会议研究讨论，制订了19个推动全局工作提升的创新项目，成立创新工作攻关小组，将全局各科室的优势资源有效整合，实施重点突破，相关经验做法在《中国税务报》《研究报告》《山东税务研究》等媒体刊载。将创新理念引入绩效管理工作中，设立开放性考核指标，动态考量创新及阶段性重点工作，调动了干部积极性。在全局上下的共同努力下，在全市系统绩效考评中名列第六位，获评全市国税系统绩效管理优秀单位。

【强化数字人事系统应用】 开展数字人事个人成长账户成绩分析，找出短板，剖析差距，制订整改提升措施。深化结果运用，将数字人事各类数据作为评先树优的基础。制作数字人事提醒牌发放至每名干部手中，有效减少了未签到签退、工作纪实不及时等情况的出现，全局出勤率、纪实率、自评率、评鉴率均处于全市领先地位。数字人事微电影、漫画、树人心语、影像记录等在全市数字人事金点子评选中获得多个奖项，被市国税局评为潍坊市国税系统数字人事试点工作突出贡献单位。

【党风廉政建设】 开展学习教育活动，组织全体党员干部收听收看庆祝中国共产党成立95周年大会，参观廉政警示教育基地，邀请潍坊市委讲师团团长杨世清进行“两学一做”专题讲座。开展“党员先锋岗”争创系列活动，组织广大党员手抄党章、重温入党誓词，增强了党员的责任感与使命感，提升了工作热情。创新监督管理制度，抓好廉政建设。结合全局实际，制订《滨海区国税局八小时外监督管理制度》，以自我监督、自我约束为主要形式，规范干部职工工作时间以外的行为，建立全天候、全方位的监督机制。梳理总结党建工作亮点，编印《滨海区国税局基层党建工作掠影》画册，强化党建工作的宣传和展示。8月，被确定为全区党建工作先进观摩点，迎接了60多家部门单位的观摩，并迎接了市委“两学一做”督导组的两次督导检查。

【队伍建设】 倡导文化分享，开展“人人为师”活动，在“每周一课”上与全体干部分享工作中的知识与技巧。组织编发119期《共享》内部刊物，让干部在工作之余有了相互交流的阵地。加大干部培养力度，提高干部综合素质。通过持续组织开展两个“211”人才培养工程、“四鹰”计划，引导干部在业余时间加强学习，提升自我。全局共有18人次入选省、市国税局人才库，2名干部代表市国税局参加省局业务大比武。在管委会组织的义务献血活动中，有9人报名，6人进行了献血，表现出了无私的奉献精神。全局干部在完成本职工作的基础上，积极为上级局做出贡献，有20名干部先后到总局、省局、市局帮助工作，直接参与了营改增、金税三期换版、数字人事等重点项目，累计帮助工作1901天。

（王天翔）

地方税务

【概况】 2016年，潍坊市地方税务局滨海经济技术开发区分局以“十在实处、走在前列”为目标，以开展“纪律行动”和“两学一做”为抓手，以“一三五六”工作思路为引领，收好税、带好队、定好位，各项工作实现新突破。区局被省总工会授予“省级工人先锋号”称号，被团省委授予“省级青年文明号”，被潍坊市委评为先进基层党组织。区局纳税服务中心被省妇联授予“省级巾帼文明岗”称号，被潍坊市地税局授予全系统“绩效管理优秀单位”“优秀创新单位”等称号。全年组织各项地税收入240199万元，同比增收40277万元，增长20.15%。组织区级收入229339万元，同比增收39785万元，增长20.99%；扣除营改增影响因素，同比增长30.58%，增幅位列全市第三名，占全区一般公共预算收入的69.16%，为海洋经济新区建设做出了积极贡献。

【机构沿革】 潍坊市地方税务局滨海经济技术开发区分局成立于1998年10月，为潍坊市地方税务局的派出机构，属副处级建制。内设综合科、征收核算科、管理科，下设央子中心税务所，担负着全区6000多户纳税人的地方税收征收管理工作。

【税收管理】 加强“营改增”后主要税种的管理。入库城镇土地使用税11.29亿元，同比增收4.62亿元，增长69.26%；房产税0.52亿元，同比增收0.21亿元，增长64.72%；契税累计完成4.09亿元，同比增收1.64亿元，增长66.84%。加强综合治税。以开发区管委会名义印发《关于进一步加强地方税收保障机制深入推进综合治税工作的实施意见》，联合发布《关于在全区开展专项打击涉税违法犯罪活动的通告》1.2万份，清理土地使用税5.3亿元。落实盐资源税改革。与盐务局联合成立6个工作小组对原盐存量实地评估，入库资源税1.6亿元。

2016年全区缴纳地税收入前100名企业情况一览表
（部分国有企业未统计）

附表3

序号	纳税人名称	纳税额（万元）
1	山东海化股份有限公司	7771.16
2	山东海化集团有限公司	7049.16
3	潍坊晨琳经贸股份有限公司	4015.96
4	中化弘润石油储运（潍坊）有限公司	3687.00
5	潍坊滨海蓝海水务发展有限公司	3273.54
6	山东新和成药业有限公司	2859.41
7	潍坊海科化工有限公司	2750.74
8	潍坊滨海蓝色海洋产业开发有限公司	2523.44
9	潍柴重机股份有限公司	2501.94
10	山东潍坊龙威实业有限公司	2483.50
11	潍坊滨海希望城投资控股有限公司	2454.32
12	潍坊瑞驰汽车系统有限公司	2418.34
13	山东滨海弘润管道物流股份有限公司	2385.31
14	山东海王化工股份有限公司	2134.46
15	潍坊联盈资产管理有限公司	1868.27
16	山东国邦药业股份有限公司	1348.48
17	山东潍坊润丰化工股份有限公司	1262.75
18	潍坊森达美港有限公司	1165.72
19	潍坊滨海石油化工有限公司	1091.84
20	山东颐杰鸿丰能源装备有限公司	1087.12
21	潍坊棕铁投资发展有限公司	902.47
22	山东寒亭第一盐场	814.96
23	潍坊镇北盐场有限公司	786.53
24	山东海化氯碱树脂有限公司	776.64

续表 附表 3-1

序号	纳税人名称	纳税额（万元）
25	山东裕源集团有限公司化工建材厂	717.75
26	山东天一化学股份有限公司	713.86
27	潍坊尚舜化工有限公司	627.64
28	山东新和成氨基酸有限公司	589.35
29	山东瀛洋香精香料有限公司	585.62
30	山东弘润置业有限公司	574.92
31	潍坊北盛鑫化工有限公司	567.08
32	山东鑫环实业集团有限公司	556.54
33	山东江岳科技开发股份有限公司	551.65
34	山东龙震集团有限公司	550.54
35	山东欧润油品有限公司	545.61
36	潍坊滨海经济开发区利盛化工有限公司	537.69
37	山东普洛得邦医药有限公司	533.14
38	山东裕源集团有限公司	508.08
39	山东祥维斯生物科技股份有限公司	504.88
40	中碳能源（山东）有限公司	497.60
41	潍坊联兴新材料科技股份有限公司	495.48
42	中国人民财产保险股份有限公司潍坊滨海营业部	473.13
43	潍坊金翼置业有限公司滨海分公司	464.19
44	潍坊绿霸化工有限公司	438.13
45	山东海利尔化工有限公司	428.04
46	潍坊仟祥巨化工有限公司	422.81
47	潍坊蓝海建设发展投资有限公司	418.51
48	潍坊滨海会议接待中心有限公司	412.00
49	山东胜景旅游发展有限公司	408.16
50	潍坊市寒亭渤海水产综合开发中心	400.45
51	潍坊滨海安盛鑫溴素厂	374.56
52	潍坊恒益化工有限公司	370.41
53	山东省盐业集团东方制盐有限公司滨海盐化分公司	334.65
54	山东海化建筑建材有限公司	329.29
55	潍坊海泰置业有限公司	327.76
56	中国建设银行股份有限公司潍坊海化支行	315.41

续表 附表3-2

序号	纳税人名称	纳税额（万元）
57	潍坊石大昌盛能源科技有限公司	313.36
58	潍坊光华精细化工有限公司	308.22
59	潍坊农村商业银行股份有限公司滨海支行	303.17
60	山东红旗机电集团股份有限公司	302.85
61	中国工商银行股份有限公司潍坊海化支行	290.62
62	潍坊瑞德人力资源管理有限公司	290.48
63	山东华辰生物化学有限公司	284.87
64	潍坊鑫海源置业有限公司	281.42
65	山东龙震集团潍坊群盛盐化有限公司	279.52
66	潍坊乘德投资控股股份有限公司	278.65
67	潍坊科伦比恩化工有限公司	272.07
68	潍坊渤海水产综合开发有限公司	271.85
69	潍坊沃尔特科技有限公司	265.43
70	潍坊新绿化工有限公司	262.87
71	潍坊中以溴化物有限公司	250.65
72	潍坊市滨海盐业有限公司	240.93
73	潍坊欣泰世纪房产开发有限公司滨海分公司	238.70
74	潍坊先达化工有限公司	237.07
75	潍坊金辉房地产有限公司	227.99
76	潍坊央子盐化集团公司	224.73
77	华创机器人制造有限公司	224.20
78	潍坊滨城建设集团有限公司	224.17
79	山东潍坊海晶盐业股份有限公司	218.97
80	山东凯龙化工科技发展有限公司	215.60
81	中棉集团山东物流园有限公司	206.12
82	潍坊玉成化工有限公司	197.22
83	山东海化集团潍坊永安汽车运输有限公司	194.02
84	山东德浩化学有限公司	190.30
85	潍坊滨海山水水泥有限公司	189.03
86	山东鼎成新材料有限公司	187.77
87	山东科海化工有限公司	184.04
88	潍坊益华化工有限公司	178.84

续表 附表 3-3

序号	纳税人名称	纳税额（万元）
89	光大环保能源（潍坊）有限公司	175.51
90	山东海化集团瑞源实业有限公司	172.78
91	潍坊鑫鹏置业股份有限公司	171.66
92	潍坊崇杰污水处理有限公司	170.85
93	山东海化集团潍坊庆丰设备工程有限公司滨海分公司	169.06
94	山东胜伟园林科技有限公司	166.81
95	山东滨海瀚生生物科技有限公司	166.71
96	潍坊中农联合化工有限公司	166.45
97	潍坊皓天化纤有限公司	163.77
98	潍坊银丰制盐有限公司	162.87
99	潍坊瑞盛建筑安装工程有限公司	161.61
100	潍坊正轩稀土催化材料有限公司	160.06
	合　计	84831.87

【纳税服务】 贯彻落实各项税收优惠政策，有效发挥税收在供给侧改革和促发展、惠民生等方面的作用。共计退库企业所得税 3000 万元，减免地方各税 6577 万元，促进了企业转型升级。2016 年 2 月，滨海溃坝事故发生后，组织人员深入溃坝事故受灾企业调研走访，合理合规落实税收优惠政策；8 月，带领各科所负责人与海化集团高层召开恳谈会，依法依规帮助做好集团公司的税收管理、纳税服务和税收优惠政策落实工作。12 月，组织业务骨干到滨海投资发展有限公司联合召开“防范税收风险座谈会”，全面提升依法办税能力和落实具体提升措施。典型企业的带头示范，有力地促进了滨海纳税风气的根本好转。

【健全税收征管制度】 制订出台符合实际的管理办法，加强征管风险防控和征管绩效管理，完善征管工作资料，夯实征管基础。打赢“营改增”攻坚战，全体干部职工连续加班加点顺利完成“营改增”税制转换，开发区党工委副书记、管委会主任张恒道和开发区管委会常务副主任宋世伟专门做出批示给予

2016 年 8 月 3 日，与山东海化集团成功举办高层恳谈会，面对面了解集团公司的生产经营情况及具体诉求、解答政策规定和定单式的改进措施

充分肯定和表扬，省地税局和市地税局给予推介。推进国地税合作，推出“机制同建、服务同体、管理同盟、执法同步、风险同防”的五同合作机制，实现纳税人“进一个厅、到一个窗、办两家事”；《中国税务报》《大众日报》给予报道，省地税局以《山东地税情况》专刊推介，《山东地税》《潍坊通讯》给予大篇幅报道，潍坊市国税局和潍坊市地税局以潍国税函〔2016〕164号文联合推介，开发区党工委管委会主要领导专门做出重要批示给予肯定和赞扬。干部职工全员全岗操作演练和测试，“金税三期”优化版按时上线运行。组织中层以上干部和业务骨干到先进单位学习，制订提升工作配档表，细化落实责任，提升征管质效。争取区党工委、管委会支持征管基础工作。区管委会批复专项资金36万元，购买9辆电动汽车用于征管工作；批复专项资金30万元，购买第三方税务评估检查服务，有效弥补了税收征管力量的不足。

【推进法制地税建设】 推进依法行政。成立法规税政工作小组，明确任务、落实责任，确保扎实推进法制地税建设。规范执法。实施国家税务总局纳税服务工作规范、征管工作规范和山东地税系统税收执法规范，实现税收业务流程的整体优化。税收风险管理工作取得新进展。对省局派发的243户次税收风险任务进行核查，核实税款362万元。纳税评估各类企业81户，入库税款530万元。

【党风廉政建设】 开展“两学一做”教育活动，把每周四下午的“滨海地税大讲坛”、每月16日的“支部生活日”作为固定的学习制度坚持下来。组织学习党章党规和系列讲话，定期召开支部生活日活动和上党课。全年举办滨海地税大讲坛18期、支部生活日8期，培训干部职工1500多人次。创新“三会一课”形式，班子成员带领党员到贤村村委、村办企业和村民家的炕头上，面对面询问群众生活和生产中存在的困难并帮助解决。全体党员干部为帮扶村捐款1万余元，为留守儿童捐款2000余元，为村阅览室捐助桌椅18套、电脑15台、打印机5台，购买价值1万元的种植养殖图书500本，干部职工自发捐献663本图书。在开发区党工委召开“两学一做”学习教育推进会，滨海地税作为4个典型发言单位第一个发言，得到肯定。组织各党支部书记和党员骨干参加鲁东大学举办的党建工作和行政管理培训班，与山东大学（威海分校）联合举办全员素质提升班，取得良好的学习效果。组织干部职工参加“与文明同行·展文明风采”暨学雷锋树新风党员志愿者服务、“我推荐、我评议身边好人”活动，第二机关党支部书记李伟荣登2016年度“潍坊好人榜”。

2016年5月1日凌晨，经过全体干部职工的连续奋战，潍坊市地税局滨海分局成功开出“营改增”发票，打赢了“营改增”攻坚战

成立落实党风廉政建设“两个

责任”领导小组和办公室，开展述职述廉、民主评议等活动。规范完善党组织建设。按规定程序进行换届选举，各党支部配齐组织成员，建立健全工青妇组织，健全党建制度。夯实党建工作阵地，新建党员活动室、党建活动版面、“两学一做”宣传栏和心得体会张贴栏、“四德榜”、全体干部职工“励志笑脸墙”等。与区机关党委联合表彰4名优秀共产党员，营造创先争优的良好氛围。全面加强党风廉政建设，召开党风廉政建设工作会议，层层签订责任书，组织参观潍北监狱、观看廉政教育警示片，筑牢思想防线。新建廉洁文化和普法宣传长廊，被市区法制部门确定为普法宣传教育示范点。

【队伍建设】 理顺管理体制。本着尊重历史传承、明晰工作职责、参照其他县市区局做法、突出实用管用的原则，组建与市局科室对口的各项工作小组，调整重用各工作小组负责人13名；对多年未动的岗位人员进行全面调整交流；建立健全和理顺区局党总支和各党支部体系；向市局推荐提拔4名科级干部，激发了干部队伍的活力。修订完善管理制度。梳理修订各项规章制度，修订完善税收管理、行政管理、财务管理等34项制度办法。建立督查督办制度。对工作决策、税收政策、年度计划和重点部署列出清单、明确责任人，立项督查，动态监控，完成情况定期通报。利用温馨提醒单、督查督办单、限期整改通知单以及通报、喜报“三单两报”等手段，促进工作执行力的提高，保证任务目标的完成。建立绩效管理长效机制。改进绩效管理工作方式方法，提高绩效管理信息系统利用率，强化绩效监控和分析，全面实施绩效季度讲评会议制度和报告制度，重点抓好绩效改进，提高考核效率。滨海分局被潍坊市局评为全市地税系统“绩效管理优秀单位”。投资建设滨海地税电教室，配备微机等教学设备，满足全体干部职工和纳税人学习培训需要，成为推进税收信息现代化的重要平台。深入开展文明创建活动。

（明学霞）

国有资产运营

【概况】 围绕滨海区开发建设大局，以市场为导向，立足国有资本功能定位，按照效益最大化原则，加大优势产业投入，综合运用划转、托管等方式，推进资产同质、市场同向的国资重组，推动资源要素向优势产业、骨干企业集聚，进一步优化产业布局，放大资源聚合优势，做强做优做大国有企业。加大劣势企业退出力度，对资源、市场枯竭、扭亏无望的企业，依法通过关停、合并、清算等方式退出市场，实现国有资本“腾笼换鸟”。旅游集团资产规模迅速膨胀，发展显著提速；建设集团进一步整合板块资源，迅速形成实战能力；担保公司完成规范增资；信息科技公司实施“借鸡孵卵、借船出海”战略，积极与业内知名企业开展合作，收效良多；教育集团开发运营机制日益完善。涵盖金融担保、旅游开发、城建市政、信息科技和教育投资五大板块的国有经济大格局基本形成，企业发展战略、职能定位更加明晰。

2016年，滨海区8家区属国有企业主要经济指标增幅明显，资产总额1236.5亿元，同比增长30.3%；负债总额618.4亿元，同比增长56.9%；所有者权益618.1亿元，同比增长11.4%；累计实现营业收入56.3亿元，同比增长95.6%；利税总额11.7亿元，同比增长70%。

【机构沿革】 2009年9月，滨海区管委会印发《山东潍坊滨海经济开发区管委会关于部分机构调整设置的通知》（潍滨管发〔2009〕72号），成立山东潍坊滨海经济开发区国有资产管理办公室，为管委会领导的正科级事业单位。编制15人，配主任1人、副主任2人。主要职责是管委会授权履行出资人职责，指导推进国有及国有控股企业改革重组；加强国有资产管理工作，对企业国有资产保值增值惊醒监督；推进国有及国有控股企业现代企业制度建设，完善公司治理结构；推动全区国有经济结构和布局战略性调整；结合北部沿海大开发，整合资源，统筹安排整个投融资管理工作等。

2011年7月，滨海区管委会印发《山东潍坊滨海经济开发区管委会关于部分机构调整设置的通知》（潍滨管发〔2011〕47号），实现单设，并更名为潍坊滨海经济技术开发区国有资产管理办公室。

2014年1月，滨海区管委会印发《潍坊滨海经济技术开发区管委会关于区国有资产管理办公室加挂区法制办公室牌子的通知》（潍滨管发〔2014〕6号），加挂潍坊滨海经济技术开发区法制办公室牌子，承担政府法制职能。

2015年3月，滨海区管委会印发《潍坊滨海经济技术开发区管委会关于行政事业机构调整设置的通知》（潍滨管发〔2015〕1号），调整为区财政局所属事业单位，正科级规格，定编7名，配领导职数1正2副。主要职责是负责国有资产管理，代表区管委会履行出资人职责，对企业国有资产保值增值进行监督；指导区属国有及国有控股企业改革管理，推进全区国有经济结构调整和战略性布局；负责全区政府法制工作；承办区党工委、管委会交办的其他工作。

【项目开发建设】 各区属国有企业围绕主业，主动认领重点项目，对重点片区和重点项目实施公司化运作、市场化开发。承担重点项目16个，总投资195亿元；截至11月，累计完成投资29亿元，国有企业在新区开发过程中主力军作用日益凸显。依托国资优势，加大外引内联，加强与中兴通讯、易安保险等业内知名企业的合作开发，合作模式更加灵活，广度深度不断拓展，开发收效日益显现。

【资金保障能力】 支持区属国有企业探索创新投融资方式，拓宽投融资渠道，引入各类资本参与区属企业改革，推动符合条件的区属企业改制上市。区属国有企业以重点项目为突破口，积极对接各类资本市场，2016年有3家企业获得AA级主体信用评级，投融资能力显著提升。实施批次化、阶梯型融资，全年储备资金204亿元。为减少融资成本，采取“用多少、到多少”的办法，合理确定资金到位节点，保障参与开发项目的资金需求。

【党建工作】 指导各区属国有企业基层党组织深入开展“两学一做”学习教育活动，学习贯彻习近平总书记在全国国有企业党的建设工作会议上的重要讲话精神，确保时刻与党中央在思想上、政治上和行动上保持高度一致，切实把握国有企业前进方向。落实基层党建工作责任制，组织开展区属国有企业党组织负责人述职述廉，强化责任担当意识，落实党组织书记职责。加强区属国有企业基层党组织建设，指导成立中共潍坊滨城建设集团有限公司委员会及7个下属党支部，旅游集团、建设集团党委各新发展党员2名，指导基层党组织按时完成换届选举及党费收缴工作，全面完成党员关系排查、党组织关系转接及发展党员等工作。

（吕素云）

金　融

【概况】 2016年，全区银行金融机构累计新增存款18亿元，比上年减少45%；存款余额136亿元，比上年增加15%。累计发放贷款35亿元，比上年减少34%；表外业务49亿元，比上年增加26%；贷款余额49亿元，比上年减少18%。全区3家小额贷款公司累计发放贷款1619万元，贷款余额36330万元，比上年减少1350万元。为贯彻潍坊市人民政府办公室关于政府参股控股融资性担保公司的有关规定，潍坊诚信融资担保有限公司成功增加注册资本金至3亿元，着手建立政府、银行和融资担保机构之间的风险共担机制。截至2016年底，潍坊诚信融资担保有限公司在保责任户数692户，比上年减少28户；在保责任金额38344万元，比上年增加19511.7万元。

【机构沿革】 2015年3月，潍坊滨海经济技术开发区管理委员会印发《关于行政事业机构调整设置的通知》（潍滨管发〔2015〕1号），成立潍坊滨海经济技术开发区投融资管理服务中心，为区直属事业单位，副县级规格，财政拨款。主要负责全区金融业发展规划的拟定和实施；推进企业上市，挖掘、培植上市资源企业；指导全区投融资平台的建设及运营，参与研究政府性重大投资项目融资方案；组织协调有关部门防范化解和处置地方金融风险，推动开展信用体系、金融生态环境建设；承办区党工委、管委会交办的其他工作。核定编制19名，配领导职数1正2副；内设综合科、投资管理科、融资管理科、考核评价科4个科室，均为正科级规格，分别配领导职数1正1副。

2016年6月，潍坊滨海经济技术开发区管理委员会印发《关于部分机构调整设置的通知》（潍滨管发〔2016〕18号），将原区金融管理办公室承担的“负责全区金融监管、金融机构协调服务”等工作职能划归由区投融资管理服务中心承担，原区金融管理办公室工作人员按照“人随事走”的原则，一并划由区投融资管理服务中心管理。

2016年8月，潍坊滨海经济技术开发区政治工作部印发《关于区投融资管理服务中心融资管理科加挂金融管理办公室牌子的通知》（潍滨政发〔2016〕48号），投融资管理服务中心融资管理科加挂潍坊滨海经济技术开发区金融管理办公室牌子。

【金融组织体系】 截至2016年底，全区有金融机构27家。其中，银行机构9家：中国建设银行潍坊海化支行、中国工商银行潍坊海化支行、中国农业银行潍坊滨海支行、中国银行潍坊滨海支行、潍坊银行滨海支行、潍坊农村商业银行滨海支行、中国民生银行潍坊滨海支行、寒亭蒙银村镇银行滨海支行、中国邮政储蓄银行大家洼支行，保险机构12家：中国人民财产保险股份有限公司、中国太平洋财产保险股份有限公司、中国平安财产保险股份有限公司、天安保险股份有限公司、中国大地保险股份有限公司、中华联合财产保险股份有限公司、阳光财产保险股份有限公司、中国人寿财产保险股份有限公司、中国人寿保险股份有限公司、中国太平洋人寿保险股份有限公司、新华人寿保险股份有限公司、德华安顾人寿保险股份有限公司，证券公司1家：中泰证券潍坊滨海营业部，小贷公司3家：潍坊滨海裕祥小额贷款有限责任公司、潍坊滨海银泰小额贷款股份有限公司、潍坊滨海金利小额贷款股份有限公司，担保公司1家：潍坊诚信融资担保有限公司，典当行1家：潍坊市滨海裕丰典当有限责任公司，多元发展的金融机构组织体系日益完善。

【资本市场】 2016年，山东祥维斯生物科技股份有限公司、山东海王化工股份有限公司、山东潍坊润丰化工股份有限公司、山东海鹰塑胶科技股份有限公司先后登陆“新三板”，山东荣晟光电科技股份有限公司在齐鲁股权交易中心成功挂牌。全区上市挂牌企业达9家，分别为深证主板2家、“新三板”5家、齐鲁股权交易中心5家，储备后备资源企业近20家。潍坊滨海旅游集团有限公司、潍坊滨海投资发展有限公司通过债券融资到位资金57亿元；潍坊联兴新材料科技股份有限公司在“新三板”通过定向增发，公开发行股票1500万股，募集资金1.05亿元。

【规模企业规范化公司改制】 成立专项工作小组，设立改制联席会议办公室，统一领导、推动企业改制工作。按照竞争择优、公开透明原则，面向社会公开征集参与改制中介机构，已分两批公布25家。先后两次组织全区性规模企业改制培训，联合中介机构深入园区和街道走访企业，实地了解情况，解答疑问。2016年，全区完成改制企业38家，累计完成改制企业共48家，改制面达50%，顺利完成全年改制任务。

【金融安全】 建立完善金融风险防范和化解预警机制，强化金融机构的风险识别和监测能力，提高金融机构防范和化解金融风险的水平。严厉打击非法集资，加强宣传教育，区投融资管理服务中心联合公安、宣传、市场监督管理等多部门先后数次开展防范打击非法集资宣传月、互联网金融风险整治等专项活动，深入基层，走进社区，提高社会公众对非法集资行为的辨别与防范能力。严厉打击恶意逃废银行债务行为，支持各银行不断加大不良贷款处置、转让和核销力度，全年共处置不良贷款41959万元，不良贷款率比上年减少63.3%。

（庄华健）

住房公积金

【概况】 截至2016年底，滨海管理部通过加强内部管理制度建设，积极稳妥的开拓创新工作局面，各项工作保持积极稳健的良好态势，各项指标平稳增长，受公积金贷款政策放宽和房地产产业变化等因素影响，贷款发放量明显增长。

住房公积金归集情况。全年归集公积金19536万元，同比增加3193万元，增长19.54%；缴存单位达211个、实际缴存职工23027人，新增缴存单位61家、新增缴存职工2912人。住房公积金提取情况。为5666名缴存职工提取公积金7240万元，同比增加1084万元，增长17.16%。住房公积金贷款发放情况。发放贷款313笔、7058.3万元，同比增加194笔、4535万元，增长179.72%；贷款余额24717万元，全年回收贷款4228万元。上缴当地财政廉租住房补充资金329万元，支持了当地的廉租房建设。

【机构沿革】 2004年6月，在原隶属市财政局的市住房资金管理中心的基础上正式组建潍坊市住房公积金管理中心，为直属市政府的正县级事业单位，县（市区）住房公积金管理中心仍隶属当地财政部门。2010年12月，各县（市区）公积金中心调整为当地政府直属的正科级事业单位。2014年11月，滨海区住房公积金管理中心调整为潍坊市住房公积金管理中心滨海管理部（正科级），实行市级垂直管理。核定事业编制5名，领导指数1正1副。依法承担滨海区住房公积金的缴交、提取、贷款等业务，承担滨海区住房公积金的法定责任。

【住房公积金业务工作】 多措并举促进住房公积金贷款业务稳健快速发展。滨海管理部在第一时间落实各项住房公积金贷款优惠政策，通过加强与房地产开发企业的合作、改变贷款业务受理模式，将贷款材料受理工作前移至房地产开发企业收集，并通过房地产开发企业加强贷款政策宣传等措施，推动贷款业务的提升，新增贷款业务合作银行1家（农业银行滨海支行），新增开发楼盘2处（中央郡、名邸世嘉）。

对海化集团住房公积金缴存模式进行调整，确保缴存及时，职工权益得到维护。海化集团下设30多家分公司及子公司，所属职工1.2万人，月缴存额达790万元，对全区归集工作影响较大。自1997年建立住房公积金制度以来，一直由集团统一缴纳，随着企业经营方式的转变，其缴存缓慢、资金到账慢的弊端越发明显，严重影响全区住房公积金的缴存秩序，随着网厅业务的开展，对其缴存方式的进行调整显得尤为迫切。经与海化集团多次磋商，于2016年9月27日在海化集团召开了集团住房公积金管理体制调整工作会议，将海化集团原公积金账户分设为24个账户，由其分公司直接缴存住房公积金，要求其于10月15日完成分户工作，该集团所欠缴的9、10两个月份的住房公积金于10底全部进行了缴存。

推行网上营业厅业务，进一步提高工作效率。为更好地适应“互联网＋公积金”发展要求，为住房公积金缴存单位提供更快捷高效的信息化服务，滨海管理部响应市中心开展公积金缴存单位网厅业务的决定，按照“以点带面、稳步推进、全面推广”的方针，在辖区内推行网上营业厅业务。截至年底，已有205个缴存单位的U-Key制作完成并顺利下发至单位业务经办人手中，其中115个缴存单位通过网上营业厅自助完成当月汇缴业务。

【全区住房公积金业务管理暨培训会议】 为进一步加强全区住房公积金管理水平，更好地为辖区内缴存单位和职工提供优质服务，于2016年7月6日召开全区2016年度住房公积金管理会议，180余家缴存单位的分管领导和业务经办人员共计340多人参加，会议就各项管理工作和业务工作进行部署和培训，取得了良好效果。

【加强政策宣传】 滨海管理部高度重视信息调研宣传工作，通过召开专门会议，专题研究调研宣传方案，在《大众日报》上发表稿件7篇，通过提高宣传层次，进一步提高了住房公积金政策的社会影响力，引起了各级领导对公积金事业发展的关注，为做好民营企业的建交工作奠定了良好的舆论基础。

开展“学雷锋活动月”活动。为使广大缴存职工更好地掌握潍坊市不断出台的多项住房公积金惠民政策，享受新政策带来的优惠，3月5日，组织管理部工作人员走上街头，分发住房公积金政策宣传材料、现场解答群众疑问等，共分发宣传材料300余份、便民服务手册500余册，解答问题100余人次，得到了群众的欢迎，扩大了住房公积金政策的社会影响力。

深入企业走访调研，宣传住房公积金政策。为进一步促进住房公积金归集扩面工作的开展，完善管理机制和办法，5月27日，滨海管理部派出部分工作人员走进中碳能源有限公司进行调研，鉴于中碳能源有限公司职工公积金缴交基数过低，滨海管理部工作人员就企业建立住房公积金制度的必要性和强制性，以及足额缴存公积金对职工和企业发展带来的好处等方面，与企业进行了深入交流，企业领导表示将对缴存基数进行较大幅度的提高。通过走访企业，增进了滨海管理部与缴存企业间相互了解，促进了公积金归集工作的健康有序开展。

【优化服务】 加强对全体员工的教育培训，优化服务流程、增强服务意识，不断提升服务水平和质量。落实市中心有关文件要求，提高工作效率进一步方便广大职工。加强企业调研，倾听职工需求，以便更好地为广大职工提供优质、高效服务。加强作风建设，提升服务质量。遵守市中心制定的“工作人员行为规范”，即“十必须”与“十不准”。定期举行内部会议，强调工作纪律，规范办公秩序、仪表形象。接待群众办事，规范文明用语，做到一次了解清楚，一次答复清楚，一次办结的事项一次办结。面对群众咨询，耐心倾听，解答清楚，面对群众提出意见、建议和批评时，冷静倾听，耐心解释。在积极响应市公积金中心号召，向住房公积金缴纳单位和职工提供“预约服务”“上门服务”等创新服务项目的基础上，根据管理部业务特点，制订更加便民的服务举措，让办事人“做得更少”、我们“做得更好”。定期进行内部工作的监察与自我考核，对缴存、提取、贷款等业务的细节、档案等流程进行抽查。建立每周五定期学习制度，以确保在服务工作中对出现的新政策、新变化、新要求及时掌握与运用，定期组织管理部内部业务考试，及时督促工作人员学习能力的提高。

（杨万波）

科学·文化

潍坊
滨海
年鉴
2017
WEIFANGBINHAI
YEARBOOK

科学·文化

科　学

综　述

【概况】 2016年，滨海区新认定高新技术企业14家，总数达41家。全区新获批潍坊市工程技术研究中心5家、潍坊市重点实验室3家，山东胜伟园林科技有限公司、山东天维膜技术有限公司2家企业组建了院士工作站。截至2016年底，滨海区有各级研发平台137家，其中国家级研发机构3家、省级研发机构26家、市级研发机构108家。有22个项目列入科技发展计划，14个项目获2016年潍坊市科学技术进步奖。

年末，滨海区获评“全省开发区信息工作先进单位”“潍坊市电子商务人才培训工作先进单位”；曲伟健被评为“全省科技管理系统先进先进个人”并记三等功，孙军海被评为“潍坊市首届中日韩产业博览会先进个人”，张莉获“2016年度潍坊市科协学会工作先进个人”称号，于书异被评为“滨海区优秀共产党员”。

【机构沿革】 2006年1月，山东潍坊滨海经济开发区党工委、管委会（以下简称区党工委、区管委会）印发《关于机构设置的通知》（潍滨发〔2006〕5号），成立山东潍坊滨海经济开发区园区建设管理办公室（挂山东潍坊滨海经济开发区科技外经贸局牌子），为管委会领导的正科级事业单位，编制12人，配主任1名、副主任2名；负责科技、外经贸、园区建设管理、北部沿海开发区等工作。2008年2月，区管委会印发《关于部分机构调整设置的通知》（潍滨管发〔2008〕7号），山东潍坊滨海经济开发区科技外经贸局（园区建设管理办公室）增挂山东潍坊滨海经济开发区国家科技兴贸创新基地管理办公室牌子，同时成立山东潍坊滨海经济开发区高新技术创业服务中心，为科技外经贸局（园区建设管理办公室）领导的正科级事业单位，编制7人，配主任1名、副主任1名。2008年5月，区管委会印发《关于部分机构调整设置的通知》（潍滨管发〔2008〕40号），成立山东潍坊滨海经济开发区科技外经贸局，为管委会领导的正科级事业单位，撤销山东潍坊滨海经济开发区园区建设管理办公室。2011年1月，区管委会印发《关于部分机构调整设置的通知》（潍滨管发〔2011〕1号），山东潍坊滨海经济开发区科技外经贸局更名为潍坊滨海经济技术开发区科技与商务局（挂知识产权局牌子），经济发展局原对口的市商务局职责，划入科技与商务局；山东潍坊滨海经济开发区高新技术创业服务中心更名为潍坊滨海经济技术开发区高新技术创业（创业园）服务中心。2012年4月，潍坊市机构编制委员会印发《关于调整潍坊滨海区机构编制的通知》(潍编〔2012〕8号),调整设置科技与商务局为行政内部机构,副县级规格,配领导职数1正2副。2013年9月,潍坊滨海经济技术开发区党工委印发《关于成立科学技术协会的通知》(潍滨发〔2013〕23号),成立潍坊滨海经济技术开发区科学技术协会,与区科技与商务局合署办公。2015年3月,潍坊滨海经济技术开发区管委会(以下简称区管委会)印发《关于行政事业机构调整设置的通知》(潍滨管发〔2015〕1号),潍坊滨海经济技术开发区科技与商务局不再挂知识产权局牌子,调整设置为区党工委、管委会内设机构,副县级规格,配领导职数1正2副;负责全区科技、商务、知识产权以及科学普及等工作,承办区党工委、管委会交办的其他工作,内设综合科、科技科、商务科、知识产权科与信息管理科4个科室,均为正科级规格,配领导职数4正2副;撤销潍坊滨海经济技术开发区高新技术创业(创业园)服务中心。2015年11月,区管委会印发《关于部分机构调整设置的通知》(潍滨管发〔2015〕33号),潍坊滨海经济技术开发区外事侨务与台湾事务服务中心(挂外事侨务与台湾事务办公室牌子)隶属关系由潍坊滨海经济技术开发区管委会直属调整为潍坊滨海经济技术开发区科技与商务局所属。2016年6月,区管委会印发《关于部分机构调整设置的通知》(潍滨管发〔2016〕18号),将潍坊滨海经济技术开发区科技与商务局科技科更名为科技与知识产权科,知识产权与信息管理科更名为外经贸科。

【科技成果】 2016年,全区科技成果大幅增长。"裂殖壶菌产DHA高产菌株的选育及发酵工艺的研究"等22个项目列入科技发展计划,"异戊烯醇合成新工艺的研究开发"等14个项目获2016年潍坊市科学技术进步奖。全区成果转化和技术转移工作呈现出崭新局面,技术市场实现技术交易56项,实现技术交易额9.3亿元。

【高层次人才引进】 全区高层次人才引进工作实现新突破。润科化工引进的杨延钊教授,先达化工引进的杨光富教授,凭借各自承担的"溴化丁二烯/乙烯基芳香共聚物的研究开发及产业化示范"和"高含量异噁草松原药新技术研发及应用研究"入选2016年度鸢都产业领军人才。

【产学研合作】 2016年,全区产学研合作取得重大进展。针对企业科技需求与院校研发重点有偏差的问题,区科技与商务局采取"走出去"和"请进来"措施,有针对性的推动区内企业的产学研合作。成功推动胜伟园林与青岛农业大学合作共建青农胜伟滨海盐碱地应用生物研究所和先达化工与南开大学、华中师范大学三方联合组建先达产业技术创新研究院等项目的落地实施。

知识产权

【概况】 2016年,滨海区抓住加快实施创新驱动发展战略重大机遇,发挥知识产权对创新驱动发展的基本保障作用,着力加强知识产权创造、运用、保护和管理,进一步强化科技创新对开发区经济发展和社会进步的支撑作用,各项工作取得了一定成效。全区共申请专利1703件,同比增长66.47%,其中发明专利申请1137件,专利授权492件,发明专利授权68件,同比分别增长126.04%、9.1%和3.1%。

全区有4项专利获潍坊市专利奖，其中胜伟园林申报的“一种盐碱地苗木种植方法”获潍坊市专利奖一等奖。瑞驰汽车、新和成药业2家企业被认定为国家知识产权优势（示范）企业，天一化学、润丰化工被认定为山东省知识产权示范企业。2016年4月15日，胜伟园林牵头组建的“中国盐碱地产业知识产权保护联盟”揭牌成立。

【专利申请工作】 滨海区积极做好政策落实，不断完善服务措施，专利申请工作连续取得较大进步。2016年，全区专利申请1703件，其中发明专利申请1137件，分别比上年增长66.47%和126.04%；专利授权492件，发明专利授权68件，分别比上年增长9.1%和3.1%，各项指标增长显著。在做好省市专利补助申报工作基础上，鼓励企业做好潍坊市专利奖评选工作，争取更多资金扶持。

2016年4月15日，潍坊东方大酒店，山东省知识产权局副局长张跃进（右）为中国盐碱地产业知识产权保护联盟授牌

（区科技与商务局郝振兴　提供）

【企业贯标工作】 按照国家、省、市推广试点要求，继续做好国家《企业知识产权管理规范》推行工作，推动企业进一步完善知识产权流程，规范企业知识产权管理。2016年，开发区共有胜伟园林、祥维斯生物、友容实业3家企业参与贯标工作，并有瑞驰汽车、新和成药业等2家企业被认定为国家知识产权优势（示范）企业，天一化学、润丰化工被认定为山东省知识产权示范企业。

【专利扶持】 科技与商务局落实《滨海区关于促进转型升级的意见》（潍滨管发〔2014〕27号）中专利相关扶持政策，拨付2016年专利申请专项扶持资金280万元。为进一步提升企业的认识和积极性，科技与商务局结合开发区实际发展情况，开展专利相关政策的修订完善工作，加大政策扶持覆盖范围，增加对专利奖、专利申请大户、知识产权贯标等的补助，政策正在修订中。

2016年，先后组织多家企业参加专利信息分析应用培训班、山东省知识产权优势企业实务培训班等培训活动，进一步提高企业在专利申请、知识产权管理等方面的能力。科技与商务还根据企业需求积极组织专题培训班，12月，联合滨海区生产力促进中心邀请有关专家就专利申请、专利应用、成果转化等结合高新技术企业的申报进行培训，极大地提高了区内企业核心知识产权意识。

（贺珺妍）

文　化

文化事业

【概况】 2016年，滨海区宣传文化中心全面贯彻党的十八大和十八届三中、四中、五中、六中全会精神，以习近平总书记系列重要讲话、党的新闻舆论工作座谈会精神为指导，围绕“五位一体”总体布局和“四个全面”战略布局，按照“拼搏实干，争创一流”的目标定位，着力抓好意识形态工作责任落实，着力推进社会主义核心价值观建设，着力营造积极向上的舆论氛围，全面突破舆论宣传、文化事业、文化产业与招商引资，着力提升精神文明建设、党建工作、电视播出水平，做好机制体制、队伍建设保障，努力为海洋经济新区建设提供有力的思想保证、舆论支持和文化条件。

【机构设置】 潍坊滨海经济技术开发区宣传文化中心（广播电视中心、精神文明建设指导服务中心）设办公室、新闻科、文化科、画院、总编室、新闻部、外宣部、工程部、文明办、创作室。在职在编工作人员56人，其中正科级领导4人、副科级领导6人。主要职责：负责宣传思想、文化、广播电视、新闻出版（版权）工作；负责全区新闻宣传的组织管理和社会舆论的引导监管工作；负责推动文化事业发展、公共文化服务体系建设，具体组织开展各类文化活动；负责指导理论研究、理论学习、理论宣传工作；负责指导、协调文化艺术特别是精神产品的生产；负责规划、部署、指导群众性精神文明建设活动；负责配合搞好宣传文化干部的教育培训；负责文化产业的规划、指导、统计和服务工作；负责文化市场管理、“扫黄打非”、文物执法、新闻出版市场执法及广播影视行政执法工作；对口承担市委宣传部（外宣办、网管办、文产办、文明办、讲师团）、文广新局、文化执法局、广电集团、报业集团、群众艺术馆、文联、社科联等相关职能；承办滨海区党工委、管委会交办的其他工作。

【公共文化服务体系建设】 贯彻落实市委、市政府提出的三年行动计划，为尽快提升基层综合性文化服务中心建设水平，区宣传文化中心联合两街道，对照上级标准要求，对全区54个村（社区）综合性文化服务中心建设情况全面摸底，逐一排查，找出短板，申请区财政投资735.38万元，按照“一村一策”，进行全面整改提升。其中，文化小广场和相关附属设施建设概算资金141.18万元，完成广场硬化面积10000多平方米；硬件设备概算资金594.2万元，已完成政府招标采购，进入设备配送程序。

央子街道按照“一厅一校十室”标准要求，投资1000万元建设海港社区党群服务中心，具备打造国家一级标准的基础条件；大家洼街道以5个总支部委员会为基点，投资182万元改扩建了5个社区文化服务中心，综合服务能力和水平显著提升。大家洼街道袁义忠被评为潍坊市优秀文化站站长，央子街道的崔家央子村和大家洼街道王呈村被评为潍坊市基层综合性文化服务中心建设先进单位。

农家书屋出版物补充更新和数字化配套升级顺利完成，农家书屋出版物更新 48 家，数字配套升级 2 家。农村数字电影放映 612 场次，完成了全年放映任务，被评为全市农村电影放映先进单位，放映员王波林、吴德虎被评为潍坊市农村放映先进个人。

【群众性文化活动】 组织开展第一届百姓春晚、第一届“关爱残疾人”主题艺术作品展、“文明之夏”群众广场文化活动、“好家风”文艺进基层演出、醉美滨海摄影大赛、街道文艺巡演等群众广泛参与的大型文化活动近百场次。组织开展潍坊北海民俗祭海节和潍坊北海渔盐文化民俗节活动。引导民间文艺社团和协会组织基层培训、采风、学习 27 场次，开展经典诵读、国学普及、才艺展示、广场舞汇演等群众自发文化活动 300 余场次，弘扬了社会主义核心价值观，传承了优秀滨海家风文化。

组织参加“中国梦·劳动美——颂歌献给党”全市职工合唱展演活动、潍坊“乡音乡韵”说唱展演活动、第四届全市老年文艺汇演活动、“红旗飘飘——潍坊市庆祝建党 95 周年暨纪念长征胜利 80 周年诗书画展”等，均获得理想的成绩。其中参加潍坊市职工合唱展演比赛获全市第二名，创造了历史最佳成绩。

以活动带宣传，推动滨海“三风”文化内化于心、外化于行。组织开展“我陪奶奶看大海”孝亲活动、“滨海好家风”文艺创作大赛、“孝德滨海又重阳”大型晚会、“传承家风 弘扬美德”文艺演出等系列文化活动，进一步推动家风文化进机关、进农村、进社区、进企业、进学校，使家风文化走进千家万户。

【文艺创作】 历史文化方面，由滨海区宣传文化中心创作室毛金鹏编著的《潍坊滨海烽火》已于 2015 年 12 月份出版发行，展现了寿潍根据地丰厚的红色人文，成为全区开展爱国主义教育和革命传统教育的普及读物；海洋文化方面，由滨海区宣传文化中心创作室毛金鹏编著的《北海撷英》由黄河出版社出版，并在北京成功首发，有 40 余家中央及省市媒体集中报道。毛金鹏、姚丽被中国海洋网聘为“特约通讯员”；文艺精品方面，办好《尚海》文学刊物，区内文学爱好者编印《诗人的行走》《亲，看看潍坊的滨海》《追梦》等文学作品。区作家协会邵秀玲创作的诗歌多次在全国、省、市级诗文大赛中获奖，毛金鹏等 5 人获全市网络文学艺术大赛二、三等奖，30 多人在全国、省市各类才艺大赛中获奖。

（何婷婷）

精神文明建设

【概况】 以建设“善行义举”四德榜为载体，以会议动员、主题活动推进等方式，在全区掀起“四德榜”建设高潮，各部门单位、街道、村居、企业、学校积极参与建设，其中街道村居、学校、机关单位建设实现全覆盖，全区建成“四德榜”127 个，上榜个人品德、诚德、孝德、爱德人数达 30600 余人。动员全区各部门单位、机关、学校、企业、村居向中国好人榜推荐“身边好人”线索，全年推报好人线索 600 余条。全年推动全区上榜潍坊好人 4 人，市文明办向省文明办推荐滨海区山东好人候选人 2 人。对文明单位实行动态管理，优胜劣汰。推动创评工作向企业、学校、医院倾斜，调动各单位文明创建的积极性。文明办主动协调机关各单位，组织动员机关人员投身文明单位创建活动中来，造氛围、建机制、抓规范、搞活动、提素质，文明创建深入人心，城市文明程度和公民文明素质不断提高。区管委会（机关）等 11 个单位（社区、村镇）通过 2016 年度省级文明单位复审，滨海旅游集团通过省级文明单位评选；宣传文化中心等 14 个单位（社区、村镇）通过 2016 年度市级文明单位复审，滨海投资发展有限公司通过市级文明单位评选；新增区级文明单位（村镇）15 个，全区文明单位（村镇、社区）达到 68 个，数量实现新突破。

【“家风、村风、民风”主题活动】 制订《滨海区“家风、村风、民风”主题思想教育活动方案》，开展多种形式的教育宣传活动。通过组织部门单位悬挂标语，公开栏、宣传栏张贴宣传单，公交车电子屏循环刊播，大型商场、超市等人员集中的地方发放宣传单、明白纸等多种方式营造宣传氛围，形成多层次多角度全方位的社会宣传格局。开展“家训、家规、家风故事征集”，收到来自社会各行各业家训家规 320 条、家风故事 462 个。开展“我心目中的好村居、好家风家庭”评选活动，共收到全区各行业、各部门单位推荐申报的“最美家庭”候选家庭 67 户、“好村居”候选村居 16 个，经过公众投票，并征集相关部门单位的意见，最终确定 10 户“最美家庭”、10 个“好村居”，“三风”活动被市提升办命名为“全市首批提升市区示范活动项目”，活动经验在《山东宣传信息》进行推广。通过活动引领，全区市民素质和社会文明程度显著提高，爱国爱家、相亲相爱、向上向善、共建共享的社会主义家庭文明新风尚蔚然成风。

【未成年人思想道德建设】 全面推进未成年人思想道德建设，不断加强探索力度，继续健全完善体制机制，强力净化社会文化环境。组织开展未成年人读书征文活动，向上级投报征文 100 余篇；组织第三届“国学小名士”经典诵读电视大赛，全区各中小学共有 29 支队伍 150 余人参赛，有 2 人获市级银奖、1 人获市级铜奖。有 2 个单位被评为潍坊市创建全国未成年人思想道德建设先进城市工作先进单位，1 人被评为潍坊市创建全国未成年人思想道德建设先进城市工作先进个人，1 人获潍坊市美德少年称号。

【文明城市创建】 为一进步提高社会各界和广大市民对创城工作的参与率，形成良好的社会环境和浓厚的舆论氛围，印发《关于进一步做好全区创城公益广告宣传的通知》，发放社会主义核心价值、图说我们的价值观、讲文明树新风、文明就餐桌牌等宣传材料 20000 余份，分别在全区农村、中小学校、企事业单位、金融商户等免费发放。在全区商场、超市、银行等人员密集场所，装有 LED 电子屏的商家，要求全部循环播放社会主义核心价值观口号并在区内主要道路及路口安装大型户外公益广告牌；在电视、报纸等媒体连续刊播公益广告。截至年底，共播放 100 余期。有 3 个单位被评为潍坊市创建全国文明城市工作先进单位，5 人被评为潍坊市创建全国文明城市工作先进个人。

【志愿服务】 探索搭建“互联网 + 志愿服务”平台。滨海区志愿服务在“互联网 +”大背景下与时俱进，运用互联网思维，结合地方特色，推进“互联网＋志愿服务”，构建起数据共享、渠道畅通、高效便捷的运行平台，为全社会参与志愿服务提供便利的舞台。志愿服务参与者通过使用志愿者打卡器，利用手机进行志愿者注册、领取志愿者保险、参与志愿服务和记录服务时数、领取社会提供的爱心物品等，并可互动讨论，提高工作效率；公益组织的管理者可以使用电脑登录管理界面，完成对志愿者的审核和分类管理及志愿服务工作的实时监控，真正意义上实现了“互联网＋”志愿服务。志愿服务工作形成“月月有活动，周周有计划，时时有想法”的局面，志愿服务工作效能大大提升。自2015年以来，滨海区志愿者协会不仅在全市领先使用推广了志愿者新媒体平台“志愿者打卡器”，还在全省范围内最先以社会团体的身份申请到超级管理员账号。利用信息通信技术以及互联网平台，让互联网与志愿服务行业进行深度融合，创造新的发展生态。“互联网＋志愿服务”让服务需求和服务项目自动匹配，方便管理者，服务反馈和激励机制促成服务线下高效执行，让受助者真正得到服务，让志愿行动可持续发展。

【移风易俗工作】 联合区内11个部门出台《滨海区加强农村红白理事会实施方案》，发放明白纸1万余份，推进婚丧习俗改革。党员干部率先垂范，发挥带头示范作用，做到婚事新办、丧事简办，抓党风带正风促民风。利用媒体宣传有关法规政策，普及科学知识，倡导文明节俭、生态环保的婚丧新风。全区村（居）委会普遍建立了红白理事会，实现有人管事、有章程理事，机制健全、服务规范，农村群众对移风易俗满意度达90%以上，结婚登记率100%，平均火化率100%，实行节地生态安葬比例达到30%以上。在婚礼中不存在恶意闹婚现象，丧事无披麻戴孝、唱大戏等低俗行为，形成孝亲敬老、厚养薄葬、抵制陋习、文明俭朴、文明理事的社会新风尚。

【城乡环卫一体化】 滨海区城乡环卫一体化全部实行市场化托管，通过公开招投标，招标价格每月每户17.8元，全年费用支出523万余元，该费用全部由区财政承担。按照每15户配备1个垃圾桶和每100户配备1个保洁员的标准，全区48个村配备垃圾桶2400个、配备保洁员245人。加大环卫基础设施投资，建成3处垃圾转运站，配备全封闭式环卫转运车辆13辆。在日常工作中，加大巡查力度。清除村内长期积存垃圾，对农村“三边、三底、三界”（村边、路边、田边、河底、湾底、沟底、县界、镇界、村界）存量垃圾，以及公路、铁路、河流沿线等周边环境卫生进行集中整治，彻底解决垃圾围镇、围村现象。协调街办对“三大堆”进行清理。逐步实行垃圾分类，通过对村内野广告进行清理，逐步使农村保洁规范化、标准化。将铁路沿线环境卫生综合整治，纳入日常保洁管理范畴。加大宣传，强化考核检查。市政管理执法局作为环卫主管部门，制订并出台滨海区卫生保洁考核办法，建立健全考核奖惩机制。按照“全域覆盖、村村检查、无缝隙”管理模式，每周组织一次考核，以新闻媒体、《环卫督查简报》、微信平台等形式对存在的问题进行通报、曝光，要求各单位限期整改。定期对各单位工作开展情况进行跟踪考核，考核结果与保洁公司的费用挂钩。

（赵洪艳　徐　录）

新闻出版

【概况】 2016年，滨海区新闻出版工作以建立文明、健康、繁荣、有序的平安文化市场为目标，努力营造良好社会文化环境，抓好新闻出版市场整治工作，打击违规经营行为，推动滨海区文化市场健康、有序发展。进一步提高管理队伍的综合素质，加强执法人员业务学习，提高执法管理水平。截至年底，全区文化市场有新闻出版经营单位28家，其中印刷厂6家、打字复印社15家、零售书店（音像）7家。

【净化社会文化环境】 贯彻落实全区关于进一步净化社会文化环境的工作要求和精神，根据《2016年文化市场执法管理工作方案》和《2016年扫黄打非工作方案》，结合全区实际情况，加强新闻出版经营市场管理，进一步净化社会文化环境，营造有利于青少年健康成长的良好文化环境。2016年以来，组织开展净化社会文化环境专项整治行动，以建立文明、健康、繁荣、有序的平安文化市场为目标，营造良好社会文化环境，抓好市场整治工作，打击违规经营行为。

【开展扫黄打非工作】 制订《出版物市场集中清查行动工作方案》，做好经营户情况调查摸底工作。对辖区内的经营户进行调查并登记造册，并集中整治音像、报刊发行市场和计算机软件制品市场。规范经营单位的经营行为，打击盗版活动，提高正版制品的市场占有率和我国知识产权的保护水平，开展重点打击非法政治性出版物和侵犯知识产权和制售假冒出伪劣商品专项行动。全年检查各类出版物市场113家（次）；检查图书零售单位67家（次），检查音像制品零售、出租单位55家（次）；收缴各类非法出版物500多件，收缴盗版音像制品500余张，取缔无证游摊6个。

在全区开展打击非法出版活动专项行动和整治假报刊、假记者站、假记者、假新闻专项行动，通过社会各方面力量和报刊主管主办部门的共同努力，清除危害文化安全、损害公共利益、干扰新闻出版秩序、破坏新闻出版工作者形象的四害，为新闻出版业创造健康和谐发展环境。

根据上级新闻出版部门、扫黄打非办等关于严厉打击非法印刷的通知精神，继续加大与各相关部门的联合执法，打击非法印刷行为。规范全区印刷复制市场秩序。为贯彻落实上级关于印刷复制管理工作会议精神和《关于开展打击非法出版活动专项行动的通知》的要求，组成专项检查组深入全区的印刷复制企业进行专项检查，有针对性的查处有严重政治性问题的非法出版物及违法宣传品，打击地下印刷窝点，查处非法盗印和擅自加印行为，检查印刷企业执行五项制度情况等。

【安全生产】 2016年，文化市场审批工作依法执行发证前置审批手续，凡不具备安全前置条件的，一律不予核发许可证。文化市场执法人员认真组织开展新闻出版经营场所安全检查工作，摸清安全隐患存量，找准制约隐患整改的突出问题，采取有针对性的措施加以整改。

【校园周边环境治理】 严格执行有关管理规定，规范在中小学校周围开办的新闻出版经营市场秩序，严厉打击损害未成年人身心健康的经营行为，切实保障未成年人健康成长。禁止在中小学校周围200米以内开办设立彩票投注站点，禁止在中小学校周围600米以内设立彩票专营场所，在审批这类项目时严格把关。

（王桂杰　赵福龙）

文化执法

【概况】 提升文化市场综合执法水平，加大市场监管力度，2016年度被评为全市文化市场综合执法工作先进单位。全区有文化生产经营单位58家，新增网吧5家、歌舞娱乐场所1家、打字复印社2家，全部完成新证换发工作。对区内文化生产经营场所进行40余次明察暗访，出动执法检查人员100余人次，现场责令整改安全隐患24次，强力规范了全区文化市场秩序，实现全年安全生产无责任事故。

【“扫黄打非”工作】 将封堵和查缴非法出版物作为市场监管工作的重中之重，始终保持高压态势，集中整治淫秽色情等有害出版物，净化青少年健康成长环境。将“扫黄打非”工作纳入社会治安综合治理和平安建设总体目标，纳入创建全国文明城市工作的工作要点，成立以开发区主要领导为组长的“扫黄打非”工作领导小组，制订《“扫黄打非”年度目标量化考核方案》。强化对出版物市场和音像制品市场的监管，坚决取缔政治性非法出版物，集中取缔淫秽色情出版物。对全区6家出版物零售单位、11家网吧、8家音像制品经营单位、6家印刷企业、10家歌舞娱乐场所进行了10期和不定期的突查暗访，较好的规范了全区的文化市场秩序。全年未出现盗版侵权案件。

【文化市场执法】 结合安全生产大检查活动、市娱乐场所专项整治行动，与区公安分局、市场监督管理局进行多次联合执法，检查全区范围内歌舞娱乐场所50家次，出动执法人员近120人次，打击了娱乐场所违规设立、违规经营等问题。

严格执行经营场所不存储、不摆放、不销售违法音像制品的“三不原则”，理清出版物供货渠道及发行方式，严厉打击违法出版物发行活动。对全区8家出版物发行单位进行大规模专项治理行动，增强了经营业主的法制观念和守法经营的法律意识，取得了良好的社会效果。

对全区取得合法经营资格的11家网吧统一录入相关信息、数据资料，建立管理台账，为网吧管理工作打下基础。严格要求网吧做好日常管理，特别是禁止未成年人进入和上网人员的有效身份登记工作，落实不超时经营和场内巡查制度。执行互联网上网营业场所管理规定，区内所有网吧安装并规范使用山东省互联网上网服务营业场所管理系统。针对部分网吧室内吸烟现象和上网登记不规范现象，责令限期整改，消除了安全隐患，规范了经营秩序，使互联网上网服务场所步入了良性循环的轨道。

确保娱乐场所规范经营。将娱乐场所作为人员密集场所安全检查的重点，特别是加强对新设立娱乐场所的文化执法检查，强化营业者的规范意识和行为。娱乐场所接纳未成年人及从业人员不统一着装、不佩戴工作标志和不建立从业人员名单等主要问题得到有效控制。加大对公共文化娱乐场所和服务场所等重点区域的排查和监管工作，确保消防安全，确保规范经营。做到排查不留死角、整改不留后患，坚决遏制重特大事故的发生。2016年，未发生行业安全事故。

（王桂杰　赵福龙）

广播影视

【概况】 滨海区广播电视中心成立于2015年，其前身是山东海化集团电视台，主要职责是负责全区广播电视宣传工作。下设新闻综合、旅游、文化生活3个频道，区广播电视中心对新闻综合频道进行全面管理和运行；旅游频道和文化生活频道由滨海旅游集团负责运营，广播电视中心负责监管。区广播电视中心集中优势力量，全力做好《滨海新闻》，以宣传党和政府的声音为宗旨，切实发挥好喉舌作用。宣传大项目建设、产城融合、循环经济、生态建设、体制机制创新等方面的新进展、新成效，梳理总结滨海开放开发的典型经验和成果亮点，宣传滨海开发建设一线涌现出的创新创业典型和干事创业作风。重点抓好渔盐文化节、潍坊国际风筝会、国际风筝冲浪比赛、世界城市旅游小姐争霸赛、潍坊半程马拉松、鲁台会等重大赛事、节会活动的宣传，切实加强主题宣传，提高舆论宣传水平。

【做好宣传工作】 区广播电视中心积极谋划《大众日报》及省级媒体副刊会、产城融合论坛等重大活动，健全完善例行新闻发布、重大发布选题会商等新闻发布工作制度。加大对外宣传力度，突出高端稿、重头稿。瞄准央视新闻联播、山东电视台等中央、省、市主流媒体，推出一批有深度、有影响的重头稿件。全年在中央台发稿6篇、省台发稿15篇、市台发稿260篇。统筹利用区内媒体资源，完善重大报道选题策划机制，加强重大报道选题策划，每季有新闻战役、每月有新闻行动、每周有新闻主题、每天有新闻重点。加大《滨海新闻》重头稿、主题稿播发，每月策划1—2期重头系列报道，每期3集以上。办好《新闻晚高峰》《走进项目一线》《一周民生》《一周要闻》等栏目。完善电视新闻宣传工作考核办法，发挥通讯员队伍作用，全面提升电视宣传影响力。加大公益广告刊播力度。加强对《滨海日报》的指导，严把审核关，确保方向准确、引导有力。探索新媒体宣传模式，加强对微信等新媒体管理，适时组织新媒体发展座谈会。扩大山东手机报覆盖面，及时进行改版，适时开通今日头条掌上滨海（滨海发布）。2016年，与潍坊电视台合作，每周二晚上在《新闻晚高峰》栏目中播出滨海看点，进一步宣传滨海区开放开发新局面，在市级媒体上展现滨海区建设发展成果。

【电视频道建设与节目制作】 区广播电视中心顺应传媒发展新趋势、新要求，做好广电事业改革发展。强化精品采编意识，建立考评体系，严格制度考核，严格奖惩兑现，健全记者采访、文稿编辑、合成配音等责任制，落实电视新闻审片制度，采编超前策划、深入挖掘，实现新闻结构、内容质量、栏目设置等全面提升。推行记者包靠单位制度，制订任务排档表组织记者深入一线、现场，挖掘生动、感人的新闻亮点。新闻编辑、播音人员落实新闻作品三级负责制，实现主持人及配音、编辑人员，合成人员责任全线覆盖。实施新闻作品创优工程，参加对上节目参评，通过考评、激励、争先创优等一系列举措，打造滨海名记者、名编辑、名主持人，创名牌栏目。聚力《滨海新闻》，借力企业运营，实现产业化发展。滨海区广播电视中心集中优势力量，全力做好《滨海新闻》，以宣传党和政府的声音为宗旨，切实发挥好喉舌作用。各频道内非新闻类自办栏目、商业广告等创收经营内容，全部打包交由区属国有企业海之灵文化传播有限公司经营，广电中心负责对制片内容进行监制。通过这种方式，初步划清了企业和事业之间的界限，优化了滨海区广电管理运营体系。规范电视频道经营管理。严格电视审核、播出程序，落实节目单三级审核制，规范新闻节目、非新闻自办栏目监制，优化频道节目编单、新闻采编播业务交接、审片交接、节目审片反馈等流程。履行好监管职能，规范对频道播出栏目和广告的综合管理。年内，对新闻综合频道包装完善，实现旅游频道、生活频道安全制作播出，督促海之灵公司适时有针对性的调整栏目、广告内容、形式。

【提升播出质量】 区广播电视中心评估广电设备使用价值，及时更新演播录制传输方式，提高录制质量。加强设备、文件整理和维护，专人专岗管理媒资系统，及时为信息中心和滨海传媒网送传新闻节目。加强播出设备维护和机房管理，健全规章制度，加强应急演练，确保全年不发生安全播出事故。以办公场所搬迁为契机，推动播出设备升级换代，提升电视信号质量，力争实现数字化播出。综合考量广电网络公司广电社区和海之灵新媒体平台资源，争取在网络传输、节目新媒体平台互动等方面实现突破。采取多项措施保障安全播出顺利进行，严格按照规程操作，加强信号监视和设备巡检，关注重点节目和重点时段，及时处置突发的情况，确保中央电视台《新闻联播》的完整转播及滨海电视节目的安全播出；全国两会及重大节日保障期间，严格落实零报告制度，向上级部门及时汇报播出情况。全年播出《滨海新闻》260 期、《一周要闻》《民生》104 期，自办节目及广告 16515 小时、电影和电视剧 6845 小时，无错播、误播、停播等事故发生。加强设备日常管理，严格落实“日维护、周保养、月检修”的制度，加大检修维护力度，及时排查存在的隐患，即时解决突发的故障，保证播出设备始终安全稳定运行，为安全播出提供有力保障。

【深化融媒体传播】 区广播电视中心紧抓“融为一体、合而为一”这个关键，解决发展不平衡、传统媒体和新兴媒体简单嫁接等问题，推动各种媒介资源、生产要素有效整合，实现内容、渠道、平台等的深度融合。探索“电视 + 互联网”模式，整合电视、网站和微信公众号等媒体资源，运用全媒体丰富传播形式，一次采集多次生成，以多样化展示、多介质推送，提高新闻的收视率和社会影响力。“潍坊滨海”微信公众号运行一年来，“粉丝”人数由 300 人增加到 3 万人，关注率大大提升，正在探索实施微信平台的粉丝互动和节目直播常态化。

【党建工作】 提升党建水平。以学习宣传贯彻党的十九大和习近平总书记系列重要讲话精神为主线，进一步统一思想，巩固扩大“两学一做”学习教育成果。健全完善党建各项规章制度，推进党务政务公开，突出重点，打造亮点。利用集体学习、书记讲党课、专题培训、专家讲座等方式，搞好党员学习培训。严格落实全面从严治党主体责任和监督责任，加强和规范党内政治生活、加强党内监督。推进党风廉政建设，改进工作作风，狠抓工作落实。深化“基层工作加强年”活动，加强和改进思想政治工作。

【队伍建设】 健全“抓班子、带队伍，抓科长、科长抓”机制，把权力下放、责任下沉，明确责任分工，调动工作积极性。抓好绩效管理、考勤管理、值班管理、接待管理、车辆管理等制度的修订落实，强化督查，力求实效。规范公文管理、财务管理等流程，明确目标，落实责任。做好办公场所搬迁的谋划筹备等工作，统筹有序，稳步推进。建设学习型机关，推行集体学习、分组学习和自学模式，坚持干中学，学中干。推进岗位AB角制度，培养各领域的多面手，搭建全方位岗位协调平台。全面推行工作项目化管理、责任制落实机制，确保工作实效。制订实施职工培训方案和健身计划。坚持“走下去、走出去、请进来”，加强对外通联，积极培养宣传文化人才队伍。加强区内媒体统筹，完善通讯员队伍建设，实现信息互通和资源共享，扩大广播电视宣传的层面。健全考评体系，实行三级责任制，严格审片程序，强化记者采访、文稿编辑、合成配音等责任落实，实现主持人配音、编辑人员及合成人员责任全线覆盖，做到管理到位，奖罚分明，增强新闻工作人员事业心、归属感，着力打造名记者、名主持、名编辑、名栏目。

（武　涛）

非物质文化遗产保护

【概况】 滨海区历史文化悠久，非物质文化资源厚重。区管委会历来高度重视文化遗产保护工作，非遗保护措施和机制日益完善，在全社会的共同努力下，文化遗产保护、延伸等工作取得显著成效，推动了经济社会的全面发展。成立非物质文化遗产保护工作组，统一领导和统筹协调非物质文化遗产保护工作，定期召开专题会议研究非物质文化遗产保护工作，专题研讨，解决实际问题，不定期进基层检查、指导非遗传承保护工作。

【非遗项目挖掘保护】 近年来，滨海区不断加大非物质文化遗产保护力度，非遗文化呈现出日渐繁荣的局面。截至2016年底，全区拥有市级非物质文化遗产项目2项，分别是盐神节和龙抬头节。正在进行首批区级非遗项目的挖掘和整理，北海民俗祭海节、天然热敷盐包制作工艺、滨海渔业习俗、姜太公退海的传说等30多项非遗项目已成功挖掘并进行了初步整理。祭海是一项具有独特内涵的海洋文化民俗，作为民间自发的海洋民俗活动，潍坊北海民俗祭海节在滨海区已连续举办2年，在传承地域民俗、发展海洋文化方面发挥了积极作用。

【非遗知识普及传承】 学习、宣传贯彻中共中央办公厅、国务院办公厅《关于实施中华优秀传统文化传承发展工程的意见》，坚持创造性转化、创新性发展，不断增强中华优秀传统文化的生命力和影响力，在全区范围内掀起关注、投身和推动传统文化和非遗项目传承发展的新局面。宣传《中华人民共和国非物质文化遗产法》，宣传展示非遗保护成果，提高非遗保护意识，参与非遗保护和传承。在滨海电视台、滨海日报、潍坊滨海传媒网等区内媒体，重点播发、刊登非遗活动主题、口号及相关活动信息；采取图片、实物展示等形式，开展全区历史文化建设工程成果展、“振兴传统工艺”成果展等活动；强化北海渔盐文化民俗馆、城市艺术中心、老河口天后宫等非遗传承、展示场所在活动期对社会的开放；开展非遗进校园、进社区、进基层活动，在区内“花开童年”“优学教育”阅读基地开展非遗保护传承项目展示，吸引少年儿童参与，在全区营造起振兴传统工艺的良好氛围。

【非遗品牌打造推介】 一是2016年2月12日，农历正月十六，第二届潍坊北海民俗祭海节在滨海欢乐海沙滩举行。二是加强非遗品牌推介。《大众日报》、中国海洋网、凤凰网、中国青岛蓝色经济网、鲁网、潍坊电视台、潍坊传媒网等媒体对滨海区“非物质文化遗产月”活动、北海民俗祭海节、北海渔盐文化节进行了报道，产生了很好的效应。

【遗址保护和非遗传承】 2016年，丰台盐业遗址群保护规划编制工作得到稳步推进。《丰台盐业遗址群文物保护规划》经过省文物局论证完善后及时上报到国家文物局；通过积极协调，10月27日，国家文物局在北京组织召开《丰台盐业遗址群文物保护规划》专家论证会。全区共挖掘非遗资源线索50多条，上报潍坊市非遗项目5个。

（毛金鹏　何婷婷）

卫生·体育

潍坊
滨海
年鉴
2017
WEIFANGBINHAI
YEARBOOK

卫生·体育

卫　　生

【概况】 2015年2月，滨海区管委会印发《关于人口和计划生育局更名的通知》（潍滨管发〔2015〕4号），潍坊滨海经济技术开发区人口和计划生育局（挂计生服务站牌子）更名为潍坊滨海经济技术开发区卫生和计划生育局（挂妇幼保健计划生育服务中心牌子），将区公共事业局承担的卫生职责划入区卫生和计划生育局，2015年4月调整到位。截至2016年底，全区有医疗卫生机构70家，其中医院2家、基层医疗卫生机构65家、专业公共卫生机构3家；有卫生技术人员601人、床位480张。

2016年末，卫生和计划生育局获全市人口与计划生育责任目标考核优秀奖、全区妇女“两法”知识竞赛团体三等奖。周丽娜被评为全市巾帼建功标兵、全市普法先进个人、全区优秀党务工作者，王强被评为全市工会工作先进个人，时浩被评为全市精神卫生工作岗位技术能手，王婷被评为全市免疫预防工作岗位技术能手，张金铎被评为潍坊市妇幼健康服务工作先进个人。

【医改工作】 深化公立医院综合改革。2016年全区印发《关于进一步深化公立医院综合改革的实施意见》，加快推进城市公立医院改革，依托潍坊市人民医院、潍坊市中医院托管区人民医院、区中医院，医疗服务质量得到明显改善。全面落实城市公立医院取消药品加成政策，区人民医院于6月底起全面取消药品加成，实行零差率销售，降低大型设备检查项目价格，药品、大型设备检查项目价格分别下降15%、26%。区人民医院顺利通过全市二甲综合医院评审回头看督导。

推进分级诊疗试点工作。在全区开展以高血压、糖尿病为主的慢性病分级诊疗试点工作，实行专科医师、社区医师、健康管理师“三师共管、上下联动”的分级诊疗模式，初步构建“两病”基层首诊、双向转诊的就医新秩序。区人民医院与潍坊市人民医院、大家洼街道社区卫生服务中心签订服务协议，区中医院与潍坊市中医院签订服务协议。2016年，辖区内基层医疗机构就医人次70824人，比2015年增长7.19%。

实施家庭医生签约服务工作。发挥家庭医生作为居民健康“守门人”的作用，不仅为签约居民提供国家基本公共卫生和基本医疗服务，还提供以健康管理为主要内容、主动服务为主要形式的个性化服务。截至2016年底，城乡签约服务人数3.54万人，其中重点人群签约率达60%。

完善药品集中采购工作。在政府办基层医疗机构全面实施国家基本药物制度并参加全省基本药物网上招标采购基础上，全区公立医院实现集中挂网采购，除个别急救或市场缺货严重的药品，其余药品均通过山东省药品集中采购平台优先采购使用基本药物和常用药品中标产品，降低药品虚高价格；严格高值耗材的正常购进、验收、储存养护等工作，在进货时严格审核供货单位的法定资格和质量信誉，销售人员的合法资格、购销合同等，作为采购进货凭据，全区二级以上医院药品、高值医用耗材网上采购率达98%。

提升中医药服务能力。实施基层中医药服务能力提升工程，依托潍坊市中医院滨海分院，加强区中医院科室建设，区中医院初步达到二级中医院水平。全区100%社区卫生服务机构和85%村卫生室均能提供中医诊疗服务，2处街道社区卫生服务中心通过潍坊市首批基层中医“国医堂”评审验收，5处基层医疗机构被确定为市级中医特色建设单位，1人被评为潍坊市基层名中医。

【基层卫生工作】 继续开展基本公共卫生服务宣传年活动。通过电视台、网站和微信等多种途径传播基本公共卫生服务项目公益宣传片，提高城乡居民项目知晓率，不断提升群众对项目的满意度。推进老年乡村医生补助政策的落实。开展全区第二批老年乡村医生身份和补助年限认证工作，完成认证的老年乡村医生共计184人，发放生活补助139人，累计发放补助金100余万元。

加强新型农村社区卫生室建设。参照潍坊市《加强农村社区卫生室建设、提升基层医疗卫生服务能力三年行动计划的实施方案》要求，用三年时间，全区规划建设配套标准统一、功能完备、能够满足社区居民基本医疗卫生服务需求的农村社区卫生室。2016年，全区建设完成1处新型社区卫生室，投入使用。

组织基层卫生岗位练兵活动。通过层层开展竞赛，大家洼街道社区卫生服务中心代表队代表滨海区参加市级竞赛，取得团体竞赛三等奖，提高了基层医务人员政策理论和实践技能水平，促进基层医疗卫生整体服务能力提升。

强化基本公共卫生的督查考核工作。聘请市级基本公共卫生服务项目考核专家作为第三方，开展全区基本公共卫生服务项目半年考核，确保基本公共卫生服务绩效考核公平、公正、科学、规范，提高考核质量和水平。

【妇幼保健工作】 免费增补叶酸项目在全区范围内实行城乡全覆盖，将流动人口纳入专项资金服务范围。1—11月，全区叶酸共发放1103人，总计6270瓶，基本完成全年工作目标。农村住院分娩补助项目根据工作需要完善实施方案，优化服务流程，实现服务对象全覆盖。农村妇女“两癌”检查项目完成1921人，超额完成全年工作目标。预防艾滋病、梅毒和乙肝母婴传播项目有序推进。在7月份市卫计委组织的重大公卫妇幼项目执行情况专项考核中，全区在14个参与考核单位中，名列第九名。

【卫生监督工作】 做好国家卫生城市复审工作。成立迎审工作办公室，层层落实责任包靠，集中开展专项整治，累计监督检查公共场所、医疗卫生机构190余处，开设健康教育专栏11处，统一制作公示牌50余块，发放张贴宣传画600余份。加强生活饮用水卫生监督监测。争取财政资金，完成生活饮用水卫生监督抽检工作。全年共抽检涵盖全区的水样18份，送检18份；完成全年4个季度以及枯水期、丰水期的水质采样、送样工作及检测结果平台录入工作。做好消毒效果检测工作。完成对全区各型医疗机构、托幼机构的消毒效果检测工作，共检测各型医疗机构66家、托幼机构14家。开展卫生安全保障工作。完成国际禁止化学武器组织到滨海区检测、中考和高考卫生安全保障、高中学业水平考试等多项卫生安全保障任务，全年未发生卫生安全事故。

（陈桂欣）

疾病预防控制

【概况】滨海区疾病预防控制中心在原开发区卫生防疫站的基础上成立，加挂卫生监督大队牌子，有工作人员26人，其中专业技术人员19人，高级专业技术职称的3人、中级专业技术职称的10人。内设传染病防治科、免疫规划科、慢性病防治科、卫生监督科、应急科和综合科等科室。主要负责全区各种传染病、地方病和慢性非传染性疾病的预防控制与管理工作，计划免疫预防接种、冷链和预防用生物制品的管理，承担全区生活饮用水、公共场所等生产经营单位及其产品的卫生监测，实施职业卫生、学校卫生、放射卫生、消杀等卫生监督监测工作，开展各种食物中毒、职业中毒及其他突发公共卫生事件的流行病学、卫生学调查与应急处置等工作。

【提升卫生服务能力】加大资金投入，添置生化分析仪、电压稳定仪、离心机等设备，中心实验室仪器正常运行率100%，承担着全区所有从业人员的预防性健康查体工作。抓好医学教育和专业知识的培训。派出120人次参加市级以上手足口病、性病艾滋病、结核病、计划免疫、实验室检测、控烟项目等内容的培训。开展继续医学教育专题讲座培训11次，在岗专业技术人员继续医学教育合格率100%。

【加强疫情管理】做好疫情管理，及时处理传染病预警信息。2016年，全区共发生传染病301例，未发现甲类传染病，乙类传染病8类118例、丙类传染病183例。开展手足口病专项督导。重视手足口病防治工作，年初制订手足口病防控工作计划，举办全区手足口病防控知识培训班。对全区内所有托幼机构的手足口病防控工作进行督导，重点检查托幼机构晨、午检以及因病缺勤、病因追查登记制度，消毒以及校舍的通风换气工作落实情况。对托幼机构管理人员就手足口病的预防控制措施进行指导，做到“早发现、早诊断、早隔断、早治疗”。对检查中发现的问题当场出具指导意见书，提出整改意见。全年督导检查覆盖全区所有托幼机构，共发放宣传单页12000余份。

【实施免疫规划】实施国家扩大免疫规划是政府的一项重要的公共卫生行为，是预防、控制疾病的有效手段。疾控中心举办脊灰强化、乙肝补种项目接种工作、麻疹强化等培训班；开展以“接种疫苗、宝宝健康”为主题的“4·25计免宣传周”活动，发放宣传画（册）等资料2200余份；做好疫苗的预防接种工作，全区“八苗”接种率达90.76%，适龄儿童建卡、建证率均达100%。

做好计划免疫相关疾病的主动监测、麻疹抗体水平检测、AFP病例及乙脑病例的主动搜索工作。加大接种安全和预防接种异常反应的监测力度，对各接种门诊每月进行1次督导，每季度组织1次综合检查。全区全年报告疑似预防接种异常反应40例，均为一般反应，全部按照要求进行调查、诊断、报告和处理。

加强预防接种门诊标准化建设工作。强

化疫苗冷链管理工作，执行《疫苗储存与运输管理规范》，制订疫苗管理制度，实行专人负责、专账管理，严格执行疫苗采购、储存、分发登记和使用等有关环节的规定，保障冷链系统正常运转，确保疫苗质量。全区2处接种门诊、1处接种站、1处产科接种室及冷链运输车辆已全部安装冷链测温监控系统，冷链运转管理使用完好率100%。

【艾滋病防治】 做好艾滋病自愿咨询检测、哨点监测、高危人群娱乐场所干预等工作。全年中心完成自愿咨询检测91人份，完成区内艾滋病人CD4+检测3人份。HIV感染者及病人的管理率为100%、流调率100%。为病人、感染者及其家庭提供关怀、支持和服务的比例达100%。

【结核病防治】 组织召开结核病防治工作会议和举办培训班，加强结核病防治工作的督导和痰检技术指导。全年全区共处置结核病疫情3起，疾控中心工作人员及时开展流行病学调查，对密切接触者进行结核菌素皮肤试验，并将结果及时向有关医疗单位反馈，将控制疫情传播范围降至最小。

【慢性病防制】 控烟工作。开展“携手灭烟，拥抱明天”大型展板巡展活动和“世界无烟日”宣传活动，在学生中开展“拒吸第一支烟，做不吸烟新一代”签名活动推动控烟工作的开展。利用辖区医疗、社区卫生服务机构健康教育资源，通过召开健康教育讲座、现场咨询等开展预防高血压、心脑血管疾病、糖尿病、肿瘤、精神疾病、心理健康等慢性病宣传教育，普及健康知识。倡导全民健康生活方式工作。中心利用组织健步走的形式，对全民健康生活方式开展宣传。通过加大健康教育覆盖面和工作量，使健康教育与健康促进工作效果有了明确提高。根据国家卫生计生委《关于开展2016年“健康中国行”主题宣传活动的通知》的统一部署，通过悬挂宣传条幅、组织义诊等形式开展一系列“健康山东惠民生、健康促进靠行动”主题宣传活动。死因监测工作。制订死因监测计划，每日对死因监测信息系统报告死亡病例进行审核。开展死亡病例漏报调查，及时发现漏报病例并进行补报。全年累计核对上报监测死因、肿瘤、冠心病、脑卒中病例675例。

【健全卫生应急组织体系】 加强领导，建立健全卫生应急组织体系。成立疾控中心卫生应急办公室，组建3支应急队伍，建立健全突发公共卫生事件应急处置工作预案，召开卫生应急工作会议，研究部署应急工作。开展卫生应急培训及演练。中心专业人员进行《自然灾害的卫生应急应对》培训，开展1次《突发公共卫生事件》模拟演练。强化应急处置。接突发公共卫生事件信息报告后，1小时内均及时派出应急队伍到达现场，开展调查处理和卫生救援工作，并按要求报告。做好应急物资购置和储备工作。加强信息管理。每月按要求做好突发公共卫生事件信息月报工作，建立疫情监测报告制度，按要求开展突发公共卫生事件相关信息监测报告工作。

【卫生监测】 生活饮用水检测。争取财政资金，完成生活饮用水抽检工作。2016年，共抽检涵盖全区的水样18份，送检18份；完成全年4个季度以及枯水期、丰水期的水质采样、送样工作及检测结果平台录入工作。消毒效果检测工作。完成对全区各型医疗机构、托幼机构的消毒效果检测工作，共检测各型医疗机构 66 家、托幼机构 14 家。做好食品、公共场所、生活饮用水等从业人员健康体检工作，体检各类从业人员 5700 人。

【队伍建设】 坚持“三会一课”制度，重大事项集体研究。实施《疾控中心党风廉政建设责任制实施方案》，开展风险岗位廉能管理活动、商业贿赂专项治理等工作，组织全体干部职工观看反腐倡廉警示片，筑牢拒腐防变思想防线。严格执行“八项规定”。落实各项安全生产责任制，没有发生任何治安刑事案件和安全责任事故。发动社会各界传染病防控宣传力量，鼓励公众参与疾病防治知识的传播。中心志愿者服务队于 2016 年 11 月份成立。组织志愿者服务队，建立长期开放的志愿者活动平台和志愿者活动机制，营造全社会共同参与传染病防治工作的浓厚氛围。

开展发展提升年和创先争优活动，加强职业道德建设，规范工作行为，实行挂牌上岗和首问责任制。加强疾控文化建设，开展创建“文明单位”“无烟单位”“卫生单位”活动。

体　　育

【概况】 滨海区体育以优化体育发展环境为重点，努力推动群众体育、竞技体育和体育旅游、体育产业创新发展、协调发展、融合发展，体育基础设施配备、全民健身、品牌赛事、体育旅游等呈现出良好发展势头。为打造滨海“城乡居民 10 分钟健身圈”，满足人民群众的健身需求。在市体育局大力支持下，公共事业局通过体育彩票公益金建设完成 20 个村居、2 个大社区的全民健身工程。根据《潍坊市学校体育设施向社会开放工作实施方案》要求，先后有滨海第三初级中学、锦海小学、滨海第一初级中学 3 所中小学校体育设施对外开放，基本满足了当地群众的健身需求。

【打造滨海体育品牌】 滨海区依托海洋资源优势，打造滨海体育品牌。继 2015 年滨海区举办国际风筝冲浪大满贯赛后，2016 年又举办了升级为 2016 年世界风筝冲浪竞速锦标赛暨第八届潍坊滨海国际风筝冲浪邀请赛。本次赛事共设男子方程式板、女子方程式板、男子双向板、女子双向板 4 个项目，来自俄国、法国、美国、巴西、英国、澳大利亚、泰国等 20 多个国家和地区的 70 多名国际顶级风筝冲浪运动员参加。潍坊市委、市府为打造城市品牌，宣传滨海，2016 年第三十三届潍坊国际风筝会又在滨海旅游度假区成功举办。滨海突出海洋特色，发展休闲体育，依托水域开阔、海水清澈、渔业资源丰富等优势，举行海钓等系列比赛。潍坊市体校落户滨海区，新体校设施齐全，运动场地充沛、标准高，经常举办省、市级乃至全国体育项目比赛，让更多的人走进了滨海，了解了滨海，也为滨海当地人民群众提供了良好的健身场所和观看高级别体育比赛的机会。

【群众性体育活动】 积极开展校园体育活动，坚持每年举办中小学生体育联赛，2016 年举办了足球、篮球、排球、乒乓球4项比赛，共有6个组别，300多名运动员参加。群体活动也坚持不懈，举办了职工篮球、乒乓球、象棋以及冬季越野长跑比赛，组队参加了山东省举办的“百县篮球、千乡乒乓球、万人象棋”潍坊赛区的比赛。

【竞技体育】 潍坊蓝海学校输送至上级体校女子足球运动员李婷婷，代表山东在2016年全国女子足球锦标赛中获第五名、在全国女子足球超级联赛中获第四名。由滨海第三初级中学输送的赛艇运动员韩文玲，代表山东在2016年全国赛艇赛艇锦标赛中获女子轻量级四人双桨第四名、女子双人双桨第六名。这是滨海区有史以来滨海籍运动员获得级别最高的体育赛事名次。

（何　玲　王　忠）

教　　育

潍坊滨海年鉴

2017

WEIFANGBINHAI YEARBOOK

教　育

基础教育综述

【概况】 全区有公办学校7所（全日制高中1所、九年一贯制学校3所、全日制初中1所、全日制小学2所）、民办学校2所，在校学生约16000人。幼儿园共15处，其中13处为公办及公办性质幼儿园，在园幼儿4300名。公办学校、幼儿园有在编教师1100多人；其中，正高级、省特级教师2人，市级教学能手、特级教师130多人。民办学校自聘教师600多人，有多位国内一流的教育专家和博士后等高学历人才，其中正高级和特级教师20多人，获得市级及以上荣誉称号的教师60多人。

【机构设置】 公共事业局为区党工委、管委会内设机构，副县级规格，负责全区教育、体育、民政、老龄、残联、慈善等工作。内设综合科、政工科、民政科、教育体育科（挂教体中心牌子）等4个科室，均为正科级规格，共有干部职工37人（含教研室）。

【优化教育资源】 滨海区党工委、管委会持续加大学校建设投入力度，全区学校形成覆盖全区、布局合理、优质均衡的格局，在全市率先完成“全面改薄”和解决普通中小学“大班额”任务。继续全面实施从幼儿园到高中的十五年免费教育，工作推进机制更加完善，区财政每年多投入1400万元，全年有符合条件的约1万名学生受益。教育人才队伍建设得到加强，深化校长职级制改革，进一步完善校长交流机制，年初调整交流正职校长6人、书记及副职7人，并选拔了一批校长助理；全年新招聘事业编制教师36人；原民办代课教师的教龄补助工作顺利推进；原退养民办教师提高了待遇，由人均1100元提高到人均2100元。校园安保提档升级，进一步健全安全管理机制，层层落实安全责任，安全工作实现网格化实名制管理，学校食堂安装视频监控系统全部联网，全区教育系统平安稳定。

【民办教育蓬勃发展】 潍坊滨海国际学校作为潍坊市唯一一所北京师范大学基础教育实验学校，于2016年9月1日正式开学，由北师大专家团队倾力打造，创新教育教学体系，制订了五年发展规划，多名教育专家到北师大滨海国际学校讲授示范课并开展课堂教研培训，确保实现“一年打基础、两年大发展、三年树品牌”的目标。潍坊（上海）新纪元学校全面开展差异化教育，高标准引进多种国际课程，与国外多所名校结成国际教育战略联盟，已成为国内知名名校。该校办学经验被《中国教育报》《大众日报》等国家、省级媒体刊发。全区基础教育构建起公办和民办教育双轮驱动、协调发展、共同发展的良好格局。

【教学质量和学生创新能力全面提高】 滨海

区1所学校建设了面积达1000多平方米的科技创新实践基地，5所学校分别创建了国家级和市级机器人实验室。全区学生在国家、省科技创新活动中，3个项目获全国奖励、4个项目获省一等奖。潍坊滨海中学2016年普通高考参考人数560人，本科上线491人，其中文理类一本上线168人、同比增幅59%，一本上线率在市区位列第一，在潍坊市各县市区中位列第三，中考成绩一直稳居市区前列，学生家长满意度居市区第一。教育教学质量的提高，本地学生转出明显减少，外地户口学生纷纷前来就读，留住本地优质生源的同时吸引了大量的外地优秀学生；截至年底，全区中小学、幼儿园共有学生近2万人，非滨海户籍学生占到40%。

【完善特殊教育体系】 公共事业局积极争取各方面专业力量支持，建立起专家、教师、家长共同参与，康教、医教、家教互通的特殊教育工作机制。落实学校、家庭、医疗康复机构双向服务名单，明确学校、医疗康复机构、家庭各自职责。多途径投入资金90多万元，建成2个标准化随班就读资源教室、2个康教场所、9个标准化心理咨询室，实现康教场所建设的全覆盖。争取康复专家支持，专业人员参与制订“一生一案”，根据康教效果和发现问题定期调整，使学校、家庭共同使用统一的、科学的康教方案。实行“专业带动，全员推动”的特殊教育科研方式，每次活动都邀请专业人员和家长参与，通过专家对每一名残疾学生现场诊断和康复训练演示，推动特殊教育康教工作由“经验型”向“科研型”转变，教师角色由“兼职型”向“内行型”转变，家长角色由“随机型”向“意识型”转变。

（王增明）

基础教育创新

【建立优质教育资源引进和合作机制】 滨海区管委会与北京师范大学签订合作协议，建立“北京师范大学基础教育实验区”，和北京师范大学建立全面、稳定的合作关系，充分利用北师大教育资源和专家力量，支持和引领全区教育发展。年内，分层次、分类别举办4次大型培训及10余次学科培训，为全区学校传递了最前沿、最优质的教育理念，教育系统干部、教师全员参加。与上海新纪元教育集团协商，设立新纪元教育实验基地，以上海新纪元教育集团为桥梁，吸

2016年2月19—20日，北京师范大学选派专家为全区教育系统干部教师举办校长、骨干教师、幼儿教师三个高级研修班

收借鉴集团旗下 14 所学校及其所在区域的前沿教育信息。引进高层次教育人才，通过引进一位人才，带进先进理念和丰富资源。通过这些措施，随时掌握最前沿、最优质的教育信息，随时汇集国内专家对全区教育进行指导和调研，随时组织专家报告和全员培训，实现了知名专家对骨干教师的一对一指导和入校“陪伴研修”，方便了校长、教师的外出挂职和交流。

【构建“143”教育内涵】 全区教育系统通过确立“强内涵、树特色、创品牌”一个中心目标，完善内涵发展促进机制、教师队伍激励机制、优质教育资源引进和合作机制、公民办学校双轮驱动机制四项机制，建立政策平台、发展平台、交流平台三个平台，内部发力，借助外力，稳步提升滨海教育发展内涵，打造路径科学、社会认可、家长满意、独具滨海特色的教育发展品牌。

【教育队伍管理体制改革】 深化教师队伍改革，成立教育行政部门统一管理的编制管理机构，滨海区教育、人社（编制）、财政等部门共同参与，出台按需核岗文件，完成新一轮中小学教职工编制和岗位核定工作。探索建立教育行政部门统一管理、学校按岗聘人、教师有序流动的用人新机制，实施“区管校聘”、分层竞聘、绩效激励等措施，激发教师队伍活力。第三方专家团队参与校长考核，校长职级工资全面落实；教师岗位分级竞聘工作全面完成，并兑现了待遇。2016 年，班级管理团队激励政策资金纳入区财政预算并及时拨付，教育部门按时发到教师手中。

（王增明）

重点幼儿园和中小学校

潍坊市机关幼儿园滨海园

【领导班子】（2016 年 1 月 1 日至 12 月 31 日期间）

园　长　孙淑娜

副园长　孙守娥　李　健

【概况】 2014 年 5 月，潍坊市机关幼儿园滨海园成立。占地面积 22000 平方米、建筑面积 18000 平方米、绿化面积 3300 平方米，是一所现代化的花园式园所。园内设有托、小、中、大四个级部，共 13 个班级、300 余名幼儿，70 余名教职工。与蓝海学校小学、初中形成一体化教育模式。园内配备钢琴、电脑、电子白板等现代化办公教学设施，室内设置“爱迪生科学站”“baby 新天地”“米罗手工馆”“建构魔方”“乐器房”“沙画工作坊”等活动场馆，室外设有大型攀爬玩具、铲车、沙池、迷宫等，是一所集绿化、美化、童趣化、教育化于一体的快乐家园。

【干部队伍建设】 对园领导班子的业务考核由潍坊市机关幼儿园集团（以下称集团）统一在年底进行考核，集团下设综合部、人事部、财务部、保教部、保健部、安保部、党务部、督导部、绩效部、宣传部10个部门。每个部都按照工作范围出台相应的工作细则和评分标准，年底各园按得分多少考核领导的工作。公平公正的考核制度让园所工作有章可循，领导干部评比有据可依。

【教师队伍建设】 重视教师素质提升，制订实施教师素质培训方案、教师专业能力和分层培训计划。建立青年教师、骨干教师、新教师成长档案，开展以老带新，结对互助等活动。组织教师参加专家带教、市级和区级培训家及园内教科研培训，在号召全体教师大练基本功的基础上，全面提升教师理论水平、专业素质和道德水平。安排1名教师到北京、浙江安吉参加培训，全体教师参加山东省远程研修、专家带教培训，8名教师参加潍坊市骨干教师培训，多名教师参加区级骨干教师培训。有1名教师参加区教育专业能力竞赛获全能二等奖，2名教师参加滨海区优质课比赛获二等奖，4名教师参加区玩教具制作比赛分获二、三等奖，1名教师获滨海区德育优秀案例一等奖，2名教师获主题演讲二等奖，1名教师获潍坊市机关幼儿园优秀保教园长称号。

【学校管理】 学校管理制度化、民主化、科学化。贯彻落实《3—6岁儿童学习与发展指南》《中华人民共和国教师法》《中华人民共和国未成年人保护法》等有关教育法律、法规。认真学习和贯彻《幼儿园管理条例》，开展丰富多彩的课内外活动；严格执行作息时间，规范教师行为，重视师德师风建设。

【德育工作】 幼儿园的思想品德教育是通过一日生活的各个环节和各种活动进行的，重点是培养幼儿最基本的思想行为习惯，使幼儿的品德和性格形成有个良好的开端。通过多种形式向幼儿进行礼貌待人、尊敬长辈、对同伴友爱、富有同情心、积极主动、爱劳动、爱祖国的思想情感和习惯的教育，形成良好品德。

【教学工作】 加强常规教学，严格按照幼儿园一日常规要求，科学合理安排幼儿一日活动，组织开展教学常规评比及研讨交流活动。同乡镇幼儿园开展结对帮扶活动，定期组织老师送课下乡，开展教科研研讨工作。3月7日，组织教师到潍坊市机关幼儿园文化路园进行语言教学公开课展示活动；5月17日，到培真教育幼儿园进行音乐教学研讨活动；9月21日，到寒亭区海龙园进行健康活动研讨交流活动等。不断地为青年教师提供学习和交流平台，促进了幼儿园教师的专业化成长，推动了教学的内涵发展促进了幼儿园的发展。

【科研工作】 幼儿园承担了多项科研课题研究工作，教师积极投身科研活动，成绩斐然。开展的潍坊市课题《多元化亲子社会实践策略的研究》《爱的教育》，已完成课题的中期报告；《家园互动开放性与幼儿想象力培养研究》3个课题的研究正在进行中。定期邀请中国学前教育研究会副秘书长刘莹、潍坊市机关幼儿园保教部园长王芹进行课题指导，3名教师担任课题主持人，幼儿园40名专任教师均参与课题研究。

【体卫艺工作】 围绕“我运动、我健康、我快乐”宗旨，注重幼儿身心健康的发展，实施并完成《国家学生体质健康标准》的测试和上报工作，幼儿体质健康达标率97%。幼儿园配备了丰富的户外玩具，早操分为徒手操和器械操，每天坚持户外运动不少于2小时，幼儿的健康体质得到了保证。

以“六·一”儿童节为契机，举办“快乐童年，放飞梦想”文艺演出，给每位幼儿都提供展示自我、表现自我的机会，培养了幼儿欣赏美、感受美和表现美的能力，增强了幼儿的自信心和艺术表现力。

【安全工作】 始终把安全工作放在首要位置，坚持“安全第一，预防为主”的原则，切实加强安全防范工作。不仅将幼儿的安全融入一日生活之中，还利用家长会、家委会入园参与安全监督检查、安全宣传展示板、安全教育平台、安全课、电子屏滚动播放等方式，向家长和幼儿宣传安全知识。创建“平安校园”，为师生营造安全、和谐的校园氛围。加强幼儿园食堂食品安全管理，严格按照《中华人民共和国食品卫生法》的管理规定，逐一将各项工作落到实处，严格监管，重点排查，保障了就餐安全，为全园师生提供科学营养的膳食。

（王　忠）

潍坊滨海经济技术开发区实验幼儿园

【领导班子】（2016 年 1 月 1 日至 12 月 31 日期间）

园　长　郭　美

副园长　刘海英

【概 况】 位于滨海区创新街以北、禧源路以西，占地 1.87 公顷，建筑面积 11565 平方米，于 2014 年 9 月开园。全园 21 个教学班，有幼儿 800 多名、教职工 84 名。其中专任教师 42 人，高级职称的 1 人、中级职称的 6 人，市级优质课 5 人、区级教学能手 3 人、区级优质课 8 人。幼儿园建有功能齐全的现代化教室，融活动室、寝室、盥洗室、消毒间、卫生间为一体，自成单元。室内配有交互式电子白板、电脑、钢琴、造型美观的开放式玩具橱、空调、消毒柜、紫外线电子灭菌灯，与活动室配套的保健室、隔离观察室、多功能音体活动室、幼儿建构室、阅览室、舞蹈室、科学发现室、琴室、室内运动场等现代化教学用房。6 月，幼儿园获滨海区“先进基层党组织”称号；7 月 18 日，幼儿园省级示范幼儿园验收通过。

【干部队伍建设】 加强后备干部政治理论学习、业务技能和管理能力学习，注重岗位培训和实践锻炼，健全干部谈话和教育管理制度。鼓励后备干部参加公开选拔、竞争上岗等活动，引导和培养后备干部广泛学习各种知识，学习先进的教育理念，加强业务学习和锻炼，参加各级各类业务培训，要求年轻干部积极承担园内业务公开课、科研工作，不断提高自身综合素质和管理水平。

【教师队伍建设】 通过公开课、推门听课、微格教研、教育技能大赛、弹唱比赛、培训、课题研究等活动来提升教师队伍素质。根据教师队伍现状，实行“分层培养”，即分为入职期教师、成长期教师、成熟期教师和骨干期教师四个层次，每个层次的教师都根据其特点开展相应的教研活动。入职期教师开展“师徒结对”、入职期教师基本功考核活动、公开课试讲活动等；成长期教师参与幼儿园各项课题教研活动，在教研中进步，并开展“信息报道大评比”“优质课比拼”等一系列活动；成熟期教师开展“班主任工作经验交流”“教育案例共分享”等活动；骨干期教师则推出“送课下乡”“新教师业务培训”等活动，充分发挥老教师的传帮带作用，让新教师快速成长。

全园以教研组为单位，坚持每周至少开展1次园本培训活动，以集体或级部形式为主。全学年组织教师外出培训约30次。园长参加了“潍坊市高水平园长”培训学习，2名骨干教师参加“潍坊市骨干教师培训”学习，1名骨干教师参加“山东省幼儿园骨干教师培训”学习，20多名教师分赴上海、南京、济南、青岛、潍坊等地参加各级各类培训、教研活动。1名教师代表开发区参加潍坊市教学基本功大赛，分获二、三等奖，1名教师的优秀教育课例代表全区幼儿园参加德育案例评选，4名教师代表幼儿园参加开发区演讲比赛获二等奖，6名教师代表幼儿园参加开发区“微格教研”获一、二、三等奖。

【学校管理】 幼儿园实行制度治园与理念办园并行，核心贵在规范意识与坚持意识。每学期初，所有教职工都要重温各项规章制度，增强教职工制度的规范意识。成效显著的是量化考核办法，采取“日记一周统一月累一年总评”模式。坚持大事商讨、小事通气，把自身思想建设，廉洁自律，作为做好各项工作的基本立足点。实行园长负责制、岗位责任制、教师聘任制和结构工资制，加强师德师风建设，着力以德育人、以情感人、以爱暖人，严格工作纪律，严格作息制度。

【教学工作】 注重幼儿活动的各个环节，在一日活动上制订具体内容和目标，按照计划认真执行，让幼儿的活动做到动静交替。集体教学活动，坚持“走班上课”模式，让孩子在玩中学、学中玩，在游戏中锻炼他们的动手能力、合作技巧、创新能力，注重他们的兴趣培养、个性张扬。幼儿间操有了很大突破，每个年龄班根据幼儿年龄特点，设计出动感新颖的系列团体操，如大班的武术操、中班的文明礼仪操、小班的模仿操。开展丰富多彩的活动，如“三八”妇女节的爱妈妈教育、“六一”大型亲子互动日、大班毕业典礼、元旦汇报演出、春季户外踏青、秋季园内采摘，走入社区进行环保宣传等。

全年幼儿园间操评比2次，班级环境创设评比4次，区角评比8次，玩教具评比2次。6月18日，在全区“沙水土建构”展示活动中，幼儿园展示活动丰富多彩，有30余种有效玩法，吸引了其他姊妹幼儿园的参观学习。12月，在潍坊市学前教育研究学会园长论坛获二等奖，在全区幼儿园课程方案建设及环保教育展示活动中获第一名，在全区幼儿园园长漫谈中获第一名。

【科研工作】 幼儿园积极承担各项科研课题研究工作，园内成立园级、级部、班级三级教研团队，坚持每周二固定教研日，骨干教师轮流承担教研主持人工作，合作提高幼儿园科研水平。在区政府教学成果奖评选中，《探之源，究之乐——幼儿园自主性区域活动的开展》和《以自主取餐为切入点，打造幼儿园生活特色》均获二等奖，幼儿学段总评第一。

【安全工作】 幼儿园把保育工作放在首要位置，建立健全安全管理制度，实行安全目标责任制，落实网格化管理，层层签订责任状，提高安全责任和防范意识。排查安全隐患，做好消毒、通风、晨午检和幼儿一日安全健康观察记录工作，强化值班制度，实行“可视化、无缝隙”管理，严格执行教师交接班制度，创新使用“红绿接送卡”接送制度。全年组织安全疏散演练7次，努力创建平安和谐校园环境。

（王　忠）

潍坊滨海经济技术开发区央子幼儿园

【领导班子】（2016年1月1日至12月31日期间）

园　长　林大奎

副园长　张　媛

园长助理　郑佳佳

【概况】坐落于滨海区央子街道固堤场村西侧，与青年街、海港支路、青年路相邻，央子街道境内，距央子街道办事处100米。始建于1988年；2003年9月，新园建成并投入使用（总园）。总园占地面积5000平方米、建筑面积1850平方米，总投资310万元，是一所结构布局新颖、设施先进，融园林化的格局、家庭化氛围、科学化管理于一体的现代化幼儿园。幼儿园有央子街道总园1处，横里路村、报庄子村、河北岭子村、崔家央子村各村居教学点4处。总园有9个教学班，大班级部2个教学班、中班级部3个教学班、小班级部3个教学班、托班1个教学班，在园幼儿280余人。全园有教职工43人，专任公办大学本科及以上学历教师达100%，教师资格认定率100%。

【干部队伍建设】幼儿园教研组长、备课组长、年级组长等中层管理人员，既是教师队伍中的骨干力量，又是幼儿园落实保教任务、开展各项活动的领头人和管理者。在干部选拔的过程中，秉持民主推荐、技能考核等多元选拔模式，从民意中挑选有能力、有人缘的干部，能得到群众认可和支持，便于管理工作的开展。对于干部工作的工作考核，结合中层干部岗位职责的各项考核指标，实行三方考核制度，管理者评价、同级评价、群众评价，最终客观、公正地评价他们的工作，以考核促能力提高，以考核促工作干劲。

【教师队伍建设】多年来，幼儿园不遗余力地为教师发展做出努力，保证每学期每位教师都要参加省级、市级、区级等培训，并做好培训后的总结整理工作和二次培训工作。组织22名教师参加山东省“互联网+教师专业发展”培训，5名教师参加潍坊市骨干教师专家带教培训，19名教师分别到上海、南京、北京、青岛、济南及潍坊市、县部分幼儿园参加各类培训、教研活动。在全区举办的教师技能大赛中，3名教师分获一、二、三等奖；3名教师获集体教育活动优质课奖；在玩教具制作大赛中，3名教师分获二、三等奖，央子幼儿园获组织奖。

【学校管理】学校管理制度化、民主化、科学化。贯彻落实《中国教育与改革发展纲要》《中华人民共和国义务教育法》《中华人民共和国教师法》《中华人民共和国未成年人保护法》等有关教育法律、法规。认真学习《3—6岁幼儿学习与发展指南》《幼儿园教育指导纲要》等标杆性文件，开展丰富多彩的室内外活动。严格执行作息时间，严肃工作纪律，规范教师行为，重视师德师风建设。

【德育工作】以“锻炼幼儿强健体魄、培养幼儿良好习惯、学礼仪懂文明”为央子幼儿园的三大核心目标，以“以人为本，创建师幼成长乐园，走内涵发展之路”为办园理念，形成央子幼儿园自己的办园特色。

【教学工作】“让老师教得轻松，幼儿学得快乐，幼儿园成为师幼成长的乐园”是幼儿园的愿景，也是幼儿园的奋斗目标。利用当地废旧渔具创建多个集“休闲、娱乐、健身、益智、立德、审美”于一体的幼儿室内、室外活动区域，并以此为载体，开展一系列特色教育活动，走出了属于自己的内涵发展之路。

【科研工作】学校承担多项科研课题研究工作，教师积极投身科研活动，成绩斐然。2009—2016年，央子幼儿园的户外特色区域活动研究课题连续多年获区“政府成果奖”。2011年4月，又获潍坊市重大教育教学问题行动研究成果二等奖。2012年10月，央子幼儿园的户外活动获山东省特色教育活动二等奖，同时在山东省学前教育发展论坛上进行交流并推广。同年12月，央子幼儿园被确立为潍坊市首批幼儿教师培训实践基地。2013年9月，央子幼儿园的室内外区域活动又获潍坊市政府教学成果一等奖。

【体卫艺工作】幼儿园重视幼儿素质发展，在户外体育活动优势项目的基础上开展电子琴、古筝、舞蹈、泥塑、跆拳道、轮滑、传统文化等丰富多彩的特色活动，为孩子们的生活带来更多的精彩瞬间。

【安全工作】始终把学校安全工作放在重中之重的位置，坚持“安全第一，预防为主”的原则，切实加强安全防范工作。开展安全谈话活动，做到“安全天天讲，安全时时记”。将生命教育有机地渗透在幼儿园一日活动之中，每季度组织1次安全疏散演练。创建“平安校园”，为师生营造安全、和谐校园氛围。将食堂安全放在安全工作首位，落到实处，严格监管，重点排查。

（王　忠）

潍坊滨海经济技术开发区大家洼幼儿园

【领导班子】（2016年1月1日至12月31日期间）

园　长　单美玲

园长助理　朱立艳

【概况】坐落于滨海区西城，北靠海源街、西临禧源路，是一所乡镇中心幼儿园，是潍坊市名园、潍坊市户外特色园、省级示范幼儿园、潍坊市巾帼文明岗。

幼儿园占地面积6500平方米、建筑面积1700平方米，户外活动场地4500平方米。幼儿用房配套齐全，配有食堂、保健室、资料室等；幼儿园配备教具、玩具、大中型体育活动器械、电子白板、电脑、音响、钢琴等设备。有9个教学班，其中大班3个、中班3个、小班3个，在园幼儿413名。教职工40名，全部具有大专以上学历。在校园环境的规划布局上，追求校园环境的文化品位，努力营造优美的育人环境，使师幼身心得到愉悦，获得美的情感体验。

【干部队伍建设】幼儿园班子成员率先垂范、以身作则，公平、公正待人，视老师们为家人和朋友。做到在思想上引导他们，在业务上指导他们，在工作上肯定他们，在生活上关心他们。用自身的影响力来凝聚全体教职员工的心，带动他们的工作积极性，建立和谐的人际关系，培育互帮互助的团队精神。2016 年 3 月，被评为“潍坊市巾帼文明示范岗”。2016 年 4 月 1 日和 6 月 13 日园长单美玲撰写的《引领教师专业成长打造优秀教师队伍》《注重管理方法打造职业团队》分别在潍坊校长栏目发表，得到广泛关注。

【教师队伍建设】　首先从教师职业道德入手，狠抓师德教育。帮助教师不断改造自己的主观世界，做到敬业、爱业、精业、创业，教书育人，为人师表。从优化教师个体素质入手，采用多种形式鼓励教师苦练基本功，从基础教育知识的熟悉到灵活运用教育实践，不断提高教师教育教学能力。2016 年 1 月，教师潘敏获潍坊市“全能比赛”二等奖，获潍坊市“弹唱比赛”一等奖；2016 年 6 月，教师陈伟业在“两学一做”演讲中获二等奖；2016 年，教师潘敏获滨海区演讲比赛二等奖；2016 年 9 月，教师李敏获滨海区“师德典范”演讲比赛三等奖；2016 年 6 月，在全区组织的党建经典案例与创新项目中获三等奖。幼儿园 24 名教师参加“慈善一日捐”，捐款 1400 元。

【学校管理】　按照《3—6 岁儿童学习与发展指南》《幼儿园教育指导纲要》进行一日活动，严格执行作息时间，严肃工作纪律，规范教师行为，重视师德师风建设。坚持“德育为先，各育并举”，开展内容丰富的德育教育活动，重视未成年人思想道德建设。

【德育工作】　幼儿园的思想品德教育是通过一日生活的各个环节和各种活动进行的。重点是培养幼儿最基本的思想行为习惯，使幼儿的品德和性格形成有个良好的开端。以多种形式向幼儿进行礼貌待人、尊敬长辈、积极主动、遵守纪律、诚实、文明、爱劳动、爱祖国的思想情感和习惯的教育。开展“妇女节——献给妈妈一枝花”“学习雷锋做好事”“感谢师恩——给老师做贺卡”“我的梦，中国梦”书画作品展活动和“中秋做月饼”活动等，让幼儿在丰富多彩的德育活动中愉快地接受教育，形成良好品德。

【教学工作】　为提高教学质量，组织教师们开展教研活动，每周进行业务学习，每次学习后都做反思交流，老师们苦心钻研业务。2016 年 4 月，教师李欣参加滨海区优质课获二等奖；教师陈伟业参加滨海区科学讲座。在全区组织的沙水土户外观摩活动中，获得好评。

【科研工作】　在课题研究方面，幼儿园撰写的生活课题《习惯、方法、技能，构建生活化课程》先后到潍坊汇报两次，获得领导的一致认可与肯定，在开发区组织的成果奖展示活动中获二等奖。《创建农村特色生态乐园》获开发区教学成果三等奖。

【体卫艺工作】　按照上级要求，每天坚持户外 2 小时活动，拍球、跳绳、跳竹竿、转呼啦圈等项目孩子们都玩出了花样。利用“六一亲子运动会”契机，幼儿展示了团体操和特色操，尤其是双球操、抖空竹、花样跳绳得到了家长们的一致好评。在“庆元旦”活动中，孩子们载歌载舞，将学到的知识、歌曲、舞蹈展示给家长，家长们感到孩子们长大了，在幼儿园学到了很多本领。坚持每季度给幼儿测量体重1次，半年测身高、视力1次，进行1次体检，做好幼儿的健康检查记录。

【安全工作】 安全工作是幼儿园最重要的工作之一，坚持定期检查全园安全设施，排除安全隐患。抓好幼儿接送安全，健全凭卡接送幼儿制度，注重班级安全工作。学期初与各班教师签订班级安全责任书，明确安全责任，让她们积极主动地做好安全工作。通过定期学习提高教师们的思想认识，每周五各班级对幼儿进行一次安全教育，增强幼儿的安全意识与自我保护能力。通过培训、学习和实际演练、操作，使全体教职工在掌握安全知识、提高安全意识的同时增强对安全设备、设施的感性认识，强化了安全意识。

（王　忠）

潍坊滨海经济技术开发区育英幼儿园

【概况】 潍坊滨海经济技术开发区育英幼儿园始建于1987年，原名为山东潍坊纯碱厂幼儿园；1995年，更名为山东潍坊海洋化工高新技术开发区育英幼儿园；2005年，更名为山东潍坊滨海开发区育英幼儿园；2015年，更名为潍坊滨海经济技术开发区育英幼儿园。下辖1所分园，校园占地面积5700平方米、建筑面积2390方米。有11个教学班、469名幼儿、48名教职工。其中专任教师31人，高级职称的1人、中级职称的16人。2016年，招新生148人、毕业生181人、在校生465人。

【干部队伍建设】 园领导班子在工作中率先垂范，严格要求自己，坚持公平、公正原则，在2016年度工作述职考核中均获优秀。加强幼儿园后备干部的培养，从幼儿园工作实际出发，结合年轻干部的性格、能力各方面特点，确立了以培养“德才兼备+特长”后备干部教师为目标，开展递进式年轻干部培养。

【教师队伍建设】 重视教师素质提升工程，制订实施教师素质提升方案和教师培训计划并贯彻实施；建立青年教师、骨干教师、新教师成长档案，以老带新，结对互助；认真组织校本培训和校本教研，号召全体教师大练基本功，提升教师理论水平、专业素质和道德水平。组织1名教师参加“山东省幼儿园骨干教师省级培训”学习，组织2名青年教师参加“高水平园长培训和骨干幼儿教师培训班”学习，20名教师到青岛、上海、淄博、潍坊参加各级各类培训、教研活动。在潍坊市教育局举办的“2016年全市幼儿教师教育技能竞赛”活动中，教师李文佳获游戏创编一等奖、获活动设计三等奖。在公共事业局党委组织的“基层党建经典案例和创新项目展评”中，幼儿园获二等奖；在公共事业局组织的“第十一届滨海区教学成果”评选活动中，教师杨春蕾、范佳玉、张海杰撰写的《最初的世界 最大的世界》获二等奖，杨春蕾、于丽梅、赵丽君撰写的《手指游戏在一日活动中的运用研究》获三等奖。

【学校管理】 坚持以人为本的管理理念，在注重制度化、规范化科学管理的同时，倡导以人为本的人性化管理，积极营造“平等、互动、和谐”的管理氛围，促进教职工主动发展。学习和贯彻《潍坊市幼儿园一日活动基本规范（试行）》，严格执行一日常规，开展丰富多彩的游戏活动；严格执行作息时间，严肃工作纪律，规范教师行为，重视师德师风建设。

【德育工作】 以“做一个讲文明、懂礼貌的好孩子”主题实践活动为主线，以幼儿行为习惯养成教育为主要内容，以幼儿园一日活动为载体，以重大节日、纪念日为契机，开展生动活泼的德育教育活动，加强对幼儿进行爱国主义、集体主义、社会主义思想教育和道德规范教育。开展“寻找雷锋足迹，弘扬雷锋精神”学雷锋系列活动、“同在蓝天下”大班毕业典礼义卖捐款活动、“童心飞扬、放飞梦想”第二届建构艺术节活动、“我的梦，中国梦”书画作品展活动，引领幼儿向英雄学习、向同伴学习，逐步在具体的日常生活中养成、提升自己的道德水平。

【教学工作】 把运动、学习、游戏、生活四大板块融于幼儿园的一日生活中，幼儿园根据集体教学、区域活动、户外活动的不同特点，采取情景式、常规式教学活动。集体教学活动以省编主题活动为主，针对健康、社会、科学、艺术、语言五大领域进行均衡的课程设置，在区域活动中体现对应领域的活动内容，户外活动采取自主游戏与一物多玩相结合形式，切实将“以游戏作为幼儿园基本组织活动形式”的理念落实到幼儿园的教育教学中。

【科研工作】 学校承担多项科研课题研究工作，教师积极投身科研活动，成绩斐然。市级重大课题《标记图在一日活动中的有效研究》已完成；国家级课题《因地制宜开展体育活动的研究》处于研究阶段，全园所有专任教师均参与课题研究。

【体卫艺工作】《幼儿园教育指导纲要》中指出“幼儿园每天的户外活动时间不少于 2 小时，其中体育活动不少于 1 小时。”在办园过程中，逐渐探索出“一物多玩”健康户外运动模式，形成“一物多玩中的建构”“一物多玩中的自主游戏”“一物多玩中的体育活动”的户外活动特色课程。结合幼儿园的一日活动，生活、学习、游戏、运动四大内容均已图标图示的具体形象形式展示出来，营造了全园体卫艺的图谱可视化氛围。

【安全工作】 为了让幼儿有一个幸福、快乐、健康、安全的学习环境，利用安全宣传展示板、飞信、家长会、安全课等宣传安全知识，做到“安全天天讲，安全时时记”。安全教育有机地渗透在各种活动中，共组织 4 次安全疏散演练，积极创建“平安校园”，为师生营造安全、和谐校园氛围。将食堂安全放在安全工作首位，落到实处，严格监管，重点排查，确保 465 名幼儿的就餐安全。

（王　忠）

潍坊滨海经济技术开发区希望幼儿园

【领导班子】（2016 年 1 月 1 日至 12 月 31 日期间）

园　长　李学贞
副园长　邵明华
园长助理　张晓纯

【概况】 希望幼儿园创办于 1960 年，扩建于 1988 年，2002 年再次扩建。校园占地面积 5580 平方米、房屋建筑面积 2395 平方米，户外活动场地 3200 平方米。在园幼儿 365 名，有教学班9个，教职工29人，均为专任教师，其中高级职称的2人、中级职称的10人，有市级名师1人、区级骨干教师4人，有市级优质课教师5人、区级优质课教师12人。2016年，招新生120人，毕业生130人，在园生370人。幼儿园设有图书室、木工坊、农家小院、涂鸦室、茶艺室等专用活动室，仪器设备总价值达112万元。幼儿园先后被评为潍坊市普通话语言示范园、市巾帼文明示范岗、市妇女儿童工作先进单位、市精神文明先进单位、首届潍坊名园，被评为首届全国百佳幼儿园，山东省、全国家长教育工程优秀家长学校等。

希望幼儿园于2011年9月在梧桐园小区创办了首家小区配套幼儿园——金凤凰幼儿园。金凤凰幼儿园有4个教学班、15名职工、150名幼儿，于2012年3月晋升为潍坊市市级示范幼儿园，2016年4月晋升为省级示范幼儿园。

【教师队伍建设】 重视教师素质提升，加强教科研培训，提高青年教师的教科研能力。建立青年教师、骨干教师、新教师成长档案。实行分层培训，手拉手结对子。针对教师群体年龄结构新老分化的现象，幼儿园尝试通过建立教研伙伴关系，达到不同教师群体间的优势互补。采用“以老带新，以优带新，以学促新”等培训方式，为不同层面的教师量身定制成长计划，建立成长档案。

组织园本培训和园本教研，提升教师理论水平、专业素质和道德水平。坚持以教研组为主阵地，以保教质量的全面提高为目标，营造研究氛围。初步尝试“班本教研”，形成“班级微格教研”新模式，逐步提炼总结成实效性较强的小课题。

组织骨干教师参加专家带教活动、潍坊市幼儿教师技能大赛、潍坊市幼儿园骨干教师培训等活动，多名教师到青岛、贵州、福建、上海参加各级各类培训。青年教师参加开发区教研室组织的教师素质提升暨教师技能竞赛，分获二、三等奖；有1名教师参加潍坊市幼儿教师技能竞赛，获二等奖。幼儿园代表开发区参加“潍坊市第二届经典诵读大赛”，获小学幼儿组第一名，孩子们在读经诵典中，慢慢习得好习惯，增长了知识，陶冶了情操。

【学校管理】 幼儿园管理制度化、民主化、科学化，依法办园，依法执教。严格执行幼儿园课程标准，确定“阳光户外活动，增强幼儿体质”和“情景阅读”绘本教学作为园本特色活动；严格执行规章制度，规范教师行为，重视师德建设。以“牵手两代”为载体，搭建家园共育的合作平台，为每个孩子的健康成长共同努力。

【德育工作】 以实施爱国主义教育、集体主义教育为主旋律，拓展幼儿德育教育活动，全面提高师生的思想素质，促进幼儿和谐、健康发展。在教师节“师德宣誓”活动中，全体教师表达了为本职工作奉献力量的决心。党支部紧抓师德建设，发展1名预备党员，1名预备党员转正，2人被评为优秀教师，1人被评为优秀教育工作者。

【教学工作】 各年龄班根据孩子年龄特点制订教育教学计划，以“情景阅读”为特色，以“图书漂流”为途径，借助绘本阅读打造“书香校园，书香班级”。在2016年12月潍坊市教科院组织的“全市幼儿园区域活动”展示中，有2名教师的区域活动探究性材料被收入材料汇编，作为典型案例在全市幼儿园宣传。

【科研工作】 幼儿园承担多项科研课题研究，教师积极投身科研活动，经过大家共同努力，多项课题已经结题。多名教师担任课题主持人，全园教师均参与了不同层次的课题研究。幼儿园龙头课题《传统文化特色创建的实践研究》《在一日活动中锻炼幼儿的自理能力》已经开题，正在实践探索阶段。

【体卫艺工作】 在一日活动中实施并完成《幼儿教育指导纲要》中关于幼儿健康工作的要求。坚持幼儿园户外活动 2 小时的规定，将户外场地进行科学合理的划分。根据幼儿年龄特点提供多种多样丰富多彩的体育活动器械，以游戏的方式组织孩子参加体育锻炼。本着“一班一主题”“一班一特色”原则，体现尊重幼儿、自主自由，引导每个孩子积极参与体育锻炼。以“六一儿童节”为契机，举办“庆六一幼儿运动会”“庆六一跳蚤市场”等活动，增强幼儿体质，发展想象力，提高自理能力。

【安全工作】 制订幼儿园安全实名制管理网络，坚持“安全第一，人人有责”原则，切实加强安全防范工作。以多种途径，开展安全教育，宣传安全知识，提高安全技能。创建平安校园，营造安全、和谐的校园氛围，保障每个幼儿安全健康快乐地成长。

（王　忠）

潍坊滨海经济技术开发区京师幼儿园

【领导班子】

园　长　张　敏（2015 年 09 月 14 日至 2016 年 10 月 14 日期间）

林大奎（2016 年 10 月 14 日至 2017 年 02 月 28 日）

园长助理　孙艳玲

【概况】 京师幼儿园于 2015 年 8 月开始筹建。2015 年 9 月 14 日，由张敏主持工作。2016 年 8 月，幼儿园支教教师由 6 人增加至 11 人。经过一年的筹建，京师幼儿园于 2016 年 9 月正式开园，有幼儿 16 人、教职工 9 人，开设小中大各 1 个班，共 3 个班级，班级配套设施 6 套。2016 年 10 月 14 日，由林大奎主持幼儿园工作，幼儿数上升至 70 人，教职工增加至 11 人，开设小小班级和小中大各 1 个班，共 4 个班。幼儿园确立了“省编课程、园本课程、艺术课程及亲子课程”四大课程体系。幼儿园设施齐全、先进，占地面积 3767 平方米、房屋建筑面积 3680.94 平方米，户外活动面积 2600 平方米。幼儿园预设 12 个教学班，小班、中班、大班各设 4 个班，可容纳 360 名幼儿。各班有独立专用的活动室、寝室，班班配备钢琴、电子触控一体机、消毒柜等。建有幼儿专用的营养餐厅、建构室、图书室、科学发现室、美工室、多功能活动室、音乐室、中西方文化展室、室内外通讯广播系统及数字多媒体教学管理系统（含远程监控和局域网教育平台）。

【干部队伍建设】 创新后备干部培养措施，把提高思想政治素质放在首位，有计划地加强后备干部的理论学习和实践锻炼，提高他们的理论素养、驾驭能力和领导能力。围绕教育改革和发展中的重点、热点和难点问题，组织后备干部开展调研，提高后备干部分析和解决问题的能力。创新年轻干部管理机制，坚持定期考察制度，把考察情况作为年轻干部培养、使用、调整的重要依据；坚持动态管理制度，在考察基础上，把表现突出、群众公认的优秀年轻干部，及时充实到后备干部队伍中来。

【教师队伍建设】 拥有一支纯公办高水平教师团队，配备的教师全部都是大学本科以上学历，他们在具备较高的道德素养的同时，还具备科学的教育理念、多元的知识结构、扎实的教育技能。配有专业的心理咨询师和营养配餐师，幼儿园教职工各岗位持有专业要求的各种资格证书，职工学历达标率为100%。

【幼儿园管理】 幼儿园管理坚持制度化、民主化、科学化。贯彻落实《中国教育与改革发展纲要》《中华人民共和国义务教育法》《中华人民共和国教师法》《中华人民共和国未成年人保护法》等有关教育法律、法规。学习和贯彻《幼儿园教育指导纲要》，严格执行作息时间，严肃工作纪律，规范教师行为，重视师德师风建设。

【德育工作】 以培养“健康、向上、聪慧、得体、优雅、友善”的幼儿为目标，让幼儿懂生活、会生活、爱生活，并且要成为生活的主人。开设“省编课程”“园本课程”“艺术课程”及“亲子课程”四大课程。坚持“德育为先，各育并举”，开展内容丰富的德育教育活动，重视未成年人思想道德建设。

【教学工作】 深入贯彻《幼儿园教育指导纲要》精神，加强学习和研究，不断更新教育理念，转变教育行为，提升教师专业素质。开展教科研活动和师培活动，提高教师教育教学反思能力，改进教育实践，提高幼儿园教育质量，从而促进幼儿全面和谐发展。每周二、周三、周四中午进行教研活动，建构积极、有效的师幼互动式的活动形式。加强教学常规管理，对教师的备课、教育活动，室内外游戏活动等加强管理，根据幼儿的年龄，依据《幼儿园教育指导纲要》中各领域的教学目标，落实保教常规。在2016年市教育局举行的“首届幼儿绘画评比”活动中，京师幼儿园推出的30件作品均获奖。

通过集体教研、集体培训等形式进行学习，发挥教学研究的作用。树立新的理念，运用新的教育方法组织活动和正确的评价每一位幼儿的发展。通过开展培训听课、观摩课、优质课评比、自制视教具评比等活动，提高教师的教学水平和业务能力。以争创省示范园为总抓手，努力改善幼儿园的园容、园貌，使幼儿园真正成为幼儿生活的乐园。

【体卫艺工作】 响应阳光体育运动号召，实施并完成《幼儿园教育指导纲要》的要求，幼儿体质健康达标率98%。每天保证幼儿户外活动时间不少于2小时。以“六一儿童节”为契机，举办“首届庆六一文艺汇演”，融体育与艺术为一体，锻炼了幼儿体质，发展了幼儿特长，展示了幼儿才华。

【安全工作】 始终把幼儿园安全工作放在重中之重的位置，坚持“安全第一，预防为主”的原则，切实加强安全防范工作。利用安全教育平台，宣传安全知识，做到“安全天天讲，安全时时记”。将生命教育有机地渗透在幼儿一日活动常规、各种形式的专题教育和课外活动之中，组织4次安全疏散演练。积极创建“平安校园”，为师生营造安全、和谐校园氛围。将食堂安全、校车安全放在安全工作首位，落到实处，严格监管，重点排查。

（王　忠）

潍坊滨海经济技术开发区实验小学

【领导班子】

校　长　王宗伍（2016 年 1 月 5 日）

副校长　孙俊美

【概况】　潍坊滨海经济技术开发区实验小学的前身是原企业学校潍坊纯碱厂子弟小学和原羊口盐场职工子弟小学。1987 年 7 月，山东潍坊纯碱厂设立厂办小学，命名为潍坊纯碱厂子弟小学。1996 年 7 月 3 日，潍坊纯碱厂子弟小学划归开发区领导和管理，更名为潍坊海洋化工高新技术产业工发区实验小学。1997 年 5 月 22 日，潍坊海洋化工高新技术产业开发区实验小学、兴海小学合并为一个小学，更名为潍坊海洋化工高新技术产业开发区实验小学。2006 年 1 月 22 日，潍坊海洋化工高新技术产业开发区实验小学更名为山东潍坊滨海经济开发区实验小学。2015 年 3 月 30 日，山东潍坊滨海经济开发区实验小学更名为潍坊滨海经济技术开发区实验小学，为区公共事业局所属单位，财政拨款，定编 152 名。校园占地面积 37333 平方米、建筑面积 10434 平方米。截至 2016 年底，有 36 个教学班、1393 名学生、109 名教职工。其中专任教师 107 人，高级职称的 3 人、中级职称的 50 人，有市级骨干教师 14 人、县级骨干教师 17 人；有省级优秀课教师 5 人、市级优质课教师 26 人、区级优质课教师 23 人。2016 年，招新生 305 人，毕业生 225 人，在校生 1393 人。学校设有实验室、阅览室、图书室、微机室、舞蹈室、音乐教室、综合实践活动室、机器人实验室、3D 实验室、录播室等功能教室。所有教学班均安装了多媒体教学设备及配套设施，并接通教育网，初步实现教学手段现代化。学校先后获全国深化实施素质教育典型学校、省级语言文字规范化示范校、潍坊市素质教育示范学校、潍坊市活动育人示范学校、潍坊市家庭教育示范校、平安潍坊建设示范学校、潍坊市实验教学示范校、潍坊市机器人实验室教学示范校、潍坊市电脑制作活动特色学校、潍坊市少先大队红旗大队、潍坊市“轻负担、高质量”先进学校等一系列荣誉。

【干部队伍建设】　学校领导率先垂范，校级领导干部加强自身建设，严于律己，勤政廉洁。对同志以诚相待，诚实守信，关心同志，乐于助人，坚持原则，公平公正，建立良好的人际关系。每年一次的民主生活会，领导干部开展批评和自我批评。后备干部的选定，采用民主推荐、支部考核的程序，坚持“政治素质高，业务水平精，管理能力强，群众基础好”的目标。让他们尽早进入相近岗位，让他们尽快进入相应岗位，加强指导，关注他们的工作，关心他们的成长。

【教师队伍建设】　重视教师素质提升工程，制订实施教师素质提升方案、教师读书方案和教师培训计划并贯彻实施。建立青年教师、骨干教师、新教师成长档案，以老带新，结对互助。组织校本培训和校本教研，号召全体教师大练基本功，提升教师理论水平、专业素质和道德水平。组织 107 名教师参加山东省小学教师全员远程研修；有 1 人参加潍坊市家庭教育总协调员培训；1 人参加第五届潍坊市中小学实验教师技能大赛，获二等奖；15 名教师参加潍坊市英语高端名师送课暨教学研讨活动，16 名教师参加潍坊市学科课堂展示活动，其中2名教师上了展示课，获得好评；6名教师参加第十届全国小学语文主题学习观摩研讨会；近200人次参加潍坊市和开发区组织的各级各类培训及教研活动。

【学校管理】 学校管理制度化、民主化、科学化。贯彻落实《中国教育与改革发展纲要》《中华人民共和国义务教育法》《中华人民共和国教师法》《中华人民共和国未成年人保护法》等有关教育法律、法规。严格执行课程标准，落实三级课程，开展丰富多彩的课内外活动；严格执行作息时间，严肃工作纪律，规范教师行为，重视师德师风建设。坚持“德育为先，各育并举”，开展内容丰富的德育教育活动，重视未成年人思想道德建设。

【德育工作】 以“学校价值教育研究”主题实践活动为主线，以学生行为规范养成教育为主要内容，以学校少先队活动为载体，以重大节日、纪念日为契机，开展生动活泼的德育教育活动，加强对学生进行爱国主义、集体主义、社会主义思想教育和道德规范教育。开展“寻找雷锋足迹，弘扬雷锋精神”学雷锋系列活动、“缅怀革命先烈，争当四好少年”清明节祭扫烈士墓活动、情暖西部、捐书活动、秀秀我的劳动小技能、夸夸我的好妈妈、跳蚤市场、“童心飞扬、放飞梦想”庆六一文艺汇演暨特长班汇报演出、“我向习爷爷说句心里话”学生征文活动、“感谢师恩”教师节献礼活动、“向国旗敬礼”仪式、“我的梦，中国梦”书画作品展活动、“中秋明月”手抄报作品展活动等，让学生在丰富多彩的德育活动中愉快地接受教育，形成良好品德。

【教学工作】 加强教学常规管理，规范教学行为，深化教学改革。严格执行教学计划，开展教学研究活动。抓好平时的学科教研活动，发挥骨干教学人员的作用，营造求真务实、自由融洽的教研氛围，为教师交流信息、分享经验、展示成果提供平台。2月，开展“微课评选活动”；3月，开展“一师一优课评比活动”；4月，开展“一人一堂优质课活动”；9月，进行“骨干教师示范课活动”；10月，进行“青年教师交流课活动”。学校获“互联网+教育”示范校称号。

【科研工作】 学校承担多项科研课题研究工作，教师积极投身科研活动，成绩斐然。市级课题《小学校本共享资源库建设与应用研究》，省级课题《小学课程资源开发与学校特色发展研究》《小学优秀教师成长的培养策略研究》，国家级课题《关于激发英语阅读零起点小学生英语分级阅读兴趣的教学活动的探究》完成结题。国家级子课题《基于网络空间的学生品格基于模式研究》《信息技术支持下的教学内容重构研究》《通过主题教育活动，开展学校价值教育研究》，市级课题《小学思维导图课堂教学实践与应用研究》处于研究阶段。7名教师担任课题主持人，全校90名专任教师均参与课题研究。

【体卫艺工作】 响应阳光体育运动号召，实施并完成“国家学生体质健康标准”的测试和上报工作，学生体质健康达标率80%。大课间体育活动和眼保健操坚持不懈，保证学生每天锻炼1小时。建立排球、篮球、足球、乒乓球、国画、简笔画、书法、葫芦丝、竹笛、民舞、拉丁舞、合唱等社团。以“六一儿童节”为契机，举办“实验小学艺术节”，发展学生特长，展示学生才华。在开发区举办的系列体育竞赛活动中，学校分获男女排团体冠军、男篮第二、女篮第三、男女足第二、乒乓球男团第一、乒乓球女团第二、乒乓球男女单打冠军等。在开发区运动会中，分获小学男子 4×100 米接力第一、女子 4×100 米接力第二、女子 800 米第一、女子 1500 米第一的好成绩。

【安全工作】 全面贯彻落实《中小学幼儿园安全管理办法》，实施安全网格化管理。以加强隐患排查整治为重点，明确安全职责，完善工作制度，狠抓工作落实，形成全员参与、群防群治、齐抓共管的学校安全工作格局，完成了各项安全工作任务目标。全校教学秩序安全稳定、师生平安，未发生校园安全责任事故，无突发公共安全事件，无学生受伤害事故，学校安全教育工作得到全面、深入、有效地开展。学校推行开学初、放假前、节假日安全提醒，班主任召开安全班队会，强调安全事项。学校在防溺水、防交通事故、防触电、防食物中毒、防传染病、防体育运动伤害、防火防震、防盗防骗、防校园意外伤害等方面开展了丰富多彩的教育活动，将生命教育有机地渗透在各门学科、各种形式的专题教育和课外活动之中。组织 9 次应急演练，师生参与率 100%，多次利用学校广播、黑板报、悬挂横幅、张贴标语等宣传工具及举行主题班会、讲座、安全征文与知识竞赛等形式多样的安全教育。通过开展安全预防教育，增强了学生的安全意识，加强了学生安全教育和心理健康教育，做到防患于未然，使学生学会自我保护、自救互救的常识和技能，通过教育提高广大学生的安全意识、安全防范能力和自我保护能力。

（王　忠）

潍坊锦海小学

【领导班子】（2016 年 1 月 1 日至 12 月 31 日期间）

党支部书记　李导鹏

校　长　刘爱香

副校长　王秀华

校长助理　黄　蕾　杨伟平

【概况】 潍坊锦海小学坐落于滨海区大家洼街道海化街 05937 号。学校始建于 1958 年，为一所完全小学。1984 年，随着大家洼从寿光县道口人民公社析出而成为大家洼镇中心小学。1995 年 8 月 15 日，以山东羊口盐场、潍坊纯碱厂和寿光市大家洼镇为依托，成立潍坊海洋化工高新技术产业开发区。2001 年 12 月 21 日，海化开发区公共事业局决定成立潍坊海洋化工高新技术产业开发区中心小学。2005 年 12 月，国家发改委审核确定开发区为省级开发区，定名“山东潍坊滨海经济开发区”，学校随之更名为山东潍坊滨海经济开发区中心小学。2013 年 5 月 15 日，根据国家规范学校名称的相关规定更名为潍坊锦海小学，学校性质不变。

学校占地 24514 平方米，拥有 6365 平方米的各类建筑，包括现代化的教学楼、微机室、心理咨询室、阅览室等，各种教学设备均按国家一类标准配套。校内建有校园网、班班通多媒体教学网络等现代化设施。学校有 25 个教学班、1023 名学生，74 名在职教师中，有高级职称的 4 人、中级职称的 33 人，有省市区教学能手、优秀教师、优秀教育工作者 60 余人。2016 年，招新生 213 人、毕业生 206 人、在校生 1022 人；学校先后被授予“潍坊市未成年人思想道德建设先进单位”“潍坊市精神文明优秀单位”“2016年潍坊教育年度盛典德育工作领军学校”等称号，获“潍坊年度特色品牌创新奖”。

【干部队伍建设】 2016年1月，学校调整领导班子，李导鹏任党支部书记、刘爱香任校长。学校精心打造以中层干部为主力的行政干部执行团队，要求工作目标正确定位，追求品位，实施过程追求艺术。

【教师队伍建设】 学校高度重视教师素质提升工程，因校制宜制订实施教师素质提升方案、教师培训计划，组织校本培训和校本教研。1名教师参加“山东省中小学薄弱学科培训班”班主任项目学习，59名教师参加山东省教师教育网“远程研修”，先后委派105人次到上海、烟台、潍坊等地参加省、市组织的各级各类培训、教研活动。组织教师参加市区组织的课堂展示、基本功比赛等活动，有32名教师先后在“潍坊市优质课堂展示”“潍坊市一师一优课、微课大赛”等活动中获奖，其中11名教师的优课被山东省推送到国家平台参评。

【学校管理】 学校管理制度化、民主化、科学化。贯彻落实《中国教育与改革发展纲要》《中华人民共和国义务教育法》《中华人民共和国教师法》《中华人民共和国未成年人保护法》等有关教育法律、法规。学习和贯彻《潍坊市中小学管理工作基本规定（修订稿）》，执行课程标准，落实三级课程，开展丰富多彩的课内外活动。严格执行作息时间，严肃工作纪律，规范教师行为，重视师德师风建设。坚持“德育为先，各育并举”，开展内容丰富的德育教育活动，重视未成年人思想道德建设。

【德育工作】 学校以学生行为规范养成教育为主要内容，以学校少先队活动为载体，以重大节日、纪念日为契机，开展生动活泼的德育教育活动，加强对学生进行爱国主义、集体主义、社会主义思想教育和道德规范教育。邀请五老进校园，开展“缅怀革命先烈，感恩幸福生活”“向国旗敬礼”“寻找雷锋足迹，弘扬雷锋精神”“缅怀革命先烈，争当四好少年”等活动，引导广大学生增强道德意识，强化道德养成，培育道德素质，激发爱国情感。

【教学工作】 加强常规教学，深化课堂改革。开展学生“青年教师汇报课、骨干教师示范课”活动，为全校教师的课堂教学起到示范引领作用。10月、12月，助推11名教师参加区、2名教师参加市立德树人优质课堂展示活动，取得了优异成绩。根据滨海区特殊教育文件要求，开展特殊教育，对特殊学生群体量身定制“一生一案计划”，多措施关爱特殊学生健康，确保每个孩子快乐成长。

【科研工作】 学校承担多项科研课题研究工作，教师积极投身科研活动，成绩斐然。国家级子课题《新课标背景下中小学价值教育的校本化研究》之《“一体四翼”价值教育校本化研究》申报结题；新申报一项国家级课题——《机器人校本课程的开发与实施》，已组织开题活动；省级“十二五”规划课题子课题——《小学课程资源开发与学校特色研究——以校为本的课程资源开发研究》进入总结整理阶段，申报结题；1项市级小课题《小学语文综合性学习研究》顺利通过验收。

【体卫艺工作】 响应阳光体育运动号召，实施并完成《国家学生体质健康标准》的测试和上报工作，学生体质健康达标率99%。大课间体育活动和眼保健操坚持不懈，坚持学生足球、乒乓球等社团的活动，保证学生每天锻炼1小时。以“六一儿童节”为契机，举办艺术节活动，融体育与艺术为一体，锻炼学生体质，发展学生特长，展示学生才华。

【安全工作】 学校始终把安全工作放在首位，逢会必讲安全，事事讲安全，切实加强安全防范工作。做到制度保证，实施到位，加强教育，增强意识。利用国旗下讲话、班队会、安全宣传栏、校讯通、微信群等途径有针对性地对师生进行安全教育。组织全校师生参加消防、交通安全等教育讲座，提高安全意识和自护自救能力。

（王　忠）

潍坊蓝海学校

【领导班子】（2016年1月1日至12月31日期间）

校　长　王学海（潍滨公发〔2016〕2号）

书　记　林之会（潍滨公党发〔2016〕1号）

副校长　林之会（潍滨公发〔2016〕3号）

　　　　康洪军

校长助理　刘爱莲　王宗财

　　　　于海科（潍滨公发〔2016〕3号）

【概况】 潍坊蓝海学校位于滨海区北海路和珠江西街交汇处，是一所按照省级规范化学校标准建设和配备的九年一贯制公办学校。学校占地7.33公顷，建筑面积36020平方米，校园绿化率达40%。学校规划设计24个小学教学班、24个初中教学班，可容纳2000多名师生在校学习生活。有教学楼、学生公寓楼、风雨操场和厨房食堂、室外运动场地等基础设施，有高标准的图书馆、实验室、校园电视台、数字星球、微机室、创新实践基地、心理辅导室、特殊教育教室等。校园环境优美舒适，数字化网络覆盖全校，现代化的教学、运动、生活设施为师生提供了优质的教学条件和优雅的教学环境。

2016年，学校有在学生近1600人、教师129人，教师学历达标率100%，拥有一支结构合理、年富力强、业务精良的师资队伍。

学校被评为“潍坊市数字化教育示范学校”“潍坊市体育工作先进集体”“电脑制作特色学校”“省远程研修先进单位”“区先进基层党组织”“区级文明单位”等。

【干部队伍建设】 建立干部述职考核制度。努力建设一支业务能力强、讲政治、乐奉献、勇创新的干部队伍，树立以学生为中心的发展思想和工作导向。始终以学生的综合发展为重，以人民对教育的期盼为念，牢记教育的使命重于泰山，先之劳之、敢于担当，用集体铁的肩膀担起推动学校改革创新的重大任务。

【教师队伍建设】 重视教师素质提升工程，思想作风建设常抓不懈。学校严格按照上级关于作风建设的规定，严肃工作作风，规范工作纪律，塑造良好的教师形象。坚持教师培养工程，继续实施青年教师业务培训，采取新教师拜师结对子、导师精准帮扶、新教师过关展示课等方式，帮助青年教师快速成长。

【学校管理】 学校贯彻落实国家与教育有关

的法律、法规，贯彻《潍坊市教学管理基本规范》。推进民主决策与管理，修订完善《潍坊蓝海学校教职工考勤制度》《潍坊蓝海学校量化考核方案》等规章制度。优化级部管理，学校继续推行级部负责制，级部管理水平不断提升。

【德育工作】 坚持以人为本，开拓德育新思路，拓展德育活动空间，加强学生的思想道德教育和习惯养成教育。加强德育队伍建设，建立班主任和任课教师共同承担的纵向连接的德育工作体系。加强校园文化建设，精心布置宣传阵地，优化育人环境。拓宽德育渠道，增进家校联系。成立家长委员会，通过“家长开放日”、家访交流等活动，提升家校共育水平。

【教学工作】 学校高度重视教学工作，把提高教学质量作为核心任务。规范教师管理制度，加强教学常规管理，制订严格的检查方案，定期进行检查反馈。注重打造高效课堂，定期组织教师进行展评课活动，在全校范围内开展推门听课活动，培养教师的专业素养，促进教师的专业成长。推行“教师进教室办公”。在全体师生的努力下，学校的教育教学工作取得长足进步，赢得了家长社会的一致好评。

【科研工作】 学校搭建适合教师发展、学生成长的教科研平台。先后组织骨干教师到北海学校、文华国际、钢城现代等优质学校参观交流，学习兄弟学校先进的教学理念及经验。学校开展了“一师一优课”“每人一堂课”“青蓝工程”“学科诊断”等活动，通过教师赛课和评课竞赛活动，推动课堂教学改革。继续深化名师执教战略，加大“名师、骨干教师培养工程”的培养力度，发现和培养了一批具有学校特色的教育教学典型。在全省组织的优质课堂展评活动中，教师王平、张玉执教的课例分获省一等奖和二等奖。教师王爱菊参加市教科院组织的品德与社会优质课堂展示，获优秀奖。

【体卫艺工作】 响应阳光体育运动号召，实施并完成《国家学生体质健康标准》的测试和上报工作，学生体质健康达标率98%。大课间体育活动和眼保健操坚持不懈，保证学生每天锻炼1小时。在滨海区中小学生体育联赛中，女足获小学组第三名、男足获第四名，初中女排获第二名；开展校园体育艺术节等活动。学校成立的美术社团进行顺利，在各项绘画比赛中取得了优异成绩。

【安全工作】 学校始终把安全工作放在重中之重的位置，坚持“安全第一，预防为主”的原则，实行安全网格化管理，落实安全责任，切实加强安全防范工作。创建“平安校园”。利用电子滚动屏、板报、安全宣传展示板、安全课、专题报告会、班队会等多种形式，宣传安全知识，将生命教育、健康教育、心理教育有机地渗透在各门学科、各种形式的专题教育和课外活动之中。2016年，组织了8次安全疏散演练。食堂安全、校车安全严格监管，重点排查，保障了全校1561名学生就餐安全和486名学生乘车安全。在年底代表潍坊市接受教育部的安全检查中获得好评。

（王　忠）

潍坊滨海经济技术开发区第一初级中学

【领导班子】

校　长　王金彦（2016.1.5—2016.12.31）
书　记　张艳玲（2016.1.5—2016.12.31）
副校长　高玉山
校长助理　张　勇（2016.1.6—2016.12.31）
校长助理　丁秀伟（2016.1.6—2016.12.31）

【概况】 潍坊滨海经济技术开发区第一初级中学创建于1995年。2006年1月22日，潍坊海洋化工高新技术产业开发区第一初级中学更名为山东潍坊滨海经济开发区第一初级中学。2015年3月20日，更名为潍坊滨海经济技术开发区第一初级中学，是集小学、初中于一体的九年一贯制学校。学校位于滨海区禧源路与创新街交叉口，占地6公顷，建筑面积近3.3万平方米。有32个教学班、学生1220人，教职工134人，其中工勤人员3名，有高级教师20名。学校设施先进，设备完善，食堂、宿舍、图书阅览室、实验室等一应俱全。学校曾获“教师校本培训省级示范学校”“潍坊市规范化学校”“潍坊市绿色学校”“潍坊市电脑制作特色学校”“潍坊市教学创新50强学校”“潍坊市个性发展50强学校”“潍坊市文明和谐单位”等称号。

【干部队伍建设】 2016年初，区公共事业局对全区义务教育学段各学校领导班子进行了调整。学校新的领导班子成员团结协作，教职工讲大局、识大体，在短时间内就完成了各项工作的顺利交接，为学校工作的开展奠定了基础。通过一系列活动开展，特别是“两学一做”活动的开展，领导干部在教职工中树立了良好的形象。领导班子成员带头深入教学、深入课堂，随时掌握教学一线动态，进行前瞻性和规范性的指导，带动了课堂教学的开展。严格落实领导带班制度，确保学校各项工作顺利进行。

【教师队伍建设】 学校以师德师风建设为主要内容，开展教职工爱岗敬业思想教育和教学业务技能学习培训，全面提高教职工思想素质和业务水平，营造以德育人的良好氛围，促进教师职业道德的自律和提高。开展教学研讨课活动，绝大部分教师都能至少参加一次校内公开课教学活动，从研讨课前的听课、教学准备到课后的评课及总结上，都认真组织，精心筹备，努力把教研工作做得更好，尽量提高每个老师的教学水平。开展教学研讨活动，教师之间互相听课、评课。课程部和科研部有计划组织教学教研活动、公开课活动、常规课研讨活动、班主任经验交流会等活动，每次活动都有讨论、有评价、有总结，为教师的专业成长搭建了舞台。

【德育工作】 在抓好学生常规教育同时，注重组织各项主题教育活动展开德育工作。学生部围绕践行社会主义核心价值观为主题，量身定制学期班会主题，使学生教育有目的、有计划。组织开展向国旗敬礼、我爱祖国主题板报、国庆节手抄报评比等系列活动，激发大家的爱国情怀；“清明节”“端午节”“重阳节”等传统节日活动，开阔了学生知识面，弘扬了传统文化精神；“文明班级”“文明宿舍”“优秀学生”等的评选深入人心，为文明校园建设增光添彩。

【安全工作】 学校历来重视安全工作，始终把安全工作摆在学校工作的重要地位。落实“安全工作日查周结月报”制度，做好安全常规工作；制订好安全工作计划并贯彻落实；制订好各种应急预案，并按期组织演练。强抓学生乘车和交通安全教育，签订各种安全责任书，明确各自职责；狠抓安全保卫值班等工作，确保学校师生人身及财产安全。

【体卫艺工作】 学校十分重视教职工培训教育、科技文化和体育活动的开展，为精神文明建设的创建和推动整体工作的开展注入新的活力和塑造了良好的精神面貌。学校坚持以文化、文体活动为载体，不断提高教职工素质和丰富师生精神生活。开展迎元旦文艺汇演、学生会操表演、教职工春季健身等活动。学校工会组织开展“关爱眼健康、爱心光明康复”眼睛免费检查活动，让教职工在学校即可享受潍坊市眼科医院专家的义诊；组织开展“六一”儿童节系列活动，给儿童留下了美好的童年时光；年底组织教职工健康查体。滨海一中秋季田径运动会、师生读书演讲比赛等各种活动的开展，既愉悦了身心，又丰富了教职工的精神生活，增强了凝集力，提升了办学品味。

（王　忠）

潍坊滨海经济技术开发区第三初级中学

【概况】 潍坊滨海经济技术开发区第三初级中学位于滨海西城区。1997 年，由山东羊口盐场职工子弟中学和潍坊纯碱厂职工子弟中学合并而成；2010 年 5 月，学校由禄海路中段迁到海化街 06132 号。学校占地 13.33 公顷，有 27 个教学班，在校生 1300 多人，教职工 130 多人，专任教师 126 人，高级职称的 23 人、中级职称的 64 人，省优质课获得者、市教学能手近 20 人，区教学能手、骨干教师 60 多人。学校设有图书室、微机室、档案室、科学实验室等 10 多个专用教室，各功能室设备齐全。

【干部队伍建设】 学校高度重视干部队伍建设。按照“平时与定期、定性与定量、领导与群众、内部与外部”相结合的原则，建立全面、客观、公正的考核评价和奖惩机制，增强了广大干部的干事创业热情。通过“公开选拔”“择优培养”“民主推荐”“竞争上岗”等一系列干部选拔任用制度，优化干部结构，提高队伍素质；通过严格执行政务公开制度、民主集中制，保证了决策的民主化和科学化，建立了一支高效精炼的干部队伍。

【教师队伍建设】 学校非常重视教师素质的提升，学期开始制订年度教师培训计划，教师制订定年度成长目标。开展青蓝结对帮扶工程，组织基本功比赛、业务考试，读书交流活动等。2016 年，学校组织 10 多名教师参加山东省德育优秀案例展评活动，外派 10 多名教师参加市级以上管理培训会议，26 人次参加潍坊市骨干教师培训，17 人次参加潍坊市课堂展示研讨，100 多人次参加开发区区级培训。

【学校管理】 学校实施“一二四”办学思路，在坚持安全第一的基础上，一手抓教学质量、一手抓特色建设，实施品行教育工程、制度建设工程、教师发展工程和高效课堂建设，形成

“科研求发展，机制求创新，管理求特色，质量求一流”的学校管理文化。

【德育工作】 学校以“德育一体化”主题教育活动为主线，以学生行为规范养成为实施内容，以重大节日、纪念日为契机，开展生动多样的德育教育活动，加强对学生进行爱国主义、集体主义、社会主义核心价值观教育和道德规范教育。本学年先后开展了“学雷锋献爱心”系列活动、“社会主义核心价值观”十四首组歌合唱比赛活动、“慎终追远 缅怀先烈”清明节追忆活动、“共筑碧水蓝天 守护美丽家园”征文活动、“知法护法立德树人”宪法日宣传活动、“庆五四青春畅想”手抄报评比活动、“花骄阳艳，福依党恩生，丹心育桃李，共筑中国梦”开学第一课活动等活动。

【教学工作】 加强自主课堂的教学管理，重点围绕提升课堂效率，提高教学质量，开展一系列教学活动。5 月，开展教学经验论坛交流会；10 月 18 日，滨海区教研室一行 5 人到学校进行校本课程的开发和课堂教学调研，学校以此为契机，开发修订了德育课程、社团课程、特色课程，课程开发有力地推动自主课程体系的建设。结合自主课堂的六要求，学校构建自主课堂“六要求八环节”教学模式，模式的构建强化了反馈和评价的效果，提高了课堂效率。

【科研工作】 学校重视科研创新在推动学校发展中的作用，由校长王涛主持的“十二五”省级课题《初中生课外学习指导研究》于 2016 年 6 月顺利结题，有 8 位教师参与本课题的研究；6 月，学校申报“十三五”国家级课题《信息技术支持下教师深度融合提升能力研究》，有 7 位教师参与研究；9 月，立项市教育教学创新项目《以课例研究来推动教学模式的构建》；12 月 19 日，学校的《初中高年级文科阅读分析能力的提升》和《1+1+1 立体阅读教学法》2 个研究项目参加滨海区政府教学成果奖评选，双双获二等奖。

【体卫艺工作】 响应教育部、国家体育总局、共青团中央提出的阳光体育运动号召，实施并完成“国家学生体质健康标准”的测试和上报工作，学生体质健康达标率超过 96%，开足体育课、美术课和音乐课，坚持不懈地实施“每天锻炼一小时”的大课间体育活动。新学年开始，对初一新生进行为期一周的军训活动，组织成立篮球、乒乓球、足球、演讲、小百灵合唱团等 12 个社团。2016 年，学生在各类国家、省、市、区级的比赛活动中捷报频传，有 1 人获国家级奖项，有 7 人次获省级奖项；在市级奖项摄影大赛中有 16 人次获奖，其中 5 人获金奖、4 人获银奖、5 人获铜奖。

【安全工作】 始终把安全工作摆到先于一切、高于一切、重于一切的位置，推进各项安全措施的落实到位。建立学校安全网格化实名管理制度，完善学校安全隐患巡查、责任倒查和追踪整改机制，加大安全隐患查改力度，集中开展交通安全、防暴恐、食品安全、防火防盗、防溺水等专项整治。完善创新安全工作责任制度、安全资料档案制度、安全预案制度等，进一步保障校园安全及综治工作的规范有序运行。加强校园内部安全管理，加强交通安全管理，每日由至少 7 名值日教师负责早晨与放学期间学生过往公路安全管理，每月组织学生自行车交通安全专项检查。落实奖惩考核制度，确保责任落实。

（王　忠）

潍坊滨海中学

【领导班子】（2016年1月1日至12月31日期间）

校长、党总支书记　王德民

副校长　曹法堂　孙建世　任子华

郑天祥　张文胜　袁洪涛

【概况】 潍坊滨海中学始建于1958年，历经寿光第六中学、潍坊海化新城中学等发展阶段。校园占地面积32公顷，建筑面积10万多平方米。2016年，有57个教学班、2662名学生、252名教职工。其中专任教师250人，高级职称的60人、中级职称的97人。全年招新生878人、毕业生847人、在校生2662人。学校建有全市一流的高标准微机室、多媒体语音室、理化生、通用技术实验室和省内领先的科技创新教育实践基地、天象馆，初步建成数字化校园。学校先后获省级文明单位、省级规范化学校、山东省科技教育创新发展实践基地、潍坊市学习型党组织建设示范点、潍坊市理论大众化示范点、潍坊市"四德工程"建设示范点、潍坊市第十四届教学成果集体三等奖等称号。

【干部队伍建设】 完善干部管理制度，制订《学校会议议事规则》《廉政建设若干规定》《干部学习制度》等。建立民主评议干部制度，加强民主管理和监督，把民主评议和干部考核结合起来。通过民主推荐、外派学习、岗位锻炼，加强后备干部的培养。

【教师队伍建设】 高度重视教师素质提升工程，制订实施教师素质提升方案、教师读书方案、"青蓝工程"、教师培训计划并贯彻实施；建立青年教师、骨干教师、新教师成长档案；组织校本培训和校本教研，加强理论、业务学习。7月12日至8月26日，组织参加"潍坊市级骨干教师培训"学习；7月18—23日，组织参加在杭州举行的"全国高中走班教学与生涯规划教育高级研修班"培训学习；7月21—26日，组织参加在青岛举行的"全国中小学有效课堂教学策略与教学行为改进高级研修班"学习和"全国中小学班级管理策略高级研修班"学习；7月28日至8月2日，组织参加在北京举行的"全国中小学教研组长、学科主任、骨干教师专业能力提升高级研修班"学习。

【学校管理】 学校管理制度化、民主化、科学化。贯彻落实《中国教育与改革发展纲要》《中华人民共和国义务教育法》《中华人民共和国教师法》《中华人民共和国未成年人保护法》等有关教育法律、法规。学习和贯彻教育部《关于全面深化课程改革落实立德树人根本任务的意见》，重视未成年人思想道德建设，促进学生全面而有个性地成长；严格执行课程标准，完善课程设置，落实三级课程，开展丰富多彩的课内外活动；立足课堂，加强课改，推进科研兴校；严格执行作息时间，严肃工作纪律，规范教师行为，重视师德师风建设。

【德育工作】 组织开展开学典礼、毕业典礼、新生军训、运动会、艺术节等教育活动，健全学校、家庭、社会三位一体学生健康成长平台。利用学校网站、微信、《海风》校刊杂志、LED屏宣传栏等宣传阵地，不断优化德育环境。以校园文化建设为抓手，强化对学生人文科学精神的培育。组织开展国旗下讲话、"学雷锋、做好人、志愿者在行动"主题志愿服务月、“书香假期，优雅休闲”读书活动、“庆祝中国共产党成立95周年”书画展览等系列活动。

【教学工作】 加强教学工作的过程性管理，建立和完善校领导班子、各级部主任定期分析、研究教学工作的例会制度，及时总结教学经验，研究解决教学过程出现的新情况、新问题，建立完善期中、期末教学质量分析会制度和每月一次的以班为单位的学情会商制度。加强课堂教学模式、方法的改革。4月28日，聘请外地知名专家来校为全体高三师生作高考动员报告；5月8日至9日，举行青年教师基本功比武大赛；2月23日至3月7日、9月1日至20日，分别举行“创建良好开端级部、处室”活动。

【科研工作】 重点开展校本教研、课题引领、课程研修、骨干培训等工作，促进教师专业发展。实施新老教师结对子“青蓝工程”；组织课题研究，1项国家级“十二五”课题、2项省级“十二五”规划课题、3项市级课题顺利结题，获潍坊市政府成果奖2项；组织编写校本课程，形成特色课程体系；组织各类培训，加强业务学习，17人获远程教育优秀学员称号。

【体卫艺工作】 落实“校园一小时”体育活动，开展班级拔河比赛、年级篮球比赛，举办阳光体育节、春季运动会、校园足球联赛。组建体育社团，科学训练，严格管理，成效显著。2016年，学校男子篮球队获开发区第一名、潍坊市第七名，田径队代表开发区参加潍坊市中学生比赛获团体总分第五名；健美操社团参加潍坊市中小学生运动会表演类项目，获高中组集体徒手操和啦啦操比赛第一名。艺术教育一直位居潍坊市区学校前列。组建各类艺术社团，举办学校金秋艺术节，承办2016潍坊滨海区百姓春晚所有舞蹈的编排，高考中牟潇钰、牟爱玲分别被武汉音乐学院、西安音乐学院录取。

【安全工作】 贯彻落实《潍坊市校园安全建设标准》要求，推行制度、人员、责任的到位管理，加强人防、物防、技防三位一体的校园安全防控体系。从安泰保安公司聘用11名保安，配齐警用器械；校园安装240个监控探头，做到校园重点部位全覆盖。加强安全宣传和教育，利用校园网、电子显示屏、校内宣传栏、黑板报、国旗下的讲话、致家长一封信等进行安全宣传教育。每月进行一次防火、防震、防雾霾、防恐怖袭击、食品卫生事件等内容的安全演练。

（王　忠）

潍坊渤海实验学校

【领导班子】（2016年1月1日至12月31日期间）

校　长　孙明聚
党支部书记　袁延涛
副校长副书记　刘美龙
校长助理　刘志平　王　敏　孙广军

【概况】 潍坊渤海实验学校前身为潍坊滨海经济开发区第二初中；1995年8月，由3处农村初中合并而成；1996年7月3日，根据潍海管字〔1996〕48号文件，成立潍坊海洋化工高新技术产业开发区第二初级中学；2006年1月

22日，根据潍滨发〔2006〕4号文件，更名为山东潍坊滨海开发区第二初级中学；2009年4月21日，根据潍滨管发〔2009〕25号文件，名称调整为潍坊渤海实验学校；2009年8月，周疃、七里小学合并于潍坊渤海实验学校。

学校占地面积6.22公顷，建筑面积3.5万多平方米，总投资近7000万元。2016年，有36个教学班、1369名学生、136名教职工，其中专任教师135人。有高级教师15人、一级教师67人、区级骨干教师5人，省级优秀课教师9人、市级优秀课教师6人、区级优秀课教师45人。全年招新生112人、毕业生187人。学校设有图书室、微机室、机器人室、多媒体室、科学实验室、理化生史地室、音美室、舞蹈室、录播室等84个专用教室，仪器设备设备总价值达171万余元，各室设备齐全、管理到位、使用率高。先后获山东省地震科普示范校、山东省绿色学校、潍坊市规范化学校、图书阅览示范校、实验教学示范校等多项荣誉。

【干部队伍建设】 学校重视领导班子管理能力和业务水平的培养，多次委派领导班子成员参加省、市、区校长业务培训，逐步形成管理水平高、业务能力强、团结务实、奋发有为的领导集体。学校重视对中层干部的选拔和培养，举行中层干部管理培训班和经验交流会，提高他们的管理水平。出台领导班子和中层干部考核管理机制，每学期组织全体教师和教代会成员对领导班子和中层干部进行民主评议和考核。

【教师队伍建设】 重视教师素质提升工程，制定实施教师素质提升方案、教师读书方案和教师培训计划并贯彻实施；建立青年教师、骨干教师、新教师成长档案，以老带新，结对互助，启动“一帮一青蓝工程”，进行师徒结对；组织校本培训和校本教研，号召全体教师大练基本功，提升教师理论水平、专业素质和道德水平。组织80多人次骨干教师，参加省、市、区开展的“全国语文主题学习研讨会”“部级学科网络培训”“北师大学科复习课专项诊断培训”“有效教学课堂展示及教材通研”等各学科各级各类培训、教研活动。全体教师参加“互联网+教师专业发展”远程研修活动，并全部在规定时间内完成，有30多人次教师的作业、精彩点评获得优秀等次。

【学校管理】 学校管理制度化、民主化、科学化。贯彻落实《中国教育与改革发展纲要》《中华人民共和国义务教育法》《中华人民共和国教师法》《中华人民共和国未成年人保护法》等有关教育法律、法规。学习和贯彻《潍坊市中小学管理基本规范》，严格执行课程标准，落实三级课程，开展丰富多彩的课内外活动；严格执行作息时间，严肃工作纪律，规范教师行为，重视师德师风建设。坚持“德育为先，各育并举”，开展内容丰富的德育教育活动，重视未成年人思想道德建设。

【德育工作】 以校园为主阵地，以课堂教学为主渠道，通过国旗下讲话、宣传栏、黑板报等途径，把常规德育与主题德育结合起来，以“做一个有道德的人”主题实践活动为主线，以学生行为规范养成教育为主要内容，以学校各项活动为载体，以重大节日、纪念日为契机，开展生动活泼的德育教育活动，加强对学生进行爱国主义、集体主义、社会主义思想教育和道德规范教育，培养和树立热爱祖国、热爱人民、热爱中国共产党的情感，培育和践行社会主义核心价值观。开展“学雷锋、树新风、争做四好少年”评选表彰和学习宣传活动、“缅怀革命先烈、继承革命传统”网上祭英烈活动、“童心向党”绘画比赛、“感恩父母 见字如面”“感谢师恩 献礼教师”“感恩祖国 歌咏比赛”系列“感恩季”活动、“我的梦中国梦”书法比赛、“学法法律常识 建设平安校园”主题班会等，让学生在丰富多彩的德育活动中愉快地接受教育，形成良好品德。抓好“三项经常活动”和“一项集中活动”（三项经常活动是：洒扫应对，教孩子待人接物；认星争优，做美德少年；日行一善，用实践养成道德心。一项集中活动是：“十一”期间组织“向国旗敬礼”、网上签名寄语活动）；组织开展传统节日教育活动，在清明节、中秋节、端午节开展好自办“节日小报”活动，引导广大学生爱学习、爱劳动、爱祖国，推进未成年人思想道德建设，培养圆梦中国接班人。

【教学工作】 加强常规研讨教学，每周同学科开展集体教研；将青年教师的培养与成才作为学校教学工作的重心，参加各类教育竞赛。3月，举办学校骨干教师示范课和青年教师示范课活动，给青年教师提供一个学习和交流的平台，促进教师的专业化成长。9月，在潍坊市教科院学科德育优秀课例展评活动中，20人参加，全部获区级奖励；教师刘康康代表潍坊市参加省级展示，获一等奖。11月，在区优质课展示活动中，有12名教师代表学校的教研团队参赛，得到评委和教师的好评。在潍坊市中小学生读书系列活动中，多名教师辅导的学生作品获一等奖。挖掘并开展“机器人”训练的特色教学课程，在十四届潍坊市中小学生机器人联赛中，袁延喆和王铭辉2位同学在初中组WER能力挑战赛中获一等奖，宋彬豪和袁伟庆2位同学在初中组FLL工程挑战赛中获二等奖，杨潍绮同学在初中组人型机器人全能挑战赛中获三等奖。

【科研工作】 学校承担多项科研课题研究工作，教师积极投身科研活动，成绩斐然。1个市级小课题《课堂“小练笔”书写“大文章”》完成结题，在课题成果评选中获成绩优异，并发表于潍坊市教育科学研究院主编的《从问题出发的教育研究——研究，走向细微》；1个电脑制作作品获全国三等奖、潍坊市教学成果个人二等奖；国家级子课题《通过价值教育，对农村小学生进行理想教育的研究》、省级子课题《小学数学课程资源开发与学生个性培养研究》、市级课题《外来务工人员子女心理健康教育方法研究》处于结题阶段，3个课题分获开发区“政府成果一、二、三等奖”。2名教师担任课题主持，全校70名专任教师均参与课题研究。《随文小练笔 习作大舞台》和《书香墨香 相得益彰》获开发区政府教学成果奖。

【体卫艺工作】 响应阳光体育运动号召，实施并完成《国家学生体质健康标准》的测试和上报工作，学生体质健康达标率逐年上升。课间操及眼保健操常年坚持，无体育课当天必安排校园体育活动，保证学生每天锻炼时间不少于1小时。年年以“六·一”儿童节或“秋季田径运动会”为契机，举办丰富多彩的“校园艺术节”，容体育与艺术为一体，丰富校园生活，锻炼学生体质，发展学生特长，展示学生才华。2016年，学校被评为“潍坊市足球特色学校”。在区体育联赛中，学校小学男子足球队获第一名，小学乒乓球男子队获团体第二名；在10月举行的篮球联赛中，小学女子篮球队获区第一名。

【安全工作】 为使学校的管理经常化、规范化，签订了各项管理责任状，进一步明确目标和职责。加大投入，改善办学条件。投资1200元，安装摄像头112个，实现校园全覆盖。加强园舍建设，清除园内危险建筑物，更新设备设施，保障教学活动的需要。校园实行封闭管理，严格把关人员出入，添置必要的安全设备。做好卫生防疫，注重食品安全。建立食品原材料采购登记制度，疾病晨检制度，保证饮用水和食品的绝对卫生与安全。有接送学生车8辆，加强校车管理，建立接送学生车辆的管理制度。学校都建立安全工作档案，记录日常安全工作、安全责任落实、安全检查、安全隐患消除等情况，作为实施安全工作目标考核、责任追究和事故处理的重要依据。学校各年级安全开设安全教育课，对学生进行安全教育；利用家长学校开课之际，对家长进行防火、防溺水、交通等安全教育。

（王　忠）

潍坊滨海国际学校

【领导班子】（2016年1月1日至12月31日期间）

党支部书记　陈恩之

校　长　李清洙

副校长　袁延香　袁洪涛　刘美龙

　　　　李书友　王光林　王丽娟

【概况】 潍坊滨海国际学校成立于2012年，是经市教育局批准成立、市民政局登记注册的一所十二年一贯制民办学校，学校法定代表人为郭洪光。学校2016年与北京师范大学合作，成为北京师范大学在潍坊地区的唯一一所基础教育实验学校。学校于2016年9月搬迁至滨海区中央商务区观海路，新校总投资近5亿元人民币，占地16.93公顷，总建筑面积11.5平方米，设计规模100个教学班。学校建有高标准室内体育馆1座，符合新国标的标准田径运动场。2016年，有在校生学生15555名、专职教师200人，其中山东省特级教师2人。有市级荣誉获得者50人，区级优秀教师、先进工作者等80人。学校先后获“潍坊市互联网＋示范学校”“滨海区文明单位”等称号。

【干部队伍建设】 自学校成立以来，不断加强学校领导班子和干部队伍建设，努力打造一支战斗力强、团结协作、廉洁有公信度的干部队伍。加强干部思想政治建设和干部教育培训；完善各项制度，明确各自职责，科学规范管理；实行民主监督，民主管理，政务公开，规范干部选任机制，提高选人用人公信度。

【教师队伍建设】 重视教师素质提升工程，制订实施教师素质提升方案、教师读书方案，利用北京师范大学基础实验学校优势，依托北师大专家资源制订教师培训计划并贯彻实施。实施青蓝工程，建立青年教师、骨干教师、新教师成长档案，以老带新，结对互助。推进教学理念专题校本培训，推行学科每周半日集体教研活动，规范“五手册一教案”为主的常规管理。2016年，学校有山东省特级教师1人，潍坊市专业技术拔尖人才1人，潍坊市轻负担、高质量先进个人2人，潍坊市教学能手19人，潍坊市学科育人标兵1人，省级优质课获得者4人，市级优质课获得者26人，区级优秀教师、先进工作者、教学能手40多人。

【学校管理】 学校实行董事会领导下的校长

负责制。董事会由法人代表、校长和教职工代表共 7 人组成，是学校的最高决策机构，全权

2016 年 9 月 1 日，北京师范大学基础教育实验学校（滨海国际实验学校）正式投入使用

负责学校的经营活动。建立完善的法人治理结构，建立教职工代表大会制度，每年召开一次会议，对学校的重大决策进行督导，审议校长的工作报告，评议学校管理人员，依法维护教职工的权利。强化校长负责制。校长受聘于董事会，作为董事会意志的执行者，执行董事会决议；拟订学校内部管理机构设置方案，聘任或解聘处室、年级负责人，拟订与实施学校发展规划；拟定年度工作计划、财务预算和学校规章制度；实施奖惩；组织教育教学、科学研究活动，保证教育教学质量；负责学校日常管理工作等。校长具有最高行政管理权，独立行使教育教学和行政管理职权。

【德育工作】 开展丰富多彩的主题活动。以“十二月主题教育”为主线，以学生行为规范养成教育为主要内容，以学校少先队、团队活动为载体，以升国旗仪式、重大节日、纪念日为契机，发动开展生动活泼的德育教育活动，对学生进行包容、友善、诚信、健康、勤俭、自信、责任、分享、协作、感恩、守法及爱国主义等教育。开展“寻找雷锋足迹，弘扬雷锋精神”学雷锋系列活动、“健康青春，普法先行”法制教育系列活动、“月是故乡明”中秋诗会、手抄报作品展、“共筑碧水蓝天、守护美丽家乡”节水教育征文活动、“健康人生、绿色无毒”中小学生毒品预防教育活动、“感谢师恩”教师节献礼活动、“我的梦，中国梦”书画作品展活动等，让学生在丰富多彩的德育活动中愉快地接受教育，形成良好品德。

【教学工作】 实施课堂达标，提升业务水平。将重心放到培养年轻教师教学工作上。通过骨干教师上示范课、观摩课、新参教教师上汇报课、中老年教师上达标课、“同课异构”、中青年教师“结对子”等各种形式，对老师的课堂教学进行打造。2016 年 9 月，借教研室组织的全区德育优质课例评选之机，学校组织了青年教师一人一堂课活动。强化过程管理，完善制度建设，提高服务质量，强化教学常规的落实与检查。召开专题会议，商议提高常规管理的策略。分别从研备活动、专业发展、教案、学案、作业、课堂教学以及学生学习管理等方面狠抓制度建设做到有据可依、违规必罚。高中教育教学改革为主线，强化学生行为养成教育，以高效的课堂教学改革为突破口，提高教育教学质量，努力提升学校的核心竞争力。多次前往浙江、北京等多地，学习新高考经验，力争实现新高考的弯道超车。加强班主任队伍建设，重点做到坚持召开班主任例会，查找班级管理工作的纰漏和不足，研讨各班教与学的情况，交流各班管理经验，探讨学生的思想动态。加强班主任管理和研究，使班主任管理工作量化更客观、区分

更明确、等级更合理。

【科研工作】 积极承担国家、省、市各种课题研究工作，研究课题涵盖了教育教学的方方面面。《习惯修身 细节树人——寄宿制学校习惯养成有效策略研究》获2016年12月区政府成果奖，课题《小班化高效课堂教学策略的研究》作为潍坊市重大问题行动研究项目立项并通过中期评估，课题《以学校为本的教师专业发展路径研究》在开发区评选中获第一名，作为潍坊市“十三五”重大课题上报。加强小课题研究工作。以级部学科为单位，根据学生年龄等特点，申报小课题。与其他课题管理一样，定期召开讨论会，研究课题步骤、实施途径等，促进校本研修的实效。

【体卫艺工作】 学校艺体工作以升学生核心素养为宗旨，以创特色、突亮点为目标，以提高教师的专业素质和工作效率为重点。响应阳光体育运动号召，实施并完成《国家学生体质健康标准》小学、初中学生体质测试工作，学生体质健康达标率98%。10月，在学生中开展“我参与，我健康”趣闻体育活动；10月中旬至12月份，开展教职工秋季健身活动。开展丰富多彩的校园艺术活动。12月9日，初中部在学校体育馆举行纪念“一二九”运动以“传承民族魂 弘扬荣辱观”为主题的大型歌咏比赛活动。开展“庆元旦”文艺演出活动，学生表演的《烈士诗抄》获山东省第八届中小学生经典诵读比赛优秀奖，《水调歌头》获潍坊市优秀作品奖。

【安全工作】 始终把学校安全工作放在重中之重的位置，坚持“万无一失，一失万无”的原则，切实加强安全防范工作。加强大型活动安全组织工作。学校自行举办或承办的各种大型活动，安全保卫亲力亲为，工作比扎实到位，保障了活动的顺利进行。做好校车运行管理工作。全年校车接送89次，发车前均通过校车公司及随车照管教师对校车进行安全检查，未发生任何校车安全责任事故。完善各类应急处置预案。安全管理平台及安全教育平台均按计划完成，完成时间、完成率及质量均居全区前列。安保工作质量提高显著，在上级主管部门的多次暗访中，均得到高度评价。

【先模人物】 孙桂香，女，1966年9月出生，大学本科学历，高级职称，1984年7月参加工作。现任北京师范大学基础教育实验学校——潍坊滨海国际学校艺体部主任、音乐教师。山东省特技教师。2016年，获潍坊市首届“学科育人示范标兵”称号。

她从事教育教学工作33年以来，一直坚守在教育教学第一线。教学成绩优异，培养辅导的学生获全国、省、市级比赛金、银、铜奖达600多人次。主持开发的音乐案例《黄河船夫曲》，被山东省远程研修项目办采用为课例学习资源；辅导的经典诵读节目连续三年获山东省中小学生经典诵读比赛一、二等奖；编创的小品《家访》获山东省中小学生戏剧大赛二等奖。多次参加全国重点课题的实验与研究，以专家身份参加过国培、省培课程研究，探究出“流行”引路学音乐、让育人的“花儿”在音乐教学中绽放等个性教学法。她还是山东省中小学课程专家、山东省课题主持人、潍坊市专业技术拔尖人才、潍坊市初中音乐教学能手、潍坊市第十一次会议党代表、滨海区特级骨干教师、第一届感动滨海年度人物等。

（王 忠）

潍坊（上海）新纪元学校

【领导班子】

党支部书记、校长　周远生

常务副校长　刘光余

党支部副书记 、副校长　张艳玲

副校长兼高中部部长　马振芝

副校长兼初中部部长　但林堂

副校长　王元亮　白连涛

工会主席、校长助理　林　娟

党支部副书记、校长助理　丁志明

【概况】 潍坊（上海）新纪元学校是潍坊市政府和滨海区管委会引进的重点项目，由上海新纪元教育集团投资创办。学校是十五年一贯寄宿制民办学校，于 2014 年 9 月正式开学。学校占地 140 公顷，规划建筑面积 50 多万平方米，已建成的校舍建筑面积达 18 万平方米。

2016 年，学校有 111 个教学班、4203 名学生、655 名教职工。其中专任教师 419 人，有高级职称的 39 人、中级职称的 221 人，省级骨干教师 25 人、市级骨干教师 77 人、县级骨干教师 68 人，获国家级优秀课教师 5 人、省级优秀课教师 17 人、市级优秀课教师 35 人、县级优秀课教师 66 人。全年招新生 1397 人、毕业生 113 人。

学校设有科学实验室、微机室、美术教室、音乐教室、数码钢琴室、书法教室、沙画教室、舞蹈教室、棋艺教室、心理咨询室、医务室、超市、图书室、阅览室等功能教室和 STEAM 课程教室以及学术报告厅、塑胶运动场、篮球场等一应俱全。教室、实验室、功能室等均配备有先进的多媒体设备。智能公话、恒温直饮水机遍布教学楼和学生公寓，每层学生公寓还配有免费使用的全自动洗衣机。

2016 年 6 月 30 日，在滨海区公共事业局组织的“两学一做”学习教育暨纪念建党 95 周年演讲比赛中，学校小学部教师臧园获一等奖，初中部教师李长峰获优秀奖。2016 年 7 月 2 日，在滨海区公共事业局党委组织的纪念中国共产党成立 95 周年暨基层党建经典案例和创新项目评选中，潍坊（上海）新纪元学校党支部获一等奖第一名。2016 年 6 月，学校党支部被潍坊市委评为潍坊市先进基层党组织。

【干部队伍建设】 建立有效的绩效考核制度，使广大干部明确工作目标及目标达成度要求，引导大家围绕学校目标努力奋斗；同时通过绩效考核，发现干部德、能、勤、绩方面的薄弱环节，为校本培训提供依据。绩效考核采取过程考核与结果考核相结合、平常考核与期终、年终考核相结合的方式，强调工作过程的监控与优化，弥补结果后置的不足，考核过程中讲求客观、公正、合理。按照集权与分权相结合的原则，校级管理干部考核的实施由集团总部牵头，学校教代会参与；学部正副部长的考核由校长牵头，学校教代会参与；学部处室管理干部、基层干部和普通教师及员工的考核由学部负责人牵头，教师（职工）代表参与，其中教师的考核以教研组和年级组为单位进行双向考核；后勤系列的职工考核由后勤主任牵头，教师（职工）代表参与。

【教师队伍建设】 通过骨干教师领航、青年教师培养、竞聘上岗等路径逐步加强师资力量。深化课堂教学模式改革，以课堂达标为抓手，本着“先学后教、以学定教、教学结合、为学而教”原则，落实“自主合作探究”学习方式，体现学生主体地位。各学部制订详尽的考核方案和考核量表，从工作态度、工作质效、师德评价、教学成果等方面进行考评，既精细全面又科学合理，起到了很好的激励作用。组织课堂教学展示及教科研活动，狠练教师专业基本功，为教师成长搭建舞台。先后开展首席教师、学科骨干、特色课程的导航课，年轻教师展示汇报课，全体教师达标课及特色赛课活动，对课堂教学、课标、教材解读，对近三年的中、高考进行分析，让信息技术与教学深度融合，对专业特长展示、班主任工作、命题素质等方面进行研讨打磨，大大提高了教学质量。从各项学业水平达标、抽测、联考结果上看，超出了预期目标。

【学校管理】 标准化、制度化、规范化、精细化是学校一以贯之的办学准则。经过努力和完善，学校各种管理机制已经形成。教育质量、服务质量、管理质量逐渐提高。为强化扁平式管理，适时科学地调整组织机构。在原有的“四部二中心”基础上，改设为“六部一研究院”。继续推进学部、年级组负责制，强化“教研组”与“备课组”两级教研；本着选贤任能的原则，推行“能者上，庸者下”的干部竞选上岗制度，适时进行岗位调整；重点工作实行管理负责制；后勤采购严格招标制；财务实行经费审批制，建立高效工作的激励机制、民主与集中相结合的决策机制、科学合理考核的评价机制、有效的监督与预警机制等，各种制度的执行和完善保障了工作的有效开展。

【德育工作】 将德育工作作为常规工作的重中之重来抓。多次组织德育人员参加系统培训，培养了大批德育工作骨干人员，提高了德育队伍水平。结合学校德育工作的实际情况，确立以主体性德育、主体意识唤醒、全人格教育为德育指导思想，坚持德育为先的育人理念，坚持全员育人、全程育人、全面育人的工作思路；以“学习自觉、行为自律、生活自理、个性自主”为基础切入点；强化习惯养成教育，激发学生成长内动力，践行“尊重差异、提供选择、开发潜能、多元发展”的教育理念；实现培养具有“国际视野、人文情怀、科学精神、领袖气质”的现代化人才的目标。建立德育体系，重视德育课程的开设，做到教育与教学有机结合，并结合当地实际开发校本德育课程。学生行为规范达标率95%以上，犯罪率为零；学生心理健康，严重心理障碍学生为零；班级和宿舍常规管理达标率为90%以上，德育特色班级30%以上；四自学生（学习自觉、行为自律、生活自理、个性自主）达标率87%以上。家长满意度99%。

【教学工作】 为满足学生全面、个性发展的需求，凸显学校教育理念和办学特色，根据国家课程拓展体系，在课程模式、建设、拓展和教改方面不断摸索创新，开辟了一条特色路子。基于课程体系学校与2015年引进了国际创新教育课程。其中STEAM课程包括大英百科十大主题、工业4.0、3D打印、数学的奥秘，核心素养课程包括批判性思维、素质英语、青少年领导力、生涯规划、中西文化比较等。学校把创新课程融入日常的教学当中，成为学校课程中重要的组成部分，创新课程的实施与应用已经走到了全国的前列，同时创新课程的建设发展与创新已经成为学生、家长受益和认同的名片。

【科研工作】 标准化、精细化、实效化是一切工作开展的准绳。进一步完善“一校一标”

督导评价制度，建立“一校一章程”现代学校管理制度，继续推行以源头管理、过程管理、结果管理为内容的“三段管理研究”；实施一部一标、一级一标、一班一标、一科一标、一师一标、一组一标、一生一标为内容的七标建设；编印干部、教师、学生手册，让教学管理有章可循，有标可依。继续建立学部制，实施扁平化管理，建立班主任组阁制。探索以提高课堂教学效益为核心的教研组、备课组活动模式，切实保证教研组、备课组活动的实效性。发挥特级教师的示范领航作用，开展“每日一备、每周一传、每月一汇、每期一评”的“四个一”教研活动，收到了较好的教研效果。

【体卫艺工作】 基于学生全面发展，学校在德育、学科、体育、艺术等质量品牌创建方面初见成效，紧紧围绕标准化、差异化、信息化、国际化的办学理念，努力进行品牌打造。重点实施“五品工程”，即品牌学科、品牌教师、品牌学生、品牌德育、品牌服务。

【安全工作】 学校进一步完善校园安全制度，制订落实值班人员巡视制度及突发事件应急处理办法等。定期开展安全隐患排查，做到重点区域（水电、消防等）每天巡检，对发现安全隐患及时上报，实行安全隐患台账制度，每月组织安全隐患大排查和整改大检查。对重点部位实行重点监控，与市、区教育局、区安委会监控平台联网，实现校园监控全覆盖，学校围墙做到无缝隙监控，教室、学生公寓、餐厅等重点部位实施全部监控，监控室人员 24 小时值班。加强安全应急演练，各学部进行师生安全教育培训、法制教育培训等，把安全教育、应急演练常态化，确保师生遇到突发情况能够运用学到的安全知识进行自救和逃生。进一步优化队伍建设，加强保安、保洁人员服务知识和技能的培训，安全服务水平大幅提高。

（王　平）

高等院校·职业院校

潍坊职业学院

【概况】 2001 年 7 月，经山东省人民政府批准原昌潍农校和潍坊市职工大学合并，组建成立潍坊职业学院。2010 年 11 月，原潍坊市第一职业中等专业学校、潍坊师范学校整建制并归学院。潍坊职业学院是一所公办全日制普通高职院校，有滨海、奎文 2 个校区，占地面积 133.33 公顷、建筑面积 48 平方米，教学科研仪器设备总值 1.39 亿元，图书馆藏书 100 多万册。有全日制在校生 2.1 万人，其中高职在校生 1.6 万人；教职工 943 人，其中副高以上专业技术职务 327 人，博士硕士 439 人；有国家“万人计划”教学名师 1 名、国家级教学名师 8 名、“泰山学者”海外特聘专家 1 名；有国家级教学团队 2 个、省级教学团队 7 个。开设 12 个二级学院，3 个“3+2”本科专业、53 个高职专业，17 个五年一贯制专业。拥有 3 门国家精品资源共享课程、39 门省级精品课程；有 12 个市级工程技术研究中心、5 个市级重点实验室。获各级各类职业技能、创新创业大赛奖660余项。学院是山东省高等教育技能型人才培养特色名校、山东省单独招生资格高校、山东省“3+2”分段培养本科生首批试点高校、山东省首批高等职业教育和技师教育合作培养试点学校，被授予全国科教兴农先进学校、全国职业教育先进单位、全国学校规范化管理示范单位、省教书育人先进单位等称号。

【学院管理】 开展“两学一做”学习教育，学院党委带领全院党员干部认真学、扎实做，拧紧“总开关”，把纪律规矩挺在前面，进一步树立“四个自信”和“四种意识”。加强制度建设，坚持并不断完善党委领导下的院长负责制，建立健全党委统一领导、党政分工协作的工作机制；贯彻执行民主集中制，完善党委会议事规则和院长办公会议事规则；坚持群众路线，落实联系院部、班级制度，完善教代会、学代会制度，调研征集意见建议，解决师生实际困难100多件。36个基层党组织顺利完成换届选举，配齐配强基层党组织班子和党务工作力量，促进基层决策规范化；重组院部结构，理顺部门设置，调整63名中层干部，加强了领导班子和干部队伍建设；严格党员发展与党员管理教育，发展预备党员92名，转正党员20名，培训入党积极分子1400余名。采用“合作社+贫困户”模式，帮助帮扶村贫困户全部实现脱贫。1个党支部获评山东省高校先进基层党支部。

【党风廉政建设】 严格落实“两个责任”和“一岗双责”，把党风廉政建设责任制纳入部门目标管理，层层检查，督促党风廉政建设任务落实，形成党委统一领导、纪委专职负责、部门齐抓共管的工作格局。加强问题整改，完成省委巡视反馈意见及其他专项检查反馈意见整改。开展党员组织关系等集中排查，完善支部党员管理台账，处置不合格党员6名；组织补缴党费52万余元，处理拒不交纳党费的党员5名。加强重点工作、重点领域监督管理，落实“三重一大”事项报告制度、经费预决算制度和“一支笔”审签制度。落实党员干部廉政述职报告制度和干部谈心谈话制度，运用监督执纪“四种形态”，开展反腐倡廉教育、纪律规矩意识教育，实现廉洁教育全覆盖，努力营造不敢腐、不能腐、不想腐的政治生态和廉洁从政、廉洁从教的教书育人氛围。认真处理群众来信来访，排查矛盾纠纷，坚决查处违纪违法案件；做好政务、党务信息公开，加强基层监督，保持权力在阳光下规范运行。

【思想政治工作】 学习贯彻全国高校思想政治工作会议精神，坚持立德树人，强化思想引领，牢牢把握高校意识形态工作的主动权，切实加强和改进高校思想政治工作。加强师德师风建设，完善“三育人”工作体系和机制。加强辅导员、班主任队伍专业化建设，发挥基层党组织和群团组织、学生会作用，引导大学生“自我教育、自我管理、自我服务”。强化思想政治理论课的主渠道作用，系统开展马克思主义理论、社会主义核心价值体系教学；举办“青年马克思主义者培养工程”培训班，加强马克思主义理论学习和理想信念教育。加强校园文化建设，开展争做“六有大学生”主题教育和大学生文明修身工程、科技文化艺术节等系列文化活动，打造社团文化品牌活动。加强社会实践活动平台建设，组织志愿服务和社会实践活动，全面培养学生综合素质。加强工作QQ群、微信群、微信公众号建设与管理，做好舆论引导和网络舆情预警、防控。推进法治教育、安全教育、生命与心理健康教育，引导学生强化法治意识和责任意识，珍爱生命，提高心理健康素质。

【专业与课程建设】 按照“立足潍坊、辐射周边、面向全省，以高职教育为主，多层次多规格培养高素质技术技能人才”的办学定位，从学院实际出发，密切对接地方产业发展，分别按照“做大、做强、做优、做精”目标要求，围绕文化创意产业、先进制造业、现代服务业和现代农业等产业大类，不断优化专业结构，提升专业服务产业发展的能力。学院新增3个高职专业，撤销3个专业，高职专业稳定在53个；其中，学前教育专业获批并招生，5个专业获批亟须建设专业；2个专业承担省教学指导方案开发任务，2个专业承担省级骨干教师培训项目；学院获批山东省教育厅高等职业院校第二批品牌专业群建设项目立项单位。3门课程获首批国家级精品资源共享课。

【改善办学条件】 以内涵建设和滨海、奎文2个校区办学功能提升为突破点，加快校区土地处置，积极筹资融资，化解债务风险，维持信贷规模，满足学院发展需求。加强精神文明创建和校园文化建设，推动传统文化、地方文化、企业文化与校园文化融合，特色校园文化初步形成。数字校园二期规划项目加快推进，身份认证、门户和数据中心三大平台和网络办公、教学管理等8个信息化管理模块不断完善，基本实现数据共建共享和互通。滨海校区基础建设顺利推进，15号实训楼基本竣工，增加建筑面积1.3万平方米；奎文校区潍坊市大学生互联网+创业中心投入使用，航空邮轮实训室完成功能提升。

【人才培养】 学院坚持立德树人根本任务，坚持“德技双修，工学交替”人才培养机制，全面提升人才培养质量。学生参加职业院校技能大赛获国赛二等奖5项、三等奖2项，省赛一等奖4项、二等奖11项；参加省科技创新大赛获一等奖1项、二等奖4项、三等奖5项，是全省参赛项目、获奖项目最多高职院校，并获优秀组织奖；参加省第二届互联网+创新创业大赛获银奖2项、铜奖6项；成功承办2项职业技能大赛国赛项目和省大学生科技创新大赛决赛；获2015年度潍坊市政府创业工作奖。1名学生获评“山东高校十大优秀学生”，学院连续三年获此殊荣，246人次获评省级三好学生、优秀毕业生，561人次获评省级以上奖学金；136名学生参军入伍。招生7125人，文理科录取分数线位居省高职院校前列；应届高职毕业生4702人，总体就业率在99%以上。学院竞争力在全国高职院校排名第220位，在山东省排名第16位。

【提升管理水平与能力】 贯彻教育部“两个行动计划”和《山东省职业院校工作基本规范》，不断提升学院管理水平与能力，促进学院办学的规范化、科学化。学院章程于1月1日发布实施，以章程为引领，修改完善党委会、院长办公会、教代会等近60项配套制度，有序推进理事会制度、法律顾问制度建设，完善校企合作理事会等制度，成立新一届学术委员会、教学工作委员会，“党委领导、校长负责、教授治学、民主管理”的现代大学制度体系不断完善。完成新一轮机构调整，进一步厘清部门职能，新成立发展规划处（职业教育研究所）、产学研合作中心、招投标管理办公室、创业教育学院，整合农业工程学院、园林工程学院资源，新成立农林科技学院、食品药品学院。开展纪念建校60周年系列庆祝活动，召开第六次教学工作会议，编制完成并顺利推进学院“十三五”发展规划和8个分项规划，总结办学经验与成果，明确创建“潍坊龙头、全省前列、全国知名”优质高职院校办学目标、任务与措施。

【强化产学研合作与社会服务】 发挥学院专业与人才优势，坚持“高点定位，科学规划，重点突破”工作思路，产学研合作与社会服务工作水平不断提升。加强科研平台建设，新增1家市级工程技术研究中心和1家市级重点实验室，与企业共建4个省级农业科技园；67项省、市级科研课题获准立项，获经费265万元，其中1项获批省重点研发计划项目；62项市厅级课题结题，15项成果获市级以上奖励，其中1项成果获得省科技进步二等奖；获专利5项；4个植物新品种通过省审定；发表论文160余篇。现代服务业学院入选省混合所有制办学试点；与歌尔集团共建数控技术专业获批省现代学徒制试点专业；化工、机电两个市级职教集团成员单位增加到150多家；与潍坊市公共实训基地共建共享优质教学资源；与智炎众益合举办跨境电商学院，与远成物流共建远成物流学院。学院骨干教师、科技创新服务团队共组织服务活动约130余次，服务人数约8000人次。全年完成继续教育和农技干部、转岗工人、会计人员、驾校等社会培训及考试3.2万人次。获评2016年全国高职院校服务贡献50强院校。

【深化国际交流与合作】 实施“走出去”战略，开创国际化开放办学新局面。接待10多个国（境）外团组70余人次来访，签订协议意向10个，与韩国高校交换互派2名学生学习。4名教师完成出国（境）进修学习。全年在校留学生达110余人次，生源国扩至哈萨克斯坦等10多个国家。获批与澳大利亚高校合作举办电子商务专业国际合作教育项目，学院与澳洲TAFE学院合作办学教师培训开班完成一期20名合作办学专业师资面授培训，学前教育、旅游管理等国际合作办学项目顺利推进。与马来西亚、刚果金等国高校开展食用菌栽培、土壤肥力检测研究等国际科技合作项目。获评2016年全国高职院校国际影响力50强院校。

（谭　明）

潍坊市体育运动学校

【概况】 潍坊市体育运动学校的前身是1974年成立的昌潍地区少年儿童业余体校。1980年，更名为潍坊市体育中学。1984年，山东省计划文员会印发《关于建立淄博、潍坊、枣庄、太安四所体育运动学校的批复》(〔84〕鲁计科字第549号)，批准建立为一所全日制中专性质专业学校，设体育运动专业，是首批国家和山东省高水平体育后备人才基地。学校核定事业编制131名，领导职数1正3副，设有中专部、初中部和小学部，在训运动员1000余人。开设排球、射击、手球（沙滩手球）、足球、田径、跆拳道、空手道、摔跤、举重、拳击、击剑、橄榄球、风筝冲浪和射箭14个运动项目，均为奥运比赛项目。

2016年，市体校搬迁入驻滨海新校区，占地面积58.6万平方米、建筑面积9万平方米，全新的标准化设施建设和优质的训练环境，能够满足体育教学、实训、培训、比赛和生活等各项功能和培育各种专业竞技运动人才的需要，是一座集训练、比赛、教学、体育科研及大众健身休闲于一体的较高水平的综合体育训练基地。

市体校先后被国家体育总局授予“国家高水平后备人才基地”“全国业余体育训练先进单位”“全国群众体育工作先进单位”“全国田径高水平后备人才培训基地”“全国重点射击学校”“全国排球高水平后备人才培训基地”“国家重点高水平后备人才基地”“国家手球训练基地”等称号。

【党建工作】 组织教职员工学习贯彻党的十八大和十八届三中、四中、五中、六中全会以及习近平总书记一系列重要讲话精神，开展“两学一做”学习教育，开展学习《廉政准则》活动，结合学校工作实际，努力提高干部职工的思想政治素质，不断加强作风建设。自“两学一做”学习教育部署启动以来，学校党支部严格党内组织生活，认真落实“三会一课”制度，学习教育扎实开展。组织观看党建电影《大火种》、专题节目《榜样》、“廉洁家风”故事宣讲视频等多次“党性教育”活动。根据上级要求，完成党费的收缴、补缴工作，为每位党员建立党费台账，顺利完成党支部换届工作。

【学校管理】 从促进学校事业发展出发，建立健全30余项规章制度，完善正风肃纪的长效机制。严格执行厉行节约各项规定，加强财务管理工作，按要求对差旅费管理、津贴补贴发放等方面进行自查自纠。规范公务用车、公务接待，用车和接待严格按照规定标准安排，进一步规范办学行为。严格执行民主集中制，认真贯彻落实“三重一大”制度。

【强化措施，读训并重】 加强运动队管理，落实教练员目标责任制。教练员合理制订年度、阶段训练计划，开展科学训练，做到有依据、有重点、有测试、有分析。2016年，市体校共计632人参加省锦标赛，按照二十四届省运会计牌办法，取得55.5枚金牌、20枚银牌、32枚铜牌。全年有402人参加省冠军赛，取得61.5枚金牌、17枚银牌、26枚铜牌。在全国比赛中，市体校培养输送的运动员焦温璐获全国跆拳道锦标赛女子73公斤级金牌，张学义获全国摔跤锦标赛自由式97公斤级金牌，于晓明获全国橄榄球锦标赛第一名，杨方旭夺得里约奥运会女排冠军，创造了市体校发展史上的新辉煌。学校选拔8名运动员与滨海旅游集团共建风筝冲浪队，备战2017年全国比赛。以市体校女子手球队为主力阵容与国家体育总局手曲棒垒球运动管理中心共建的中国沙滩手球女子青年队，获得全国沙滩手球锦标赛第三名、亚洲青少年女子沙滩手球锦标赛冠军、2016年亚洲沙滩运动会第二名的优异成绩，并取得2018年青奥会的参赛资格。

立足实际，坚持读训并重，抓好常规教学，努力提高教学质量。组织教师进行教学研究，参加研修学习。学校以德育教育为先，坚持每周五“班主任例会”及“班级主题班会”。2016年，组织开学典礼、升国旗、军训、奥运健儿回访母校、班级大合唱、元旦联欢会等多项文体活动，营造了良好的育人环境。

为补充二十四届省运会乙组队伍和组建二十五届省运会队伍，学校组织项目教练员分别于4月、8月和冬训前进行了三次集中选材招生，选拔500余人参加集训。通过文化考试和专项测试，共招录348名优秀运动员入校。2016年，有128人顺利毕业，完成了毕业生派遣工作。

【科研工作】 顺利完成了山东省第二十四届运动会乙组运动员的注册信息采集、网络信息录入、参赛资格审核工作。2016年，网络录入运动员信息1300余人，通过注册854人。5月和10月，对600余名在校学生进行两次身体形态和生理机能测试，组织全体教练员学习2016年反兴奋剂文件精神，严把参赛纪律关。学校配备先进的医疗仪器，为运动员的伤病防治提供有力保障；在运动员伤病治疗过程中，规范用药，确保安全。为提高科研医疗水平，学校与市中医院确定合作挂牌成立潍坊市运动员损伤治疗康复定点医院。

【承接体育活动】 新校区落成并投入使用以来，在抓好运动员体育训练和文化学习的同时，利用现有的训练设施，承办了一些有影响的赛事活动，赢得了各级领导的认可。2016年，承接全国女子手球冠军赛、全国男子手球冠军赛、全国女子排球锦标赛、全国U16男子排球锦标赛、全国青年击剑锦标赛、国际手球裁判员培训、国家青少年排球队集训、全国排球夏令营等国家级、省市级各类高规格体育活动30余项，吸引了万余人次来校参赛与交流，取得了经济效益和社会效益双丰收，也提升了滨海区的知名度与美誉度。

（郑环影）

潍坊市重点竞技体育学校

【概况】 1994年12月，潍坊市机构编制委员会印发《关于成立潍坊市体育活动中心和潍坊市重点竞技体育学校的批复》（潍编字〔1994〕第180号），同意将原潍城区竞技体校上收改为潍坊市重点竞技体育学校，为市体委下属正科级事业单位，编制49人，领导职数1正3副。学校是一所全民事业性质、全额财政拨款的九年义务教育市属竞技体育学校。2016年，学校整体搬迁至风景秀丽的滨海经济技术开发区，校区占地面积20公顷，建筑面积53162平方米。学校开设皮划艇、赛艇、自行车、武术套路、篮球、柔道、乒乓球、网球8个运动项目，均为奥运比赛项目，有与设置项目相适应的专职教练员15人，文化课教师14人。学校职能为向省专业队培养输送高水平人才，指导县市区所设项目发展，组队代表潍坊市参加省级以上所设项目比赛。

【党建工作】 学校领导班子牢固树立“抓好党建是本职、不抓党建是失职、抓不好党建不称职”的理念，把开展好党建各项工作，作为推动学校科学健康发展的首要任务。改选成立新一届党支部委员会。2016年8月，学校召开全体党员大会，按照《中国共产党章程》要求和相关程序规定，改选成立新一届5人党支部委员会。开展“两学一做”学习教育。学校党支部按照“三会一课”制度要求，结合每月第二周周五的党员学习日，制订学习讨论计划，坚持有考勤、有记录、有讲评，以党支部和党小组为单位，抓好党员学习。坚持“领导带头讲，人人受教育”的原则上好党课，有针对性地开展《如何做一名合格的共产党员》《十八届六中全会精神解读》《党内法规学习辅导》等党课辅导。利用学校多媒体资源，组织全体党员实时收看“庆祝中国共产党成立95周年大会”，观看电影《大火种》和《榜样》，提升党员的精神境界，增强对党员身份的认同感和自豪感。

【学校管理】 新班子成立后，一手抓建章立制树起硬杠杠，一手抓校园文化打造软实力，多管齐下加强管理工作，学校风貌有了明显转变。健全各级各类组织。学校领导班子经过充分调查论证，根据民主集中制原则，研究决定增设学生管理科、工会，并根据工作能力、德才表现和群众公论，通过竞争上岗，配备了德才兼备的优秀人员。推进规范化建设。为合理分配资源，加强工作领导，学校相继成立了预防腐败内控领导小组、大事应急领导小组、选材工作领导小组等，对重点工作进行专项指导。印发《公车使用管理办法》《公章使用管理办法》等规章制度10余份，规范工作流程。细化财务制度，建立每月开支台账，进一步规范资金使用。建立学生科值班制度、行政后勤值班制度和教师晚自习值班制度，确保管理不挂空挡。营造校园文化，在各场所张贴悬挂符合学校特点的文化宣传牌，科室和各类活动室做到制度上墙。

【竞技体育蓬勃发展】 学校按照“科学、持续、健康、和谐”的发展理念以及“优势项目率先发展、新上项目稳步发展、弱势项目跟进发展”的发展思路，学校竞技体育水平稳步提升。建校以来，学校先后被国家体育总局授予“全国运动会参赛工作先进集体”“国家重点高水平体育后备人才基地（2017—2020）”，被山东省体育局授予“全省群众体育先进单位”，多次受到潍坊市委、市政府的表彰奖励。2016年，学校各项目参加山东省锦标赛共获金牌17枚、银牌11枚、铜牌20枚，奖牌总数48枚，获4—8名的有100人次；参加省冠军赛共获金牌10枚、银牌9枚、铜牌16枚，奖牌总数35枚，获4—8名的有25人次。学校输送的运动员刘海萍、周志强、张冬、刘金超2016年参加全国比赛，共获冠军7个、亚军4个、季军1个；刘海萍在里约奥运会上，获四人皮艇第十一名。学校围绕从严从难施训，正高标准备战二十四届省运会，并进一步夯实二十五届省运会队伍，力争用一到两届省运会周期，使夺金数量再创历史新高，以一流的成绩、一流的教学、一流的管理和一流的服务，把学校建成全省乃至全国知名体校。

【文化教学多元发展】 学校新的领导班子提出训练和教学要“两手抓、两手硬”，业务工作要“两条腿走路”。改变教学模式。针对运动队外训情况，学校聘请优秀在校大学生为自行车队集中授课，安排教师分别赴广西南宁和杭州千岛湖为外训队伍补课；同时加强对教案的把关，确保外训授课内容不减、质量不降。加强教学监管。指导教务科合理设置课程，明确每名教师任务分工，及时发现并解决教学中出现的问题。制订班级管理细则和班级管理团队绩效考核办法，正规考评手段。设立“听评课月”，开展公开课活动，校级领导亲自听课并现场点评。提高教师素质。采取“走出去、请进来”的方法，组织教师到兄弟单位参观见学，邀请名师来校座谈交流，进一步提升文化课教师的综合素质。

（夏　雪）

山东信息职业技术学院

【概况】 山东信息职业技术学院是山东省人民政府批准设立、教育部备案的省属公办全日制普通高校。是教育部批准的“国家示范性软件职业技术学院”首批建设单位，是工业和信息化部、人力资源和社会保障部确认的国家首批“电子信息产业高技能人才培训基地”，是“全国信息产业系统先进集体”“山东省职业教育先进集体”“山东省德育工作优秀高校”“山东省文明校园”“省级服务外包人才培训基地”“省级劳务外派培训基地”。

学院占地1037亩，现有奎文校区和滨海校区，总建筑面积220669平方米，图书馆藏书58.1万余册，在校生1.2万余人；现有教职工558人，中高级职称以上的教师占专任教师的80%以上，硕士及以上学位教师152多人，“双师”型教师占专业课教师的60%以上。开设41个专科专业，有省级特色专业3个、省级教学团队3个、省级精品课程9门，现有教职工558人，是定向培养直招士官试点院校，为空军部队、公安消防部队、陆军、战略支援部队和中央军委装备发展部定向培养直招士官；是“3+2”对口贯通分段培养本科人才试点院校，分别与鲁东大学、潍坊学院、山东交通学院衔接培养计算机科学技术专业、软件技术专业和物联网工程专业本科层次人才；是省教育厅批准的单独招生试点院校。

2016年度，滨海校区在学院党委、行政的带领下，全体工作人员精诚团结、通力协作，讲政治，守规矩，紧紧围绕学院整体工作部署，锐意进取，开拓创新，确保滨海校区各项工作稳定发展、稳步推进，较好的完成了各项工作任务。

【强化值班检查　加强综合管理】 2016年度学院滨海校区有112名教职员工、3158名学生在滨海校区生活学习，为确保整个滨海校区全体员工生活学习，我们制定了领导带班、干部值班、辅导员值班等各类值班安排并做好落实，同时加强对各类值班的检查；及时参加潍坊滨海经济开发区各有关部门组织的各类会议，做好各类档案的分类管理及各类文件的上传下达，各类数据、报表的上报工作，全面落实管委会工作部署。本年度分别邀请了滨海开发区公安局反信息诈骗中心周翔主任及边防派出所沈鸿周教导员进行了“2016大学生法制教育安全知识教育”讲座，提高学生的安全防范意识。学校与学生家长通过微信、QQ等无障碍沟通渠道，及时将学生在校情况与家长沟通，取得了学生家长的谅解，得到了家长的支持。制定了《山东信息职业技术学院滨海校区应急疏散预案》，于5月、11月两次开展了“滨海校区学生应急逃生”演练，加强了应对突发事件的处置能力。

【拓展学生学习兴趣　做好二课活动的开展】 本年度，根据学院团学活动安排，我们先后组织了“我的大学梦”2016征文大赛、“做信院文明人、展和谐师生情”诗歌朗诵比赛、“传承书画风采，共创魅力校园”书法大赛等二课活动21项，每一项活动从策划、实施到后期总结，都善始善终的完成，活动主题以激发学生的学习热情为主要目的，突出学生的业余爱好与综合素质能力培养，取得了良好效果，提高了学生良好习惯的养成及热爱学习的积极性、主动性。

加强教学管理，确保良好教学秩序。积极做好滨海校区的教学管理工作，加强教学制度建设，以学生到课率为抓手，严查迟到、早退现象及上课时间上网、打游戏等；定期、不定期深入到班级，做到课前巡查，课后抽查，及时解决在教学中出现的各种异常问题，确保教学纪律良好、教学秩序稳定。租用2辆潍坊市交运集团公务大巴，加强调度，协助做好驾驶员安全意识教育和车辆维保，没有出现晚出车及车辆损坏情况，保证了教职工每天按时往返两个校区，为校区正常运转提供了可靠保证。

【基础建设稳步推进　改善校区校园环境】　建成2400多米的校园护栏及新建成200多平方米的锅炉房一处，内置燃气锅炉2座，整个滨海校区供暖设施顺利投入使用；完成水系施工，建成5800平方米水系防渗硬化；完成了一期绿化工程；建成了篮排球场地；完善教室、公寓设施。共新增投资1000多万元。

（王修友）

山东科技职业学院滨海校区

【概述】　山东科技职业学院始建于1978年，隶属于省经信委和教育厅双重领导，以省经信委管理为主。2001年独立晋升为高职院校，2008年跻身为全国百所国家示范性高职院校之一。2016年，学院拥有浮烟山、滨海两个校区，全日制在校生17500人，开设纺织服装、商务外语、经济管理、机械制造、建筑工程、生物与化学、信息工程、艺术传媒设计、汽车工程等11个专业群48个专业，其中有专业与本科高校实施“3+2”专本贯通培养4个。现建有国家级精品课程3门，省级精品课程43门；省级教学团队6个；学院先后获得国家级教学成果二等奖2项、省级教学成果奖17项，全国纺织职业教育教学成果奖16项。建院以来培养了各类技能型人才7万多名，毕业生就业率连年在98%以上。

山东科技职业学院滨海校区位于潍坊滨海山东海洋科技大学园内，校区占地面积384.4亩，建设规模为在校生6000人，总建筑面积21.16万平米，计划投资3.14亿。目前担负着学院五年一贯制大专学生前两年的培养任务。校区建成后每年将为社会提供2000名高技能人才。开设电气自动化技术、自动化技术、汽车检测与维修技术、数字媒体艺术设计、计算机应用技术、建筑装饰工程技术、国际经济与贸易、应用韩语、会计、市场营销、物流管理以及水产养殖技术等共12个专业及方向。滨海校区在校生1700余人，常驻教职工62人。招生工作实现突破。2016年完成招生735人，相对增长26.7%，圆满完成招生任务。

【政治理论、党风廉政建设】　学院开展“两学一做”专题党课培训及组织学习贯彻党的十八届六中全会精神上的讲话。滨海校区全体党员利用政治学习时间进行教育专题讲座。通过党建学习加强职工的思想政治教育工作。同时，多次对师生进行座谈，了解需求，通过开展丰富的活动为师生解决实际困难。

【校园绿化】　大力实施滨海校区绿化工程。克服资金短缺，滨海校区又地处盐碱地，缺水，浇灌条件差的实际情况，校区管委会相关人员根据"适地适树、见缝插绿"的原则，制定了滨海校区绿化规划方案。春季补栽香花槐1752颗，播撒三叶草3000平方，秋季发动师生义务栽植香花槐1905颗，播撒油菜花3000余平方。圆满完成本年度绿化任务。

【后勤保障】　经多方调研，采用BOT模式，新增18台热水器和智能快递柜的安装，在学院未投入资金的情况下解决了本年度增加的学生洗澡难和取快递难的问题。同时，积极协调，在后勤服务中心、中心实验室、财务处的大力支持下滨海校区餐厅安装6台大型换气扇；校园广播、餐厅LED大屏幕也相继投入使用，优化了滨海校区师生的学习生活环境。

【院校管理】 积极提升校区管理水平。滨海校区在后勤保障等方面实现物业托管；保洁、保安、公寓管理人员全由物业公司派驻，减少了用工成本和压力。在滨海区高校中首先取得了食品经营许可证，同时校区餐厅通过招标，引进专业餐饮公司进行运作，大大提升师生的就餐质量。多次开展校园食品安全整体提升治理活动；努力改善教职工食堂就餐环境，提升餐饮服务水平；组织召开入冬取暖、冬季安全主题会议。完成校园围墙、人工湖初级建设及亮化工程。在学院党委的支持下，在基建办公室大力协助下，滨海校区校园围墙圆满完成。校区人工湖初级建设基本成型。南门校园警务室启用；圆满完成校名发光字及灯光亮化工程，亮起"山东科技职业学院"8个发光字，安装的14个射灯，照亮滨海校园，提升校区形象。完成滨海校区"海韵书屋"建设。滨海校区"海韵书屋"不同于图书馆的最大区别就是"可交流性"。图书馆要求安静，可在这里，海韵书屋允许交流。读书是很自由的，你可以选择任意一个你喜欢的座位看书，因设在餐厅所以还能提供饮品和一些小食品。此书屋书籍，全部由滨海校区教职捐赠，向所有学生全部开放，目前可供借阅书籍300余册。

【安全管理】 2016年，共处置校园突发事件3次，接处学生报案14起，抓获校外人员3人，为学生追回现金1000余元，背包及物品一宗，夜查教学楼300余次，检查外来人员车辆2000余次。与校区各部门签订《防火安全责任书》，落实安全措施。3月份邀请滨海消防大队出动了城市主战车、云梯车、整建制战斗班在校区举行消防救援演练，提高了学生消防安全意识和逃生能力。全年对校内灭火器、消火栓、应急疏散标志进行全面安全检查，更换维修消防设施50余次。

【打造团学工作品牌】 9月22日在滨海校区教学楼东广场隆重举行2016级新生军训汇报表演暨总结表彰大会。成功举办第二届"佳旭杯"厨艺大赛。10月15日，滨海校区与潍坊青年志愿者服务中心联合举办"成长心连心"志愿者活动，滨海校区240名师生及数十名全国各地的爱心人士参与。举办创意"涂鸦"活动，组织社团的同学以"脚下的艺术之魅力校园"为主题在井盖上展开绘画。完成2016年浮烟山、滨海、寿光、青州等校区中职免学费、国家助学金、贫困生建档立卡工作。举办关于安全、反传销、防范网络诈骗、禁毒教育、女生教育等多场主题报告会；多次开展管制刀具安全检查活动；组织召开学生工作交流会。成功举办滨海校区第二届运动会、滨海校区首届体育文化节；迎新篮球赛、教职工羽毛球赛等10余次丰富多彩的师生大型文体活动。

山东科技职业学院　党委书记：王万杰
院　　长：刘桂玉
山东科技职业学院滨海校区管委会
主　　任：刘洪明

（褚建刚）

旅　　游

W F I F A N G B I N H A I Y E A R B O O K

潍坊滨海年鉴

2017

WEIFANGBINHAI YEARBOOK

旅　　游

综　　述

【概况】 滨海区贯彻落实市委、市政府“海城河”战略，按照“打好沿海城市牌、做好河海水文章、唱好渔盐文化戏、走好节会品牌路”总体思路，坚持与环渤海、青烟威日差异化开发、错位化发展道路，突出潍坊“南山北水”地理差异中滨海“水”的自然优势，努力打造国内一流的水上运动基地，特色鲜明的滨海度假休闲旅游目的地，加速滨海蓝色跨越，打造北部沿海蓝色产业带、滨海特色城镇带、滨海风光旅游带。

2016年，全区实现旅游总收入12亿元，同比增长8.11%；旅游接待人次达208万人次，同比增长71.76%，旅游产业稳步发展。滨海区共有行业管理内企业14家。四星级饭店2家（为金辉大酒店、海正饭店）、三星级饭店1家（为海洋宾馆）；A级旅游景区1家（欢乐海沙滩景区为AAA级旅游景区）；旅行社及旅行社服务网点6家，其中旅行社1家（为山东洲天国际旅行社）、旅行社服务网点5家（山东洲天国际旅行社滨海营业部、潍坊阳光国旅滨海营业部、潍坊永安旅行社滨海营业部、潍坊翔宇旅行社滨海营业部、山东希望国际旅行社滨海营业部）；星级农家乐（渔家乐）4家，其中五星级农家乐1家（龙府大酒店）、四星级农家乐2家（欢乐海饺子馆、醉东风酒楼）、三星级农家乐1家（海源渔家乐）。

【旅游项目建设】 按照“一轴一线”（“一轴”即以白浪河为轴，“一线”即以欢乐海为线）总体布局进行旅游大项目建设，滨海区积极实施大项目拉动战略，以点带面、线面结合，建成及在建重点旅游项目共计11项，计划总投资约70亿元。其中，位于旅游度假区内项目有4项，分别为千亩风筝放飞场项目、风筝冲浪基地景观工程、欢乐海温泉度假酒店项目、欢乐海游艇码头项目；位于白浪河沿线项目有7项，分别为“渤海眼”摩天轮项目、白浪河入海口生态示范带工程、白浪河沙滩项目、文昌湖筑梦广场项目、潍坊弘润迪士尼温泉小镇项目、聚宝盆盐温泉养生度假区项目、山东潍坊石榴岛温泉酒店及配套项目。截至年底，各项目均进展顺利，白浪河入海口生态示范带工程、白浪河沙滩项目已基本完工。按照国家、省、市统一部署，加快推进旅游厕所建设，2015—2016年度潍坊市政府下达旅游厕所建设任务12个，全区建设旅游厕所17个，超额完成了任务。

【提升旅游安全服务水平】 2016年，全区旅游市场秩序继续稳定，未发生重大旅游投诉事项。涉旅企业安全生产主体责任意识明显增强，日常安全培训、安全演练等正常开展。组织开展行业内安全生产培训2次、安全应急演练2次、重要安全生产调度会议4次；结合安全生产日常检查、安全生产隐患排查及安全生产标准化、规范化工作，开展检查整治工作15次，发现问题100余项，全部落实整改。文明旅游深入人心，山东洲天国际旅行社分获潍坊市和山东省文明旅游先进单位、2015—2016年度全省诚信旅游示范单位称号。旅游服务质量明显提升，旅游集团会议接待中心获山东省饭店行业优质服务奖；旅游集团欢乐海沙滩公司获开发区消费维权示范单位称号；潍坊蓝色畅想休闲渔业有限公司获省级休闲海钓岸钓钓场称号；海洋宾馆、金辉大酒店顺利完成三星级、四星级旅游饭店复核工作；举办潍坊市首届“滨海杯”旅游饭店行业服务技能大赛，为旅游饭店行业技能人才展示和交流搭建平台。

【旅游线路及旅游商品开发】 依托山东洲天国际旅行社，对滨海区现有沙滩景区、铭鼎马术、荣和汽车、游艇码头等旅游景点进行整合，结合滨海区外旅游景点，推出3条精品旅游线路。积极参与“好客山东”游、山东“十大旅游品牌”创建等活动，依托潍坊市旅发委开展的“三个三十”活动，滨海区“北海虾皮”入选，并通过星级酒店、景区游客服务中心等平台进行展示营销。

（王永兵）

景区建设

【概况】 滨海区有A级旅游景区1家，为国家AAA级欢乐海沙滩旅游景区。2016年，以推动欢乐海沙滩景区创建国家AAAA级旅游景区为抓手，全面提升景区游览质量。推动风筝冲浪基地景观工程项目建设。项目总投资约2.5亿元，占地约25万平方米，以建设国际化的风筝冲浪旅游景区为目标，对人工沙滩、演艺广场等全面提升，新建美食街、多功能活动区、游客中心休闲区、滨海观景平台、生态绿化停车场等设施，进一步满足游客需求，全面提升景区硬件基础设施。推动白浪河景区加快开发。以欢乐海沙滩景区创建AAAA级旅游景区为引领，以白浪河摩天轮为中心，推动白浪河旅游景区加快开发。

【在建项目】 北海温泉度假酒店项目位于滨海人工沙滩毗邻，是海滨旅游的最中心地带，总投资7.6亿元，总占地面积26.2公顷，建筑面积7.6万平方米，建成后将成为集商务会议、旅游、休闲度假、娱乐、餐饮于一体的综合型度假酒店。

国际游艇码头项目位于莱州湾南岸，潍坊森达美港与潍坊欢乐海防护堤之间，白浪河入海口处，白浪河防潮闸下，总投资8.96亿元，陆域面积18.9万平方米，水域面积23.88万平方米，建筑面积3.9万平方米，泊位数量741个。建成后将成为集商业、俱乐部会所、专业游艇服务为一体的国际游艇码头。

文昌湖筑梦广场项目位于科教创新区一期科创桥两侧，文昌路以东文昌湖外侧岸边文昌湖景观绿化工程施工区内，总用地面积8.33公顷，总建筑面积2.6万平方米，由8个形状独特、造型各异的亲水二层建筑组成，致力于打造集商务客房、餐饮美食、电影院、新概念书城、娱乐（量贩式KTV）、超市、康体、9DVR虚拟现实体验馆、水上娱乐、休闲垂钓等为一体的商业“筑梦广场”。

北海渔村项目东临北海路，北接海景路，投资金额92亿元，占地面积600多公顷。项目建设包括水产品交易市场、潍坊国际风筝冲浪比赛基地、海鲜大排档、北海旅游文化中心、欢乐海商务酒店休闲中心、休闲垂钓基地、酒吧休闲区、水产品深加工工厂、幼体繁殖基地、生物蛋白厂、修船厂、冷藏厂、南港、北港、北海渔村、东方威尼斯水城等。项目依托基地内独特的海洋资源，在基地北面打造现代的渔业码头，深度挖掘深海渔家民俗文化，艺术化再现原生态渔村风貌，积极吸引渔业从业者来定居。配置相关基础商业，利用渔业码头设计大量风情街功能涵盖海鲜酒店、超市、诊所、渔船修理、海鲜交易、物流、仓储等。利用基地内码头，优美的自然风光，大力开拓旅游业将本区打造成旅游度假胜地，吸引大量游客，提升本地经济水平和知名度。

（王永兵）

重大赛事

【概况】 2016年度，滨海区内举办了第三十三届潍坊国际风筝会、2016世界风筝冲浪竞速竞标赛暨第八届中国潍坊滨海国际风筝冲浪邀请赛2项国际赛事及其他多项区域性赛事。通过赛事的举办进一步提升了滨海的国际知名度，加快了滨海国际化进程。滨海区管委会获得中国风筝协会颁发的“全国风筝推广贡献奖”，对滨海区赛事举办做出了肯定。

【第三十三届潍坊国际风筝会】 2016年4月16—18日，在潍坊滨海欢乐海沙滩举行。本届风筝会由国家体育总局、国际风筝联合会和潍坊市人民政府联合主办。遵循办好风筝主体活动，打造城市品牌、搭建合作发展平台的理念，坚持“创新办会、务实办会、节俭办会”原则，突出国际性、参与性和潍坊特色，宣传推介潍坊，弘扬风筝文化，提升城市知名度和美誉度，促进文化产业和招商引资，取得了良好的经济社会效益。风筝会邀请国家体育总局副局长、国际风联主席冯建中和山东省副省长王随莲以及“一带一路”沿线重点国家外交使节、世界500强暨行业领军企业代表、全国各地潍坊商会会长、重点客商、台商、全国知名民营企业家、国内外高水平风筝团队等1500多名贵宾、客商出席。参加开幕式和万人风筝放飞表演、第十二届世界风筝锦标赛的嘉宾及市民、游客超过20万人次。

共有来自国内32个省市自治区的66支风筝代表队，美国、澳大利亚、新西兰等35个国家和地区的51支风筝代表队，共计400余名参赛队员参加本届风筝会暨第十二届世界风筝锦标赛。全市有92支代表队、926名队员、972只风筝参加潍坊风筝大赛。在第十二届世界风筝锦标赛上，决出了打斗风筝赛、团体双线运动风筝赛、团体双线运动风筝芭蕾赛、创新风筝赛、优秀传统风筝赛、最佳空中效果风筝赛、特色风筝表演赛的优胜者。潍坊市代表队获优秀传统风筝赛一等奖，由潍坊市队员组建的中国队获创新风筝赛、特色风筝表演赛一等奖。

【2016 世界风筝冲浪锦标赛暨第八届潍坊滨海国际风筝冲浪邀请赛】 于 2016 年 9 月 9—15 日在滨海欢乐海沙滩景区举行。比赛由国家体育总局社会体育指导中心、国际风筝冲浪协会、中国风筝协会、潍坊滨海经济技术开发区管委会主办，潍坊市体育局、潍坊滨海旅游集团承办。

潍坊滨海已连续成功举办 7 届风筝冲浪赛事，本届赛事经国际帆联 WS、国际风筝冲浪协会 IKA 授权，升级为世界风筝冲浪竞速锦标赛，是世界最高水准风筝冲浪赛事之一。来自法国、美国、泰国、荷兰、德国等超过 40 个国家和地区的 120 余名国际顶级风筝冲浪高手参赛。比赛项目有方程式板和双向板两类，分男子组竞速、女子组竞速。德国选手 Florian Gruber 和英国选手 Steph Bridge 分获双向板竞速男子、女子组冠军，摩纳哥选手马克西姆和美国选手丹尼尔分获方程式板竞速男子、女子组第一名。

潍坊滨海开展风筝冲浪运动具有得天独厚的优势，海域辽阔，海滩平坦无暗礁，风能资源丰厚且风向稳定，是开展风筝冲浪运动最佳场地之一，是中国最早开展风筝冲浪运动、举办风筝冲浪赛事的地区。随着赛事活动不断升级，滨海国际风筝冲浪大赛已真正成为国际化、专业化、品牌化的国际顶级体育赛事。

【“逐梦滨海，唱响未来”首届滨海旅游杯 K 歌大赛】 2016 年 7 月 18 日至 8 月 23 日，在欢乐海沙滩演艺广场举行。大赛由潍坊市音乐家协会、潍坊音协声乐专业委员会、滨海区宣传文化中心、潍坊滨海旅游集团联合主办，潍坊蓝色畅想文化娱乐有限公司和潍坊海之灵文化传播有限公司协办。经过日赛、周赛、复活赛、总决赛角逐，共评出一等奖 1 名、二等奖 2 名、三等奖 3 名、优秀奖 10 名及最佳人气奖 1 名。此次活动为潍坊市广大音乐爱好者提供了一个相互交流、共同提高的舞台，丰富了潍坊市民精神文化生活，提升了滨海旅游形象。

【2016 城市旅游小姐亚太区冠军争霸赛】 2016 年 8 月 3—6 日在欢乐海沙滩举行。比赛由潍坊滨海旅游集团、城市旅游小姐国际组织主办，城市旅游小姐年度冠军总决赛中国区组委会、中国金桥（北京）国际文化传播有限公司、潍坊欢乐海沙滩管理有限公司承办。来自亚太地区的 21 名参赛选手通过“旅游小姐入城仪式”“世界友谊林种植玫瑰花”“鲁中地区美丽厨娘汇报表演”“万人比基尼欢乐秀”“总决赛颁奖盛典”等系列活动，展现自己的青春靓丽，为旅游代言、为滨海代言。大赛共评出冠亚季军各 1 名，评选出东西南北中 5 位城市推广大使和十佳选手。大赛以“美丽中国、好客山东、休闲户外、欢乐滨海”为主题，通过大赛进一步了丰富滨海旅游资源，提升了滨海旅游城市形象。

【2016 潍坊“滨海旅游杯”半程马拉松赛】 2016 年 10 月 23 日，在潍坊滨海区成功举办。大赛由滨海区管委会、潍坊滨海旅游集团等单位主办，潍坊市马拉松运动协会、潍坊晚报等承办。来自全国各地的 1000 余名选手在半程马拉松男子组、女子组比赛及 10 公里男子组、女子组比赛中各展身手，一决高下。“滨海旅游杯”半程马拉松赛是一项将群众体育与海洋文化相互融合的特色赛事，自 2013 年落户滨海，已连续举办四届，2016 年被列入潍坊市第六届全民健身运动会竞赛项目之一，成为全民健身运动的重要组成部分。

（王永兵）

潍坊滨海旅游集团有限公司

【概况】 2013年6月7日，潍坊滨海旅游发展有限公司成立；2013年12月17日，发展成为潍坊滨海旅游集团有限公司。是滨海区首家国有集团公司，注册资本7亿元，总资产330亿元，主体信用评级为AA。截至2016年12月31日，集团职工总数953人，其中研究生学历的8人、本科学历的151人，有留学经历的4人，高级职称的6人、中级职称的28人。集团以蓝色海洋资源综合开发为主线，本着“生态、生活、生机”合一的原则，围绕“河、湖、海、岛”一体化发展规划，将海滨、海域、海岛三个空间串连成线，通过休闲度假、水上运动、游艇观光、休闲垂钓、海鲜美食、商务会议、旅游地产、古盐业遗址等系列旅游产品的深度开发，带动蓝色海洋产业链向纵深发展，加快海洋文化产业功能集聚。集团拥有37家成员企业，涵盖旅游、餐饮、经贸、物流、渔业、养殖、金融等多个行业。

公司根据滨海区总体规划，结合自身实际，拟定了“一体两翼四区”的发展主线，即：以旅游为主体，以金融作支撑，以渔业和贸易为两翼，打造以欢乐海沙滩为中心的海岸线景区、以北海渔村特色小镇为核心的产城融合示范区、以摩天轮为中心的白浪河景区和以盐博园为中心的古盐业遗址群景区。通过突出主业，优化布局，培育重点企业上市等多措并举，实现集团可持续发展。

2016年12月，潍坊滨海旅游集团与山东省旅游发展委员会签署“好客山东”品牌使用及共建协议，成功获得“好客山东”品牌2016—2026年使用权；通过省文明委测评，被授予“2016年度省级文明单位”称号。

【潍坊欢乐海沙滩管理有限公司】 是潍坊滨海旅游集团有限公司的全资子公司，于2013年10月成立，注册资本3亿元。欢乐海沙滩景区为省级旅游度假区、国家3A级旅游景区。景区拥有豪华观光游艇、海上快艇、水上自行车、冲锋舟等水上游乐设备，配备有沙滩椅、遮阳伞等服务设施，瞭望塔东南侧设立有可同时容纳100人的贵宾服务区，配有休闲茅草亭等设施，游客可亲身感受具有海南风情的海滨度假时光。

沙滩南侧的马来西亚馆按照上海世博会马来西亚馆1∶1复建而成，一楼是马来西亚展厅、旅游纪念品销售大厅和6D影院；二楼的海洋科普馆被评为“全国海洋意识教育基地”，采用高科技投影、体感交互等先进技术，科普海洋知识，展现海洋风情。

2016年10月，欢乐海沙滩景区开始对岸线景观进行系统升级改造。改造提升后的欢乐海沙滩景区绿化面积达10万平方米，各种绿化景观因地制宜，灵活多变，充分体现了“自然与人文浑然一体、一草一木皆是风景”的园林设计理念。新建成的旅游度假区演艺广场占地1.5万平方米，舞台面向大海，可满足大型、特大型演艺活动需求。广场2处挑台从沙滩向海里延伸，游客可近距离观赏欢乐海，拉近游客亲海距离。海边新建成的小木屋是按照5A级景区标准的打造的生态洗手间，可满足不同人群需求。新建成的生态停车场，绿荫笼罩、生机勃勃，满足不同车型停放需求，交通设施日臻完善。

【欢乐海商务酒店】 是潍坊滨海旅游集团有限公司的全资子公司，位于滨海区旅游度假区欢乐海沙滩南邻，是潍坊市唯一一家集餐饮、客房、观光于一体的海景商务酒店。主楼为餐饮楼，内设雅间10间、自助餐厅1个、零点厅1个，可同时容纳308人。主楼两侧分别为海景客房楼，内设会议室，可同时容纳60人进行会议。酒店拥有完善的设施，先后承接过国际风筝会、国际风筝冲浪大赛、城市旅游小姐大赛等接待活动。

【迪拜国际酒店】 位于滨海区创业大厦东临，2013年12月12日正式成立，是潍坊滨海旅游集团有限公司的全资子公司。酒店建筑面积1.5万平方米，建筑风格以海洋文化为主线，将风筝文化、冲浪文化与传统文化巧妙融合，是一家集客房、餐饮、会议、休闲于一体的综合性酒店。酒店拥有各式客房76间，提供24小时专职管家服务。酒店特聘粤、鲁等名师，提供高档鲁菜、粤菜、川菜、海鲜及地方风味小吃，拥有中餐厅、宴会厅、自助餐厅、豪华餐厅16间，360个餐位。酒店设有酒廊、精品店、商务中心、多功能会议厅、书画室、茶室、棋牌室、美容美发等配套设施，可提供高水准的多元化服务。

【滨海城市艺术中心】 于2016年1月7日正式成立，注册资本500万元，位于滨海区海洋科技大学园，是潍坊滨海旅游集团有限公司的全资子公司。中心总建设面积37122平方米，地上四层、地下一层，建筑高度26.8米，由中国当代著名建筑师朱锫设计，获“2014年中国钢结构金奖”。建筑方案通过“城市屋顶”的设计理念，将多个代表滨海盐文化特色的结晶体凝聚在一起，以独特设计风格构成丰富的功能空间，分为展览区、会议区、康体文化区3个部分。

展览区以海洋文化为特色，将“圆梦滨海，展望未来”的主题巧妙融入其中。四楼为“2050滨海城市乐园”，围绕“城市·人”的设计理念，以“城市乐园”为创意原点，以“科幻·未来”为展区主调，共16个展项，可同时容纳60人体验游玩。会议区拥有6个高端小型会议室，设备先进的新闻报告厅，典雅大气的多功能厅。新闻报告厅可容纳300人，是会议、报告会、文艺演出及授课的绝佳选择；多功能厅可容纳200人，是大中型商务宴请、会议、婚宴的理想场所。康体文化区拥有羽毛球馆、壁球室、乒乓球室、桌球室、室内综合性大型游泳池、养生桑拿、休闲足疗、洗衣房以及宽敞舒适的健身房等康体文化项目，可充分满足人们追求健康生活的需求。

【欢乐海餐饮公司】 成立于2013年6月，是潍坊滨海旅游集团有限公司的全资子公司，主营餐饮项目的投资建设、管理运营、配套服务及培训咨询等业务。公司汇集潍坊餐饮界名师大厨和优秀服务团队，秉承绿色安全、营养保健、美味可口、便民惠民的经营宗旨，倾力打造欢乐海饺子馆、欢乐海富华肥牛两大餐饮品牌，在滨海区经营多家营业网点和自助餐点，并承包经营多家企业及学生食堂。公司不断加快业务拓展，以多元化餐饮项目向周边地区辐射，本着服务滨海、拓展周边的经营方针，为大众提供安全优质的餐饮服务，真正在滨海区实现生活性服务全覆盖，全力打造欢乐海餐饮品牌。

【山东洲天国际旅行社】 成立于2013年9月，是潍坊滨海旅游集团的全资子公司，是集国内旅游、出境旅游、入境旅游、各国签证、商务考察、拓展培训、会务服务及火车票、机票、酒店预订为一体的多元化旅行社。山东洲天国旅拥有潍坊店和滨海店2处店面，环境优雅，位置优越。旅行社成立伊始，致力于打造洲天旅游高端品牌，已开通全球各地长短线路近百条，与众多同行、企业合作，为广大顾客打造个性化的需求线路，提供一站式出行私人订制服务。公司也凭借良好的信誉和优质的服务赢得了广大游客的一致好评。

旅行社以“时尚旅游、诚信服务”为经营理念；以“4P旅游新理念”为行为准则（服务大众、专业精湛、充满激情、追求完美），立足滨海，面向世界，以“求实、求新、求知、求乐”为方向，以游客为中心，以市场为导向，以高端旅游产品为核心，不断提升服务质量，打造一流的旅游团队。

（李艳萍）

地方特产

【青条鱼】 又名青条杆，属暖水性中上层鱼类，体长一般在600—800毫米。每年5月在近海岸或河口产卵，尔后游向深水海域，鱼骨为绿色。

【光鱼】 俗称狗杠鱼，属渤海区域底层鱼类。体长一般在250—350毫米，繁殖期在河口附近洄游。每年清明后产卵，产卵后亲体均亡，幼鱼生产力强，在深水越冬。

【带鱼】 又名刀鱼，属洄游暖水性中上层鱼类，体长一般为600—1200毫米。每年农历五月下旬进入渤海渔场。夏产卵，生殖期栖息于水深15—20米处，能垂直浮动。白天潜至深层，晚间浮于近表层。

【鲅鱼】 属洄游暖水性中上层鱼类，体长一般为260—520毫米，大者达1米以上。每年5月进入渤海和莱州湾渔场，夏季产卵，游速快，能远距离洄游。

【鲐鱼】 属洄游暖水中上层鱼类，体长一般为250—470毫米。每年5月进入渤海湾、莱州湾渔场，夏产卵，洄游力强，有趋光性。

【黄花鱼】 属洄游性底层鱼类，体长一般为160—250毫米。每年4月下旬进入渤海湾、莱州湾渔场。5月在水深10—25米处产卵，喜栖息于软泥沙或沙质海区，傍晚起浮，黎明潜伏于海底。20世纪50年代初，渤海湾盛产黄花鱼。1951年底黄花鱼生产期，国营、私营鱼店都缸满池盈。进入90年代以后，黄花鱼在莱州湾已不多见。

【鲈鱼】 亦名鲈子鱼，属非洄游性近岸鱼类，体长600毫米左右，大者1米以上，冬季栖息于深海，春初始游回浅海索饵并产卵，喜栖息于咸淡水产汇处，可池养。

【鳓鱼】 又名白鳞鱼、快鱼，属洄游暖水性中上层鱼类。每年3月始生殖洄游，5月进入渤海湾、莱州湾渔场产卵，怀卵量一般为14万粒，产卵后分散于水的上层索饵，现已基本绝迹。

【鲳鱼】 又名镜鱼，属洄游暖水性中上层鱼类，体长一般在200—300毫米，常分散栖息于潮流缓慢的近海。夏产卵后逐渐游回深海。

【辫子鱼】 俗称驴尾巴，属暖水性底层鱼类，体长在200—400毫米，大者500毫米以上。初夏产卵，喜栖息于沙底质海区，游动缓慢。亦属经济鱼类。

【加吉鱼】 属暖水性底层鱼类，体长一般在120—180毫米，常栖息于沙底质的近海，喜群集，繁殖季节游回近岸，为渤海名贵鱼。

【白虾】 又名米虾，属渤海区域性中型虾类，煮熟加工成海米，味美营养高，是海珍品之一。白虾喜栖息于泥沙底河口浅海附近，繁殖季节较长，春末开始抱卵，到冬初仍有抱卵虾。白虾产卵多，繁殖力强，生产较快。夏季孵化后，入秋便长为成虾。

【毛虾】 属渤海区域性小型浮游虾类，在渤海深处越冬，农历三月开始洄游，清明后到达各河口附近渔场。五、六月份产卵，经3个月后长成，到八、九月份成熟产卵。成体雌虾大于雄虾，雌虾平均30毫米，雄虾平均25毫米。

【铜蟹】 属渤海区域性中型蟹类，体形呈椭圆形，小于梭子蟹，洄游、繁殖期与梭子蟹相同，因体呈紫铜色，故名铜蟹。

【牡蛎】 其肉质鲜嫩，清新味美，是莱州湾特产之一，主要产于河流入海处，喜在咸淡泥沙底质处繁殖生产。每年夏季产卵，食水生物和泥沙中有机物质。2012年，老河口牡蛎被潍坊滨海经济技术开发区申报为国家农产品地理标志产品。

【虾蛄】 俗称“螳螂虾”“爬虾”，甲壳纲，虾蛄科，属渤海区域性节肢大型虾类。在渤海深水处越冬，农历三月开始洄游，清明前后到浅海崖边觅食。四至五月份产卵，体长一般在110—150毫米左右。虾蛄是一种营养丰富、汁鲜肉嫩的海味食品，其肉质含水分较多，味道嫩滑鲜美，是百姓餐桌上的一道佳肴。

【蚂蚬】 山东地区统称蛤蜊，潍坊滨海一带俗称花蛤、蛤仔，属帘蛤目，帘蛤科，蛤仔属。受地域文化影响，在潍坊地区也被习惯性称为北海蚂蚬。蚂蚬贝壳呈卵圆形，壳质坚厚、膨胀。贝壳前端边缘椭圆，后端边缘略呈截形。贝壳表面灰黄色或深褐色，有的具有带状花纹或褐色斑点。壳内面灰黄色，略带紫色。蚂蚬埋栖生活在潮间带下区至数米水深的沙、泥及泥沙质海区，在我国南北沿海均有分布，辽宁、山东产量较大。潍坊滨海老河口北临渤海莱州湾，地势低平，平均水深较低，有弥河、丹河、潍河、白浪河等多条河流注入，带来了丰富的营养盐和有机物，水质肥沃，为浮游生物的繁衍生长提供了良好的条件，饵料生物种类繁多，数量丰富。老河口一带海区无论地势、水质、饵料、盐度等各项指标都特别适合于北海蚂蚬的生态食性。自20世纪70年代末在老河口海区形成自然种群，并形成捕捞产量，20世纪80年代初开始进行人工增养殖。

【缢蛏】 又名蛏子，潍坊滨海当地称为“鲜”。属软体动物，是双壳纲帘蛤目贝类动物，生活在海洋之中，为常见的海鲜食材，贝壳脆而薄呈长扁方形，自壳顶到腹缘，有一道斜行的凹沟，故名缢蛏。缢蛏贝壳细长，双壳对称，壳顶位于背缘略靠前方，壳表生长纹明显。壳面被黄褐色外皮，部分受摩擦脱落而呈白色。外壳中央稍靠前方有一条自壳顶至腹缘微凹的斜沟，似缢痕。缢蛏生活于河口或有少量淡水流入的内湾。缢蛏含丰富的蛋白质、脂肪、糖分、无机盐和大量的钙。蛏肉还有滋补、清热功效，能治疗产后虚 损、烦热和痢疾等症。蛏壳可治胃病和咽喉肿痛。缢蛏嫩而味鲜，营养丰富，既可鲜食爆炒烧汤，又可制成蛏干、加工罐头，或熬成蛏油调味，是上等海味珍品。

【白蛤】 学名四角蛤蜊，在山东地区也被统称为蛤蜊，在潍坊沿海一带又习惯称为白蛤啦、白蛤蜊，简称白蛤，是潍坊滨海老河口附近以滩涂养殖为主的一种贝类生物。白蛤的贝壳略呈四角形，壳比较薄。由于老河口适宜的底质、良好的水质和丰富的饵料资源，这一带的白蛤肉质鲜美，味道独特，被称为“百味之冠”，在当地更流传着“吃了白蛤啦肉，百味都失灵”之说。老河口白蛤两壳极膨胀，壳顶突出，位于背缘中央略靠前方，尖端向前弯。贝壳具外皮，顶部白色，幼小个体呈淡紫色，近腹缘为黄褐色，腹面边缘常有一条很窄的边缘。生长线明显粗大，形成凹凸不平的同心环纹，贝壳内面白色，铰合部宽大，左壳具一个分叉的主齿，右壳具有两个排列成“八”字形的主齿；两壳前、后侧齿发达均成片状，左壳单片，一有亮双片。外韧带小，淡黄色；内韧带大，黄褐色。闭壳肌痕显明，前闭壳肌痕稍小，呈卵圆形，后闭壳肌痕稍大，近圆形，外套痕清楚，接近腹缘。2012 年，老河口白蛤、老河口白蛤蜊以其独有的品质特征和生长环境分别被寿光市和潍坊滨海经济技术开发区成功申报为国家农产品地理标志产品。

【文蛤】 又称海蛤、大蛤啦。贝壳略呈三角形，向外隆起，外面灰白色，近壳顶处或全部布有棕色或银灰色轮纹，或被棕色薄膜，平滑而有光泽。内面乳白色或略带青紫，平滑，亦有光泽。质坚硬而重，断面显层状。潍坊沿海的地质条件、水质指标以及饵料生物等条件特别适合文蛤的自然生长和繁育，进而造就了这一带丰富的文蛤资源，文蛤个体肥满，口感鲜美。潍坊滨海文蛤以滤食性为主，成为潍坊乃至山东省的重要经济贝类。自古以来，不少帝王将相和文人墨客吃过文蛤之后，留下了许多赞美文蛤味美的文句。清乾隆皇帝食用文蛤之后，将文蛤御封为“天下第一鲜”。从此，这个雅号一直流传至今。潍坊文蛤以其花纹清晰、绚丽、肉色玉白、肉质肥满细腻、富有弹性、口感清脆、汤汁浓郁、海鲜味浓郁别致、壳厚保水性强、耐存活等诸多优点，深受国内外消费者的青睐。

【舌鳎鱼】 学名半滑舌鳎，属鲽形目，舌鳎科，舌鳎属，俗称鳎米、鳎板、牛舌头等。在潍坊滨海，大多称其为大家洼鳎米鱼。舌鳎鱼是一种暖温性近海大型底层鱼类，终年生活栖息在近海海区，具广温、广盐和适应多变的环境条件的特点，适温范围 3.5—32℃，最适生长水温 14—24℃，适盐范围 14‰—33‰，最适生长盐度 16‰—22‰。鳎米鱼自然资源量少，味道鲜美，出肉率高，口感爽滑，鱼肉久煮不老，无腥味无异味，属高蛋白，营养丰富。2013 年，潍坊滨海经济技术开发区申报的“大家洼鳎米鱼”通过农业部农产品质量安全中心审查和组织专家评审，实施国家农产品地理标志登记保护。

【毛蚶】 俗名麻蛤、麻蚶、毛蛤，属蚶目，蚶科，毛蚶属。因壳面被有褐色绒毛状的壳皮，故名毛蚶。在潍坊滨海一带，习惯将其称为北海毛蚶，主要生活在潍坊北部渤海莱州湾内湾浅海低潮线下至水深10多米的泥沙底中，尤喜于淡水流出的河口附近，以4—8米居多。形态特征成体壳长4—5厘米，壳面膨胀呈椭圆形、两壳不等，壳顶突出而内卷且偏于前方；壳面放射肋30—40条，肋口显出方型小结节；铰合部平直，有齿约50枚；壳内面白色。外面褐色茸色状表皮。毛蚶壳高大于壳宽，壳顶突出，而尖端又向内卷入，位于背前方；壳表被有棕褐色绒毛，顶部者极易脱落，故壳顶常呈白色。毛蚶为双壳类软体动物，贝壳短而宽，壳质坚硬，壳表面茸毛长而密植，颜色深，黑褐色；活体剖解时可见鲜红体液流出；肉体呈橘红色，富有弹性，口感脆嫩，海鲜味浓郁独特。

【梭子蟹】 俗称大海蟹，学名三疣梭子蟹，属渤海区域内大型蟹类。因其蟹头胸甲呈梭形，中央有3个疣状突起而得名，由于潍坊沿海一带，滩涂辽阔，饵料丰富，所产之蟹体个大、肉肥细嫩、蟹黄丰满、味道鲜美，蛋白含量高，营养丰富。三疣梭子蟹头胸甲呈梭形，稍隆起，表面有三个显著的疣状隆起。雄蟹腹部三角形，雌蟹圆形。雄蟹背面茶绿色，雌蟹紫色，腹面均为灰白色。广泛分布于我国南北各海域，是秋冬季蟹笼作业的主要捕捞对象，也是我国海水养殖的重要品种，主要集中在山东、浙江、福建等地。潍坊北部海域为三疣梭子蟹主产区之一。

【北海对虾】 学名中国对虾，属对虾科。对虾并不是因为它们常常一雌一雄成对地相伴在一起而得名，其得名是由于这种虾个头大，过去在北方市场上常以“一对”为单位来计算售价而得名。对虾体长大而侧扁。雌体长18—24厘米，雄体长13—17厘米。甲壳薄，光滑透明，雌体颜色青中衬碧，雄体呈棕黄色，通常雌虾个体大于雄虾。对虾全身由20节组成，头胸部13节，腹部7节，除尾节外，各节均有附肢一对。有5对步足，前3对呈钳状。头胸甲前缘中央突出形成额角，额角上下缘均有锯齿。

【梭鱼】 俗名赤眼、尖头、肉棍子、红眼鱼，属鲻形目，鲻科。体前部亚圆筒形，后部侧扁、吻短。眼较小，眼睑不发达，仅存在于眼的边缘。眼旁一圈微红色。上颌骨在口角处突然向下弯曲。第一背鳍起点距吻端较距尾鳍基近。尾鳍后缘微凹。体呈青灰色，腹部白色，体侧有黑色纵纹。梭鱼属非洄游性鱼类，食泥沙、藻类，喜栖息于河口咸淡水混合处。性活泼，常成群游动。夏产卵。体型较大，一般体长200—500毫米，大者长600毫米以上，可池养。梭鱼肉水分大，需用盐腌制数小时腌出水分。或先腌后晾，待去除部分水分后，肉就比较筋道且香。每100克梭鱼肉含蛋白质18.9克，脂肪1.7克。梭鱼有健脾益气、益筋骨、补气力、消食导滞的功效。食用梭鱼的最佳时期在春季。农历惊蛰前后，鱼集群游入海口附近的河道内觅食，此时被捕捞到的梭鱼味道鲜美，俗称“开凌梭”。食用梭鱼不用刮鳞也不必剖肚，只需清水文火慢慢炖煮，其汤汁乳白、肉质鲜嫩、味美诱人、营养上乘。家常吃法多红烧、清蒸或溜鱼片，是潍坊沿海水产市场上的畅销产品，也是滨海渔家的家常菜。

（毛金鹏）

社会生活

潍坊滨海年鉴

2017

WEIFANGBINHAI YEARBOOK

社会生活

人口和计划生育

【概况】 2016年1月1日起，全面实施一对夫妇可生育两个孩子政策。政策实施后，滨海区结合实际，层级组织学习解读，完善相关政策措施，确保全面两孩政策实施过程平稳、有序、可控。2016年，全区办理二孩生育服务登记2538人。孕情信息上报及时率达90%以上，出生统计合格率达98%以上。

【出生人口性别比综合治理】 加强组织领导。有效整合各种力量和资源，加大综合治理力度，始终保持打击“两非”行为高压态势。区管委会召开专题会议部署安排出生人口性别比综合治理工作，成立出生人口性别比综合治理工作领导小组，建立联席会议制度，卫生计生、公安等部门加强联动，定期研究、协调、解决治理工作中出现的问题。广泛宣传发动。印发《关于对非医学需要鉴定胎儿性别及选择性别终止妊娠行为进行举报的公开信》《禁止非医学需要的胎儿性别鉴定和选择性别人工终止妊娠的规定》，在人口密集地进行张贴，发放到全区所有育龄妇女家庭。区电视台连续播出打击“两非”有奖举报公开信和滚动字幕，滨海日报也全文进行刊发。完善规章制度。全区范围内所有拥有B超机的医疗单位都建立管理制度，在产房、B超室等醒目位置张贴“严禁非医学需要鉴定胎儿性别”“严禁非医学需要选择性别终止妊娠”的标志及监督电话，安装监控设备。对为妊娠14周以上的妇女施行终止妊娠手术的医疗机构，必须持有医学诊断证明和区卫生计生局出具的证明，紧急情况下实行术后报告制度。每季度将终止妊娠记录通报至区卫生计生局。坚持孕情跟踪管理。督促各街道、各部门单位对辖区内有生育愿望的育龄妇女，每月进行跟踪随访，落实包保责任制，及时上报孕情，做到孕期孕情跟踪管理到位。对终止妊娠未经审批的人员查明原因，对不明原因终止妊娠的人员启动孕情消失倒查程序。定期开展专项治理。每季度相关部门开展一次联合执法检查，对B超机管理使用、非医学需要鉴定胎儿性别和选择性别人工终止妊娠、终止妊娠药品销售等开展专项治理，发现问题，及时通报，督促整改。

【基层计划生育网络和队伍建设】 强化工作保障。完善基层计划生育网络和队伍，选好配强街道计生部门领导班子，加强计划生育工作力量，抓好计生工作队伍教育培训，加大计生事业经费投入，妥善做好村级专职计生人员待遇和养老保障有关工作，保证基层工作顺利开展。发挥群团组织作用。动员工会、共青团、妇联等群团组织和其他社会组织，共同做好计划生育工作。发挥计生协会的生力军作用，鼓励社会组织依法开展计划生育公益慈善与帮扶救助活动，引导群众开展计划生育自我管理、自我服务、自我教育、自我监督，促进计划生育向多元共治转变。推动流动人口基本公共卫生计生均等化。成立滨海区流动人口基本公共卫生计生均等化服务工作领导小组，强化流动人口均等化服务宣传，全面建立流动人口健康档案，开展均等化服务。

【扶助政策落实】 抓好各类奖励扶助政策的落实。继续做好计划生育奖励扶助和特别扶助工作，及时将符合条件的家庭纳入奖励扶助范围。2016年，新增农村计划生育部分家庭奖励扶助234人，特别扶助12人，对4个失独计生家庭发放一次性抚慰补助金。截至2016年底，全区享受计划生育奖励扶助政策的有1080人，享受特别奖励扶助政策的有48人。开通计划生育特殊家庭就医“绿色通道”。为计划生育特殊家庭办理全市统一的“计划生育特殊家庭方便就医卡”，确定潍坊市人民医院、滨海人民医院作为计生特殊家庭定点医院，享受优先看病就医住院的优先优惠政策。落实城镇其他居民独生子女父母奖励扶助政策。参照农村计划生育部分奖励扶助政策，出台《滨海区城镇其他居民独生子女父母奖励扶助实施方案》并付诸实施。继续做好独生子女父母奖励费的落实，将独生子女父母奖励费领取时间延长到子女年满18周岁。抓好企业退休职工独生子女父母一次性加发30%养老补助政策的落实，已累计受益2078人，全区应落实人员全部落实到位。

【优生服务】 落实免费技术服务政策。继续在全区范围内全面落实免费计划生育技术服务政策，实行免费技术服务政策全覆盖。2016年，全区各级开展各类计划生育技术服务6500余例。抓好出生缺陷干预防治工作。继续落实出生缺陷三级预防措施，实现婚前检查、孕前优生健康检查、叶酸补服城乡适龄人口全面覆盖。抓好孕期筛查、孕期保健、新生儿疾病筛查、PKU特殊食品补助等各阶段的综合防治工作，努力降低出生缺陷发生率。做好全程优生保健工作。加强对准备怀孕、现孕夫妻孕前优生、孕期保健教育，尤其是做好高龄孕产妇的健康管理服务工作。完善高危孕产妇管理、转诊工作机制，做好孕期随访及产后访视等工作。推动流动人口公共卫生计生服务。强化流动人口公共卫生计生服务体系建设，提升流动妇女儿童健康服务能力，将流动人口纳入免费增补叶酸、免费孕前健康检查、免费唐氏综合征筛查、免费孕产期保健服务范围，为流动人口，尤其是流动人口中有生育要求的夫妻提供优质生育服务。开展产前筛查和新生儿听力筛查。筛查率分别达70%、100%。全区孕产妇管理系统率和3岁以下儿童管理率达88%和90%，均高于市下达指标水平。

【卫生计生宣传】 落实工作保障。新成立专门业务科室，配齐配强工作人员，制订宣传信息统计报送和考评办法，层层落实责任，推动卫生计生宣传工作的开展。抓好媒体宣传。围绕全区计生中心工作，重点抓好全面两孩、综合治理出生人口性别比等重点工作的宣传，在各级主流媒体和《中国人口报》等业务报刊刊发稿件100余篇，展示全区计生工作成效。营造良好舆论氛围。在计生重大节日和传统节日，通过义诊、发放宣传材料、上门服务等方式，宣传计生政策和优生优育健康知识，营造良好的舆论氛围。全年共展出计生宣传板20块，发放各类宣传材料共万余份，现场咨询群众6000余人，区电视台共播出计生专题节目12余次。加强舆情监控。建立完善全区卫生计生网络信息检测和舆情分析工作机制，制订处置预案和应对办法，实施舆情动态监控，指定专人负责网络舆情动态监测。2016年，全区无卫生计生负面舆情信息。

（陈桂欣）

民　政

【概况】 滨海区民政工作以建设“现代大爱民政”为目标，结合滨海实际，履行“以民为本，为民解困，为民服务”工作宗旨，突出工作重点，不断开拓创新，推动了民政事业健康发展。

全区出台《滨海区重特大疾病医疗救助办法》，实现医疗救助“一站式”结算，特困供养人员规定范围内医疗费用救助比例为100%，全市最高。义务兵家庭优待金标准提高到每年1.73万元，全市最高。开展以“情暖滨海·共享阳光”为主题的残疾人关爱季系列扶残助残活动，为残疾人办理困难生活补贴和重度残疾人护理补贴，正式启动“力源慈善基金”免费康复项目，举办残疾人艺术作品义卖活动，成立小额慈善基金，为残疾人发放系列辅助器具。高标准落实老龄补贴，全年为全区2200余名80周岁以上老年人发放360余万元高龄津贴补助金；“银龄安康”工程在实现了全覆盖的基础上，又增加了保额。山东鸢都英合（潍坊滨海）律师事务所，积极开展老年人公益维权服务，获2016年“省老年人公益维权服务示范站”称号。

【机构设置】 潍坊滨海经济技术开发区公共事业局为区党工委、管委会内设机构，副县级规格，负责全区教育、体育、民政、老龄、残联、慈善等工作。内设综合科、政工科、民政科、教育体育科（挂教体中心牌子）4个科室，均为正科级规格，有干部职工37人（含教研室）。

【完善社会救助体系】 贯彻落实各类救助政策，不断完善、规范工作申请审批流程，努力打造“阳光救助”；提高低保标准，城市低保标准每人每月提高到520元，农村低保标准每人每年提高到3900元，低保对象实行动态管理；出台《滨海区重特大疾病医疗救助办法》，救助覆盖面扩大到全部因病致贫困难群众，同时提高救助标准，特困人员政策范围内医疗费用100%救助；区财政投资购买民生综合保险，全区居民实现全覆盖；强化孤儿、困境儿童和分散供养城镇特困人员保障，供养标准分别为每月720元、300元、780元；群众防灾减灾意识不断增强，2个社区获市级减灾示范社区称号，1个社区获省级减灾示范社区称号。

【双拥优抚工作】 提高抚恤补助金标准，全部按城镇标准执行，实现城乡一体化；1—4级残疾军人护理费提高到2122元；义务兵家庭优待金标准提高到17261元，在原标准基础上提高了15.85%。截至年底，全区共有优抚对象557人，各项政策落实到位，涉军人员情况稳定。

【移风易俗工作】 滨海区出台《滨海区加强农村红白理事会实施方案》，推进婚丧习俗改革。全区50个村（居）全部成立了“红白理事会”。

【社会组织管理】 2016年，全区有社会组织39家。对拒不参加年检的5家社会组织进行撤销登记行政处罚，对2家进行注销登记。有3家社会组织成立了党组织，其余社会组织均建立了联合党支部，实现社会组织党组织全覆盖。

（袁延隆　王　忠）

社会保障

【概况】 2016年，全区共有参保单位523家，其中企业单位446家、机关事业单位77家。完成各项社会保险扩面9203人次，共计收缴社会保险费70948万元。其中，企业基本养老保险参保37013人，净增1800人，征缴养老保险金39499 万元；机关事业单位养老保险参保3602人，净增197人，征缴养老保险金6958万元；城乡居民养老保险参保10570人，征缴养老保险金2890万元（含财政补助资金）；城镇职工医疗保险参保46523人，净增2057人，征缴医疗保险金15187万元；居民医疗保险参保56734人，净增2760人，征缴医疗保险金3331万元（含财政补助资金）；工伤保险参保36601人，净增1049人，征缴工伤保险金1838万元；生育保险参保30395人，净增1340人，征缴生育保险金1245万元。按照每人27000元的标准征缴56名离休干部和二等乙级以上伤残军人医疗保险费共计151万元。

2016年，共计支付社会保险费55378万元。其中，支付企业退休人员养老金32739万元，机关事业单位退休人员养老金3696万元，城乡居民养老保险金2851万元，城镇职工基本医疗保险金10565万元，居民医疗保险金3181万元，工伤保险金1598万元，生育保险金748万元。全年全区做到了按时足额支付各项社会保险待遇，保障了待遇享受人员的基本生活，维护了职工社保权益。

【民生保障】 养老待遇水平逐步提高。根据上级文件要求，及时为符合调整条件的10453名企业退休人员调整待遇，月增养老金188万元，人均增资180元，调整后人均养老金2273元；为10630名居民养老领取待遇人员调整基础养老金，人均增资15元，调整后人均养老金135元；为657名机关事业单位退休人员调整养老金，人均增资257元，调整后人均养老金4500元。

工伤待遇调整。及时为32名符合条件的一级至四级工伤伤残职工调整伤残待遇，调整后伤残津贴月增加5710元，人均增加178元；为33人调整生活护理费，生活护理费调整后月增加8089元，人均增加244元；调整的供养亲属共计118人，调整后供养亲属抚恤金月增加6350元，人均增加53元。

做好企业职工补缴养老保险补缴工作。根据潍人社〔2015〕139号文件规定，为提高工作效率，简化办事流程，联合区政治部共同办公，对符合条件的人员进行材料审核和保险补缴工作。全年共计办理539人，其中超龄人员367人、未超龄人员172人。

长期护理保险覆盖面逐步扩大。75名退休职工申请办理居家护理，已建床享受居家医疗护理照料，其中在大家洼街道社区卫生服务中心申请办理47名，其余28名在其他县市区办理。

推进就医联网结算，减轻参保人员垫资负担。医疗保险实现市内定点医疗机构无障碍自由住院，省内异地联网结算，工伤保险旧伤复发、职业病定点医疗机构联网结算，生育保险市内定点医疗机构均实现联网结算。做好个人权益记录工作。与邮局协作，制作并投递2015年度个人权益记录单36867封，让每一位参保人员及时了解自己的参保情况及享受待遇情况。对全区1000余名慢性病居民和职工进行门诊特殊慢性病的医学查体，经检查鉴定确定为门诊特殊慢性病的有400余人。

【社会保险工作】 采取多种措施，开展待遇领取资格认证。进一步加强和规范企业退休人员社会化管理服务工作，杜绝养老金冒领现象的发生。5月，对1507名领取遗属待遇人员和城镇未参保退休纳入人员进行指纹采集比对工作；9—11月，对10227名2015年12月31日前已办退休手续的企业退休人员进行领取资格认证工作。5月，对全区城乡居民领取待遇人员10803人进行待遇领取资格认证，对没有认证的领取待遇人员110人暂停养老金发放，防止社保基金流失。采取多种措施进行资格认证，使认证方式更加方便群众、灵活多样，实现了认证、管理新突破。

做好重复领取城乡居民养老保险待遇人员核查工作。为确保城乡居民养老保险基金的安全运行，防止冒领、骗领养老金现象的发生，按照省局提供疑似重复领取人员名单，通过认真细致的核查，确认省内重复领取待遇人数40人，涉及重复领取养老金39万元，多发的养老金已全部追回，保障了社保基金的安全。

推进信息化建设。在核心平台三版的基础上继续推行网上申报、网上缴费等现代化办公方式，以社保自助终端为主，推进电子社保应用，参保单位节省往返时间、节约办公成本，提高了社会保险办事效率。做好社保卡发放应用。共计发放社保卡9.7万张，发卡率达99.2%。基本实现全区社会保障卡的全覆盖，推进社保卡作为诊疗卡使用工作，在滨海人民医院推行社保卡就诊一卡通。

【社会保险稽核监管】 抓好审计稽核工作，确保审计稽核独立运行。将医疗费用审核、协议医疗机构协议履行、缴费基数申报、社保待遇享受资格和水平均纳入审计稽核范围。联系上级业务部门和万泉宝瑞公司，分三批对全区150多家企业的190余名劳资、财务、社保专管人员进行培训，完成全区300余家企业网上申报社保稽核。

加强协议医疗机构监管。完善内控管理制度，优化办事流程，加强内控日常监督和重点监督的力度，坚决杜绝违规经办业务，控制错办、误办业务行为。定期或者不定期对定点医疗机构、定点药店进行医疗监督检查，开展医疗、工伤保险医疗就医稽核，有效遏制挂床住院、冒名住院等违规行为，严肃查处医疗欺诈行为。全年共计实地稽核滨海人民医院42次，实地稽核央子医院10次，实地稽核社区卫生服务中心11次。对申报医疗定点机构的20家门诊和零售药店进行实地鉴定和考核，按照考核标准将其中13家纳入进医疗定点机构。

抓好社会保险运行情况分析。加强对企业五险、城乡社会养老、医疗和社保基金运行情况的月、季数据分析，为开发区和上级业务主管部门决策提供真实可靠的依据。

【养老机构建设】 狠抓养老机构安全工作，与各养老机构签订《安全工作责任书》，印发《全区民政服务机构“安全管理月”活动方案》，各项安全措施、制度落实到位。推进医养结合，依托区老年中心养老设施，协调区人民医院、社区卫生服务中心、老年门诊和护理中心，将养老服务与医疗救助无缝对接，实现互利互惠。

【残疾人保障】 滨海区出台《“情暖滨海 共享阳光”残疾人关爱季活动方案》，与区内卫生等部门联合举办关爱残疾人义诊及免费康复活动；举办关爱残疾人艺术作品义卖活动，为残疾学生筹集慈善资金近万元，营造良好的扶残助残氛围；成立全区首个精准用于0—6岁残疾儿童救助项目的小额慈善基金。全面落实困难残疾人生活补贴和重度残疾人护理补贴政策，扩大补贴范围。依法保障残疾人合法权益，为近百名重度残疾人上门办理残疾证，为有需求的残疾人发放辅助器具；通过政府购买服务，同区志愿者协会签订协议开展2016年残疾人专项调查工作，进一步摸清辖区内残疾人的各类需求；为符合条件的残疾学生及残疾人子女及时办理助学金；开展“健残融合”创业年活动，以“健残融合”的形式建立系列品牌产品，丰富创业模式，开辟出具有滨海特色的残疾人就业创业道路。

【劳动用工管理】 贯彻劳动用工网上备案制度，加强劳动合同管理，全区备案企业达600余家，备案职工有42000余人。推动深化国有企业负责人薪酬制度改革，推动国有企业建立现代企业制度，制订区管企业负责人薪酬制度改革实施方案、薪酬管理办法等，规范国有企业负责人薪酬发放标准。

【劳动保障执法】 运用专项检查、年度检查、投诉专查等手段，严肃查处各类劳动违法行为，切实保障职工权益，全年共处理电话投诉、市长公开电话投诉等120余起，处结率达100%。开展工资支付专项检查和社会保险稽核，对全区180余家企业进行实地检查；发挥农民工工资支付工作联席办公室作用，开展农民工工资支付专项检查活动，在2016年1月和2016年11—12月，分别在全区用人单位内开展农民工工资支付情况专项检查，全区共排查用人单位176家，其中建筑企业16家，补发农民工工资2200多万元。

【劳动仲裁】 采取仲裁和调解相结合方式及时化解劳资纠纷，按照早发现、早介入、早化解的原则，对华鸿纤维、强信重工、奥科木业等多起因企业裁员引起的大规模劳资纠纷进行现场调处，维护了社会稳定。坚持依法、公开、公平、公正的原则做好劳动仲裁案件的处理，全年共处理劳动争议案件45起，其中庭外调解10件、立案调解3件、裁决28起、撤诉4起，结案率达100%。

（袁振亮）

老龄工作

【概况】 滨海区公共事业局认真贯彻“党政主导、社会参与、全民关怀”的工作方针，求真务实，真抓实干，实施涉老民生实事，开展敬老爱老活动，加强老年人法律法规的宣传教育，维护和保障老年人的合法权益，丰富老年人的精神文化生活，全面落实“六个老有”，促进了全区老龄事业的健康发展。

【老龄津贴发放】 做好全区高龄对象资格核查，加大高龄老人生活津贴发放督查力度。11月，修订了《滨海区高龄老人生活津贴发放管理办法》，按照每月抽查、每季普查的原则，确保统计数据准确，补助资金按时按标准发放，津贴由财政部门直接打到老人的个人银行卡上。全年共为全区2200余名80周岁以上老年人发放360余万元高龄津贴补助金，其中百岁以上老年人10人。

【“银龄安康工程”加大推进力度】 央子街道、大家洼街道共有33个村居为老年人投保。央子街道为辖区内3024名60岁以上老年人投保113610元，其中固堤场村为每位老人投保100元、其余村居为30元；大家洼街道15个村居4295名60岁以上老人每人投保30元，总额128850元；所需资金全部由村集体出资。“敬老月”期间，滨海区财政又拨付专款购买银龄安康意外伤害险，赠送给60岁到80岁的适龄老人每人一份，提高了老年人的抗风险能力，全区1.3万余名老年人再次受益。总投保额比上年增加近10万元，实现了在全覆盖的基础上，增加保额的工作目标。

【维护老年人合法权益】 组织开展65周岁以上老年人免费健康体检，做好老年优待证发放工作。通过多种渠道宣传《山东省优待老年人规定》和《山东省老年人权益保障条例》，各街道、村居、社区等人员密集区悬挂横幅60幅，设置宣传栏50处，发放宣传资料12000份，接待群众咨询100余次。山东鸢都英合（潍坊滨海）律师事务所开展老年法律、法规和政策服务，做好老年人维权工作，被评为“山东省老年人公益维权服务示范站”。公共事业局将老龄工作动态和涌现出的敬老爱老典型，在《老年生活报》专刊上发表。大家洼街道八里村村民李玉生获“潍坊市十大孝星”提名奖，心连心艺术团选送的舞蹈《渔家姑娘在海边》获市级比赛三等奖，公共事业局获第一届“全国敬老文明号”称号。

【敬老月活动】 滨海区安排专项资金，走访慰问48名高龄和低保困难老人，为他们送去慰问品和每人400元的慰问金，为部分困难老年人免费赠送老年大学系列教材500余本。开展丰富多彩的文体活动，组织老年团体参加省、市举办的书画美术、文艺大赛。根据市委、市政府关于实施“文化养老”工程的部署，通过进村居、社区，悬挂条幅、张贴海报、发放宣传单、明白纸等方式，宣传、动员老年人参加“潍坊市银龄家庭传媒大学”，共有2300余名老年人选学了自己喜爱的课程。

（赵玉玲　王　忠）

民族宗教

【概况】 全面加强对宗教团体和宗教活动场所的规范化管理，建立健全少数民族流动人口服务管理机制，组织对全区非宗教活动场所宗教造像进行集中排查和问题整改，做好北海禅寺手续报批等工作。加强少数民族人口管理，建立联络人制度，开展少数民族流动人口进行摸底，进一步夯实民族工作基础。根据市民宗局要求，开展宗教工作、涉疆工作调研，做好少数民族中考和高考考生统计、备案等相关工作。

（政治部）

街道办事处

潍坊滨海年鉴

2017

WEIFANGBINHAI YEARBOOK

街道办事处

央子街道办事处

【概况】 央子街道地处滨海区东部，西与滨海区大家洼街道毗连，南与寒亭区固堤街道毗连，陆域面积338平方公里，海岸线20公里。辖4个社区和17个行政村，有5548户村民、户籍人口16140人，有25个党支部、823名党员。其中蔡一、蔡二、林家央子、丰渔4村为渔业村，有4109人；其余村为农业村，耕地1153.33公顷，主要从事棉花、小麦等农作物种植，部分村发展卤淡水养殖。2016年，实现工业销售收入51.4亿元、利税5.5亿元，分别增长11.3%、9%。央子街道充分利用独特的温泉资源优势，积极推进潍坊石榴岛温泉酒店、聚宝盆盐温泉养生度假项目、潍坊弘润迪士尼温泉小镇等项目建设；突出盐文化特色，发展渔盐旅游，着力打造水乡、温泉、特色小镇相映衬，吃住行游购娱于一体的盐温泉特色小镇，开发特色小吃，其中黄须菜（又名盐地碱蓬、碱葱），在当地人工种植已有30多年的历史，可凉拌、热炒、罐制、盐渍。2016年，街道获市爱国拥军模范单位等称号。

【机构设置】 2010年12月17日，中共潍坊市委、潍坊市人民政府印发了《关于〈潍坊滨海经济技术开发区街道机构改革实施方案〉的批复》（潍委〔2010〕163号）指出：要完善街道事业机构管理和服务体系，深化街道机构分类改革。央子街道设立党政办公室、经济发展办公室、社会事务办公室、社会治安综合治理办公室、村镇规划建设办公室5个综合性办事机构，设立农业综合服务中心、财政经管统计服务中心、计划生育服务中心、社会保障管理服务中心、文化体育广播中心、安全生产监督管理所6个事业机构。街道核定行政编制45名、事业编制40名。2016年5月14日，潍坊滨海经济技术开发区管委会印发《关于加强街道安全生产、建设工程质量安全、环境保护、道路交通安全监管工作的通知》（潍滨管发〔2016〕14号）改安全生产监督管理所为央子街道安全生产监督管理办公室，加挂央子街道道路交通安全监管办公室牌子，改村镇规划建设办公室为央子街道乡村规划建设监督管理办公室，并在央子街道农业综合服务中心加挂央子街道环境保护办公室牌子。

【经济发展】 2016年，街道所辖企业实现主营业务收入超过55亿元，是2012年的1.4倍；利税4.4亿，是2012年的6倍；固定资产投资89亿元，是2012年的1.3倍；地区生产总值54亿元，是2012年的1.2倍。有10家规模以上企业，均属于工业统计调度企业，除阿尔法化学（产品为叔丁醇、戊二醇）以外均为原盐和溴素生产企业。全年实现产值35.3亿元，同比增长13.4%；主营业务收入36.1亿元，同比增长12.6%；利税2.3亿元，同比增长15.4%。街道农普工作从2016年9月开始，从街道社区和各村选聘10名工作人员，分发PDA设备，由区农普办统一组织培训；先是集中录入，然后驻村录入，边录边修改，对存疑数据反复核实，历时2个月，按时完成了PDA录入工作。共登记普通农户3258户、规模农户79户、农业经营单位40个，普查人口10186人，涉及确权耕地2897.45公顷、确权林地13.07公顷、确权牧草地7.73公顷、经营海水养殖2675.49公顷。项目建设方面，总投资50余亿元的弘润迪士尼温泉小镇、聚宝盆盐温泉养生度假项目、渤海国际水产市场、潍坊石榴岛温泉酒店等项目正在快速推进。达美水岸、北海明珠居民小区建成。集中力量开发一批投资规模大市场前景好的项目，进一步增强了市场竞争力。着力安全监察，各村委每年与村安全协管员、辖区内各类生产经营业户签订年度安全责任书，对校车、安全记录、油气管道建档、道路交通建档，对本村辖区内的企业（各类生产经营单位）个数、基本情况、存在的风险点、应急措施、外地职工台账建档。建立本村孤寡老人及安全重点户一对一帮扶台账。各村建立村内空闲房屋、出租房屋、小作坊、小加工厂以及外来人口台账。

【城镇化水平】 着眼于园区发展辐射效应，优化城镇化布局和形态。街道产业定位上以发展高档商住业、现代服务业和高效农业为重点，为园区做好配套服务。统筹规划嵩山镇、衡山镇、华山镇等特色生态小镇，以产兴城、以城带产，加快推进产城融合。北海明珠小区实现交房，入住400余户；现代新型城市社区服务综合体和商业步行街投入使用。投入2亿余元，对珠江大街、鸢飞路、蔡林街等道路进行综合改造提升。投入230余万元，新建4个社区党群服务中心和17个党群服务站，社区规章制度、运行机制、工作人员管理考核制度等全部制订完毕，为民服务事项做了“清单式”公布。发挥社区服务平台作用，梳理简化劳动就业、社会保障、民政救助等民生领域的服务事项。增设电子阅览室、社区“希望工程图书室”、四点半学校、创客工作室、法律援助和志愿者服务等功能室，社区服务进一步向群众贴近。实施农村社区服务中心建设三年行动计划，4个社区服务中心全部达到“一厅一校十室”标准，继续推进“四全一特”品牌社区示范工程，高标准加快建设海港、海安、海宁、海河等4个新型城市社区。推动干部力量下沉，创新社区管理机制，提升社区服务水平，完善社区服务功能，打通联系服务群众“最后一公里”，让社区群众享受城市化公共服务。

【社会保障】 “党委领导、政府主导、社会协同、公众参与、法治保障”的社会治理体制得到进一步完善，实现政府治理和社会调节、居民自治良性互动。坚持“以人为本、以理服人、政务公开、依法办事、分类施治、以发展促稳定”六大原则，发挥“党员、老干部、矛调员、在外工作人员和群众代表”5个群体的作用，加强矛盾调处和人民调解队伍建设，制订并全面落实平安建设十项制度，妥善处理群众反映的各类问题，密切了党群干群关系，确保了社会和谐稳定。最低生活保障标准由5年前的每人每年2300元提高到3800元。城乡居民基本养老保险和基本医疗保险实现并轨，连续5年为街道60—80岁的老年人购买银龄安康保险，为80岁以上老年人发放高龄老人生活津贴，组织各村65岁以上老人免费查体，保证人人享有基本医疗服务。17个村全部配有农家书屋、文化大院和健身广场，每年组织夏季巡回演出、电影下乡等文体活动。保证计生工作合法有序，2016 年，合法生育率 97%、准确率 98%，育龄妇女透查率 99%，双向服务管理建档率 98%，计生率、避孕措施落实率 100%。婚前、孕前优生检测、唐氏筛查率 95%，落实率 100%。严格把关流引产程序，“两非”零发生，生育登记率 95% 以上，落实奖励扶助率 100%。

【生态建设】 弘扬生态文化，倡导绿色生活，群众生态文明意识明显提高。“三八六”环保行动顺利完成，白浪河整治提升持续推进，环境综合治理取得实效。推行城乡环卫一体化，加强卫生托管的监管力度，为群众营造舒适干净的生活环境。完善农村基础设施配套，柏油水泥道路实现村村通，每年都实施村内道路硬化、管道铺设、绿化美化亮化等村级工程。绿化工作取得明显进展，5 年内种植各类乔木、灌木、苗木 48.9 万余株，基本实现街道辖区绿化全覆盖，生态环境质量有了根本改善。

【基层党组织建设】 街道先后开展党的群众路线教育实践、“三严三实”专题教育、“两学一做”学习教育等系列活动，提升了党员的党性修养，改进了干部的工作作风，密切了党群干群关系，真正形成了求真务实、牢记宗旨、干事创业、清正廉洁的高素质党员队伍。不断加强村党支部建设，强化基层战斗堡垒作用和模范带头作用。推进党员“四亮”积分制管理和“四诺”管理工作，每个村都配备了专职党建联络员。加强村级事务规范化管理，全面落实村级事务热点、难点问题公推、公决、公示；规范村级财务管理，实行“账、钱、章”街道代管和财务收支预算管理制度；加强村务、财务公开，对公开事项实行全过程公开，真正做到村级事务让村民参与定盘子、说了算，真正把村民的参与权、知情权、决策权、监督权落到实处。

【村级规范化治理】 抓好村级规范化治理，组织街道 17 个村居修订完善《村规民约》，部分村居将《村规民约》印制成册，发至村民手中，实现村民自我管理、自我服务。狠抓移风易俗，坚持“尊重民俗、去粗取精”的原则，根据各社区、村居实际情况，成立红白理事会，制订红白理事会章程和实施方案，简化喜丧流程，形成良好的社会风气。从严加强基层组织建设，落实党建工作责任制，全面推进农村、企业、社区和机关基层党组织建设。从严村级规范化管理，健全村级管理各项制度。严格履行村级“四议两公开一监督”民主决策程序，进一步完善村级“三务”公开、“三资”管理制度，严格村内工程投标管理，抓好村级审计、党务审查等工作。抓好综治维稳工作，每月召开一次矛盾纠纷排查工作会议，并及时向开发区上报情况。村矛调员每周上报本村排查情况，每月书面上报本村的矛盾纠纷排查调处情况。组织各村进行矛盾纠纷大排查 32 次，排查和化解纠纷 80 余起。社区干部每月 10 日在所包村集中接待群众来访，对群众反映的问题及时处理，对重点遗留问题及时汇报，认真调查，限期处结。共举办法制培训班、讲座 12 起，征订法律报刊、资料、挂图 500 余份，发放宣传资料（单）4000 余份，张贴标语 80 余条，受教育群众万余人次。

（牛牧迪）

大家洼街道办事处

【概况】 大家洼街道地处潍坊北部沿海，渤海莱州湾南畔，东与滨海区央子街道毗邻，西与寿光市营里镇相连，南与寿光市侯镇接壤，辖区面积340平方公里，有耕地面积1686.67公顷、浅海滩涂面积9000公顷。辖12个社区和21个行政村，有52个基层党支部、2280名党员，街道总人口4.3万余人。

2016年，全街道有32家规模以上企业，工业总产值95.3亿元，同比增长16.9%；农村集体经济总收入9500余万元，同比增长12.6%；城镇居民人均纯收入达2万余元，年平均增长率保持10%以上。完成固定资产投资4.6亿元，同比增长5.4%，实现利润7.8亿元、利税12.6亿元，累计同比分别增长40.5%、29.1%，各项经济指标居全区前列。

街道地下卤水资源丰富，净贮量近10亿立方米，含有钾、钠、钙、镁、溴、碘等多种经济价值较高的元素，发展海洋化工具有得天独厚的条件。近年来，以滨海海洋经济新区建设为契机，加快推动产业发展，逐步形成了海洋化工、海港物流、先进制造、商贸服务、特色养殖等为龙头的支柱产业。境内有医院、信用社、派出所、工商所、电管站、土管所等企事业单位。全街道有初中4所、小学6所、幼儿园8所。2016年，街道先后获省级安全社区、全省科学关爱和谐示范街道、全市政务信息先进单位、开发区先进基层党组织等称号。

【经济发展】 2016年，全街道农村集体经济总收入9500余万元，同比增长12.6%；城镇居民人均纯收入达2万余元，年平均增长率保持在10%以上。全街道32家规模以上企业工业总产值95.3亿元，固定资产投资4.6亿元，同比分别增长16.9%、5.4%；实现利润7.8亿元、利税12.6亿元，同比分别增长40.5%、29.1%，各项经济指标居全区前列。街道采取有力措施，推进民营企业发展，一批骨干企业不断发展壮大，龙威公司抢抓机遇，做大做强生态盐化工和海洋新兴产业；金辉公司积极搞好房地产开发；裕源公司、大成盐化公司、瑞盛设备安装公司、晨宇集团等企业集中力量开发了一批投资规模大、市场前景好的项目，进一步增强了市场竞争力。2016年底，全街道民营企业发展到667家、个体工商户达2452家，有效拉动了经济，带动了地区就业，增加了地区产值，推动了街道又好又快发展。

（高　浩）

【旅游开发】 街道坚持"一村一策""一村一品"文化理念，围绕"旅游强街"奋斗目标，以南陈村桃园采摘、生态垂钓为依托，努力唱响"美丽乡村，文化党建"特色品牌。挖掘地区红色文化，依托七里村、南陈村、石桥村等红色村史，大力弘扬红色爱国主义精神，将战争年代的英雄故事加以整理。以农业专业合作社为依托，发挥本地区特色优势，将海盐、海鲜等土特产品重新设计包装向外推介，街道海鲜一条街已初具规模，每年吸引大量周边游客前来游玩、消费、购物。

【招商引资】 街道党委坚持“招大商、大招商”，全力抓好招商引资工作。成立招商小分队，坚持全员招商，主动招项目，营造人人招商浓厚氛围。优化招商服务，坚持“四项制度”，主动为项目、企业、群众提供地毯式、便捷性、全覆盖服务。加快既定项目建设，突出抓好裕源公司年处理能力30万吨的危废填埋、石大昌盛30万吨重质油轻质化、门捷化工8万吨/年废硫酸综合利用、高信化工CPE技术改造等一批重点项目，引导现有企业逐步淘汰落后生产工艺和设备，提质增效、转型发展。

【科教文体事业】 2016年，街道实施文化惠民工程，先后投资220多万元对农村文化大院进行改造提升，配备电脑、电子阅览屏、显示屏等设备，在群众聚集的地区建设文体小广场、幸福院、篮球场、文体活动室、农家书屋等。街道着力培育和践行社会主义核心价值观，围绕中国梦、城市精神等主题，开展宣传教育活动，开展“农村文明户”“敬老孝星”“善行义举四德榜”“潍坊好人”等优秀社会角色评选活动。开展文化下基层活动，全年组织周疃、七里等片开展文艺汇演活动，累计演出8场次，丰富了人民群众的文化生活。

【小城镇建设】 棚户区改造成效显著。贯彻上级棚改政策，组织东兴、双河先行试点，率先推行第一批棚户区改造工程。截至2016年底，新兴、双河共改造棚户区461户，安置村民1261人。东兴、双河作为大家洼街道城镇化建设的试点和龙头工程，效率高、速度快、政策好、民心望，为全街道棚改工作开了好头，起了好步。第二批棚户区改造项目涉及1086户、2670人，在借鉴一期成功经验的基础上，已经基本完成拆迁工作。贯彻上级有关社区建设标准要求，开展“四全一特”社区建设三年行动。街道累计投入200多万元，对周疃社区、中兴社区、大家洼社区、七里社区、呈子社区5大农村社区服务中心进行改造提升，重点强化党群服务站、电子阅览室、党员活动室、社区警务室、文体活动室等基础设施建设，并配套办公设备和便民服务车。抓好辖区基础设施建设，组织实施涉及全街道的水、路、气、电、医、学等新农村基础设施建设项目。2016年，街道投资150多万元对农村饮水管道、供暖管线进行配套建设，启动七里村、王呈社区等农村村级道路建设，农村道路得到长足提升。

【社会事业】 全面落实社会保障工作。健全农村养老、低保、五保供养、特困救助、失地补偿等社会保障制度，重点实施低保提标扩面工作，农村低保提高到每人每年3800元，年均增长率达12.73%，标准的提高极大地保障了困难群众的基本生活。推进居民基本医疗保险工作，覆盖率达100%。进一步强化医疗救助、临时救助工作，重点强化残疾人救助，加大帮扶力度，落实重度残疾人护理补贴工作。组织开展“慈心一日捐”活动，实施贫困家庭大病救助工程，开展白内障“复明直通车”慈善项目，减轻患者治病负担。推进养老事业发展。认真贯彻上级养老政策，促进农村养老事业发展。完善石桥、周二农村幸福院，建筑面积800多平方米，设床位56张。实施高龄津贴，助推幸福养老，加大对高龄老人补贴力度，让老人们率先享受滨海开发建设的成果。建立生活长期不能自理老年人护理补贴制度，实施银龄安康工程，全年街道辖区33个村居的8000多名60—80周岁老人获赠银龄安康保险，实现银龄安康意外伤害保险的全覆盖。开展计生服务工作。落实人口和计划生育工作目标管理责任制，推进人口计生工作规范化；普及计划生育法律法规政策知识，张贴“两非”横幅及大型宣传标语，引导转变婚育观念，不断提高出生人口质量和素质；贯彻计生工作考核办法、责任追究实施办法，增强计生工作责任意识，提高服务质量。加强人民武装。按照“听党指挥、能打胜仗、作风优良”的原则，紧贴反恐维稳、抢险救灾、治安巡逻等任务实际，完成基干民兵编组工作。组建33个村级民兵连，配备民兵干部66名，组建编制156人的海防战备执勤连、编制40人的海上运输分队、编制15人的岛岸观察哨二分队。

【安全稳定工作】 推进平安建设项工作。落实社会治安防范网格化管理工作，科学设置网格化管理区域，建立以工作片为大格，以村居为小格，以村民小组为片格的无缝化治安防控管理网络。推进“天网工程”，投资300余万元，组织辖区30个村居安装社会治安动态视频监控系统，确保对重点单位、公共复杂场所、交通要道等实现安防监控全覆盖。重点推进“无传销城市创建”“社区戒毒”“打击非法集资”“治安保险”“消防安全”“食品安全”等重点工作，配合公安、工商等部门，开展宣传，落实各项工作机制，保障各项工作顺利开展。推进矛盾大调解工作。构建“三调联动”工作新格局，落实信访工作制度，及时妥善处理各类信访案件。信访办结率和群众满意度不断提升，人民群众的合法诉求得到妥善解决。做好农民工工资清欠工作，组织开展清理拖欠农民工工资专项行动，成立重点工程项目农民工工资现场管理办公室，加强对建设领域农民工工资发放情况的监管，有效预防和解决了农民工工资拖欠问题。做好社区矫正工作，建立特殊人群服务管理资料库，新增手机定位系统，加强人员的信息化管理，确保管控人员去向明、控得住。安全生产常抓不懈。结合“百日攻坚”“六打六治”“四严”专项行动，抓好危险化学品、建筑施工、道路交通、烟花爆竹、九小场所等安全生产大检查，杜绝重大安全事故发生。全年组织开展安全生产大检查50余次，排查安全隐患240余处，下达安全生产整改通知书80余份；聘请专家42人次，联合检查11次；与区相关部门、单位联合执法15次。组织开展安全技术和安全管理培训，提高企业职工安全意识。制订和完善一系列安全生产规章制度，进一步提高企业安全生产意识，保障了街道辖区的和谐稳定。2016年，街道再获“省级安全社区”称号。辖区生态环境不断改善。落实“三八六”环保专项行动，抓好辖区内生活污水排放、养殖户废水排放、企业废水废气偷排、露天存放燃煤等专项治理工作。根据有关规定，拆除10吨/小时及以下燃煤锅炉，关停污染企业5家，封堵围滩河周边企业排污口6处。辖区环境逐年向好，PM2.5得到有效控制，人民群众的健康得到了保障。

【村级规范化管理】 2016年，按照美丽乡村建设要求，积极实行城乡环卫一体化工程，文明乡村、清洁乡村整治效果显著，获得群众的一致好评。围绕美丽乡村创建要求，街道共投入180余万元，对辖区33个村居环境卫生、违法建筑、河道等进行集中整治。全面推行“美化、亮化、硬化、绿化”工程，加大绿化造林力度，组织各村建设环村绿化带和村庄绿化圈，改善生态环境。全街道农村绿化投入近200万元，累计植树5万余株。经过治理，辖区各主干道路达到潍坊市三级道路保洁要求。抓好村级规范化治理，组织街道33个村居修订完善《村规民约》，部分村居将《村规民约》印制成册，发至村民手中，实现村民自我管理、自我服务。狠抓移风易俗，坚持“尊重民俗、去粗取精”的原则，根据各社区、村居实际情况，成立红白理事会，制订红白理事会章程和实施方案，简化喜丧流程，形成良好的社会风气。加强基层组织建设，落实党建工作责任制，全面推进农村、企业、社区和机关基层党组织建设。从严村级规范化管理，健全村级管理各项制度。严格履行村级“四议两公开一监督”民主决策程序，完善村级“三务”公开、“三资”管理制度，严格村内工程投标管理，抓好村级审计、党务审查等工作。

（辛永森）

村庄（社区）概况

【央子街道报庄子村】 报庄子村位于央子街道最南端，有农户556户、人口1562人。全村有耕地面积480公顷，主要以农业为主。

村级组织建设。村内设党支部、村民委员会、村民监督委员会各1个，有4个村民小组。各群团组织健全，有党员41名。村两委成员5人。其中党支部3人，支部书记徐秀涛54岁，支部委员徐大力61岁，支部委员徐俊营37岁。村委会成员3人，徐秀涛兼村主任，村委委员徐丰杰41岁，村委委员王苗（女）56岁。

惠民补助。全村每人每年补助水电费120元，医疗保险每人补助150元，独生子女补助50元，70岁以上老人补助200元，家庭财产保险每户补助30元。全村每人每年发放福利1500元。

基层设施建设。村内有党群服务站（120平方米）、文化大院（280平方米）、党员活动室（54平方米）、图书室（36平方米）、计生室（36平否米）。全村道路硬化38000平方米。

【央子街道北辛庄村】 北辛庄村位于央子街道南部，白浪河南岸，有土地面积200公顷，其中耕地15.33公顷。全村有村民98户、284人。2016年，村集体经济收入约420万元（90%为开发区占地补偿，其余为土地承包收益），人均收入9800元左右。有40人在区属企业务工。

村级组织建设。村内设党支部、村民委员会，村民监督委员会各1个，有4个村民小组。各群团组织健全，有党员19名。村两委成员5人。其中，党支部3人，支部书记王绍贤57岁，支部委员王绍坤62岁，支部委员王绍辉53岁；村委会成员3人，村委主任王公元61岁，村委委员王伴（女）40岁，王绍辉兼任村委委员。村内设党群服务站，图书室、党员活动室、学习会议室等，服务设施配套齐全。

惠民补助。2016年，人均发放款16000元。年人均300元的液化气、40元的盐，月人均免费20度电，水费、农田灌溉由村集体承担，新农合、新农保个人部分由村集体承担。16岁以上村民每人每年补助1000元养老保险费，连补10年。

基层设施建设。近年来村集体投资 222 万元硬化了村内街道，配套建设了排水系统、路灯，修建了村办公场所、卫生室等。

【央子街道蔡一村】 蔡一村位于央子街道中心地段，交通便利，地理位置优越。全村有 306 户、1040 人。2016 年，集体经济收入 791.6 万元，主要收入来源是开发区项目用地土地补偿费；获“省级爱民固边模范村”“省级爱民固边平安和谐模范村”“省级村务公开、民主管理示范村”“市级文明村”“市级新农村建设带头村”“市级和谐潍坊、文化共建先进单位”“市级党风廉政建设示范村”“区级先进基层党组织”“区级文明武装部”“区级先进民兵连”“区级妇女工作先进单位”等称号。

村级组织建设。全村有正式党员 45 名、入党积极分子 3 名，村民代表 30 人（5 名党员兼）。村内设党支部、村民委员会、村民监督委员会各 1 个，有 4 个村民小组。各群团组织健全。正式村两委成员 2 人，支部委员蔡延安 44 岁，主持全面工作；村委委员蔡俊华 57 岁；聘任干部 2 名，分别是蔡名臣 46 岁；蔡秀中 44 岁。两委班子团结，积极向上，政治坚定、求真务实、开拓创新，不断提高自身素质，为促进村级经济发展奠定了坚实的基础。

惠民补助。年人均分配 5000 元，实物价值 1200 元，养老补贴 100 元、医疗全额补助 280 元，70 岁以上老人每月补助 40 元，80 岁以上老人每月补助 50 元。

基层设施建设。近年来，蔡一村先后投资 200 万元完善公寓楼配套设施；投资 51 万元硬化道路 6900 平方米；投资 37 万元新修柏油路 3500 平方米；投资 36.5 万元新修排水沟 1550 米；投资 13 万元新装高标路灯 27 盏，更换路灯灯头 33 盏；投资 18 万元绿化等。文化大院、党群服务站等不断提升，改善了群众生活环境。

【央子街道蔡二村】 蔡二村位于央子街道以北，海港路两侧，交通便利，地理位置优越。全村有 450 户、1360 口人。2016 年，集体经济收入 961 万元，主要收入来源是开发区项目用地土地补偿费，获“市级党风廉政建设示范村”“区级先进基层党组织”“区级文明武装部”“区级先进民兵连”“区级妇女工作先进单位”等称号。

村级组织建设。有党员 60 名、入党积极分子 5 名，村民代表 31 人（11 名党员兼）。村两委正式成员 4 人，支部书记蔡明伟主持全面工作，村委委员 3 名及聘任干部 1 名。村两委班子团结，积极向上，政治坚定、求真务实、开拓创新，不断提高自身素质，为促进村级经济发展奠定了坚实的基础。

惠民补助。年人均分配 5000 元，实物价值 1200 元，养老补贴 100 元、医疗全额补助 280 元，70 岁以上老人每人每季度补助 100 元。

基层设施建设。近年来，蔡二村先后投资 50 万元硬化村内路面 20000 平方米，投资 40 万元柏油路罩面 6800 平方米，投资 15 万元新修排水沟 800 米，投资 7 万元新装高标路灯 13 盏，投资 20 万元进行绿化等。文化大院、党群服务站等不断完善提升，改善了群众生活环境。

【央子街道崔家央子村】 崔家央子村位于央子街道海河路以东、新海大街北侧，耕地面积 200 公顷。全村有 430 户、1280 人。2015 年，村集体收入 2055 万元，主要收入来源为盐田承包费和占地补偿款。近年来，先后获“省级文明村”“新农村建设先进村”“区党风廉政建设先进村”“市敬老文明号”等称号。

村级组织建设。村内设党支部、村民委员会、村民监督委员会各1个。各群团组织健全，有党员54名，其中女党员5人。村两委成员4人。其中，党支部3人，支部书记崔涛38岁，支部副书记李洪福54岁，支部委员朱伟山44岁；新增补支部委员2人，崔秀广44岁，崔勋德53岁。村委会成员3人，崔涛、李洪福分别兼任村主任、村委委员，村委委员徐秀玲（女）47岁。村“两委”班子成员关系协调，作风民主，勤政廉政，在群众中威信高、口碑好。

惠民补助。村级经济的较快发展，促成多项惠民补助政策的制定和实施。补助村民全部参加新型农村合作医疗；70周岁以上的老人每月发放80元生活补助并发放生日蛋糕卡；对晚婚晚育新婚青年每人奖励100元；对老党员、老干部进行定期补助；对村民生活用水、液化气、有线收视费等全部免费；每位村民每年分配10000元现金，并随着村级经济的发展逐年增加；村委出资建设水、电、有线电视、电话等设施齐全的老年公寓90户，共180间。

基础设施建设。村内路网布局合理，七纵四横的柏油路长达8000多米，村内街巷全部用水泥压力砖硬化，300多户村民全部住上了花园式小楼，旧房改造拆除500多间，清理宅基地60多处，建设了高层居民楼住宅小区1处。村“两委”抓紧抓实环境卫生综合整治，开展村容村貌专项整治活动，成立了环境卫生保洁队。村庄绿化工作成效显著，村内大街两旁绿化率达95%以上，农田林网在90%以上，农户庭院绿化也达80%以上，村容村貌得到了很大改善。

【央子街道丰农村】 丰农村位于央子街道东部，海河路以东、渤海大街北侧，耕地面积109.33公顷。全村有126户、428口人。2015年，村集体收入801万元，主要收入来源为占地补偿款，人均纯收入13822元。近年来，先后获“区级文明生态村”“新农村建设先进村”“开发区党风廉政建设先进村”等称号。

村级组织建设。全村有党员23名。村委班子健全，支部委员3人、村委委员2人、聘任干部1名、交叉兼职1人，王同波任支部书记兼村委主任。村两委班子团结、奋进、积极向上，带领党员、群众按照生产发展、生活宽裕、乡风文明、村容整洁、管理民主的要求，研究制订符合本村实际的建设规划和农业增效、农民增收计划，带领本村群众走共同富裕的道路。村民自治组织体系健全，建立和完善了村民委员会、村民代表大会议事规则。

惠民补助。近年来，该村先后投入120余万元，加强硬件基础设施和公共服务设施建设，村容村貌、村风民风发生了很大变化，道路硬化达90%。提升村民福利待遇，每人每年发放10斤盐、10斤大米，年底一次性发放6000元生活补贴。70岁以上老人每月领取30元生活补助金。投资8万元建设公共文化场所，开展群众喜闻乐见的宣传娱乐活动，丰富群众文化生活。

基层设施建设。为进一步提高村民生活质量，积极响应国家新农村建设的政策，维修了村内南北中心大街，预制300米路面，大街两侧新修下水道600米，柏油路罩面150米，新修下水道300米。生态小镇嵩山镇建成后，将引导村民向三产服务业发展。

【央子街道丰渔村】 丰渔村位于央子街道中东部，海河路以东、渤海大街北侧。全村有

220户、620人。2016年，村集体经济年收入552万元，主要收入来源是土地补偿和裕源卤水井补偿。近年来，先后获“区级文明生态村”“新农村建设先进村”“开发区党风廉政建设先进村”等称号。

村级组织建设。村内设党支部、村民委员会、村民监督委员会各1个。各群团组织健全，有党员38名。村两委成员5人。其中，党支部3人，支部书记王光涛48岁，支部委员王志伟39岁，支部委员王春光29岁。村委会成员3人，王光涛兼村主任，村委委员王大春46岁，村委委员王延芳（女）56岁。村两委班子团结、奋进、积极向上。2016年，村基层党建工作发展迅速，发展预备党员1人，培养入党积极分子2人。

惠民补助。提升村民福利待遇，每年每人发放30公斤液化气，年底一次性发放500元生活补贴。70岁以上老人每年领取300元生活补助金，生日当天赠送蛋糕，每人10立方米的自来水费和闭路费由村级承担。继续加大对畜牧和水产养殖户的政策和资金扶持力度，发展养殖业，在村西养殖场引进鸽子、三文鱼、大菱鲆、舌鳎等养殖项目，村东有40公顷未利用土地，已建养殖小区。利用农家书屋、远程教育系统和致富“带头人”效应，以点带面，带动全村，实现规模养殖，科学致富。

基层设施建设。近年来，村先后投入150余万元，加强硬件基础设施和公共服务设施建设，村容村貌、村风民风发生了很大变化。为更好地防风固沙，改善生态环境，投资1.5万元，种植速生杨5000棵，全部由本村村民种植，村级加强管理，保证成活率在95%以上，改善了村级环境，美化了村容村貌。继续对村庄路段进行再建设，村内南北大街建设项目已完工，将对路段进行绿化、整修。村街道的卫生，安排专人负责清理。

【央子街道固堤场村】 固堤场村位于央子街道驻地南邻，为街道城中村之一。全村占地1200公顷，有村民586户、1763人。2016年，集体经济收入约2300万元。近年来，以“提升工作效能、实现率先发展、构建和谐固堤场”为目标，走出了一条符合自身实际、惠民利民的新农村建设路子，先后获“市级文明单位”“市级文明村镇”“文明卫生村庄”“十佳卫生村”“四德工程建设示范村”等称号。

党员干部队伍建设。村两委重视党风廉政建设，近年来村干部无违法违纪现象，在群众中拥有较高的威信和较好的口碑。不断提高党员干部服务群众、服务发展能力。建立村内帮扶制度，每名党员代表联系8名党员、每名党员联系10户群众，做到支部内部民主交换意见，党群之间及时掌握群众信息，为两委班子民主决策提供依据。

村级组织建设。村内设党支部、村民委员会、村民监督委员会各1个。各群团组织健全，有党员55人，其中女性党员5人。村两委成员7人。其中，党支部5人，支部书记于东波47岁，支部副书记47岁，支部委员于湖波42岁，支部委员王怀伍60岁，支部委员王宗君48岁；村委会成员3人，于东波兼村主任，村委委员王印（女）52岁；村委委员王怀月39岁。

提升村民生活质量。坚持“畜牧、水产养殖、集体企业带动，多业并举”的发展思路，推进产业发展。2013年成立了固盛畜牧养殖专业合作社，养殖规模达60余户，做大做强狐狸、肉羊、生猪、水产养殖业，做实流通平台，提高产出效益。近年来，先后投入2000

余万元，加强硬件基础设施和公共服务设施建设，村容村貌、村风民风发生了很大变化。提升村民福利待遇，村民每月发放人均价值 200 元左右的大米、白面、花生油等生活用品，年底发放生活补贴款，70 岁以上老人每月领取 300 元的生活补助金，中小学生所需书本费、学杂费全部由村级承担。结合城中村改造，改善群众居住条件，投资 1500 余万元新建公寓楼 3 栋、别墅 13 栋。以村委注资和村民自愿入股方式，投资 3400 多万元建成 26000 平方米的新春天商业步行街项目，已投入使用。开展“硬化绿化亮化美化”工程，实现道路 100% 硬化。加强公共服务设施投入，投资 90 万元建立公共文化场所，开展群众喜闻乐见的宣传娱乐活动，丰富群众文化生活。2014 年，成立潍盛保洁有限公司；2015 年，成立新春天物业公司，从业村民 100 余人，较好地解决了村民就业难问题，增加了集体和村民的收入。实施道路绿化村庄美化工程，2016 年春，植树 17000 余棵，全村卫生条件和人居环境进一步改善。

创新村务管理方式。制订实施《央子街道固堤场村集体资产股份化体制改革工作方案》，是央子街道推行农村集体资产产权制度改革试点村。完善村级事务契约化管理，加快村务管理民主化进程，对村级重大事务实行票决制，加大村务公开力度，对公开事项实行事前、事中、事后全过程公开。规范村级财务管理，建立村民理财小组，对村级集体资产处理及村级工程等实行“捆绑式”招投标，切实维护群众切身利益。

【央子街道韩家庙子村】 韩家庙子村位于央子街道办事处以西 6 公里。全村有 100 户、296 人，其中党员 17 人。2016 年，集体经济收入 60 万元。

村级组织建设。加强党支部建设，增强基层组织创造力、凝聚力和战斗力，为建设社会主义新农村提供坚强的组织保证，围绕党的中心任务，加强基层建设，不断夯实党在农村的执政基础。

惠民补助。每人每年发放 6000 元现金，桶装水、自来水、电、闭路费每人每年补助 200 元，液化气每人每年发放 28 公斤，年满 60 周岁退休补贴 5000 元。

基层设施建设。全村有路灯 50 盏，排水管道 2400 米，文体广场 1000 平方方，监控摄像头 11 个。

【央子街道河北岭子村】 河北岭子村位于央子街道西南部，海港路以西、星海大街南侧。全村有 316 户、人口 916 人，总面积 446.67 公顷。2016 年，全村人均纯收入 19600 元，集体经济收入 1050 万元。

村级组织建设。村内设党支部、村民委员会、村民监督委员会各 1 个。各群团组织健全，其中党员 47 名。村两委成员 4 人。其中，党支部 3 人，支部书记王兰柏 54 岁，支部委员王来汉 48 岁，支部委员王美颜 56 岁；村委会成员 3 人，王兰柏、王美颜分别兼村主任、村委委员，村委委员崔秀梅（女）57 岁。有聘任干部 2 名，王涛 33 岁，毛帅 28 岁。村内设党群服务站，图书室、电子阅览室、党员活动室、学习会议室等，服务设施配套齐全。

惠民补助。2016 年，全村每人平均发放现金 9000 元，盐人均 10 袋，70 岁老人生日补助 50 元，满 60 岁的每人发放补助 2000 元，液化气每人 24 公斤。

基层设施建设。新农村建设方面，近年来村集体投资 120 万元对道路进行了硬化，修建了村内排水系统，改造了村卫生室，并投资50万元修建了幼儿园。

【央子街道横里路村】 横里路村位于央子街道最西边，与寿光市相邻，北临320省道、南有荣乌高速，交通便利，地理位置优越。全村有996户、2700人，其中少数民族10人。全村总面积1000公顷，其中耕地面积600公顷。村集体经济主要以种植业为主，年收入1100万元，人均纯收入10500元。

基层组织建设。村内设党支部、村民委员会、村民监督委员会各1个，有9个村民小组。各群团组织健全，有党员81名、预备党员2名。村两委成员7人。其中，党支部5人，支部书记徐建凯34岁，支部委员徐春健52岁，支部委员宋良海52岁，支部委员徐世永53岁，支部委员徐希祥51岁；村委会成员3人，徐建凯兼村主任，村委委员牟小粉（女）43岁。村党支部把党员干部素质提升作为推动基层党建工作的重心、推动村经济更快发展的关键。村两委贯彻落实“五会制度”工作法，村务工作及时公开，民主制度得到充分发挥，让群众广泛参与村级事务管理，调动群众建设新农村的积极性和主动性，形成党群干群齐心协力建设新农村的良好局面。

惠民政策。全村每年每人有5000元福利，村集体集中缴纳城乡居民养老保险、医疗保险150元，70岁以上老人每月每人补助50元，80岁以上老人每月每人补助100元。

基础设施建设。投资90万元对农田进行改造，建设配套水利修渠、生产路等；投资20万元修建文化广场1座，占地0.67公顷，主体工程已竣工；滨海开发区免费对村远程教育中心进行重新建设，配备投影仪、电脑、音响等设备并配套桌椅；出资12000多元在学校门前道路安装监控设施，确保学生安全。

【央子街道林家央子村】 林家央子村位于央子街道中心地段，交通便利，地理位置优越。全村有352户、1063人。2016年，村集体经济收入742万元。

村级组织建设。村内设党支部、村民委员会、村民监督委员会各1个。各群团组织健全，有党员43名、村民代表30人（7名党员兼）。村两委成员4人。其中，党支部3人，支部书记林军龙47岁，支部副书记林佃刚49岁，支部委员林小勇45岁；村委会成员3人，林军龙、林佃刚分别兼村主任、村委委员，村委委员潘素娥（女）53岁。村两委班子团结，积极向上，政治坚定、求真务实、开拓创新，不断提高自身素质，为促进村级经济发展奠定了基础。

惠民补助。全村年人均分配5500元，实物价值1200元，养老补贴100元，医疗全额补助280元，70岁以上老人每年领取补贴300元。

基层设施建设。近年来，先后投资27万元硬化道路2200平方米；投资44.6万元新建休闲广场1处；投资52.8万元新修排水管道1790米；投资14.9万元新装高标路灯31盏，更换路灯灯头20盏；投资13万元进行绿化等。文化大院、党群服务站等设施不断得到提升，改善了群众生活环境。

【央子街道牟家河坞村】 牟家河坞村总户数122户、人口350人。占地面积306.67公顷，主要经济来源为项目占地补偿款和土地租赁，年收入560万元，村民人均发放补偿款16000元。

村级组织建设。村内设党支部、村民委

员会、村民监督委员会各 1 个。各群团组织健全，有党员 28 名、村民代表 30 人。村两委成员 4 人。其中，党支部 3 人，支部书记牟延亭 56 岁，支部委员牟世清 56 岁，支部委员牟祥国 48 岁；村委会成员 3 人，牟世清、牟祥国分别兼村主任、村委委员，村委委员牟小粉（女）、39 岁。

惠民补助。村民每年人均发放液化气 36 公斤，70 岁老人每月补助 20 元，35—64 岁村民每年免费查体一次。

基层设施建设。村级活动场所面积 90 平方米、党群服务室面积 50 平方米、文体娱乐室 30 平方米，村内街道硬化 9200 平方米。

【央子街道前岭子村】 前岭子村位于央子街道南部，白浪河南岸。全村有 200 户、人口 510 人，占地面积 240 公顷，其中耕地面积 146.67 公顷。2016 年，村集体收入约 350 万元。该村属传统农业村，主要种植棉花、玉米等农作物；近年来，随着开发建设不断深入，该村收入来源也逐渐改变，由开发区土地占用补偿（南一横、高速路林带、南海组团等项目占地补偿，占集体经济收入 95% 以上，达 250 余万元）、土地对外承包租赁（规模较小，年集体收入约 5 万元）、村民外出打工（外出打工人数约 100 人，打工收入 300 万元）等构成。

村级组织建设。全有党员 17 名，两委班子成员 5 名。村内设党群服务站，图书室、党员活动室、学习会议室等，服务设施配套齐全。

惠民补助。2016 年，人均发放现金 5000 元；人均年发放液化气 36 公斤、食盐补贴 20 元、水电费补贴 100 元，小学到高中学生每人补贴 1000 元；60 岁以上老人年补助 400 元；对新农保、新农合个人缴费部分由集体支付，满 60 岁的一次性补助 1000 元养老保险费。

基层设施建设。近年来村集体投资 200 余万元对全村道路进行了硬化，修建了村内排水系统，新建了村两委办公场所、文化广场，改造了村卫生室。

【央子街道双庙子村】 双庙子庙村位于央子街道南部，全村有 248 户、人口 670 人，有土地 224.67 公顷，其中耕地面积 181.33 公顷。2016 年，村集体收入约 260 万元，人均收入 10000 余元。该村属传统农业村，主要种植棉花、玉米、小麦等农作物；近年来，随着开发建设不断深入，该村目前的经济收入也逐渐转向，由开发区土地占用补偿（南一横、高速路林带、潍县路土地等项目占地补偿，占集体经济收入 70% 左右，达 110 余万元）、土地对外承包租赁（规模 86.67 公顷，其中耕地 40 公顷、盐田 46.67 公顷，年集体、个人收入 30 余万元）、村民外出打工（外出打工人数 120 人，打工收入 350 万元）等构成。

村级组织建设。村内设党支部、村民委员会、村民监督委员会各 1 个。各群团组织健全，有党员 27 名。村两委成员 5 人。其中，党支部 3 人，支部书记王斗堂 52 岁；支部副书记王树升 63 岁，支部委员王恒军 61 岁；村委会成员 3 人，王斗堂兼村主任，村委委员王小迷（女）58 岁，村委委员王秀堂 52 岁。村内设党群服务站，图书室、党员活动室、学习会议室等，服务设施配套齐全。

惠民补助。全村年发放盐人均 20 元，70 以上老人生日补助 100 元，满 60 岁的一次性补助 5000 元养老保险费，校车免费接送学生。

基层设施建设。近年来，村集体投资 200 余万元对全村道路进行了硬化，修建了村内排水系统，新建了村两委办公场所、文化广场，改造了村卫生室，新建灌溉用水井10眼，对村内所有自来水水表进行了更换。

【央子街道新立村】 新立村位于央子街道驻地东南部，大莱龙铁路以东，海惠路东侧，占地面积226.67公顷，交通方便。全村有115户、人口335人，姓氏以王姓为主。2015年，村集体经济收入约438万元，主要为占地补偿和卤水井补偿。村民主要以种植和养殖为主，人均纯收入10000余元。近年来，先后获“区级文明生态村”“新农村建设先进村”“开发区党风廉政建设先进村”等称号。

村级组织建设。全村有党员24人，其中女党员2人；两委班子成员5人，1人交叉任职。引导村干部开展“三级联创”活动，让他们在理论和实践的碰撞中强化综合素质和工作能力。建立村内帮扶制度，每名党员联系6户群众，定期走访困难群众，及时听取群众的心声，为他们排忧解难。

惠民补助。近年来，该村投入110余万元，加强硬件基础设施和公共服务设施建设，加大环境整治力度，不断优化村民生活环境。不断提升村民福利待遇，全村每年每人发放24公斤液化气，年底一次性发放7000元生活补贴；70岁以上老人每月领取30元生活补助金，每人8立方米自来水费和闭路费由村集体承担，实现道路硬化100%。

基层设施建设。加强公共服务设施投入，投资10万元建立公共文化场所，开展群众喜闻乐见的宣传娱乐活动，丰富群众文化生活。加强对群众的教育，提高群众的法律意识、道德素质和集体观念，党支部在团结群众、推动发展、促进和谐、维护稳定中发挥战斗堡垒作用。抓好社会治安综合治理、平安创建、人民调解、计划生育等工作，疏导和化解矛盾纠纷，促进全村和谐稳定。

【央子街道走马岭村】 走马岭村位于央子街道东南部，利民河东岸，有土地面积480公顷，其中耕地384.67公顷。全村有360户、人口1029人。村集体经济收入约80余万元，主要为开发区建设占地补偿，人均收入8000元左右。该村属传统农业村，80%以上的农户以农业种植为生，主要种植棉花、小麦、玉米等农作物；养殖业发展较晚，但趋势良好，有20余户村民从事畜牧、水产养殖，年户均收入达6万余元。二、三产业方面，村民购置大型机械近30辆，服务开发区开发建设，在区属企业务工人员有约100人。

村级组织建设。村内有党员46人，村两委成员6人。村内设有党群服务站，图书室、党员活动室、学习会议室等，服务设施配套齐全。

惠民补助。村内福利包括年人均200元的液化气、40元的食盐、4立方米的自来水，灌溉用水每人补贴200元。

基层设施建设。争取上级支持修建了5000米的出村路，村集体出资硬化了村内主要街道，配套建设了排水系统、路灯等。修建了600平方米的文体广场。

（牛牧迪）

【大家洼街道八里社区】 八里社区位于大家洼街道海化街中段，村庄面积8.67公顷，其中耕地1.89公顷，有人口336人。主要收入来源为盐田、土地补偿。

村级组织建设。八里社区党支部有党员25人。村两委成员3人，支部书记王增友、49岁，支部成员王之亮、53岁，支部成员袁爱英、49岁。加强村两委班子建设，提升“两委”干部凝心聚力、团结协作的精神面貌，提升履职能力和凝聚力。以增加农民收入、提高生活质量为出发点，努力让村民的钱袋子鼓起来。

惠民补助。年终发放福利每人平均2000元，还为46周岁以上的人员补助养老保险5400元。

基层设施建设。2005年开始建设居民楼，到2016年共建5栋居民楼，容纳居民145户，还建设2层别墅30栋。

【大家洼街道大家洼社区】 大家洼社区位于大家洼街道城区中心，北、西两面均邻海化集团，南邻时代花园和滨海三中，东邻禧源小区。有5个居民小区，占地面积1万平方公里。有村民850户、人口2384人，外来居住及流动人口达8000人。社区耕地已全部被开发区征用，属无地村；建筑安装公司、木器厂、预制厂、盐场等村办集体企业为村集体经济收入的重要来源。

村级组织建设。社区党支部有党员125人，村两委成员7人。其中，党支部5人，支部书记杨智三52岁，支部成员郑洪军51岁，支部成员何洪礼59岁，支部成员杨爱新62岁；村委会成员2人，村主任何洪礼59岁，村委委员王增银58岁，村委委员杨义芳（女）兼妇女主任48岁。

惠民补助。社区每年给村民人均发放福利2500元，60周岁以上老人每年额外增加1000元。居民医疗保险村民每人每年补助140元，为村民入银铃安康保险和平安家园保险。为80周岁以上老人申请高龄老人财政补贴。

基础设施建设。2003年以来，在旧村北侧建设居民楼1区、2区，西侧建设3区，东侧建设4区；楼区总建筑面积122344.5平方米计1369户。共建有多层居民楼40栋，容纳居民1328户；建设2层别墅8栋，容纳居民41户，其中2016年年底建设完成2栋村民楼共计60户。小区道路、水电暖、绿化全部配套建设，下一步计划配套完善公共娱乐设施，继续加大绿化面积，为居民提供完善的社区服务。

【大家洼街道东大社区】 东大社区位于沂河大街与禧源路交界处，西邻大家洼社区、东邻河套社区、北靠沂河大街、南邻禧源小区，位于城中中心区，面积12公顷。社区有150户、人口398人。有盐碱涝洼耕地0.7公顷，盐场35公顷，远洋捕捞渔船1对。村集体经济收入来源为盐田和土地补偿，年收入约140万元。

村级组织建设。社区有党员37人，村两委成员3人。其中，党支部3人，支部书记任昌盛44岁，支部成员任昌明51岁，支部成员孟彦荣（女）51岁；村委会成员2人，任昌明、孟彦荣分别兼任村村委委员。

惠民补助。每年投资50万元为年满40周岁的村民参加职工养老保险，出资53000元为村民入合作医疗，每年出资20多万元为村民发福利等。

基层设施建设。自2003年始东大社区开始在社区北侧建设居民楼区，居民楼占地0.24公顷，建有多层居民楼1栋，可容纳居民32户；建设2层别墅14栋，可容纳居民14户。2016年，投资40余万元整修了社区内所有主干道，投资12万元改造村内老化自来水管道，已全部完成。

【大家洼街道东兴村】 东兴村位于街道办事

处驻地东部7公里处，北邻双河村，面积1.25万平方米，清朝光绪二十二年（1986年），李文武、孙德明、孙来友等户分别从石桥、黑冢子、道口迁于此地定居。因西依孙家屋子故亦称此名，民国初期隶属榆树园子，1949年析出自理庄，与中兴同时自立庄头，因方位取名东兴村，有孙、王、任、徐、杨、陈、李诸姓，至2005年时有130户、人口385人。到2017年，有户数191户、人口490人。村两委有4人，有党员25人、入党积极分子2人，群众代表30人，全村共分2个村民小组，各组织机构健全。

经济发展情况。全村有碱洼地26.7公顷，农灌深水井1眼，1989年建盐场110公顷，有经营盐场、家禽饲养、水产养殖个体户10户，部分村民以水产养殖为业。2005年，人均收入5750元，是1995年的1.99倍。配学生专用车1辆，2000年接通有线电视、2003年电话普及、2005年人均住房37.1平方米。至2007年，全村主要经济收入靠资源型开采，卤水制盐为主导产业，安排本村劳动力100余人，工业总产值1000余万元，利润600余万元，除公共事业及福利支出后，人均分配红利1万元，届时是村集体经济最红火时期。但由于村经济比较单一，卤水资源性开采处于枯竭，东兴村经济面临巨大挑战，开发区领导高度重视，按开发区提出的调结构转方式要求，积极配合加大开发区招商力度及临港工业园南扩，2007年至2012年全村先后拆除盐场42#、43#、44#、45#、17#、32#、36#、193#、16#、180#共10副盐田，为开发区引资项目入住提供了重要保障。项目已全部入驻，带动了开发区经济，也为全村劳动力转移提供了保障，已转移劳动力150余人，人均收入大幅提高。东兴村有耕地44.67公顷，主要种植玉米，小麦等农作物。全村主要收入为开发区占地补偿及集体盐场收入，有盐场2副，村集体年收入约400万元。其中开发区盐田拆除征地补偿330万元、村内盐田经济收入约60万元、其他收入10万元。由于该村临近开发区临港工业园，村内主要劳动力在周边企业打工。近年来，村民生活水平有了很大提高，村内没有低保户，困难老党员等困难群体。

惠民工程。东兴村大力发展惠民民生事业，村民福利不断增加。2016年，村民福利每人分配5000元，每年村集体为每人发放2袋面粉及承担食用油和电视收视费，每年投资49万元为村民入农村医疗保险和新型社会养老保险，18岁以上的每人每年补助养老金1000元，医疗保险每人每年补助300元，液化气每人每年补助200元，为50岁至80岁老人入了意外伤害险。每逢节日为村老党员、老干部提供福利，发放慰问物品；为全村60岁以上老人发放生活用品。为村民种植的小麦和玉米加入保险。

基础设施建设。1993年，开始自来水供水；1997年，完成住房规划；1998年至2002年，陆续将4条主街和6条巷街用柏油和水泥硬化，砌有排水明沟，架设路灯30盏。2016年，接到开发区把东兴村列为棚户区改造的通知后，召开村民动员大会，制订实施方案，成立拆迁领导小组；2016年5月，进行入户调查，至7月15日全部完成拆迁任务，共拆迁房屋138户，全村棚改房由滨海开发区滨城建设集团搭建，计划于2018年7月完成入住。

精神文明建设。东兴村注重文化建设，文化大院内设有农家书屋及老年活动的棋牌室、乐器室、台球室、乒乓球室等，文化大院安装乒乓球台、台球台各2台，健身器材10套，设有篮球场、排球场、足球场各1处、健身场地1处、健身器材20套等。农家书屋有图书500余种、1000余册图书和电子音像光盘10种、120盘及报刊20多种，丰富了村民的精神文化生活。东兴村引导群众树立正确的人生价值观和社会主义核心价值观，加强道德文明建设，破除封建迷信思想，革除赌博陋习，逐步养成了科学文明健康的生活方式。开展善行义举“四德榜”建设，促进文明村风建设。积极开展创建“平安村”活动。

【大家洼街道筏子口社区】 筏子口社区位于大家洼街道长江街以北，海化街以南，华洲路以东，地处莱州湾南岸、寿光东北部，面积60余公顷。社区有910户、人口2150人，村民小组12个。有耕地面积86.67公顷，主要种植作物为小麦、玉米。村集体经济收入主要来源为盐田、土地租赁费，年收入约600万元。

村级组织建设。2016年社区有党员77人，村两委成员5人。其中，党支部成员4人，支部书记刘永刚42岁，支部成员任昌安54岁，支部成员张永正54岁，支部成员袁荣会53岁；村委委员孙丽梅32岁。

惠民补助。出资60万元（每人每月补助100元）为60岁老年人进行补助，出资80万元为全体村民办理养老、医疗保险、各户平安保险、农业种植业保险、60岁以上老年人意外伤害保险，出资42万元为全体村民发放液化气、天然气补助，出资20万元为全体村民发放秋收秋种补助，根据村内实际收入情况年终给全体村民发放1000—2000元的福利费及福利食品。使村民拥有老有所依、老有所养的生活保障，解决了村民们的后顾之忧。

基层设施建设。2004年，社区开始在旧村西侧建设居民楼区，楼区占地8公顷，总建筑面积8.0万平方米。共建有多层居民连体楼8栋，可容纳居民320户；建设两层别墅楼，可容纳居民54户。截至2016年底，完成了小区道路建设，正在进行绿化，下一步计划配套完善公共娱乐设施，并建设老年中心、社区服务中心，为居民提供完善的社区服务。

【大家洼街道郭李央村】 清乾隆年间杨氏自寿光县孙家庄迁此立村曾用名南辛庄、果子园、桃花园，此地比四处较高，又是蛤蜊集散地，取名蛤蜊央，1948年根据谐音改为郭李央迄今。

郭李央村位于大家洼街道西南2公里处，长江路以南，大沂路以西，古代弥河西侧。居姓有杨、王、朱、国、政、单、张、黄、孙、刘、陈、杜诸姓。全村总面积0.45平方公里、可耕种面积0.34平方公里米、居住面积0.11平方公里，可居住房屋170栋。全村有150户、人口450人。村庄以农业为主，主要种植农作物为小麦、玉米等。村集体收入主要来自卤水井占地补偿、土地租赁。

村级组织建设。村委会办公地点设在村东，下设调委会、治保会、妇代会、人口和计划生育委员会等。村两委成员3名，班子队伍齐全，有党员29名，其中男党员26名、女党员3名，50岁以上的党员22人、30岁以下的党员2人。有村民代表30名。以“四议两公开一监督”程序规范村级各项会议和重大事务决策，使村级党组织领导下的民主自治依法依规进行。按照街道党委部署要求，完成了党群服务站建设，修订完善了《村规民约》及村级各项规章制度，制订了《红白理事会制度》。

惠民补助。开展城镇养老保险及城乡居民养老保险缴纳工作。配合民政部门做好低保户核实工作，做好大病救助、临时困难救助申报工作。确定低保户4户，大病救助、临时困难救助申报工作1户。出资6万元为村民发放福利。

基层设施建设。居民供水、排水、电力、通讯、广电、文体设施齐全，水泥路面硬化率达100%。公共设施有卫生室1处60平方米，农用深水井2眼。

【大家洼街道郝呈村】 郝家呈子位于大家洼街道李大路东首北侧，沂河大街西段街南，太平村西，西环路东，居姓有杨、王、朱、袁诸姓。全村总面积0.55平方公里、可耕种面积0.35平方公里、居住面积0.2平方公里，可居住房屋325栋。全村有345户、人口956人。村庄以农业为主，主要种植小麦、玉米，有虾池1处，还有畜牧养殖、水产养殖、渔船捕捞、汽车运输等。

郝家呈子小区位于大家洼街道西北角，距离大家洼街道办事处约2.5公里，东靠驾屋社区，西至西环路，南靠郝家呈子社区住宅，北依沂河大街，交通便利，属城镇住宅小区。小区于2007年5月获准立项，2008年7月动工，2009年8月开始室内装修，到2009年11月交付业主使用，总建筑面积17280平方米，仓屋2820平方米，建筑高度5层，小区水、电、暖、网络、闭路电视等配套设施齐全完善，小区内安装监控，业户拥有安全的居住环境。

村级组织建设。2016年有村两委成员4名、党员37名。以“四议两公开一监督”程序规范村级各项会议和重大事务决策，使村级党组织领导下的民主自治依法依规进行。按照街道党委的部署要求，完成党群服务站建设，修订完善了《村规民约》及村级各项规章制度，制订了《红白理事会制度》。

惠民补助。开展城镇养老保险及城乡居民养老保险缴纳工作，配合民政部门做好低保户核实工作，做好大病救助、临时困难救助申报工作，做好村民生活保障、改善民生工作。出资29万元为村民发放福利，出资3万元为村民缴纳治安保险，出资3万元为村民办理财产保险、意外伤害保险、银龄安康保险，出资10万元雇用机械对全村35.33公顷的土地进行耕翻和秸秆还田，集体出资5000元对夏秋作物统一投保种植业保险。

基层设施建设。居民供水、排水、电力、通讯、广电、文体设施齐全，水泥路面硬化率达100%。公共设施有卫生室70平方米、老年活动中心500平方米、农用深水井2眼。

【大家洼街道河套社区】 河套社区位于大家洼街道沂河大街以南，喜源路以东，北邻海化集团溴素厂，西邻东大社区，南邻裕源花园，东邻榆树园子社区，面积0.6平方公里。清乾隆年间，王姓顺弥河而下定居此地，因周边是河沟，取名河套，随后袁、杨、孙、张、黄、国、郭、单等十几姓迁来，和睦相处。社区有村民956户、人口2364人，有4个居民小区。有吉祥装卸公司、盐场等村办集体企业，耕地面积19.27公顷，村集体经济收入来源为土地租赁和盐场经营收入，年收入约400万元。

村级组织建设。河套有党员84人，村两委成员5人。其中，党支部4人，支部书记王秀滨40岁，支部成员王建广42岁，支部成员王宗元59岁，支部成员袁振凤（女）44岁；村委会成员3人，王秀滨、袁振凤分别兼村主任、村委委员，村委委员王宗刚44岁。

惠民补助。为60岁以上老人每月发放100元生活补贴，全村每人年终发放福利平均400元。

基层设施建设。2006年以来，该村开始在旧村南侧建设居民楼区，楼区占地99201平方米，建设用地面积87708平方米，共建有多层居民楼10栋、容纳居民350户，建设2层别墅17栋、容纳居民88户。

【大家洼街道驾屋村】 驾屋村于明末清初立村，称永和村。村北10公里处建有老母神庙，村民在村内建庙堂，择吉日设庆典迎神驾入居。方圆百里的百姓，为纪念老母功德定夏历二月初二日为庙会（1958年迁大家洼村），从此村名改称驾屋村迄今。

驾屋村位于大家洼街道海源街与禄海路交汇处西南隅，距大家洼街道2公里处。东邻禄海路，西邻郝呈村，南邻太平村，北邻海源街，面积0.15平方公里。全村有100户、人口238人，有村民小组1个、村民代表30名。有耕地6.67公顷，主要种植小麦、玉米，流转土地6.67公顷。有集体经营性固定资产640万元。2016年，农民人均纯收入约为13000元。村集体收入主要来自市场承包、房屋租赁。

村级组织建设。2016年，驾屋村有正式党员13名、预备党员2名，其中男党员12名、女党员3名，50岁以上党员10人、30岁以下党员1人。村两委成员4人，下设调委会、村务监督委员会、治保会、妇女、人口和计划生育委员会等。

惠民补助。村集体每月为男满60周岁、女满55周岁的老年人发放养老金350元，每年为村民补贴养老保险金1000元/人、医疗保险费280元/人、水电补助费1500元/人等。村内有低保户2户、残疾人3户、因病致困1户、优抚对象1户。

基层设施建设。村内道路已全部硬化，道路两旁安装了路灯，主要道路都安装了监控摄像头。二层楼区暖气管道于2014年进行了改造，2016年进行了村内水管改造及天然气安装工程。

【大家洼街道李呈村】 李呈位于大家洼街道驻地西部5公里处，七里庄村东，李大公路南，西环路西侧。居姓有袁、刘、朱、陈、郝、何、张、王、韩诸姓。全村总面积0.53平方公里，可耕种面积0.33平方公里。有村民小组1个、村民代表30名。全村有312户，人口760人，居住面积0.2平方公里，可居住房屋286栋。村庄以农业为主，主要种植小麦、玉米等。有集体经营性固定资产100万元。村民主要收入来源依靠种地、打工、捕捞，村集体收入主要来自盐业、土地承包、项目承包。村有盐场2副20公顷，村民主要从事畜牧养殖、水产养殖、渔船捕捞、汽车运输等。

李家呈子1955年成立高级社；1958年，公社化后为李呈大队；1982年，撤销公社改乡为李呈村委；1984年，从道口乡拆出建立大家洼镇；2005年，镇改为街道办事处，同时李呈村委改为李呈社区。

村级组织建设。村委会办公地点设在村东，下设调委会、治保会、妇代会、人口和计划生育委员会等。全村有党员41名，其中男党员38名、女党员3名，50岁以上的党员3人、30岁以下的党员2人。村两委成员4人，班子队伍齐全。以“四议两公开一监督”程序规范村级各项会议和重大事务决策，使村级党组织领导下的民主自治依法依规进行。按照街道党委的部署要求，完成党群服务站建设，修订完善了《村规民约》及村级各项规章制度，制订了《红白理事会制度》。

惠民补助。开展城镇养老保险及城乡居民

养老保险的缴纳工作，配合民政部门做好低保户核实工作，做好大病救助、临时困难救助申报工作。出资10万元为村民发放福利，包括液化气票、纯净水（每人20元）、医疗保险（每人补助40元）、治安保险（每户20元）。村内有低保户3户、残疾人14户、因病致困5户、优抚对象3人。

基层设施建设。居民供水、排水、电力、通讯、广电、文体设施齐全，水泥路面硬化率达100%。公共设施有卫生室1处60平方米、老年活动中心400平方米，农用深水井3眼。

【大家洼街道柳树村】 柳树村位于大家洼街道大沂路与港营路交界处，面积8.67公顷。全村有182户、人口385人，有村民代表12人。有耕地面积9.33公顷，主要种植小麦、玉米。村集体经济收入来源为盐场土地租赁费，年收入约120万元；农户主要收入来源依靠上班、务工。2016年，农民人均纯收入1.1万元。

村级组织建设。柳树村有党员36人，其中男党员30人，女党员6人。50岁以上的党员19人，30岁以下的党员1人。有村两委成员4人。其中，党支部3人，支部书记张洪有69岁，支部成员袁荣渠40岁，支部成员王从叶（女）55岁；村委会成员3人，张洪有、王从叶分别兼村主任、村委委员，村委委员袁荣军45岁，柳树村无村民小组，无低保户，有9名残疾人。

基层设施建设。2008年以来，该村开始在旧村北侧建设居民楼区，楼区占地5.33公顷，总建筑面积6.1万平方米；共建有多层居民楼8栋、容纳居民330户，建设2层别墅20栋、容纳居民40户。已完成小区道路建设，正进行绿化，下一步计划配套完善公共娱乐设施，并建设老年中心、社区服务中心，为居民提供完善的社区服务。

【大家洼街道孟家村】 孟家村地处大家洼街道办事处驻地以南，大沂路东侧，北邻创新街，南邻大家洼街道工业园，村庄总面积0.1平方公里。据记载，始祖孟德系亚圣孟轲五十代孙，于元朝延祐年间从邹县迁寿光纪台王府庄定居；到六十二代孙孟闻启，于明朝崇祯年间为避清兵之乱自王府庄迁居周家疃。到六十三代孙世一族，为种地方便从周家疃迁此立村，繁衍生息遂成村落，时名孟家疃，后俗称孟家庄子。1958年公社化后，属道口人民公社；1984年，撤销公社从道口析出改称大家洼镇，属大家洼镇；2005年1月，改大家洼街道办事处，属大家洼街道办事处。

全村有146户、人口410人。有耕地21.33公顷，主要种植小麦、玉米、棉花等作物，村集体企业主要为盐田。孟家村以农业为主导产业，从事传统种植的有100人左右；其余人口主要从事二、三产业，多以在当地单位务工、盐业、化工及其他经营增加收入。2016年底，全村人均年收入2.2万元，比上年增长10%。被省爱卫办评为“省级卫生村”，被潍坊市文明办评为“市级文明村镇”。

孟家村村委大院占地1500平方米，办公室建筑面积300平方米，设有党员群众服务站、党员四亮公开栏、村内事务公开栏、党员活动室等。全村有党员30名，村两委成员5人，村民代表31名；孟庆友任村党支部书记、村主任，孟凡科任村党支部副书记。党支部充分发挥战斗堡垒作用，从阵地建设、班子建设和思想作风建设方面不断巩固提高“五好”村创建水平；学习贯彻党的十八届四中、五中、六中全会精神，开展“两学一做”学习教育活动，加强农村党建工作，不断提升基层党组织的服务能力。

村内有卫生室1处，面积56平方米；建有村民文体活动场所1处，占地1500平方米，室内有阅览室、活动室，院内有健身器材供村民健身。

【大家洼街道南陈村】 南陈村位于大家洼街道西南，北邻七里村、石桥村，西邻寿光市营里镇，南邻弥河。全村有243户、人口810人；占地74.2公顷，其中耕地51.53公顷。村集体收入以盐场占地补偿费、溴素厂占地补偿款、收取土地承包费为主，有固定资产300余万元。

因位于原道口镇北陈家村之南，故名南陈。1945年10月，属于寿光县；1953年，更名为道口区，属于道口区；1958年2月，撤区并乡，设大家洼乡；1959年，属于道口人民公社；1984年4月，从道口人民公社析出，建大家洼镇（2005年1月改称大家洼街道办事处）。

村级组织建设。全村有党员57人、村民代表21人。村两委成员4人，其中党支部书记1名、党支部委员1名、村主任1名、村委委员1名。

惠民补助。南陈村两委落实上级惠民政策，各项财政补贴、农补、计划生育政策补贴、民政补助严格落实。村内每年每人发放补助金100元，70岁以上老人额外发放补助180元，盐场股民每人每年发放200元。

基层设施建设。村内交通便利，路灯辐照全村，有灌溉水井6眼，24小时供自来水。全村安装监控探头无死角。建有1个文化广场，健身设施齐全供村民健身，建有藏书千册的图书馆供村民阅读，建有卫生室1所。

【大家洼街道七里村】 七里村位于大家洼街道最西端，又名七里庄；北邻李呈村，南邻石桥村、南陈村，西邻寿光市营里镇。

2016年底，全村有1298户、人口3218人，有土地466.67公顷；固定资产1500余万元，有村集体企业1个；村民主要种植小麦、玉米，收入来源为务工和务农，人均收入2万余元。

七里村始于1568年。1984年从寿光道口公社分出，归属大家洼街道，同时七一大队、七二大队、七三大队、七四大队合并成立七里村民委员会至今。

村级组织建设。2016年，设党支部1个、有党员149名。其中，王洪强任党支部书记，党支部委员为王学兵、王治。王品任村主任，王兆强为村委委员。有村民代表41人，村民小组10个。

惠民补助。七里村两委严格落实上级惠民政策，各项财政补贴、农补、计划生育政策补贴、民政补助严格落实，村内每年每人发放补助金200元，60岁以上的老人额外发放补助600元。

基层设施建设。村中心设幼儿园1处，有幼儿15名。设有集市，逢阴历一、六为集。村内交通便利，主干道均油漆或打预制硬化；有灌溉水井20眼，24小时供自来水；全村安装监控探头无死角；建有1个文化广场，广场大屏幕、健身设施齐全供村民健身；建有藏书千册的图书馆供村民阅读；建有卫生室1所。

【大家洼街道石桥村】 石桥村位于大家洼街道长江西街南侧，呈子渠以西，七里村东南，面积0.35平方公里。据记载，明朝万历末年，始祖万公迁自寿光县北王里村，何年不详。盖迄今已四百余载，追根溯源，一说王里李自临朐迁来，一说迁自安丘夏坡，均未祥核。相传始祖北迁时与其朱家崖表兄朱千公结伴同行，择居沿海，嗣后子孙繁衍，门户群多即立村名。千公族系居村东首，取名石桥朱；万公族局村西首，定名为西古李；后统一村名为朱家庄，沿至1947年又改名为石桥村。朱李两家族系至亲，以向过往甚密，情谊至笃，延续至今仍有朱李不分之说。主姓为朱、李，另有张、单、孙、袁、刘等7姓。石桥村有660户、人口1900人，有耕地139.33公顷，村庄占地33.33公顷。集体年总收入约为165万元，其中村占地补偿款收入70万元、溴素井占地补偿65万元、土地租赁费14万元。

村级组织建设。2016年，村两委有成员4人，有党员83人（女性党员8人）、群众代表27人。不断加强农村基层党组织建设，增强农村基层党组织的创造力、凝聚力和战斗力，为推进新农村建设提供坚强的组织保障。

惠民补助。为每位村民发放现金300元、液化气票1张价值80元，共计人民币697680元；为637户村民进行线路改造、每户300元，共计人民币191100元；65周岁以上老人老年金每人平均600元，共计人民币13万元。

基层设施建设。加大基础设施建设投入力度，继续组织实施涉及全村的水、路、电和文化服务等基层实施项目建设。对村级道路、供排水、路灯、文化大院等生活设施和农业灌溉、水渠等生产设施配套完善。积极与区相关部门对接，充分利用上级优惠政策、资金，对全村配套设施进行改造，逐步提升村容村貌，进一步便捷群众生产生活。

【大家洼街道双河村】 双河村位于大家洼街道最东部，长江西街以北，大九路以东，西邻新兴村，南邻东兴村，北邻海化集团羊口盐场。有袁、孙、李、王、田诸姓，聚居呈块状，总占地面积1.25万平方米。2016年底，全村有274户、人口746人，有耕地18.07公顷，主要种植小麦、玉米等，口粮基本自给。

双河村最早建于清光绪二十一年，袁公熙、袁福然、袁康荣等人从周疃迁此定居，以农垦、渔业为生，尔后由各地陆续迁来多户，居民增多形成村落，时名叫袁家屋子；在解放战争时期曾名“十八间”“十五间”；新中国成立以后至1955年农业合作社时，袁家屋子与孙家屋子合并为一社，取名双合，后因袁家屋子位于老弥河与新弥河下游，故更称为双河。

2016年，村集体收入约为350万元，主要来源于开发区占地补偿及村集体盐场收入，人均收入近2万元。村两委鼓励支持养殖及捕捞生产的发展，有渔船户2户，年收入近30万元；绵羊养殖户5户、近700只，年收入70万元；貉子养殖户1户，收入近10万元。因临近开发区临港工业园区，村内主要劳动力在周边企业打工，村民生活有了很大提高，村内没有低保户、困难户等困难群体。经党员及群众代表会议通过，在充分征求村民意见的基础上，拟准备进行土地流转，腾出更多劳动力从事二、三产业，增加村民收入。

村级组织建设。全村有党员36人、群众代表30人，有3个村民小组。村两委有成员4人，村级各组织机构健全。

惠民补助。随着经济发展，村民生活有了很大提高，村内基础设施不断完善，图书室、阅览室、老年人活动室、健身器材等一应俱全。村民福利不断提高。2016年，村集体给每人分配5000元，每名村民发放2袋面粉、食用油并承担电视收视费，出资25万元为村民投保农村医疗保险、新型社会养老保险，30

岁以上村民每人每年补助养老金500元，医疗保险每人每年补助300元，液化气费每人每年200元，为50岁至80岁老人投保意外伤害险。每逢节日为老党员、老干部提供福利，发放慰问物品；为全村60岁以上老人发放生活用品；为村民投保小麦和玉米保险。

基层设施建设。2016年5月，双河村开始进行棚户区改造工程，预计2018年6月新楼房竣工。下一步将依托棚户区改造和大家洼城市社区建设，不断优化服务水平，提升村民生活质量，实现城乡一体化和产城融合

【大家洼街道王呈社区】 王家呈子社区位于大家洼街道西北部，北邻张家呈子村、西邻余粮店村、东邻羊口盐场。2016年，有390户、人口1170人，有耕地24公顷，人均收入12000元，村集体经济年收入100万元。

村级组织建。2016年，社区有党员52人，“两委”有3人。王呈社区党群服务站建设工作积极，重点打造为民服务型社区、和谐宜居社区。建设了1个4000平方米，集宣传教育、体育锻炼、文教娱乐、文化演出于一体的文体娱乐广场；农家书屋、电子阅览室等设施全天免费为村民开放。村庄建设、运行管理、服务等制度健全，管理程序规范、操作严谨。

惠民补助。社区每年为每位村民发放福利400元、燃气补助180元。

基础设施建设。社区办公场所设施齐全，有办公室4间、面积70平方米。社区道路都全部硬化，次干道及宅间道采用多种形式硬化。村内主干道道路标识清晰，设施齐全。村庄主干道和公共场所都安装了路灯，次干道和宅间道根据需要设置路灯，满足照明要求。村庄房屋建设具有整体特色风格，布局科学合理。

【大家洼街道魏家官庄村】 魏家官庄位于大家洼街道西南部，东邻郭李村、西邻石桥村、南邻周疃、北邻长江街。村庄总面积0.046平方公里，有耕地0.133平方公里、房屋59余幢。全村有居民65户、人口181人，其中男性83人、女性98人，均系汉族，只有魏姓一姓。有集体经营性固定资产29万元，主要收入来源为种地、打工。2016年，村民人均纯收入12000元，村集体收入主要来自卤水井占地补偿、土地租赁。

村级组织建设。2016年，全村有党员11人，其中男党员9人、女党员2人。50岁以上的党员7人，30岁以下的党员1人；有村民小组1个、村民代表20人。以“四议两公开一监督”程序规范村级各项会议和重大事务决策，使村级党组织领导下的民主自治依法依规进行。按照街道党委的部署要求，完成党群服务站建设，修订完善《村规民约》及村级各项规章制度，制订了《红白理事会制度》。

惠民补助。开展城镇养老保险及城乡居民养老保险缴纳工作，配合民政部门做好低保户核实工作，做好大病救助、临时困难救助申报工作，确定低保户1户、大病救助及临时困难救助申报1户。出资9万元为村民发放福利，包括村民新婚、迁入出生人员无地补助；为54户村民缴纳治安保险、计1620元。全村有低保户1户、分散供养“五保”人员1户、残疾人5户、因病致困2户、优抚对象2人。

基础设施建设。村庄给水、排水、电力、通信、广电、文体等设施齐全；主街东西走向，整体规则，油漆路面硬化达100%。

【大家洼街道西周疃村】 西周疃村位于大家

洼街道南部，东邻周一村、西接呈子渠、南临弥河、北至园子村。全村有267户、人口1067人，其中男性512人、女性555人，均系汉族，有袁、王、孙、李、刘等姓。总面积0.53平方公里、耕地面积0.33平方公里、村落占地0.2平方公里，有房屋为400幢。2016年，人均收入13567元，主要经济来源为农业，主要农作物有小麦、玉米等，有机井9个、小型扬水站3处，主要产业是制盐业。建有集市，逢阴历二、七为集。

1955年，西周疃村属周疃初级社；1956年，属周疃高级社；1961年，体制调整时，属西周大队；1984年6月，体制调整后将生产大队变更为行政村，并成立西周疃村村民委员会至今。

村级组织建设。2016年，全村有党员41人，其中女党员3人；村两委班子齐全，下设调委会、治保会、妇女、人口和计划生育委员会等。贯彻落实“四议两公开”工作机制和党务、村务、财务公开制度，规范村级财务管理和党员干部行为，促进党员干部作风转变。党员群众服务站、党员四亮公开栏、村内事务公开栏、党员活动室、会议室等配套齐全；努力做好党员联系群众工作，了解群众呼声，努力解决群众关心的问题，更好地为群众做好服务。

惠民补助。西周疃村有集体盐场2付，28公顷，年产原盐7500吨；全村集体收入主要来源为化工厂占地补偿、村集体盐场收入，村集体收入主要用于农田水利建设、农村基本建设、村容村貌整修、农村养老等方面。

基础设施建设。西周疃村交通方便，村内路面硬化达；水泥路全部到户，水电畅通、有线电视进户，村容整洁，村貌整齐；村内有医疗室、文体活动广场、党员活动室、老年活动中心、图书室等，群众文化生活丰富多彩。

【大家洼街道贤村】 贤村位于大家洼街道中心地带，最早建立于清朝末年，西与柳树村为邻，北靠长江大街。2016年底，有人口670人，土地总面积59.33公顷，其中耕地19公顷，以种植小麦、玉米为主。2016年，村集体总收入361万元，来源主要为卤井补偿款、占地补偿款、租赁费、投资收益等；人均收入5000元。

发展农家乐旅游项目。因地制宜发展旅游采摘业，挖掘新的收入增长点，成立农产品合作社并计划投资千万元兴建特色观光采摘园。

社会主义新农村建设。从2007年开始贤村实施村民楼建设，到2014年已建成6栋联体楼和66户二层楼共占地3.33公顷的居民小区，小区内居民和谐、整洁卫生、环境优美、道路宽畅，真正成为村民美好家园。

基础设施建设。村集体投资6万元于老村内新建卫生室1处，投资30万元新建农村文化大院1处，配套市级达标“农家书屋”娱乐室、文化室、体育健身设施和篮球场，定期为村民放电影、演出文艺节目，方便了村民休闲娱乐和学习科普知识。

【大家洼街道新兴村】 新兴村位于大家洼街道东部，海化集团纯碱厂以南，东与新兴工业园为邻，辖区面积2平方公里。最早建立于1959年，隶属于原寿光县道口公社大家洼镇。

全村在新兴老村居住的有702户、在大社区居住的有245户，人口2300人。有耕地333.33公顷，其中320余公顷已分别被海化集团、水泥厂、新兴工业园、科技现目区、创新街等征用或租赁，村集体收入主要来源于土地租赁、化工、劳务输出等。2016年，全村经济收入达700余万元，人均收入万元以上。

村级组织建设。2016年，新兴村有党员96人、群众代表30人，有13个村民小组。村两委班子有5人，分别是袁立明、孙经华、袁言义、杨金奎、袁秀芹。2016年，新兴村村两委更新观念，加强基层组织建设，改革和完善基层组织工作机制，推动新农村建设。

惠民补助。新兴村每年每人发放土地补偿2000元，60岁以上老人每年每人补助200元，中秋节、春节发放面粉1袋、食用油1桶、大米1袋。养老保险每人补贴2475元，城乡居民医疗保险村集体承担二档每人280元，村集体为每户投保治安保险30元。新兴村有低保户3户、困难户33户，村集体每年春节、中秋节都对困难户、低保户进行走访慰问。

基础设施建设。村中设有幼儿园、文化大院、卫生室等，村内基础设施建设不断完善，健身器材配套齐全，有老人活动场所、文化书屋等。建有集市，逢阴历五、十为集。

【大家洼街道烟墩村】 烟墩村位于大家洼街道以西，太平路中段西侧，西与李呈村为邻，南与郭里央子村为邻，东临公共汽车站，北与刘呈老村为邻。全村有居民135户、人口405人，均系汉族。有耕地12.87公顷，主要种植玉米、小麦等农作物。2016年，农民人均纯收入9000元，农户收入主要来源于务农、务工，村集体收入主要来自卤水井 。村名始于明代。袁朋友于明洪武年间，从北洛迁此立村，时因村东有一土墩，为官兵所造，用以点燃狼烟传报警，故称烟墩。

村级组织建设。全村有党员26名，其中男党员23名、女党员3名，50岁以上的党员22人，无30岁以下的党员；有村两委成员3人、村民代表30名、村民小组1个。

惠民补助。村集体每年给村民发放液化气、大米、油等福利，庄稼由村集体统一出资耕种、收获，为村民节约了时间、节省了支出，提供了方便。全村有低保户4户、残疾人4户、因病致困1户。

基础设施建设。村集体投资近30万元打农用井2眼，村里建起了“四点半学堂”“农家书屋”“电子阅览室”“健身广场”等，以便村民学习、娱乐、健身。

【大家洼街道余粮村】 余粮村位于大家洼街道西北部，北邻海化集团盐场，南距益羊铁路大家洼站1.2公里，东邻王呈村。村庄总面积0.5平方公里，其中耕地为0.3平方公里，村庄占地0.2平方公里，有房屋240余栋。有居民260户、人口720人，其中男性350人、女性370人，1人回族，其余均系汉族。有张、刘、赵、庄、朱、杨等6姓。居民年人均收入为11000元。

村级组织建设。2016年，全村有党员29名，其中男党员25名，女党员4名。50岁以上的党员19人，30岁以下的党员3人；有村民小组1个。余粮村党支部把班子建设作为重点，健全了妇女、民兵、调解等组织，健全了重大事项民主决策，坚持党务、村务、财务公开，坚持每月开展阳光议事日等评议制度、村干部值班制度，设岗定责，不断提高村务管理水平。

惠民补助。村集体为每位村民发放福利300元、计29万元，城镇居民基本医疗保险每人补贴50元，为村民缴纳治安保险费用每户30元。村内有低保户4户、分散供养“五保”人员2户、残疾人16户、因病致困2户、优抚对象4人。

基础设施建设。村庄主街有东西走向2

条、南北走向2条，整体基本规则，给水、排水、电力、通信设施基本齐全，水泥路面硬化达100%。

【大家洼街道榆树园子村】 榆树园子村位于大家洼街道东部，西与河套社区为邻。2016年底，有人口2045人，土地70.73公顷，有集体盐场4副，村民多种植小麦、玉米作物，主要收入来源于水产养殖、运输、进厂打工等。2016年，人均收入18000元，比上年增长8%。社区有5副盐场，132盐场已对外承包，105盐场产盐7300吨，虾池盐场产盐8300吨，共销售7100吨，实现销售收入64万元。根据社区实际，调整优化农业产业结构，利用空闲地发展水产大棚养殖户20户、养猪专业户4户。多年来，先后被评为“省级文明社区”“全省民主法治示范村”“潍坊市先进基层党组织”“潍坊市文明社区”“潍坊市城市建设示范社区”“滨海区文化建设先进单位”“滨海区人口与计划生育先进位”“大家洼街道规范化管理先进单位”“大家洼街道经济发展先进单位”“大家洼街道党建工作先进单位”等。

榆树园子最早建立于清朝道光年间，当时为了生计，村民陆续自道口村、周疃村、七里村、石桥村及东营市一带迁此，孙、刘二姓氏沿弥河定居繁衍立村。1945年后，新兴村、中兴村、东兴村、双河村属榆树园子村一个村；1960年，政府规划村庄，将新兴村、中兴村、东兴村、双河村分离，分别建立新兴村、中兴村、东兴村、双河村，将邻近李家屋子、东（西）南王、西榆树园子等7个小自然村归并为1个行政村。因村内外树木以榆树居多，故村名榆树园子村。隶属历经寿光县道口公社、寿光县大家洼镇、寿光市大家洼镇、潍坊海化开发区大家洼街道；2005年，撤村设区，更名为潍坊滨海经济技术开发区大家洼街道榆树园子社区。

惠民补助。发放2034人的2015年福利202.2万元；出资8.4万元，给417名60周岁以上老年人发放2015年补助；出资0.35万元，为343人投保银龄安康保险；出资2.4万元，为785户居民投保治安保险；发放液化气4000罐、计36万余元；出资0.3万元，投保玉米种植保险。做好城乡居民养老、医疗工作，388人入城乡居民保险，集体补贴7.4万元；1220人入城乡居民医疗保险，集体补贴12万元。

基础设施建设。投资5万元，安装27个摄像头，完善楼区监控系统；投资9万元完成1—15号楼供暖主管线改造工程。村中设卫生室1处，方便群众就医。原设立榆园幼儿园、榆园小学1—5年级、榆园初中6—9年级，已归并滨海一中。

【大家洼街道园子村】 园子村位于大家洼街道西南部，石桥村南1公里处，面积0.12平方公里。2016年，有村民200户、人口635人。先人朱千、李万表兄弟自河北枣强迁居，先后辗转于七里村、周疃村、朱家村，见此地水美地肥，于清朝嘉庆二十三年（1819年）定居立村。居民耕田种菜，故称菜园子村，因属朱家管理，亦称朱家园子，简称园子村迄今。1959年划为行政村，主姓朱、李、王，另有齐、黄、刘、袁、单8姓。全村有耕地35.33公顷、农灌深水井6眼，以种植小麦、玉米、大豆、棉花为主；有盐田5.2公顷，有制盐、建筑、水产养殖等个体业户20个；部分村民以水产养殖、运输、制盐、附近工厂打工等为业。2016年，总收入1016万元，人均1.6万元。

村级组织建设。2016年，全村有党员21名、村民代表15名。有村两委成员4名，班子健全，结构合理，成员综合素质较高。坚持民主集中制，自觉为群众服务，带领群众共同富裕。村内各项制度健全完备，党员议事会、村民代表会发挥作用好，“两公开一监督”制度坚持正常，民主政治建设较好。村规民约家喻户晓，发挥作用较好，村风正、民风好，社会治安、计划生育达标，无刑事案件和集体上访，各项工作均处于乡镇先进行列。

惠民补助。为全村640多名村民补交城乡合作医疗保险费用，使全体村民享受医保政策；为200户村民缴纳财产安全保险；年人均福利分配800元；给每位村民每年发放1罐液化气。做好种粮直补、计生奖扶、最低生活保障、五保户供养、重大疾病救助、残疾人帮扶等工作，为16户困难群众办理了低保，办理计划生育奖励扶助及特别奖扶8人，计生独子奖励金兑现36人，为10位孕产妇办理了产前检查补贴，为80岁困难老人和90岁及以上老人办理营养补贴，为2名患重大疾病等困难村民办理临时救助，为200户农户申请办理种粮直补，确保将党和政府的支农惠农政策不折不扣落实到位。

基础设施建设。全村已实施农田水利、饮水安全、农村道路、电网改造以及农村教科文卫等农村基础设施建设，取得了明显成效。实施农村饮水安全工程，为让农民群众吃上符合国家安全标准的饮用水，重新进行农村自来水管改造入户工程，一定程度上缓解了村民安全饮水的问题。加快、加强村公路建设力度，重新整修村内主路，对路面进行油漆工程，全村已硬化农村道路5000米，初步形成城乡相互衔接、方便快捷的农村道路网络。移动、联通、电信公司的服务机是遍及全村每一角落。加强水利设施统一管理与维护，抗旱渠、抗旱机井数量不断增多，新增抗旱机井4眼。落实国家农机补贴政策，农民劳动强度相对降低了，生产效率普遍得到提高。在上级政府的支持下，推进全村教科文卫等公共基础设施的建设，先后建立了村文化广场、村电子阅览室、图书阅览室等。1986年，完成住房规划；2003年，人均住房面积38.5平方米；1998年，开始自来水供水；2000年，全村电话普及，并接通有线电视；2003年，将宽6—7米的1200米主街道进行柏油硬化；2012年9月，园子村中心桥重建；2016年，安装了监控设备。

【大家洼街道张呈村】 张呈村位于大家洼街道西北角，北邻高信化工厂，南与王呈村接壤，东西均邻海化集团羊口盐场盐田。村庄以农业为主，有基本农田30公顷，主要农作物为小麦、玉米。有居民235户、人口695人，有彝族2人其余均为汉族，全部张姓。村集体经济年收入28万元，主要为化工厂打井占地补偿。村劳动年龄内的大多数村民都在开发区内就近上班，2016年全村农民人均纯收入为12000元。

村级组织建设。2016年，张呈村有党员25名。村党支部把班子建设作为重点，设立了妇女、民兵、调解等组织，健全了重大事项民主决策、坚持党务村务财务公开、坚持每月开展阳光议事日等制度。村干部坚持值班制度，设岗定责，不断提高村务管理水平。班子成员之间和睦相处、精诚团结。群众真心实意地拥护和支持村两委工作。党组织能正常开展组织生活会，开展质量较好。村级主要事项要严格按“四议两公开”程序进行。

惠民补助。每年为村民分福利300元/

人。村投资40余万元打3眼淡水井，解决了靠天吃饭的问题。投资3万元安装了LED路灯，投资2万元安装了助木架、漫步机等健身器材，为30余人办理了城镇职工养老保险。

基础设施建设。全村有办公室共计10间，其中村党员活动室2间、计划生育服务室2间、办公室2间、图书室2间、仓库及其他2间，是于2010年建设的。村庄主街为东西走向2条、南北走向2两条，整体基本规则。给水、排水、电力、通信设施基本齐全，水泥路面硬化达100%。

【大家洼街道中兴村】 中兴村位于大家洼街道东部，东临临港工业园、北邻大莱龙铁路、西达大海路。中兴村最早建于1950年，隶属于寿光县道口公社，后隶属于寿光市大家洼街道。2016年底，有居民386户、人口1013人，可耕地32.53公顷。村集体企业有潍坊中盛盐化有限公司，盐业化工发达，地理位置优越；村民主要种植小麦、玉米，主要经济收入来源于土地租赁、原盐化工。2016年，村集体收入870万元，人均纯收入18600元。

中兴村先后获“全国人口和计划生育基层群众自治示范村居”“全国计划生育协会先进单位”“山东省文明村”“山东省卫生村”“全省民主法制示范村”、省“十佳农家书屋”、潍坊市“文明村镇”、市“党风廉政建设先进单位”“区文明单位”“区先进基层党组织”等称号。

经济发展情况。全村有党员50名。村两委一班人及时调整产业结构，依靠资源优势，大力发展盐化工生产，共建盐田60公顷，年生产原盐2万吨，股份制溴素厂年产溴素1500吨，全年村集体收入870万元，人均纯收入18600元。中兴村党支部响应开发区滨海新城整体规划建设要求，利用地域优势，加大招商引资力度，整合资源，整平盐田3400亩；园区项目建设投入2000万元，引进项目4个，投资3000万元。

惠民民生。投资40万元新购校车；一次性投资800多万元，为村民缴纳新型农村养老保险和失地农民保险；从2005年开始，每年投资300多万元，为村民缴纳城镇职工养老保险、医疗保险。投入15万元为村民每年每人发放2罐液化气，投入10万元为村民安装联通网络电视，投入1万元为村民投保治安保险、银龄安康保险、小麦玉米保险，每年免费为村民机耕播种与秸秆还田。2016年，每人分配5000元，总计分配506.5万元。

基础设施建设。投资1600多万元，建设居民楼104户、2.1万平方米，大社区建设124户。投资500万元建设社区服务中心，投资300多万元硬化村内街道、安装路灯，投资120万元实施村居绿化，投资100万元铺设淡水管道，基础设施配套日渐完善。

精神文明建设。开展精神文化建设活动，引导群众树立正确的人生价值观和社会主义核心价值观。开展善行义举“四德榜”建设，促进文明村风建设。中兴村村民中获博士学位的有4人、获硕士学位的有16人。文化大院内设有农家书屋和老年活动的棋牌室、乐器室、台球室、乒乓球室等，丰富了村民的精神文化生活。

【大家洼街道周疃一村】 周疃一村位于大家洼街道南部，距街道办事处5公里处，东邻周疃四村、西接西周疃村、南临弥河、北至周疃二村。辖1个自然村，有房屋728幢。周疃一村1955年隶属周疃初级社；1956年，隶属周疃高级社；1961年，体制调整时成立周一大队；1984 年 6 月，体制调整后将生产大队变更为行政村，并成立周疃一村村民委员会至今。2016 年，全村有居民 685 户、人口 1952 人，其中男性 955 人、女性 997 人，均系汉族。有袁、王、孙、李、刘等姓。地处平地，总面积 2.13 平方公里，耕地面积 1.83 平方公里，村落占地 0.3 平方公里。2016 年，人均收入 18567 元，主要经济来源于务工收入和农业，村有机井 13 个、小型扬水站 3 处，农作物有小麦、玉米等，主要产业是制盐业，有盐场 79 公顷，原盐产量 22000 吨左右。

村级组织建设。周疃一村有党员 87 人、两委成员 3 人、村务监督委员会 3 人、村民小组长 10 人、妇女小组长 10 人，办公地点设在村西南部，下设调委会、治保会、妇女、人口和计划生育委员会等。严格落实各项制度，开展“两学一做”学习教育活动，提高党员干部的素质和服务群众的理论水平。全面贯彻落实“四议两公开”工作机制和党务、村务、财务公开制度。强化服务理念，完善服务体系，提升基层党组织服务能力，努力解决群众关心的问题，更好地为群众做好服务。2016 年，被大家洼街道党委确立为党建示范点。

惠民补助。努力办好公益事业，切实为老百姓做好服务。春节为村民发放福利每人 200 元，每人发放 1 罐液化气票。周疃一村是农业大村，有耕地 183.33 公顷、农业人口 1900 人，小麦年产量达 135 万公斤、玉米年产量达 135 万公斤，秋收后，村集体出资 10 多万元组织安排进行土地耕翻。70 周岁以上老年人每人每月发放理发费 8 元。

基础设施建设。全村道路硬化，巷子砖铺，水电畅通，有线电视进户。村内有医疗室、文体活动广场，有党员活动室、老年活动中心、图书室等，群众文化生活丰富多彩。村南有弥河坝，村中有柏油路、水泥路，村容整洁，村貌整齐划一。东邻南北柏油路，北临周疃东西柏油路，交通方便。

【大家洼街道周疃二村】 周疃二村位于大家洼街道南部，距街道办事处南 5 公里处，东邻大沂路、西接西周疃村、南临老大营、北至郭李村，辖周二 1 个自然村。1955 年，周疃二村隶属周疃初级社；1956 年，成立高级社；1961 年，体制调整时成立周二大队；1984 年 6 月，体制调整后将生产大队变更为行政村，并成立周疃二村村民委员会至今。全村有居民 783 户、人口 2046 人，其中男性 896 人、女性 1150 人，均系汉族，有房屋 810 幢。有袁、陈、李、孙、刘等姓。地处平地，总面积 2.35 平方公里，耕地面积 1.64 平方公里，村落占地 0.7 平方公里。2016 年，人均收入 12600 元，主要经济来源于农业、工业、村盐场 7 副。农作物有小麦、玉米和杂粮等，主要产业有盐场。驻区单位主要有汽车站、火车站、全福元百货、滨海广场、海华集团。

村级组织建设。2016 年，全村有党员 83 名，有 10 个生产小组。村两委班子齐全，办公地点在村北，下设调委会、民兵连、共青团、治保会、妇女、人口和计划生育委员会等。党员群众服务站、党员四亮公开栏、村内事务公开栏、党员活动室、会议室等配套齐全。全面贯彻落实“四议两公开”工作机制和党务、村务、财务公开制度，规范村级财务管理和党员干部行为，促进党员干部作风转变。强化党内监督机制，不断完善党支部内部议事和决策机制。强化对村两委班子考核，严格督查考核，推动工作落实。围绕“两学一做”、脱贫攻坚、党的建设等内容开展培训，有效提升服务发展、服务群众的能力水平。

惠民补助。村集体每年拿出600余万元给全体村民发放福利，包括每人发放现金2600元、医疗保险补助每人100元、社会养老保险每人补助200元，投保小麦种植保险、治安保险，每人发放2张煤气票价值160元，80岁以上老人发放补贴100元，90岁以上老人外加1箱奶。

基础设施建设。村集体经济收入大部分投入农田水利建设、农村基本建设、村容村貌整修和农村养老、农村合作医疗等方面。有100平方米卫生室1处、2800平方米文化大院1处。村两委对村级办公场所进行改造升级，设立党员活动室和农村党员远程教育室，为党员活动和学习提供了场所。村集体投资39万元，建立周二幸福大院，院内设有床位22张，并设立了图书馆、老年活动中心、乒乓球室、篮球场、健身器材等，村中老人在此娱乐。成立村文艺宣传队，常年为村民进行多场演出。

【大家洼街道周疃三村】 周疃三村位于大家洼街道南部，距街道办事处南5公里处，东邻大沂路、西接周疃二村、南接周疃四村、北至孟家村。辖周三1个自然村，有房屋为765幢。1955年，周疃三村属于周疃初级社；1956年，属于周疃高级社；1961年，体制调整时成立周三大队；1984年6月，体制调整后将生产大队变更为行政村，并成立周疃三村村民委员会至今。全村有居民680户、人口1801人，其中男性816人、女性985人，均系汉族。有袁、杨、郭、宋、李等姓。地处平地，总面积1.2平方公里，耕地面积1平方公里，村落占地0.8平方公里。2016年，人均收入11000元，主要经济来源为农业、工业、村盐场5副。农作物有小麦、玉米和杂粮等，主要产业有盐场。

村级组织建设。2016年，全村有党员90人，村两委成员4名，支部书记袁步霄从1996年起担任周三村党支部书记至今，两委成员分工协作，互相团结，为周三村发展共同出谋划策。办公地点设在村北，下设调委会、治保会、妇女、人口和计划生育委员会等，有5个生产小组。村两委调整优化农业产业结构，努力壮大集体经济，广辟农民增收渠道；热心服务，为民分忧，为村民提供及时周到的三农服务；加大基础设施投入，改善村民居住环境；不断提高村民待遇，为村民谋福利。全面贯彻落实“四议两公开”工作机制和党务、村务、财务公开制度，规范村级财务管理和党员干部的行为，促进党员干部作风转变。党员群众服务站、党员四亮公开栏、村内事务公开栏、党员活动室、会议室、各类工作办公室，配套齐全。

惠民补助。在不断壮大集体经济的同时，不忘为村民谋福利，近年来村里的福利待遇年年增加。每人每年可免费分到2罐液化气；近3年来，每年春节给每人发放福利2500元左右。

基础设施建设。加大基础设施投入，对村庄进行统一规划，进一步改善村民居住环境。先后投资200余万元实行道路硬化、绿化、美化和亮化；投资80万元建设占地5000平方米的文化大院，设立多个活动室，并配置乐器、服装等，丰富了村民的精神生活；投资150万元对农户自来水管全部进行改造，安装更换路灯114盏，新建文化健身场地1处；投资10万余元对全村农户电线重新铺设及安装。有120平方米卫生室1处、5000平方米文化大院1处。

【大家洼街道周疃四村】 周疃四村位于大家

洼街道南部，距道办事处南 5 公里处，东邻大沂路、西接周疃一村、南临老大营、北至周疃三村。辖周四 1 个自然村，有房屋为 801 幢。1955 年属于周疃初级社；1956 年，属于周疃高级社；1961 年，体制调整时成立周四大队；1984 年 6 月，体制调整后将生产大队变更为行政村，并成立周疃四村村民委员会至今。全村有居民 836 户、人口 2321 人，其中男性 1044 人、女性 1277 人，均系汉族。有袁、方、王、孙、崔、赵等姓。地处平地，总面积 2.9 平方公里，耕地面积 2 平方公里，村落占地 0.9 平方公里。2016 年，人均收入 18777 元，主要经济来源于农业、工业、村盐场 7 副。农作物有小麦、玉米和杂粮等，主要产业有盐场。

村级组织建设。2016 年，全村有党员 87 人，村民代表 36 人，其中 12 人为生产小组长。村党支部书记袁崇秀，支部委员袁春全、袁君玲、袁恩田；村委主任袁春全，村委委员袁君玲、袁向海；监督委员会主任袁君玲，委员袁华三、袁训之。办公地点设在村南，下设调委会、治保会、妇女、人口和计划生育委员会等。党员群众服务站、党员四亮公开栏、村内事务公开栏、党员活动室、会议室等配套齐全。认真落实党建目标责任制，发挥村党支部领导核心作用和战斗堡垒作用。在村党支部领导下，实行党支部会提议、“两委”会商议、党员大会审议、村民代表会议决议，村民代表会议对实施结果进行评议，并将决议公开和实施结果公开。丰富了“四议两公开”的内容，增强了村级工作的透明度。

惠民补助。开发区租赁土地集体年收入 170 万元，主要用于村民福利和农业投入。每年为村民发放 2 瓶液化气，医疗保险、养老保险每年集体都给予村民补助，企业单位占地抽卤水补助款全部分给村民。

基础设施建设。周疃四村拥有 1 处居民楼小区，位于村东侧大沂路边，已完成两期工程；一期共建连体楼 40 套、独栋 38 套，二期共建连体楼 90 套，楼房已全部交付使用。独栋采取地源热方式取暖，连体楼也积极联系安装了天然气。全村集体经济收入大部分投入村农田水利建设、农村基本建设、村容村貌整修、农村养老、农村合作。全村水泥路全部到户，水电畅通，有线电视进户，村内有医疗室和文体活动广场，村容整洁，村貌整齐划一，有党员活动室、老年活动中心、图书室等，群众文化生活丰富多彩。

【大洼街道刘呈村】 清顺治年间始祖刘鹏由山西省洪洞县至今址东北原羊口盐场处立村，以姓定名刘家呈子村。至乾隆三十年杨反从杨家庄子迁入。1958 年秋，新建羊口盐场时，刘家呈子陈家泊二村被占用后迁至烟墩村北；1997 年，在上级党委、政府的支持下，在大洼汽车站南建设刘呈新村，经过十几年的建设新村已村初具规模，完成了居民楼建设和水电暖配套齐全的刘呈村富足安康，人民安居乐业。刘呈新村地名沿用至今。

刘呈新村位于大家洼街道海化路西段，大家洼街道办事处境内，距离大家洼街道办事处约 1.2 公里，海化街 06512 号，西临金辉集团，南依金辉寿春园，北靠潍坊农村商业银行大家洼办事处，交通便利。小区于 1997 年 3 月动工，2000 年 1 月开始交付村民使用，由 7 栋居民楼组成，属农村住宅小区；2000 年 1 月，小区由物业公司实施管理，总建筑面积 61080 平方米、住宅楼建筑面积 57620 平方米，楼层以 5 层为主，建筑高度 18 米，有 358 户，已入驻 324 户、1072 人，均为汉族，有商铺9个。

村级组织建设。刘呈新村有党员48人，党支部有支部委员3人，下设2个党小组。

惠民补助。村集体每年都发放福利和粮油，农村居民医疗保险全部由村集体承担，对缴纳农村养老保险的居民实行补助。

基层设施建设。刘呈新村规划用地9.07公顷，已累计投资2500多万元，建成面积26000平方米。先后投资200多万元，用于村内道路硬化、绿化、亮化等建设，村内公共设施配套齐全，布局合理。

【大家洼街道太平社区】 太平社区位于大家洼街道西部、距街道办事处1公里，东邻滨海人民医院、海化集团阳光小区、星域花园，西邻郝呈社区，向南500米是刘呈社区，北邻驾屋社区，办公地点设在滨海人民医院西邻，又称太平村。2016年全社区有714户、人口1737人，其中男性居民803人、女性居民934人，均为汉族，有王、朱、张、冯、宋、杨、刘、赵诸姓；有平房278所、五层楼12栋、二层楼116座。地处平原，有耕地面积45.29公顷，主要经济来源是农业，农作物以小麦、玉米为主，有机井8眼；主要产业有建筑公司、公用设施。

太平村于1954年成立太平初级社；1956年，与郝呈、驾屋、李呈、王呈、张呈、余粮等11个村联合，组成呈子高级合作社；1958年9月，合作社时属太平大队；1961年，体制调整时自立大队，以驻地命名为太平大队；1984年，体制调整后将生产大队变更为行政村，并成立太平村村民委员会；2006年，由太平村村民委员会变更为太平社区，并成立太平社区居民委员会。

村级组织建设。社区下设治安调解委员会、民兵连、监督委员会、人口与计划生育委员会等。把抓好农村党员干部教育培训工作作为村级组织规范化管理的一项重要内容，每月6日为党员学习日。立足实际，健全机制，抓好农村财务规范化管理。

惠民补助。村民福利每人发放现金600元、液化气2罐，计1575900元；每人补贴140元的城镇居民基本医疗保险，计235460元；为654户村民缴纳治安保险，每户30元，计19620元；为60岁以上老人每年发放50—100元补贴，计29550元；银为320人投保银龄安康保险，保费9600元。

基层设施建设。社区内有100平方米卫生室1处、200平方米老年活动室1处、500平方米祠堂1处，规划区内所有道路全部硬化，公共区域进行了绿化，居民小区内全部安装了高清监控。投资20万元，对村内的给水管道进行改造；投资15万元，对小区内供暖管道进行改造；投资5万元，修缮道路；投资6万元，对村内排水沟进行修理重建；投资2万元，在村内安装监控。

（辛永森）

统计资料

潍坊滨海年鉴

2017

WEIFANGBINHAI YEARBOOK

统计资料

2016年潍坊滨海经济技术开发区国民经济和社会发展统计公报

2016年，面对错综复杂的国内外经济环境，全区上下认真贯彻落实中央、省、市决策部署，积极应对复杂严峻的宏观经济形势，坚持稳中求进工作总基调，以新发展理念引领经济发展新常态，着力推进供给侧结构性改革，全区经济运行稳中有进、稳中向好的态势更加凸显，主要指标增速领先全市，经济结构日益优化，增长动能持续增强，经济社会发展取得显著成效。全年实现地区生产总值（GDP）303.32亿元，可比增长8.7%。其中第一产业增加值5.05亿元，可比增长2.6%；第二产业增加值242.01亿元，可比增长9.0%；第三产业增加值56.26亿元，可比增长7.5%。

一、农业

全年农业生产保持稳定发展。粮食总产量达到35695吨，其中夏粮产量17292吨，秋粮产量18403吨。

畜牧业以发展养猪、养羊、养鸡为重点，生产规模有了一定的发展，形成了一批规模养殖农户。

2016年全年水产品产量达85914吨，水产品现价收入为92384万元，同比增长4.2%。

二、工业

2016年规模以上工业实现工业增加值220.8亿元，可比增长9.8%。其中国有企业31.5亿元，可比降低6.5%；民营企业189.4亿元，可比增长23.5%。

2016年规模以上工业企业完成主营业务收入869.8亿元，同比增长9.8%；实现利税106.75亿元，同比增长8.2%；利润61.8亿元，同比增长18.6%。其中民营企业完成主营业务收入737.1亿元，同比增长10.7%；实现利税90.6亿元，利润53.6亿元，同比增长4.0%和11.1%。

三、固定资产投资及建筑业

2016年全区加大科学投入，以项目建设为抓手，以产业发展为支撑，新上了一大批好项目、大项目，努力增创科学发展新优势。2016年，全区共完成规模以上固定资产投资430.38亿元，同比增长16.0%，其中物流投资26.02亿元，同比增长54.1%；房地产投资完成7.51亿元，同比增长12.2%。

建筑业保持了平稳发展。全区资质建筑施工企业完成建筑业总产值18.7亿元，实现建筑业增加值7.91亿元，可比增长8.6%。

四、财税金融

财税收入稳步增长。2016年，全区完成公共财政预算收入33.1亿元，同比增长11.5%，增幅居全市第三位；上交中央“两税”8.25亿元，同比降低34.7%；一般预算支出22.1亿元，同比增长1.5%。

全区完成国地两税收入43.24亿元，同比增长 2.2%，其中：国税税收 19.22 亿元，同比降低 13.9%；地税税收 24.02 亿元，同比增长 20.1%。

金融形势健康平稳。到 12 月底，全区金融机构各项存款余额达到 136.1 亿元，较年初增长 15.23%，其中居民储蓄余额 63.4 亿元，较年初增长 10.82%；金融机构贷款余额达 49.4 亿元，较年初降低 18.63%，其中中长期贷款 10.10 亿元，较年初降低 54.17%。

五、商贸、外经、科技

2016 年，社会消费品零售额实现 24.2 亿元，同比增长 14.2%，增幅跃居全市第一位。限额以上社会消费品零售额实现 7.95 亿元，同比增长 13.1%，高于全市 6.3 个百分点。

外贸进出口稳定增长。2016 年全区企业积极开拓国际市场，大力发展外向型经济，扩大出口，新增自营进出口企业 35 家，全年外贸进出口总额达到 86.41 亿人民币，同比增长 5.8%，出口总额达到 76.1 亿人民币，同比增长 6.5%；实际利用外资 7.59 亿人民币，同比增长 50.8%。

科技创新能力显著增强。山东省海洋化工科学研究院和海化集团技术中心研究开发的高新技术产品均已达到国内领先水平。全区新认定高新技术企业 14 家，高新技术企业已达到 41 家；新山东省院士工作站 2 家、山东省院士专家工作站 1 家，省级企业技术中心 1 家，省级研发机构达 26 家；新增市级研发中心 17 家，总数达 105 家；申请各类科技扶持资金 320 万元；专利申请达 1703 件，其中发明专利 1137 件，全区高新技术产业产值达到 373.6 亿元，占规模以上工业总产值的比重达到 42%。

六、文教、卫生

2016 年我区职业教育发展迅速。截至 2016 年底，已有山东信息职业技术学院、山东科技职业学院、山东神舟重工工程机械技工学校等 19 所院校、院所入驻科教创新区；园区已有潍坊职业学院、潍坊创业大学、山东科技职业学院、山东海事职业学院、山东信息职业技术学院、潍坊体育运动学校、潍坊市中小学生示范性综合实践基地项目、山东（潍坊）公共实训基地、新能源产学研培训中心、蓝月职业培训学校、天维膜研发中心、荣和汽车文化博览园、欣泰商业步行街等 17 个项目、11 所院校、院所投用，园区人数达 8 万人。

全区中小学教育事业进一步向前推进。全区现有 2 处普通中学和 2 处小学，3 处九年一贯制学校，2 处十二年一贯制学校，在校学生 14323 人，学龄儿童入学率和小学毕业升学率均达到 100%。素质教育全面实施，教育质量持续提高，教育工作步入全市先进行列，全面推行 15 年教育免费制度。

2016 年，全区卫生事业健康发展，全面取消公立医院药品加成，开展分级诊疗试点，公立医院托管机制不断完善，医药卫生体制改革稳步推进。全区现有公立医院 2 处，街道社区卫生服务中心 2 处、社区卫生服务站或村卫生室 47 处、个体诊所或企事业单位卫生室 17 处，医疗机构床位数 450 张，卫生技术人员数 497 人。全区现有医疗技术和服务水平进一步提高。

七、交通、旅游及港口

交通基础设施建设不断加强。我区不断优化路网结构，先实施了渤海路一号桥、海安路新建、海汇东路新建、黄河东一街新建、胜伟牧业项目配套道路新建、长江西街改建、S222 央赣线白浪河桥改建等重点交通工程，2016 年建设总里程约 25 公里，完成交通基础设施投资 5.5 亿元。全区形成了主干路、县乡路、专用路布局合理、四通八达的良好局面。截至 2016 年，全区农村公路总里程达 675 公里，其中县道 58.3 公里，乡道 83.3 公里，专用道 30.5 公里，村道 502.9 公里，100% 实现村村通柏油路并且基本实现户户通。滨海区率先开通了区内及到达潍坊中心城区的免费公交车线路。

交通运输服务能力和服务水平稳步提升。全区有出租车公司 3 家，出租车 49 台，公交线路 14 条，客运班线 11 条，进站车辆 48 辆，日发车班次 59 个班次，日均发客量 430 人次。2016 年实现客运量 372.67 万人次，客运周转量 9431.49 万人公里，同比增长 21.47% 和 1.10%。全区有道路运输公司 40 家，营运货车保有量 1396 辆，总吨位 18341 吨。2016 年实现货运量 2238.56 万吨，货运周转量 20.13 亿吨公里，同比增长 64.12% 和 2.97%。潍坊港 2016 年港口吞吐量完成货物吞吐量 3704 万吨，集装箱 34.6 万标箱，分别比去年增长 22.8%、33%。

2016 年，滨海旅游进入蓬勃发展的快车道，旅游资源不断开发，旅游配套设施不断完善，旅游接待人数不断增长，旅游总收入不断提高。已建成北海渔盐文化民俗馆、国际风筝冲浪基地、人工沙滩、马来西亚馆、马术俱乐部、山东荣和国际赛车场、聚宝盆（天沐）盐温泉小镇、白浪河生态旅游示范带、城市艺术中心等旅游景点，现有国家 AAA 级旅游景区 1 家、四星级酒店 2 家、三星级酒店 1 家、五星级“好客人家”渔家乐 1 家、四星级“好客人家”农家乐 2 家、三星级“好客人家”农家乐 1 家、畜牧旅游示范区 1 家，完成旅游厕所改（新）建任务 17 个。欢乐海旅游度假区成为省级旅游度假区、省级自驾游示范点，金辉大酒店成为滨海第一家山东省旅游人才培训基地。2016 年，我区成功举办“2016 世界风筝冲浪竞速锦标赛暨第八届中国潍坊滨海国际风筝冲浪邀请赛”，并荣获由国家体育总局社会体育指导中心颁发的“全国风筝推广贡献奖”，山东省洲天国际旅行社成功获批“2015—2016 年度全省诚信旅游示范单位”及“2016 年度潍坊市文明旅游先进单位”荣誉称号。

八、人民生活与人口

在社会保障方面，继续深化社会保险制度改革，推进全域城市化、社保一体化。加大扩面征缴力度和财政投入力度，不断扩大覆盖范围，提高保障标准。落实全民参保登记试点，推动社会保障从制度全覆盖到人群全覆盖。

全区认真贯彻落实就业政策，大力实施“就业优先”战略，努力保障和改善民生，积极提供就业机会，实现更高质量就业；不断完善创业扶持政策，引导激励各类人才自主创业，积极创造良好的创业环境，掀起全民创业浪潮。

稳妥扎实有序实施全面两孩政策，改革生育服务管理制度，大力提升计划生育服务管理水平。2016 年全区年人口出生率为 20‰，人口自然增长率为 16.9‰，生育服务登记率 93%。

（张　彪）

全区主要经济指标

附表 4

指标名称	单位	2016 年实际完成	同比增长 %
一、土地面积及人口			
全区总面积	平方公里	678	
盐田面积	公顷	26815	
可耕地面积	公顷	5105.89	
年末户籍总人口	人	85381	
年末总户数	户	33442	
人口出生率	‰	20	
年出生人口	人	1686	
出生人口性别比	%	112	
人口自然增长率	‰	16.9	
合法生育率	%	99.2	
二、综合经济			
地区生产总值			
现价	亿元	303.32	8.7
第一产业增加值	亿元	5.05	2.6
第二产业增加值	亿元	242.01	9.0
# 工业增加值	亿元	234.10	9.1
第三产业增加值	亿元	56.26	7.5
国地两税收入	亿元	43.24	2.2
国税税收收入	亿元	19.22	-13.9
地税税收收入	亿元	24.02	20.1
三、农业			
（一）种植业			
全区粮食种植面积	亩	90870	7.8
其中：夏粮	亩	43113	1.6
秋粮	亩	47757	13.9
粮食总产量	吨	35695	19.5
其中：夏粮	吨	17292	5.3
秋粮	吨	18403	36.7
棉花播种面积	亩	5263	-63.1

续表 附表 4-1

指标名称	单位	2016 年实际完成	同比增长 %
棉花产量	吨	425	-53.5
水果产量	吨	263	78.9
（二）畜牧业			
肉类总产量	吨	1284	-27.9
猪年末存栏	头	10113	-38.4
家禽年末存栏	只	66200	-53.3
生猪年末出栏	头	14730	-19.3
家禽年末出栏	只	101900	-67.1
（三）渔业			
水产养殖面积	公顷	21893	
水产品产量	吨	83565	-2.7
其中：海洋捕捞	吨	20715	-1.7
海水养殖	吨	62850	-3.1
农业总产值（现价）	万元	107358	3.0
农业增加值（现价）	万元	51466	3.1
水产品现价收入	万元	92384	4.2
其中：海洋捕捞	万元	23405	-29.4
海水养殖	万元	68979	24.2
四、工业			
（一）规模以上（年销售收入 2000 万元）工业			
企业个数	个	209	
工业总产值（现价）	万元	8895801	8.8
# 高新技术产业产值	万元		
高新技术产业产值占工业总产值比重	%	42	
工业增加值（现价）	万元	2208459	9.8
主营业务收入	万元	8698069	9.8
工业销售产值（现价）	万元	7949269	11.2
存货	万元	643720	7.4
产成品	万元	262077	-23.6
流动资产合计	万元	2766240	10.0
资产总计	万元	6111683	8.0

续表 附表4-2

指标名称	单位	2016年实际完成	同比增长%
负债总计	万元	3820847	1.9
主营业务税金及附加	万元	102999	-16.8
管理费用	万元	247888	0.3
财务费用	万元	69311	-32.0
利税总额	万元	1067525	8.2
#利润	万元	617841	18.6
应交增值税	万元	346685	1.4
产品销售率	%	97.62	2.13
其中：国有工业			
工业总产值（现价）	万元	1328238	-3.6
工业增加值（现价）	万元	314578	-6.5
主营业务收入	万元	1327456	-5.1
实现利税	万元	160898	39.8
实现利润	万元	81670	113.1
其中：民营工业			
工业总产值（现价）	万元	7567563	15.4
工业增加值（现价）	万元	1893881	23.5
主营业务收入	万元	7370612	14.7
实现利税	万元	906627	4.0
实现利润	万元	536171	11.1
（二）主要工业产品产量			
纯碱	万吨	224.67	-13.51
原盐	万吨	520	1.96
发电量	万千瓦时	193212	-1.14
溴素	吨	33907	-5.46
氯化钙	吨	113796	-32.33
石油沥青	吨	939970	-17.21
烧碱	吨	287190	1.83
橡胶助剂	吨	38574	27.08
香精香料	吨	55319	37.12
焦亚硫酸钠	吨	126856	1.85

续表 附表 4-3

指标名称	单位	2016 年实际完成	同比增长 %
煅烧石油焦	吨	611649	-0.51
水泥	吨	409200	10.74
涤纶短纤维	吨	5446	-75.71
电汽车	台	37000 136371	87.8
合成洗涤剂	吨	136371	2.6
草甘膦	吨	3800	-63.36
莠去津	吨	1253	-78.12
2，4-D 原药	吨	4671	-64.62
（三）规模以上工业能源消费			
综合能源消费量	万吨标煤	203.92	-10.22
原煤	万吨	190.84	-14.23
（四）社会用电量	亿度	28.31	6.6
其中：供电部外供	亿度	13.95	17.9
海化集团用电	亿度	14.36	-2.5
五、固定资产投资、建筑业			
（一）固定资产投资	亿元	430.38	16.0
# 基础设施投资	亿元	68.68	-5.3
物流投资	亿元	26.02	54.1
文化产业（核心层）投资	亿元	8.51	294.2
（二）房地产投资	亿元	7.51	12.2
（三）建筑业			
建筑企业个数	个	19	
建筑业总产值	亿元	18.7	4.9
建筑业增加值	亿元	7.91	8.6
六、财政金融			
财政总收入	亿元	44.9	0.9
上交中央“两税”	亿元	8.25	-34.7
# 公共财政预算收入	亿元	33.1	11.5
# 增值税	亿元	6.58	-6.9
营业税	亿元	1.62	-12.1
企业所得税	亿元	1.89	-12.6

续表 附表 4-4

指标名称	单位	2016 年实际完成	同比增长 %
个人所得税	亿元	0.36	-5.5
资源税	亿元	1.61	-47.3
城市维护建设税	亿元	1.21	-12.5
房产税	亿元	0.52	16.3
印花税	亿元	0.46	111.1
城镇土地使用税	亿元	11.29	69.3
土地增值税	亿元	0.25	140.7
耕地占用税	亿元	0.003	-95.2
契税	亿元	4.09	66.84
一般预算支出	亿元	22.07	1.5
#一般公共服务	亿元	1.44	-0.4
公共安全	亿元	1.16	29.4
教育	亿元	2.71	-0.5
科学技术	亿元	0.19	-57.8
文化体育与传媒	亿元	0.27	20.0
社会保障和就业	亿元	0.54	29.8
医疗卫生	亿元	0.60	-25.1
节能环保	亿元	1.14	-23.5
城乡社区事务	亿元	6.65	33.5
农林水事务	亿元	1.41	-13.0
交通运输	亿元	0.78	-47.7
资源勘探电力信息等事务	亿元	2.08	-45.3
商业服务业等事务	亿元	0.35	10.6
金融监管等事务	亿元	0.02	17.1
国土资源气象等事务	亿元	0.60	-36.4
住房保障支出	亿元	0.33	
粮油物资储备管理事务		0	
债务还本付息支出	亿元	1.75	
其他支出	亿元	0.07	-52.3
金融机构存款余额	亿元	136.1	15.2
其中：城乡居民储蓄余额	亿元	63.4	10.8

续表 附表 4-5

指标名称	单位	2016 年实际完成	同比增长 %
金融机构贷款余额	亿元	49.4	-18.6
其中：短期贷款	亿元	39.32	1.63
中长期贷款	亿元	10.1	-54.2
七、商贸、外经			
社会消费品零售总额	亿元	24.2	14.2
限额以上社会消费品零售总额	亿元	7.95	13.1
实际利用外资（境外资金）	万美元	7.59	50.8
进出口总额	亿元	86.41	5.8
其中：出口总额	亿元	76.10	6.5
八、文教、卫生			
学校个数	个	9	
其中：普通中学	个	2	
小学	个	2	
九年一贯制	个	3	
十二年一贯制	个	2	
在校学生人数	人	14323	11
其中：普通中学	人	8125	17
小学	人	6198	5
学龄儿童入学率	%	100	
小学生毕业升学率	%	100	
教职工人数	人	1171	6.07
其中：普通中学	人	397	1.3
小学	人	185	-0.54
九年一贯制	人	589	13.9
医院个数	个	2	
病床位数	张	450	9.49
卫生技术人员数	人	548	16.35
其中：医生	人	209	30.6
护士	人	259	25.1
九、交通、港口			
（一）交通运输			

续表 附表 4-6

指标名称	单位	2016 年实际完成	同比增长 %
公路客运量	万人	372.67	21.47
公路货运量	万吨	2238.56	64.12
公路旅客周转量	万人公里	9431.49	1.10
公路货运周转量	万吨公里	201300	2.97
（二）港口			
港口吞吐量	万吨	3707	22.8
十、人民生活与社会保障			
城镇非私营在岗职工年末人数	人	52730	2.6
城镇非私营在岗职工年平均人数	人	52521	1.9
城镇非私营在岗职工工资总额	万元	292978	2.5
城镇非私营在岗职工平均工资	元	51975	2.2
城镇居民可支配收入	元 / 人	38076	10.3
城镇居民消费性支出	元 / 人	27122	8.8
城镇居民最低生活保障户数	户	0	
城镇居民最低生活保障人数	人	0	
城镇居民最低生活保障资金	万元	0	
农村五保供养人数	人	58	-7.9
农村五保供养支出	万元	34.2	3.5

滨海区

附表 5

年份	全区年末总人数（人）	地区生产总值（亿元）	第一产业增加值（亿元）	第二产业增加值（亿元）	第三产业增加值（亿元）	规模以上工业增加值（亿元）	城镇居民可支配收入（元）
1995 年	59857	7.3	0.6	5.7	0.8	5.3	2016
1996 年	61490	8.9	0.6	7.1	1.3	6.1	2719
1997 年	62821	8.9	0.5	7.9	1.5	6.7	3300
1998 年	64224	10.6	0.8	8.0	1.8	7.1	3654
1999 年	65025	9.6	0.6	7.0	2.0	6.2	3880
2000 年	65737	12.9	0.6	10.1	2.2	9.4	6928
2001 年	65937	14.1	0.8	10.7	2.6	9.5	7480
2002 年	66257	15.4	1.0	11.5	3.0	10.0	8230

续表 附表5

年份	全区年末总人数（人）	地区生产总值（亿元）	第一产业增加值（亿元）	第二产业增加值（亿元）	第三产业增加值（亿元）	规模以上工业增加值（亿元）	城镇居民可支配收入（元）
2003年	66336	12.5	1.1	10.2	1.2	7.2	8827
2004年	66298	21.4	1.3	18.7	18.7	16.6	9868
2005年	66411	35.4	1.3	29.1	5.0	27.1	12266
2006年	66818	43.2	1.4	35.9	5.8	33.9	14327
2007年	66282	54.7	1.7	46.2	6.9	41.9	17120
2008年	82830	86.3	2.1	73.5	10.7	80.7	20591
2009年	84286	100.4	3.3	84.2	13.0	82.4	22650
2010年	84787	120.1	3.7	96.4	20.0	109.1	25707

注：城镇居民可支配收入指标2000年之前为农民人均纯收入数据。

历年主要指标

附表6

规模以上工业主营业务收入（亿元）	规模以上工业实现利税（亿元）	规模以上固定资产投资额（亿元）	在岗职工平均工资（元）	财政总收入（亿元）	公共财政预算收入（亿元）	消费品零售额（亿元）	外贸出口额（万美元）
13.1	2.7	1.1	7958	1.1	0.4	1.0	2028
16.2	3.5	1.6	8396	1.9	1.1	1.4	2162
20.8	3.6	2.7	11217	2.2	1.3	1.6	2285
28.9	3.1	1.8	9042	2.6	1.5	1.6	3146
24.7	2.4	3.4	8781	2.8	1.5	1.7	3277
25.9	3.1	3.7	11463	2.6	1.5	1.9	3682
31.2	4.5	4.7	11511	3.0	1.8	2.2	3991
38.2	4.6	8.2	13833	3.0	1.8	2.4	6173
27.7	4.7	21.4	13234	3.1	1.4	2.8	6646
54.1	8.2	38.0	17128	4.2	1.8	5.0	11054
93.0	13.8	43.4	16360	7.0	2.7	3.9	11621
122.0	16.6	41.6	18241	9.3	3.9	5.9	17072
159.8	23.1	49.1	20176	12.7	4.5	3.9	18949
259.9	32.6	92.3	26721	16.2	8.0	4.8	35846
278.7	18.3	116.3	33255	17.2	9.3	6.2	23100
381.7	25.9	146.9	36337	22.9	12.0	10.2	29929

滨海区

附表 7

年份	全区年末总人数（人）	地区生产总值（亿元）	第一产业增加值（亿元）	第二产业增加值（亿元）	第三产业增加值（亿元）	规模以上工业增加值（亿元）	城镇居民可支配收入（元）
2011 年	85375	160.4	4.1	133.4	22.9	134.5	28868
2012 年	85478	180.2	4.3	148.0	27.9	119.7	29769
2013 年	85775	220.4	4.5	180.5	35.4	159.7	31627
2014 年	86329	261.4	4.8	214.9	41.8	201.1	33106
2015 年	85109	290.38	4.92	238.82	46.64	217.74	34521
2016 年	85381	303.32	5.05	242.01	56.26	220.85	38076

注：外贸出口额的计量单位自 2016 年调整为万元。

历年主要指标

附表 8

规模以上工业主营业务收入（亿元）	规模以上工业实现利税（亿元）	规模以上固定资产投资额（亿元）	在岗职工平均工资（元）	财政总收入（亿元）	公共财政预算收入（亿元）	消费品零售额（亿元）	外贸出口额（万美元）
477.6	34.9	174.0	39006	33.5	14.2	12.1	49513
506.9	26.6	197.8	44705	32.3	16.3	14.4	66943
663.4	35.5	266.5	45406	36.6	20.5	16.5	85846
812.8	92.1	320.4	49107	42.2	24.2	19.2	105308
843.4	102.3	380.1		44.5	27.9	20.9	109848
869.81	106.75	430.38		44.9	33.1	24.2	761032

索 引

潍坊滨海年鉴

2017

WEIFANGBINHAI YEARBOOK

索　引

说明：
1. 本索引为综合性主题索引。
2. 索引款目按汉语拼音字母（同音字按声调）顺序排列。
3. 款目后的阿拉伯数字表示内容所在的页码。
4. 同一主题的内容在文中多处出现的，在其款目后用不同的页码标明。
5. 对特载、附录等栏目不做索引。

D

E

F

G

H

J

M

N

P

Q

R

S

T

W

X

Y

Z